Peter Petersen

Führungslehre des Unterrichts

Neuausgabe nach der
10. Aufl. 1971

Mit einem Vorwort von
Hans Mieskes

Beltz Verlag · Weinheim und Basel 1984

CIP-Kurztitelaufnahme der Deutschen Bibliothek

Petersen, Peter:
Führungslehre des Unterrichts / Peter Petersen.
Mit e. Vorw. von Hans Mieskes. – Neuausg. nach d.
10. Aufl. 1971. – Weinheim ; Basel : Beltz, 1984 –
(Beltz-Monographien)
ISBN 3-407-54144-9

Alle Rechte, insbesondere das Recht der
Vervielfältigung und Verbreitung sowie der
Übersetzung, vorbehalten. Kein Teil des Werkes darf
in irgendeiner Form (durch Photokopie, Mikrofilm
oder ein anderes Verfahren) ohne schriftliche
Genehmigung des Verlages reproduziert oder unter
Verwendung elektronischer Systeme verarbeitet,
vervielfältigt oder verbreitet werden.

© 1937 Verlag Julius Beltz · Langensalza/Thüringen
© 1969 Beltz Verlag · Weinheim und Basel
Seriengestaltung des Umschlags:
E. Warminski, Frankfurt
Printed in Germany

ISBN 3 407 54144 9

EINFÜHRUNG

Die beiden ersten Auflagen der »Führungslehre« (1937 bzw. 1949) trennten zwölf Jahre; die nächsten folgten in kürzeren Abständen – für ein Werk wie die »Führungslehre des Unterrichts« gewiß ein erstaunlicher Tatbestand, der so ganz zufällig nicht sein kann. Um so bemerkenswerter, daß der Beltz-Verlag nunmehr das Buch neu auflegt. Sicherlich erweist er damit der hundertsten Wiederkehr von Peter Petersens Geburtsjahr seine Ehrerbietung. Die volle Dankbarkeit aller Freunde und Schüler des Jubilars, wohl auch die der gesamten Fachwelt dürfte ihm sicher sein. Der Entschluß zum Neudruck wird indes auch sachlichen Erwägungen entsprungen sein: dem Bedacht auf die gegenwärtige Lage der Schulpädagogik schlechthin, die der »Unterrichtslehre« im besonderen, deren Wandel, eigentlich unbefriedigende Wandlung allmählich jedermann ernstlich beunruhigt. Es ließe sich leicht dartun, warum viele Jahre hindurch nach Peter Petersen nicht gefragt worden ist, obwohl man seiner Ratschläge im Grundsätzlichen wie im alltäglich Kleinen dringend bedurft hätte; noch erklärlicher mutet deshalb jetzt die zunehmende Rückbesinnung auf den Jenaplan an, der als Kernpunkt seiner schulpädagogischen Angebote eben eine Führungslehre empfiehlt.

Ob diese endlich den freien Weg zu den pädagogischen Kathedern und in die Schulhäuser finden wird? Erfahrungen, die diesbezüglich mit Studenten, unter Eltern und in Lehrergremien gesammelt werden konnten, raten zu einigen Hinweisen und Verdeutlichungen, die jene, die Petersen selber in seinem »Vorwort . . . als Einleitung« vermittelt, ergänzen mögen. Die pädagogische Sprache änderte sich seit Petersens Zeiten, und nicht nur die Sprache. Änderungen, Reformen vermögen den Gang einer Entwicklung anzuzeigen, sie stellen aber keinen Wert »an sich« dar, können sie doch auch in die Irre gehen. Tatsächlich entfernte sich die Fachsprache vieler Pädagogen der letzten beiden Jahrzehnte von ihrem eigentlichen Idiom: sie wurde soziologisch (z. T. auch ideologisch) überlagert, gar verdrängt. Dadurch verlor auch die praktische Pädagogik ihre eigene Maßstäblichkeit. Sie verlor sich im Organisieren, in methodischer Technik, didaktischer Planwirtschaft. Als ob der Schulalltag mitsamt dem Unterricht strategisch und taktisch zu bewerkstelligen wäre! Die »Führungslehre« lenkt zum Pädagogischen hin, sucht allenthalben das pädagogisch Wesenhafte im kleinen wie im großen. Seine Blick- und Frageweise wird mancher der jüngeren Leser daher entsprechend einrichten müssen, will er die Bedeutung der »Führungslehre« erkennen und deren Gehalt ausschöpfen. Tut er das, ist ihm reichlicher Lohn gewiß, denn die »Führungslehre« ist ein eminent pädagogisches Buch, ist eine eminent pädagogische Handreichung für grundsätzliche Orientierung in und mit der Schule, aber auch für die vielen kleinen praktischen Belange, von denen keiner gering geachtet wird. Ein einziges Beispiel mag für viele stehen: Petersen definiert den Unterricht als »pädagogische Situation« und verleiht ihm dadurch eine neue Sinndeutung, die ihrerseits andere Vorstellungen von Schüleraktivität und Lehrerarbeit zur Folge hat. Ohne Verankerung in dieser Grundansicht bleiben alle die kleinen Maßnahmen äußerliches Rankenwerk, ohne Verbindung mit dem Mutterboden.

Bücher besitzen, wie andere geistigen Schöpfungen auch, ihre eigene Geschichte und ihr bestimmtes Schicksal, die nachzuempfinden sich der Interessent bemühen sollte. Dafür gelten einige Voraussetzungen.
Als erste darf unangefochten die fachliche Objektivität genannt werden, die u. a. vorschreibt, das vom Autor wirklich Gesagte, Gemeinte und Gewollte zu erfassen und jedwede »verkürzte Interpretation« zu meiden. Betreff »Führungslehre« heißt das u. a., die ihr eigene Begrifflichkeit (Fachsprache) nicht vordergründig zu ächten, weil etliche ihrer zentralen Tatbestände (z. B. Volk, Gemeinschaft, Glaube, Gruppe, Tugend, Menschlichkeit . . .) von der Politik rein als Vokabeln bzw. Ausdrucksweisen teilweise verzerrt oder gar mißbraucht worden sind. Ihren lebenswirklichen Gehalt und ihre pädagogische Zuständigkeit gilt es aufzudecken, die beide eine klare und klärende realistische Haltung offenbaren und die Schularbeit unter die Oberhoheit des Lebens rücken. Das gilt auch von der »Führung« selbst. In vielen Spielarten und Wortzusammensetzungen begegnen wir diesem Wort. Die »Führungslehre« meint ausschließlich das fachlich Zuständige i. S. von pädagogischer Hilfe, die zu einem »neuen Dienen« auch den Lehrer beschwört und von ihm ungleich und wesentlich mehr erwartet denn »Didaktik« oder gar »Methodik«, die beide nicht abgelöst, nur in ihren Zuständigkeitsraum verwiesen werden sollen. Am »Dienen« stört sich der Zeitgeist möglicherweise erst recht, weil er die klassenkämpferische Dialektik von Befehlen und Gehorchen dahinter wittert und an die Gestalt des Lehrers als Staatsdiener erinnert wird. Dessen Tätigkeit in Amt und Beruf vollzog sich im Rahmen eines abgeschlossenen Vertragsverhältnisses und erschöpfte sich darin. Auch an Militär-, Diplomaten-, oder inspektoralen Dienst mag man denken. Aber: Es gibt den »Dienst« an einer großen Sache, z. B. der des Friedens; man kann einem Mitmenschen einen freiwilligen Dienst erweisen, zu dem nur die Verantwortung, Nächstenliebe oder allgemein die mitmenschliche Gemeinschaft drängt. Solcher Dienst erfolgt ausschließlich zugunsten dessen, dem man Zuspruch, materielle oder seelische Hilfe zuwendet und die fördern, stützen, aufrichten, anregen, Selbstvertrauen und eigene Bewährung ermöglichen soll. Von solchem Dienen spricht die »Führungslehre«: Der Lehrer als Helfer im Dienste der Selbstfindung und der mitmenschlichen Vervollkommnung des Schülers!
Die zweite Voraussetzung betrifft den Zeitpunkt, zu dem ein Werk erscheint und gelesen bzw. vorgeführt wird. Sie können einander geradezu herausfordern oder ablehnen. Petersen selber meinte, es müßten fünfzig Jahre vergehen, ehe wirklich neue Gedanken in die allgemeine Pädagogik Eingang finden. Ob diese Frist im Falle der »Führungslehre« erfüllt ist?
Schließlich nennen wir noch die gegenwärtige schulpädagogische Lage. Wie immer man die Reformen nach 1945 oder 1971 beurteilt, niemand kann übersehen, daß sie ihre beiden wichtigsten Vorsätze nicht eingelöst haben: das menschliche Problem in der Schule und dessen Gefälle wurde vernachlässigt; das Problem der individualisierenden (differenzierenden) Bildung und dessen Gefälle konnte nicht bewältigt werden. Sind sich die Verantwortlichen wirklich voll bewußt, was die wechselseitigen Klagen der Eltern, Schüler und Lehrer und die gemeinsame aller über die Schule bedeuten? Warum die laute Anklage der Ärzte? Unsere schulische Epoche trägt das

Kainsmal des »Schulstreß« – mag dieser Vorwurf auch noch so unterschiedlich empfunden und begründet werden. Kann, darf er am Ende der mit so unerhört hohen Mitteln angestrebten Reform stehen? Der Jenaplan zeigt Lösungsmöglichkeiten. Er bietet die Freiheit der individuellen Entwicklung und die der menschlichen Entfaltung in Gemeinschaft mit den anderen. Um sie nutzen zu können, verstelle man sich nicht den Blick mit den leider verbreiteten Fehldeutungen: der Jenaplan wolle den Lehrer aus der Klasse oder Gruppe verdrängen; die Schüler dürften allerweil treiben, was sie gerade wünschen; Lernen erfolge reichlich unverbindlich und unernst. Nichts davon stimmt. Alles Planen und Tun aber erfolgt inmitten eines gemeinschaftlich bestimmten Unterrichts- und Schul*lebens*, weckt und fördert die den Kindern eigene Aktivität (seine »Grundkräfte«) und verwirklicht den natürlichen Ablauf von Arbeit, Gespräch, Spiel und Feier. Jenaplan und pädagogische Führung bedingen einander: jener ermöglicht letztere; diese bedarf, um überhaupt praktiziert werden zu können, einer entsprechenden pädagogischen Landschaft. Die »Führungslehre« trägt solcher wechselseitigen Abhängigkeit dadurch Rechnung, daß sie das Nötigste an theoretischer Begründung (betr. Erziehung, Bildung, das Pädagogische, Situation usw.) mit vermittelt. Das schulisch Konkrete ihres Anliegens fußt darauf. »Führung« wird ferner nicht abstrakt behandelt, vielmehr in ihrem tatsächlichen Bezug zu den einzelnen schulischen Aufgaben (-feldern), die ihrerseits das Strukturbild des Jenaplans aufzeigen. Man kann dieses Bild nur sehr bedingt als »Alternativmodell zur öffentlichen Schule« deuten. Die Motive, denen der Jenaplan allmählich entwachsen ist, liegen tiefer; auch beherzigt die »Führungslehre« »Verbindungslinien zwischen Altem und Neuem«. Sie schreibt kein Rezept vor. Allerdings, wie weit man aus ihr Vereinzeltes herauslösen und isoliert anwenden kann, will sorglich geprüft werden. Da sind Grenzen gesetzt.

Die Nagelprobe für jedes literarische Werk, das unmittelbar der Schule dienen will, folgt aus dem Verhältnis zwischen Theorie und Praxis, das in ihm hergestellt wird. Petersens »Führungslehre« sucht in dieser Beziehung ihresgleichen. Sie verwirklicht die Einheit von Forschungsergebnissen, wissenschaftlicher Erkenntnis und praktischer Erprobung. Wir nennen sie Petersens originellstes Werk, dem innerhalb der einschlägigen Fachliteratur eine Ausnahmestellung zuerkannt werden muß, dessen Bedeutung für eine echte »innere Schulreform« oder, um es bündig zu sagen: für eine humane Schule kaum zu überschätzen ist. Möge deshalb die »Führungslehre« künftig ihren Auftrag erfüllen können. Eltern, Kinder und Lehrer würden es ihr danken.

Gießen   Hans Mieskes

Inhaltsübersicht

Seite

Vorwort der ersten Auflage als Einleitung 5
Die zweite Auflage 8

I. Kapitel: Die pädagogische Situation 9
1. Die Lage des Schulunterrichts als Ausgangsort für eine Führungslehre des Unterrichts 9
2. Begriffliche Erläuterung 14
   a) Erziehung; das Pädagogische 14
   b) Situation 15
3. Bestimmung der pädagogischen Situation. Folgerungen 20
   a) Die pädagogische Situation ist ein Lebenskreis um einen Jugendführer 20
   b) Die pädagogische Situation ist ein Umkreis besonderer Spannungen aus den drei Wirklichkeiten: Gott, Natur und Menschenwelt 25
   c) Die pädagogische Situation fordert von allen ihren Gliedern echte Selbsttätigkeit zur Übernahme der Spannungen 31
   d) Übernahme als anthropologisches Problem 39

II. Kapitel: Die Führung des Unterrichts. 1. Teil: Die Ordnung des Schullebens im Dienste des Unterrichts 43
1. Führung des Unterrichts — Führung im Unterricht 43
2. Das pädagogische Richtmaß für die Ordnung des Unterrichts, d. i. für Raum, Leben und Arbeit in Schulen 48
3. Der Sinn des Schulraumes. Seine Ausgestaltung und seine Bedeutung für die soziale und sittliche Erziehung. Erziehung vor dem Leben 56
4. Der Sinn und die rechte Anwendung der pädagogischen Vorordnungen des Unterrichts 66
   a) Vorordnungen sind keine Verordnungen! Schule kein Teil einer Rechtsgesellschaft 66
   b) Zucht und Disziplin unter dem „Gesetz der Gruppe" 71
   c) Schule und Gesellschaft 76
   d) Schulleben und Unterricht 80

III. Kapitel: Die Führung des Unterrichts. 2. Teil: Planlegung des Unterrichts 81
1. Vom Unterricht im erziehungswissenschaftlichen Sinne 81
2. Grundurteile einer Führungslehre des Unterrichts 85
   A. Alle Pädagogie ist Lebensdienst 85
   B. Pädagogie ist Hilfe zur Selbsthilfe 87
   C. Aller Unterricht ist stufig 88
   D. Aller Unterricht ist formal zu überwachen und zu unterstützen 89

Seite

 E. Die elementaren Mittel der Pädagogie im Unterricht: Vorbild; Vortat; das Fragen; das lebendige Wort 89
 F. Die Pädagogie verlangt Offenheit und Antastbarkeit in allem Unterrichten 90
 G. Echte Führung geschieht aus einem wahnfreien Optimismus heraus 91
 3. Die Pädagogie des Unterrichts als Lebensdienst 91
 4. Von der Planlegung des Unterrichts 96
 5. Die Überwindung des alten „Stundenplanes" und der „Fächer". — Die Arten und die Ordnung der pädagogischen Situationen im wirklichen Schulleben 98
  A. Gespräch-Unterhaltung: der „Kreis" und seine Arten; der Block; der Haufe 98
  B. Spiel: Spielraum; Lernspiele; Zweckspiele; Schauspiele 101
  C. Arbeit: I. Gruppenarbeit; II. Kurse: Einführungs-, Niveau-, Einschulungs-, Sonder- und Wahlkurse 103
  D. Feier: die vom Lehrer gebotene oder geleitete oder durchformte Feier; die von Schülern selbständig gestaltete Feier .. 105
 6. Wochenarbeitsplan, nicht — Stundenplan! Der Jena-Plan als Ausgangsform und Rahmen für die neue Führungsschule 108
 7. Das Verhältnis von Form und Inhalt pädagogischer Situationen. — Die Anwendung pädagogischer Situationen auf die Bildungsstoffe 119

IV. Kapitel: Die Führung im Unterricht. 1. Teil: Die pädagogische Haltung 124
 1. Vorgedanken zur pädagogischen Haltung im Unterricht 124
 2. Vom „erteilten" Klassenunterricht zum geleiteten „Unterrichtsleben" 129
 3. Unterricht und Kulturgut 137
 4. Leistungen als Bildungs- und Erziehungsmittel — Leistungskultur, nicht Leistungskult 140

V. Kapitel: Die Führung im Unterricht. 2. Teil: Anweisungen aus der Praxis für die Praxis 147
 1. Der Grundsatz der situationsgemäßen Leitung 147
 2. Begriffe und Bestimmungen zur Führungslehre des Unterrichts im Anschluß an die Praxis des Jena-Plans 153
 3. Anweisungen zur Leitung frei vergesellschafteter Schüler 156
  A. Die verschiedenen Verbände und deren beste Leitung 156
  B. Die Kunst des Lehrers, nicht selber Unruhe oder Unordnung zu verursachen 161
  C. Grundregeln der Kunst, sich frei bewegende und arbeitende und sich frei fühlende Kinder zu leiten 163
 4. Führung in einer vom Lehrer durchgeformten Feier. — Feier zur Aufnahme der Schulanfänger nach Ostern 167
 5. Von der Führung in Niveaukursen 173
 6. Führung im Berichtkreise 176

	Seite

VI. Kapitel: Pädagogik der Arbeitsmittel 182
   1. Der geschichtliche Ort 182
   2. Der didaktische Ort 185
   3. Der pädagogische Wert der Arbeitsmittel 194

Zwei Verbindungslinien zwischen Altem und Neuem

VII. Kapitel: Die beiden Grundirrtümer der überlieferten Unterrichtslehre 197
   1. Überschätzung der rationalen Elemente allen Unterrichts 200
      a) Die neue Ansicht vom Wachstum der Selbstkraft 201
      b) Der freie Bildungserwerb und das Erlernen des Mechanisch-Technischen 204
   2. Überschätzung der erziehlichen Möglichkeiten jeden Unterrichts .. 209
   3. Zusammenfassung 216

VIII. Kapitel: Von der Methodik zur Pädagogik des Unterrichts 217
   1. Geschichtliches 218
   2. Zwischenbetrachtung 221
   3. Von der Erziehung. Haltung oder Gesinnung? 225

Inhaltsübersicht der Hauptwerke zum Jena-Plan 231

Personenverzeichnis 236

Sachverzeichnis 238

Vorwort der ersten Auflage
als Einleitung

Diese „Führungslehre des Unterrichts" stellt den ersten Versuch dar, eine Ordnung und eine Begründung der neuen Unterrichtsformen im Rahmen eines neuen Schul*lebens* zu geben, der unmittelbar der Praxis dient. Sie tritt also an die Stelle der bisherigen „Didaktik" und zeigt ständig auf, wie die „Methodiken" erst dann wieder in sich fortentwickelt werden können, wenn sie in eine *Pädagogik* des Unterrichts aufgenommen sind.
Die „Führungslehre" bildet das Ergebnis von 16 Jahren ununterbrochener praktischer Versuche, angestellt, um die Grundlagen einer neuen Schularbeit, vor allem in der zehnjährigen Volksschule, zu gewinnen; sie ist zugleich Abschluß von mehr als 25 Jahren Dienst an der höheren Schule, allgemeinen Volksschule, Lehrerseminar, Berufsschule und Universität.
25 Jahre hindurch stand dieses Suchen und Forschen in enger Verbindung mit den Führergestalten der *großen deutschen pädagogischen Reformbewegung,* die in den Jahren 1897 bis 1928 die Augen der Welt auf das Schulwesen Deutschlands lenkte und dieses einen stillen, aber ungeheuer großen Einfluß ausüben ließ. Dies Werk möchte ein einziger großer Dank für all das sein, was diese Männer und Frauen ihm gegeben haben. Das Feuer ihres Denkens, ihr Wagemut, die Innigkeit und Stärke ihrer Hingabe an den Schulalltag und ihre sehnsüchtige Liebe zum ganzen Volke und zu einer Schule über den Streit der Parteien hinaus: sie haben ihre Arbeit geadelt und es ihnen ermöglicht, Stück auf Stück der deutschen Schule zu schaffen; denn kaum einem ward es vergönnt, zu einem Ende zu kommen. Immer wieder wurden sie — durch den Weltkrieg und in den folgenden Jahren — zurückgeworfen; viele mußten erleben, wie ihr Werk gefühlskalt und verständnisleer zerstört wurde. Dies alles macht sie jedoch im Lichte der Geschichte des deutschen Schul- und Erziehungswesens nur noch größer und gibt ihnen die erhöhte Sicherheit einer starken Nachwirkung auf kommende Geschlechter ihres Volkes. Es ist ein dauernder Ruhm der Volksschule, daß diese Vorkämpfer zu 90 % Volksschullehrer waren und es noch sind, heute seit zehn Jahren besonders in der *Landschule.* Und es ist verheißungsvoll, daß diese letzteren bereits hoffen dürfen, allgemeinere Anerkennung zu finden, und daß sie es erleben, wie von der Landschule aus das gesamte Schulwesen in Leben und Unterricht die stärksten Anregungen und Auftriebskräfte erhält.

In sie hinein gingen die Ergebnisse eines systematischen Denkens zur *Begründung und Entwicklung einer neuen Erziehungswissenschaft*. Dieses Denken empfing seine ersten und stärksten Anregungen durch einige Vorträge, weit mehr jedoch in einem regen Gedankenaustausch über diese Fragen mit *Julius Ziehen*. Dadurch erhielt es seine Richtung auf eine „Volkserziehungswissenschaft", wie sie Julius Ziehen vorschwebte, und eine vorläufige Bindung an die Begriffswelt der deutschen Kulturpädagogik[1]. Das Erleben der Notzeit nach dem unseligen Kriegsende und die tätige Teilnahme am Kampfe gegen die Mächte der Vernichtung im eigenen Volke wie am Grenzlandkampfe zerstörten endgültig jeden Glauben an den „Kultur"menschen und an seine „Bildung", aber sie öffneten das Verständnis für „Volk" und „Geist", für die menschlichen Grundkräfte und vermehrten die Liebe zum Menschen.

Befreit von den Illusionen eines fortschrittgläubigen, vernünftigen, aufgeklärten und daher liberal„istischen" Zeitalters fand das Denken zurück zur Wirklichkeit und zum Menschen in dieser Wirklichkeit. Die besondere menschliche Wirklichkeit fand es durchwaltet und ausgeformt durch die *Erziehung als eine Funktion der Wirklichkeit*, die des Menschen „geistige" Seinsweise im Tathandeln für den Mitmenschen — diesen gesehen im Sinne des „Nächsten" — ausformt und den Menschen, eben und allein dadurch, frei *werden* läßt. Damals wurde der „Realismus" geboren, wie allgemeiner seit 1930 gesagt wird, und begannen das wissenschaftliche Neudenken, der Bruch mit dem Positivismus, dem Rationalismus und der voraussetzungslosen Wissenschaft[2].

Soll es unter Menschen anders werden, so wird ein ganz *neues Dienen* notwendig werden[3], d. i. ein neues Verhältnis Mensch zu Mensch als Grundlage des Zusammenlebens und Zusammenarbeitens der Menschen, angefangen im nächsten Kreise der Familie und Freundschaft bis zur höchsten Gemeinschaft des Volkes. Auf pädagogischem Gebiet bedeutet dies: Ernst damit machen, daß die Menschen, die sich in Schulstuben begegnen, in ihrem Verhalten zueinander, in ihrem täglichen Umgange miteinander anders werden, einfacher, wahrer, menschlicher. Daher bilden wichtigste Untersuchungen diejenigen über die erzieherische Haltung und über die Führung der Kinder und Jugendlichen[4],

---

[1] Vgl. m. Berliner Vortrag vom 12. Mai 1918 in: *Petersen*, Innere Schulreform und Neue Erziehung 1925. S. 22 ff., bes. S. 27 f.
[2] Vgl. die Allg. Erziehungswissenschaft I, 1924 (entworfen W.-S. 20/21) und den Erfurter Vortrag vom Januar 1926, erweitert als „Philosophie in erziehungswissenschaftlicher Beleuchtung", 1929, S. 31 f.
[3] Allg. Erziehungswissenschaft I, S. 165—169.
[4] Kopenhagener Vortrag vom April 1924: Der Lehrer als „Führer" im Unterricht, abgedruckt in „Innere Schulreform und Neue Erziehung", 1925, S. 253 ff., vgl. dort aus anderen Vorträgen und nachher die Seiten 70 ff., 284 ff. und Mainzer Vorträge über „Erziehung und Führung" vom Nov. 1925, abgedruckt in den von E. Feldmann herausgegebenen „Pädagogischen Antithesen", 1926, S. 73 ff.; die Zusammenfassung enthält der II. Teil der „Allgem. Erziehungswissenschaft" unter dem Titel „Der Ursprung der Pädagogik", 1931.

Fragen, an deren Klärung fortgesetzt gearbeitet werden muß, und zwar innerhalb der Schulpraxis selber.

Die Anwendung und seit 1920 ununterbrochene Erprobung der neuen erziehungswissenschaftlichen Einsichten innerhalb der Schulstuben hat zu ihrer fortschreitenden Festigung und Reinigung geführt. Darum sind sie nun auch auf das allerinnigste in diese Praxis selber hineingegangen. Die vorliegende „Führungslehre des Unterrichts" beweist auf jeder Seite *die Einheit der erziehungswissenschaftlichen Erkenntnisse und des neuen Schul- und Unterrichtslebens*, angefangen von Schulraum und Raumgestaltung bis zu den Fragen der Zucht, der Unterrichtsführung und der Gesinnung. Theorie und Praxis gehen Hand in Hand; denn es gibt nach dem Worte *Dörpfelds* in der Tat nichts Praktischeres als eine gute Theorie.

Der neue Dienst, den die *Lehrer* zu leisten haben, ist von Anfang an als „Führung" der Kinder und Jugendlichen bezeichnet worden, dieses Wort im Vollsinne genommen und damit zugleich als Absage an jede Spielform: an die romantische und sentimentale Verfälschung des „Vom Kinde aus", an die weichliche Auffassung von Kamerad und Freund[5]. Immer muß es das oberste Bestreben bilden, nicht die Wirklichkeit zu verfälschen, weil damit unfehlbar die erzieherische Funktion um alle Wirkung kommt.

Zum Schlusse noch ein Wort an den Leser. Bei der Abfassung dieser „Führungslehre" dachte ich besonders an zwei Gruppen von Lesern. Zuerst an solche, die bereits um die neue Schule ringen und neben die sich dieses Werk stellen möchte mit Hilfen, Anregungen und vielen Fragen. Sodann gingen die Gedanken immer wieder zu den Zehntausenden, die ebenso stark den Umbruch der Zeit empfinden und die damit unerbittlich gegebene Nötigung, ihr eine neue Schule zu bauen, die nun aber nicht oder nur ganz unvollständig in Verbindung mit den neuen Schulversuchen und ihrem erziehungswissenschaftlichen Denken leben können. Wie läßt sich ein Weg finden, der es ihnen leichter macht, sich in diese andersartige Schulwelt und Unterrichtstätigkeit, in eine wirkliche Unterrichtsführung hineinzudenken? Die beiden letzten Kapitel dieser „Führungslehre" sind gedacht als ein solcher Weg. Das vorletzte Kapitel setzt ein mit den verbreitetsten Ansichten der älteren pädagogischen Theorie und Praxis und zeigt, wo diese scheitern mußten und wo sie darum aufspringen, um die neue Theorie und Praxis hereinzulassen; das letzte Kapitel führt dann diese Gedanken weiter bis in die unmittelbare Gegenwart.

Ein anderer Weg, sich hineinzulesen, wäre der, mit Abschnitten über praktische Dinge zu beginnen und von ihnen her zur Prüfung der begründenden Teile überzugehen, um sich dann das Ganze zu erschließen.

---

[5] Innere Schulreform und Neue Erziehung, 1925, S. 70, 237 ff.; Ursprung der Pädagogik, S. 140 ff.

Die zweite Auflage

erscheint mit mehr als neunjähriger Verspätung in einer Zeit, die, aus der Not geboren, zu einer Demokratisierung des Schulwesens drängt. Die „Führungslehre" selber ist ein Kind der deutschen Schulreformbewegung der letzten Generation. Seitdem der Verfasser im Oktober 1912 Schriftführer des „Bundes für Schulreform" wurde, ist er ununterbrochen im Dienste der Schulreform tätig geblieben. In mehr als drei Jahrzehnten gingen dabei praktische Schularbeit und theoretische Besinnung Hand in Hand. So besteht die Hoffnung, daß dieses Werk in einem Augenblick erscheint, wo es dienen kann am Aufbau eines deutschen Schulwesens und einer Schularbeit, die an ihrem Teile mithelfen, Deutschland wieder einen ehrenvollen Platz inmitten der Völker zu erringen. —
Was die Benutzung dieses Werkes angeht, so sei auch hier verwiesen auf den letzten Absatz des Vorwortes zur ersten Auflage, auf die dort gegebenen Ratschläge
Für die umsichtige und hingebungsvolle Betreuung aller Autoren-Arbeit zur Fertigstellung dieser Auflage schulde ich meinem Schüler und Freunde, Herrn Dr. Herbert Ruppert-Hannover, meinen allerherzlichsten Dank.

Jena, den 1. Juli 1949.

Die dritte Auflage

wurde durchgesehen und an mehreren Stellen berichtigt, das Sachverzeichnis ergänzt. Die reich und vielgestaltig entwickelten Jena-Schulen sind für die Führungslehre des Unterrichts, damit im besonderen für die neue Technik der Pädagogik, von entscheidender Bedeutung gewesen und werden es auch fernerhin sein und bleiben. Deswegen möchte ich hier hinweisen auf den Abschnitt „Zur Entstehungsgeschichte des ‚Jena-Plans' ", den ich zum ersten Male der 15.—17. Auflage 1949 des sog. „Kleinen Jena-Plans", jetzt 18.—20. Aufl. 1951, S. 63—68, anfügte. Damit werden auch manche Kombinationen zu diesem Thema unnötig, jedenfalls schwieriger und maßvoller werden.

1. März 1951. *Peter Petersen*

Bei der fünften Auflage

wurden Druckfehler beseitigt und die Zitate überprüft. Außerdem wurden noch einige geringfügige Änderungen vorgenommen, die den gedanklichen Inhalt des Textes aber unberührt lassen.

Ostern 1955. *Else Petersen*

I. Kapitel

Die pädagogische Situation

1. Die Lage des Schulunterrichts als Ausgangsort für eine Führungslehre des Unterrichts

Die neupädagogische Bewegung drängte auch in Deutschland immer stärker zu einer Fortführung, ja zu einem Neubau der bisherigen „Unterrichtslehre". Denn es ist nicht mehr in erster Linie der Unterricht im engeren Sinne, der Schultag und Schuljahr ausfüllt und der allem, was zwischen Lehrer und Schüler geschieht, das Gepräge gibt, darum auch wieder so stark und eigenartig das Verhalten der Schüler untereinander bestimmt. Von allen Seiten ist das *Leben* in die Schulhäuser hineingedrungen, hat wohl hier und da einmal sogar eine Schule ganz überflutet und so den Kern des „Schulischen" gefährdet. Allein, die Volksgemeinschaft, deren Werkzeug die Schulen sind, hat im Laufe der letzten Generation so viele Dämme, Gräben und Neubauten innerhalb des Schulbezirkes erstehen lassen, daß bereits allen, die inmitten der neuen Arbeit gestanden haben und die heute am Werke mitbauen, der neue Koog eingedeicht erscheint und fertig, um nun im Rahmen der errichteten Bollwerke gegen Flutwellen und Stürme das Neuland abzumessen und darauf die Arbeit allgemein zu beginnen.

Unsere Schulwelt ist heute einfach nicht mehr die alte. Sie ist überall bereichert. Sollte das in der Innenarbeit, d. h. also in den eigentlichen Unterrichtsstunden der Mehrzahl der Schulen, nicht recht erkannt sein, so hängt das damit zusammen, daß im großen und ganzen doch noch mit den überlieferten methodischen Mitteln und den *ihnen* entsprechenden Mitteln der Disziplin gearbeitet wird. Schon äußerlich gesehen ist die Schule 1949 nicht mehr die von 1900. Und es bleibt unvermeidliche Tragik, die aus dem Gesetz alles Geistigen stammt, wonach auch im Geistigen auf Leben und Bewegung Erstarrung, Routine folgt, wenn in unseren Schulen tatsächlich noch so gearbeitet, unterrichtet, gelehrt wird und Schüler beurteilt und behandelt werden, als wenn nicht in den vergangenen Jahrzehnten ein Umbruch auf allen Gebieten erfolgt sei, wie es nur geschieht, wenn eine neue *Epoche* anhebt.

Vor einer Generation war die Schulwelt schlechthin *beherrscht* von „Stunden" und „Fächern". Es gab Schreibstunden, Rechenstunden wie Geschichtsstunden und Religionsstunden, Turn- und Singstunden. Von solcher Art, und so eintönig, waren die Situationen Tag für Tag, Woche für Woche und Schuljahr nach Schuljahr, in denen sich Lehrer und Schüler gegenüberstanden, um die den Schulen gesetzten Aufgaben zu lösen, die Lehrstoffe zu bewältigen. „Stunde" war der Name für die kleinste Unterrichtszeit und Unterrichtseinheit in den Schulen; zeitlich schwankte sie zwischen 40—45—50 Minuten. Alle Stunden beherrschte wiederum der „Lehrgang". Die Arbeit in ihr wurde *methodisch* gestaltet. Diese Methode wurde vom *Stoffe* und von der allgemeinen *Logik* her gewonnen. Das konnte, in große Zusammenhänge geordnet, so geschehen:

a) Man suchte nach *einer allgemeinen* Methode zur besten Darstellung, Erklärung, Erlernung und Einprägung der unterrichtlichen Aufgaben. Diese Idee einer Universalmethode gehört zu jedem Rationalismus als sein echtestes Kind[6]. Der Rationalist glaubt, daß das Leben „intellektuell" bestimmt ist und daß es darauf ankommt, die Gesetzmäßigkeiten aufzufinden und zu errechnen, möglichst in faßliche Formeln zu bringen, um danach die Wirklichkeit zu bestimmen, sie in die Hand zu bekommen, sie zu beherrschen. Das gilt genau so gut für die äußere wie für die innere Wirklichkeit, für Natur wie für Seele und Geist. Dieser Vorstellung liegt zugrunde die Überzeugung von der einen in allen Menschen gleichen allgemeinen Logik; sie sichert eine Methode des richtigen Vernunftgebrauches, die zu allen Zeiten und allerorten gilt. So faßte *Herbart* seine vier Stufen der Vielseitigkeit auf. In den *Ziller*schen Formalstufen erfolgte deren Mechanisierung, so daß sie nun für alle galten und an alles angelegt werden konnten: an Erdkunde und Gedichte, Musikstunde wie Religionsstoffe. Dieses rationalistische Denken blieb noch in der „Inneren Schulreform" seit 1900, die eifrig nach neuen Wegen in der Unterrichtsarbeit suchte, so kräftig, daß es diesen Bestrebungen versagt wurde, eine *neue* Schule zu schaffen. Selbst dort, wo bereits weltanschaulich und in den entsprechenden allgemeinen Begründungen, also den Worten, den Aufsätzen und Büchern nach, der Umbruch vollzogen war, entsprachen die Arbeit und das Verhalten in der Schulstube nicht dem neuen Geiste, sondern ganz und gar dem alten. Das gilt so gut wie restlos für alle, die sich zur „Arbeitsschule" bekannten. Auch daraus wurde eine Methode in der Hand des Lehrers, die er nun auf die verschiedensten Fächer übertrug. So kam es zu Handbüchern für Arbeitsschule im Musikunterricht und sogar im Religionsunterricht; ja, es gibt wohl keinen Stoff, kein Fach, das nicht „arbeitsschulisch" abgehandelt wurde, als man erst erfaßt hatte, wie es anzufangen sei, im Sinne der Arbeitsschule zu unterrichten. *Gaudig-Scheibner* stellten die allgemeinsten Stufen eines psychologisch wie ökonomisch logisch richtig aufgebauten und ablaufenden Arbeitsganges dar und übertrugen diesen auf die Schularbeit. Auch von der *Diltheyschule* aus wurde der Versuch ge-

---

[6] *Petersen*, Pädagogik der Gegenwart, 2. A., 1937, S. 21 f. und 65 f. zeigt, wie Descartes und Locke die Väter der Lernschule, ihres Methodismus und Stoffprinzips sind.

macht, die Dreiheit: Erleben, Verstehen, Gestalten im Sinne solcher „Lernstufen" auszubeuten. Man ließ z. B. die Schüler erst einen Abschnitt der Geschichte „erleben", drang dann zum „Verständnis" vor und ließ ihn darauf schriftlich oder mündlich, zeichnerisch oder dramatisch „gestalten", und so fort für alle anderen irgend für diese Methode greifbaren Stoffe.

Insofern sich der Mensch mit Vorteil des logischen Ganges auf den verschiedensten Gebieten tagaus, tagein bedient, ja sich ein gutes logisches Denken erwerben soll, steckt ohne Zweifel in diesem Rückgriff auf die allgemeine Logik etwas Richtiges. Es ist darin *ein* Weg enthalten, auf dem der Mensch auch lernt und lernen soll, aber das Suchen nach *der* rechten allgemeinen Methode überspannt einen richtigen Gedanken und führt zu einer gefährlichen Einseitigkeit, weil die Logik nun alles Leben vergewaltigt, auf Flaschen zieht und schablonisiert. Tausende von Handbüchern, die noch in Gebrauch sind, bezeugen das unwidersprechbar.

b) Neben dem Suchen nach der einen allgemeinen Methode geht immer gleichzeitig einher das Streben nach einer *facheigenen* Methode. Dieses Nebeneinander mag u. a. *Herbart* selber am besten bezeugen, der auch wiederholt sagte, „daß in gewissem Sinne jeder Gegenstand seine eigene Methode habe". *Diese* Erkenntnis wirkte sich im Ablauf der Jahre nach zwei Seiten hin aus:

1. Einmal in der Aufspaltung der Fächer. So wurde und wird im Stundenplan noch heute das Fach Deutsch vielfach aufgespalten nach: Sprachlehre, Lesen, Rechtschreibung, Gedichte, Aufsatz; oder Religion wurde und wird aufgeteilt in: biblische Geschichte, Bibellesen, Kirchenlied, Psalmen, Katechismus, Perikopen, statt mindestens jedes Fach um einen Mittelpunkt eng und warm zu lagern und von da aus die Einzelbetrachtungen anzustellen. Wiederum anerkennen wir, daß hinter dieser Aufspaltung ein ewig gültiger Grundsatz alles Unterrichtlichen steht, nämlich derjenige der „Isolierung der Schwierigkeiten" sowie des jeweils besonders zu Übenden. Nun aber ist daraus ein Grundsatz geworden, um aus einem und demselben Kernfache „Stunden" abzuleiten, die jetzt isoliert dastehen und — folglich — für sich erteilt, d. h. auch von einem anderen Lehrer als dem, der das Kernfach hat, gegeben werden können. Das führt zu einer unheilvollen Besonderung und hat den Stundenschematismus verhängnisvoll gefördert.

2. Das zweite wurde eine sorgfältige Untersuchung der sog. „facheigenen Struktur" und einer von da her abzuleitenden Methode. Solche Eigenheit konnte sich beziehen auf ein Teilgebiet eines Faches, etwa auf Einführung in das Kartenverständnis als Grundlage der Erdkunde oder in das physikalische Experimentieren als Teil des Naturkundeunterrichtes. Allein sie nötigte auch zu einer wirklich das Ganze des Faches ergreifenden eigenen Methode z. B. im Werkunterrichte, weil hier jene „allgemeine" Methode vollkommen versagte oder doch vom feinfühligeren Fachmann in all ihren Mängeln empfunden wurde.

Alle diese Bestrebungen und Arbeiten, an die jahrhundertelang so viel Kraft, Liebe und Hingebung gesetzt wurden, werden in ihren *berechtigten* Teilen erhalten bleiben müssen, aber sie werden fortan anders eingeordnet, auf ein engeres Gebiet beschränkt, und daraus wird bereits auch ihre neue Bewertung ersichtlich. Diese Umwertung ist aber die notwendige Folge der tatsächlichen Wandlung, welche sich seit 1900 in aller Schularbeit vollzogen hat. Diese ist bereits bedeutsam aufgeweitet worden durch die Aufnahme des Werkunterrichtes und, vielerorten, des Schulgartens, sowie durch das, was sich im Gefolge der verschiedenen arbeitsschulischen Theorien als Neuerung und Bereicherung der alten Schularbeit miteinstellte, wie reicheres Arbeitsmaterial, Heranziehung der Bibliotheken und Museen u. dgl. m. In gleicher Richtung wirkten das Lehrgespräch, die sog. freie geistige Schularbeit, die mannigfachen Formen des Gesamtunterrichts und die arbeitsteiligen Verfahren, ferner die Lehrspaziergänge, Schulwanderungen und Schulreisen nebst Schullandheim, die vermehrte Pflege des Dramatischen, das Schultheater, der Kinobesuch und das Schulradio; Gymnastik und Rhythmik; Volkstanz und Singkreise. Wohl zeigt die Literatur, daß auch hier stets die Mehrheit der Lehrer sich bemühte, das Neue methodisch einzufangen, und erst dann beruhigt war, wenn das Neue über den alten Leisten geschlagen war, allein alles zusammen hat wie ein Sprengstoff gewirkt, der die Schularbeit veränderte und die Schule als Ganzes vor neue Aufgaben stellte. Dies schon darum, weil die Fülle des Neuen dazu nötigte, sich um eine Ordnung und Planlegung zu bemühen, die dieses Neue *sinnvoll* umfaßte. Und um diese Sinndeutung und Sinnerfüllung mühen wir uns.

Alles jenes Neue, von dem wir soeben sprachen, steht innerhalb der Schulwelt nicht in erster Linie da um seiner selbst willen. Alles ist vielmehr eigenartig strukturiert, geformt durch die pädagogische und erzieherische Absicht, der es dienstbar gemacht wird. So ist die Situation einer Schulreise keineswegs dieselbe wie die einer Reise schlechthin, die eines Schulspazierganges nicht die des üblichen Spazierganges, und ebenso steht es mit der Singgemeinde, mit Unterhaltung, Gartenarbeit, Werkstatt usf. usf. Ein jedes wird eigentümlich verwandelt; es ist „so wie" und doch nicht so. Ja, es kommt gerade darauf an, daß es *nicht* ganz so ist. Also liegt in dem, was jene bekannten gewöhnlichen Lebenssituationen verändert, sie eigenartig einschränkt oder durchformt, gerade die Aufgabe des Pädagogen, eben das — Pädagogische.

Jede einzelne in die Schulwelt hineingezogene Lebenssituation ist aber wiederum in sich anders: eine Reise ganz anders als ein Spaziergang, Werkstatt als Gartenarbeit usw. Mithin ist es *das Pädagogische*, was in allen das Gemeinsame ist, was alle diese Situationen vereint, und nicht mehr die Methode oder Methodisches überhaupt. Der Dienstbezug, in dem alles steht, ist das Pädagogische. So wird jetzt *die Pädagogie, die Führungslehre des Unterrichts* — Unterricht im weitesten Sinne gemeint —, zu der wichtigsten Aufgabe der Gegenwart auf innerschulischem Gebiete, und erkennbar wird schon im Eingang dieser Lehre u. a. als die vordringlichste Aufgabe eines jeden echten Pädagogen das Studium des jeweiligen Situationscharakters, welchen er pädagogisch nutzen will. Der Pädagoge muß ein Wissen darum und ein Gefühl dafür entwickeln, was jeweils anders wird und wie man sich demgemäß als Pädagoge, d. i. ja als Führer der Schüler, zu verhalten hat. Also wird zur ersten Aufgabe: feinste Kenntnis der Grundstruktur und des eigentlichen Sinnes aller Situationen; denn nur dann kann es dahin kommen, daß sie bestens pädagogisch gedeutet und ausgebaut, pädagogisch geladen und geleitet werden. Aus diesem Grunde wird auch diese Führungslehre bestrebt sein, eine Anzahl praktischer Beispiele und Regeln zu geben, an denen Sinn und Taktgefühl für pädagogische Aufgaben im Unterricht geübt und verfeinert werden können. Die Zeit der Rezepte und der Schemata ist freilich endgültig vorüber.

Was hat sich eigentlich, tiefer gesehen, in unseren Schulen ereignet?

Wir sind im Zuge der Zeit, um einer reicheren und edleren Menschenbildung willen, zu den „Urquellen des geistigen Lebens" zurückgeführt worden, um unmittelbar aus ihnen zu schöpfen. Urquellen des geistigen Lebens nannte *Herbart:* Erfahrung und Umgang. Und in seinen Ausführungen darüber innerhalb der „Allgemeinen Pädagogik", die zu dem Schönsten gehören, das je über den Unterricht gesagt worden ist und gesagt werden kann, schildert Herbart den Unterricht als „Ergänzung" von Erfahrung und Umgang und entwickelt zugleich die Mängel und die Dürftigkeit allen Unterrichts, verglichen mit dem, was Erfahrung und Umgang bieten. Denn in diesen beiden Urformen werde gelernt im Einklang mit der „eignen Geistesbewegung des Lehrlings", mit dessen Zeitmaß und Tempo; hier wird verarbeitet die volle, freie, lebenserfüllte Anschauung, verarbeitet in Empfindung und Wahrnehmung, in Gedanken, Versuchen und Gestaltung. Und der Umgang mit anderen in ihrer persönlichen Gegenwart ist unvergleichlich wirksamer als mit geschichtlichen oder lebenden, aber im Schulraume nur beredeten Personen. Ganz anders weckt bei persönlicher Gegenwart eine Kraft die andere; die Gemüter werden unmittelbar tätig und kräftig bis in ihre Tiefen ergriffen; sie werden nicht nur für die Teilnahme an den Gefühlen anderer empfänglich, sondern *auch selber* gestärkt und gereinigt. Dieser lebensvollen Erfahrung und dem unmittelbaren Umgang mit anderen Menschen gegenüber hat der Unterricht nur seine Stoffetzen, nur Darstellung, meistens nur Schilderung des Fremden und nicht Gegenwärtigen. Er tritt ferner auf mit Anspruch und Zwang, um die — nun allerdings nicht zu entbehrende — *Ergänzung* zu Erfahrung und Umgang zu geben. Allein, wer das Geschäft dieser Ergänzung übernimmt, der darf bei der *Erziehung* Erfahrung und Umgang nicht entbehren wollen. Und deutlich warnte und mahnte der junge Herbart: „Es ist, als ob man des Tages entbehren und sich mit Kerzenlicht begnügen sollte!... Fülle, Stärke, individuelle Bestimmtheit für alle unsere Vorstellungen, ... Übung im Anwenden des Allgemeinen,

Anschließen ans Wirkliche, an das Land, an die Zeit, Geduld mit den Menschen, wie sie sind: dies alles muß aus jenen Urquellen des geistigen Lebens geschöpft werden"[7].

2. Begriffliche Erläuterung

Schon eine begriffliche Erläuterung der „pädagogischen Situation" verhilft zu einer vertieften Erkenntnis dessen, worum es in einer Führungslehre des Unterrichts geht. Da die Pädagogik nur eine Disziplin der umfassenderen Erziehungswissenschaft ist, so haben wir vom Begriffe der *Erziehung* her uns das Verständnis des Pädagogischen zu erschließen.

a) Erziehung ist und geschieht ebenso ursprünglich, wie sich das Leben und seine Funktionen vollziehen. Sie ist demnach funktionale Erziehung, und sie ist da vor aller Absicht zu erziehen, wie sie immer neben ihr da ist und wirksam bleibt. Erziehung ist eine Funktion der Schöpfung im Dienste der *menschlichen* Ordnungen. Sie gehört darum zum Sein des Menschen ursprünglich und unaufhebbar, nicht als etwas, das neben diesem Sein geschieht, sondern sie ist im Sein des Menschen mitgegeben, derart darin enthalten, daß das natürliche Menschsein ohne Erziehung seinen Sinn verliert, sich überhaupt nicht wesenhaft erfüllen und darstellen kann. Erziehung als solche Seinsgegebenheit ist näher diejenige Funktion des Seins, welche auf *Freiheit* und *Geist* im Menschlichen geht und eben darum einzig und allein auf den Menschen zielt, ja diesen erst zum Menschen im vollen Sinne macht. Deswegen gilt der Satz: Der Mensch wird zum Menschen nur durch Erziehung.

Immer zugleich war und ist pädagogisches Handeln, d. i. jenes menschliche Unternehmen, absichtlich und planvoll Kinder und Jugendliche zu erziehen und

---

[7] Heute, wo uns wieder die ganze Wirklichkeit des Schullebens in der alten Johann-Friedrichs-Schule Karl Volkmar *Stoys* in Jena bekannt geworden ist, wissen wir, daß er, der Pestalozzianer und Herbartianer zugleich war, wirklich eine Schulwelt im hellen Tageslichte aller Kräfte aus Erfahrung und Umgang aufbauen konnte. Denn in seiner Schule gab es neben dem üblichen Unterrichte, den er recht methodisch durchführen ließ, nun aber noch 1. das Turnen der ganzen Schulgemeinde als Gemeinschaftsturnen; Gartenarbeit in gebundener und in freier Form, verbunden mit Bastelarbeit; Wanderungen und die große Schulreise alljährlich; 2. die Schulfeste: Grundsteinfest, Weihnachtsfest, Turnfest, Wochenanfangs- und -schlußfeier; 3. nach der „Schulordnung" die 6 Arbeitsgemeinschaften: „Vereine" für Seelsorge, Turnen, Naturaliensammlung und botanischen Garten, für Bibliothek, Reise und Exkursionen, Musik; 4. die verschiedenen Konferenzen der Lehrer. Und dieser begnadete Pädagoge besaß die Gabe, jede der zahlreichen pädagogischen Situationen seiner Schulwelt in ihrer Besonderheit zu formen und auszuwerten. Ja, er selber war, ganz deutlich aus allen schriftlichen und mündlichen Berichten zu ersehen, in jeder Situation wieder ein anderer und gab sich dementsprechend ohne Pose, rein wirklichkeitsentsprechend. Und weil ihm darin seine Lehrer folgten, so beruhte darauf die schlichte, aber ganz gewaltige nachhaltige Autorität dieses Mannes und seiner Schule. Vgl. das fesselnde Werk von *Johannes Soldt,* Karl Volkmar Stoy und seine Johann-Friedrichs-Schule, Weimar 1934.

zu bilden. Es ist dies der menschliche Versuch, einer kosmischen Funktion ihre Wirkart und ihre Gesetzlichkeit abzulauschen, um nun von sich aus Menschen zu erziehen. Man will in die Menschwerdung rational eingreifen und nach einer *Idee* von Erziehung, meistens nur einer Idee, dem Bilde einer *Zucht*form von Menschen, erziehen, womit sich stets die Gefahr erhebt, daß dressiert, gezüchtet wird, statt zu erziehen.

Wie sich aber auch ein Mensch bemühen mag, der reinen und echten Erziehung in seinen planvollen Veranstaltungen nachzuahmen, so wird er doch in all seinem pädagogischen Tun niemals den Widerstreit versöhnen können, der ursprünglich, schöpfungsmäßig darin beschlossen liegt. Denn erstens ist ihm ja die im Grunde des Menschlichen treibende und bestimmende Erziehung letztlich doch entrückt, und dazu kommt nun noch zweitens die Wirksamkeit der *Lebenskraft* im Menschenkinde, d. h. jene Tatsache, daß unser Dasein, weil das lebender Wesen ständig vom Tod durchwaltet und ihm von der Geburt an verfallen ist, darum einen stetigen Kampf gegen diese Macht des Todes in ihm führen muß.

Wenn darum der Erziehungswissenschaftler es unternimmt, den Bezirk der Pädagogik abzugrenzen, dann legt er die Erziehungswirklichkeit in ganzer Fülle dar und zeigt den Ort auf, wo darin dieser Bereich des absichtlichen Erziehens, die pädagogische Sphäre, anhebt. Dabei zeigt er, wie sich in allem pädagogischen Handeln, auch in dem bester Gesinnung und reinster Haltung, doch die Irrationalität der Erziehungswirklichkeit behauptet und dennoch nachwirkt. Ja, es liegt so, daß nur dann, wenn dieses irrationale Moment des Erzieherischen wirksam *bleibt*, wenn es nicht durch technisch-rationale Veranstaltungen, durch erklügelte Ideen, Weltanschauungen und andere Denkgespinste erstickt wird, eine echte und wertvolle, den Menschen erhebende und ihn nicht nur bildende „pädagogische Situation" gegeben ist. Zugleich ist festzuhalten, daß überall, wo vom „Pädagogischen" gesprochen wird, dort stets ein *Mensch* oder ein Kreis von Menschen als Träger und Vertreter der erzieherischen *Absicht* mitgesetzt ist. Wo diese verschwindet, dort verfällt alles der unbewußt wirkenden, rein funktionalen Erziehung, so wenn wir sagen: die Landschaft, die Natur erzieht den Menschen, das Leid erzieht den Menschen, Kinder erziehen ihre Eltern, Menschen erziehen einander u. dgl. m.

b) Im zweiten Teile des Begriffes, in „Situation", stoßen wir ebenfalls auf irrationale Momente. Auch hier zuerst auf diejenigen, welche von der Seite des Lebens her stammen, etwa wenn wir Situation im Sinne biologischer Wissenschaft bestimmen als die „Gesamtheit der Reizfaktoren, welche ein Wesen nötigen, als eine Gesamtheit zu reagieren"[8]. In dieser Fassung ist Situation von der Seite der Gegenständlichkeit her genommen, der *gegenüber* wir als Subjekt Stellung zu nehmen haben, eben dadurch, daß wir als Gesamtheit, jeder

---

[8] Siehe „Der Kleine Jena-Plan", 1. Aufl. 1927, S. 38; 13./14. Aufl. 1946, S. 93; 18.—20. Aufl. 1951. S. 59.

einzelne als eine Ganzheit, reagiert. Solcher Begriff möchte genügen, wenn wir an reine Lernsituationen denken, etwa in einer Schule als reiner Unterrichtsanstalt oder beim Vorgange der Dressur; ob es sich dann um Menschen oder Tiere wie Katzen, Affen usf. handelt, ist belanglos. Und für solche *Lern*situationen möge man dann auch Tiere wie Menschen als Versuchsgegenstände wählen. Dennoch bleibt das richtige Empfinden zurück, daß diese rein biologische Bestimmung von Situation für die Unterrichtssituationen einer Schule als sozialer Einrichtung *menschlicher* Gesellschaft nicht genügt. Auch für *reine* Unterrichtssituationen innerhalb der Menschenwelt wird es notwendig, Situation noch von einer anderen Seite her zu betrachten.

Das volle Verständnis setzt erst dann ein, wenn wir den Blick auf denjenigen richten, der da reagiert. Wir sehen also auf den Menschen, der da *in* jener Situation beansprucht wird *und nun handelt*, und wir fragen jetzt, von welcher Art die Situation desjenigen ist, der nun *in* der pädagogischen Situation ist. Das führt uns zu *zwei* besonderen Betrachtungen: 1. Was ist das für eine Situation, in welcher ich als *Subjekt* einem Objekte gegenüber mich befinde und genötigt werde, zu reagieren? Das ist die Frage nach der Situation des Schülers *und* nach der Situation des Lehrers. Und 2. da wir es mit Menschen und Menschenkindern zu tun haben — was bedeutet Situation an sich für einen Menschen, *über die Aufspaltung Subjekt : Objekt hinaus?* Das ist wiederum die Frage nach der Situation des Lehrers wie nach derjenigen des Schülers, und zwar diesmal beider als „Selbste". Und die Beantwortung dieser zweiten Frage wird das ganz und gar Entscheidende sein und das Neue zugleich klären und erklären helfen, worum es in der Führungslehre im Grunde geht. Denn Ausführungen zur Frage 1., nämlich Erörterungen über die besondere Subjektsituation Objekten gegenüber, münden in geläufige und viel unternommene Betrachtungen, wie sie in Untersuchungen der kindlichen Aktivität und der Lehrertätigkeit zahlreich vorliegen. Allerdings erhellen die Darlegungen zur Frage 2., daß alle diese Forschungen wertvoller werden, ja erst dann bis in die tiefsten Zusammenhänge und letzten Erkenntnisse vordringen, wenn sie innerhalb einer wirklichen *pädagogischen* Situation angestellt werden. Das heißt, wir müssen über die psychologische und sozialpsychologische Betrachtung vorschreiten zur *existentiellen* Betrachtung des Subjektes; wir suchen alsdann den, der da reagiert oder handelt, in der Situation seines *Selbstseins* uns zu erhellen. Existenzielles Sein, Existenz haben kommt allein dem Menschen zu. Dieser ist innerhalb der Schöpfung in eigentümlicher Weise „herausgetreten" (existere). Er hat ein Selbst erhalten, ein eigenes Sein, dem kein Sein irgendwelcher anderen Wesen in der Welt entspricht. Der Mensch ist in der Schöpfung derart „herausgetreten", daß er nicht wie die übrigen Wesen in einem gleichströmenden, nahezu mechanisch ablaufenden Sein dahinlebt, sondern er kann, wie man treffend sagt, sein Leben irgendwie in die Hand nehmen, damit spielen, ja er kann sogar unmenschlich sein, kann tierisch werden, während das Tier stets in seiner Seinssphäre und Art verharren muß.

Wenn wir von Existenz sprechen, so meinen wir tiefer gedacht dieses: sie ist das, was nie Objekt wird, sondern „*Ursprung* ist, aus dem ich denke und handle, worüber ich spreche in Gedankenfolgen, die nichts erkennen; Existenz ist, was sich *zu sich selbst und darin zu seiner Transzendenz* verhält"[9]. Ich bin mir selbst gegenwärtig in noch einer anderen Weise als im Sein als Objekt und Subjekt, und dieses eben darum, weil ich Ursprung meiner selbst bin. D. h. es ist keineswegs alles entschieden, und zwar weder nach allgemeinen Gesetzen und im Grunde noch wegen der Endlosigkeit der Bedingungen, sondern „auf ganz anderer Ebene bin ich, was noch selbst entscheidet, was es ist". Dies ist das „Einheitsbewußtsein möglicher Existenz". Zuletzt liegt etwas allein an mir. Mögliche Existenz heißt: „Sein des Suchenden als solchen", das an sich selbst nicht da ist. Ich bin daher in der Erscheinung *mehr* als Erscheinung. Ich bin als mögliche Existenz unvertretbar, eben als „Ursprung für mich im Dasein". Und damit ist für mich gegeben eine „Möglichkeit, daß Freiheit des Wissens und des Handelns ist"; die „Möglichkeit zur Unbedingtheit". Damit hängt zusammen jene Verwunderung des Menschen über sich selber, daß er sich, sein Selbst, seinen Charakter, nie wirklich ganz kennt und daß er sich so oft und immer wieder die Frage stellen muß: „Wie konntest du das tun?", es mag sich um Gutes oder Böses handeln. Niemand kennt seine Grenzen, immer ist er noch fähig zu etwas Ungeahntem.

Die Erziehungswissenschaft, mithin auch ihre Pädagogik, beginnt mit einer Erziehungsmetaphysik und sucht die Erziehung in ihrer Beziehung zum Sinn des Seins und Geschehens zu klären[10], und da sie auf den Menschen abzielt, so ist sie ebenso genötigt, die Frage nach Sein und Existenz des Menschen vorerst zu beantworten. Damit hat sie von Anfang an mit aller positivistischen Wissenschaft, mit der alten Fachwissenschaft und ebenso mit aller in diesem Sinne „voraussetzungslosen" Wissenschaft gebrochen. Sie wird damit in einem neuen Sinne zugleich Erziehungslehre. Darin ist sie eins mit der norddeutschen realistischen Philosophie unseres Zeitalters.

Blicke ich mit ihren Augen auf mein *Dasein,* so bin ich immer in Situationen, d. h. ich stehe nicht vor der konkreten Wirklichkeit oder in ihr als *einem* großen, nach allen Seiten hin zerfließenden Ganzen, sondern, bildlich gesprochen, in Gewebeteilchen der einen Wirklichkeit[11], d. h. eben in Situationen. Eine jede ist „Wirklichkeit für ein an ihr als Dasein interessiertes Subjekt", und eine jede bedeutet *Einschränkung* oder *Spielraum* für das betreffende Subjekt, Vorteil oder Schaden, Chance oder Schranke[12]. Wir sind als Dasein also immer in Situationen. Aber „ich bin weit entfernt, die Situationen, in denen ich faktisch bin, zu erkennen. Ich weiß sie vielmehr nur im Schema verschleiert, als typisch allgemeine oder nur einige Seiten der Situation, nach deren Kenntnis ich handle, während ein weiterschauender Beobachter oder ich selbst nachträglich

---

[9] *Karl Jaspers,* Philosophie. 1932. I. S. 15. [10] *Petersen,* Ursprung der Pädagogik, 1931, S. 14 f. [11] a. a. O., S. 65 ff.: Beziehungen und Gebilde. [12] *Karl Jaspers,* a. a. O. II. S. 202; s. auch zum Folgenden S. 202 ff.

die Situation in größerem Umfange, wenn auch nie die ganze mit allen ihren Möglichkeiten, übersehe und die oft unerwarteten Folgen meines Handelns daraus begreife. *Situationen bestehen, indem sie sich wandeln.*"

Diesen Wandel kann ich in Teilen selbst herbeiführen, dadurch daß ich Situationen *schaffe*, im technischen, politischen und vor allem im *pädagogischen* Handeln. Ich bin auch niemals, zahlenmäßig, in nur einer Situation, sondern ständig in Situations*zusammenhängen*. Jeder Versuch, wissenschaftlich die Regeln dieser Zusammenhänge festzustellen, kann sie mir doch nicht ganz bewußt machen, „weil das *Bewußtsein* von ihnen die Situation und damit jene Regeln selbst wieder ändert, indem es als ein neuer Faktor in die Situationsgestaltung eintritt". Mit jeder bewußten wissenschaftlichen Betrachtung oder Bearbeitung einer Situation bin ich bereits in einer neuen; ich kann gar nicht anders, als ständig in eine andere Situation eintreten. Deswegen ist die Wirklichkeit eines einzelnen Menschen für *Erkenntnis* in der Zeit unausschöpfbar. Also sind auch alle jene Versuche, die Schulwelt, die Schüler und Lehrer nach Tätigkeit und Persönlichkeit psychologisch, sozialpsychologisch usf. aufzunehmen und zu deuten, nichts weiter als eine freilich nicht ganz bedeutungslose, doch stückhafte Betrachtung, die allerdings dort gefährlich wird, wo sie sich anmaßt, das pädagogische Tun zu bestimmen, statt sich ihm bescheiden dienstbar zur Verfügung zu stellen. Die Notwendigkeit eigener, nämlich *pädagogischer Tatsachenforschung* erhellt[12a].

Jene Tatsache, daß ich immer in bestimmten Situationen bin, ist nun an sich von höchster Bedeutung; denn sie drückt etwas aus, das auf mich als mögliche Existenz geht. Bin ich nämlich immer in Situationen, so als mögliche Existenz im Dasein ständig in *Grenzsituationen*. Grenzsituationen aber sind solche, die mit dem Dasein selbst sind, die sich *nicht* wandeln, sondern nur in ihrer Erscheinung ändern. Dazu gehört z. B. außer dem eben Genannten, daß ich immer in *bestimmten* Situationen bin, ferner, daß ich nicht ohne Kampf und Leid leben kann; daß ich unvermeidlich Schuld auf mich nehme; und daß ich sterben muß. Damit, daß ich immer in bestimmten Situationen bin, ist im besonderen alles das bezeichnet, was ich die Bestimmtheit und Enge, die Einschränkung und die Gebundenheit meines Existierens nenne.

Mit der Betrachtung dieser Grenzsituationen sind wir nun in der echtesten und reinsten Sphäre des Mensch-Seins angelangt und sehen den Menschen auch diesen Grenzsituationen gegenüber völlig anders reagieren als den absichtlich hergestellten Situationen gegenüber. Denn — jenen gegenüber nützen Pläne und Berechnungen ganz und gar nichts. Hier ist nichts gegenständlich gegeben, kein Arbeitsfeld für meinen Verstand oder meine Geschicklichkeit, meine Schlauheit und Körperkraft: ich kann mich dem Daseinskampfe nicht entziehen

---

[12a] *Peter* und *Else Petersen*, Die pädagogische Tatsachenforschung, I. Von der Lehrprobe zur pädagog. Tats.-forschg.; II. Die Methoden der pädagog. Tats.-forschg.

und auf eine Insel der Seligen flüchten oder unmittelbar vor das Angesicht Gottes treten, nähme ich auch Flügel der Morgenröte und flöge ans äußerste Meer; kein Kloster, kein Winkel des Weltalls verbärge mich. Ebensowenig kann ich Kampf und Leid ausweichen, mich schuldlos halten oder dem Tode entrinnen. Gewiß möchte der Mensch in seiner Ichsucht sich zurückziehen in der Meinung, so sich selbst zu behaupten, aber dann wird er zugleich unwahrer, sein Leben und Selbst unwirklicher, ja er wird gerade dann an der Gemeinschaft schuldig, aus der allein er sein Leben hat und gewinnen kann.

Auf Grenzsituationen kann ich nicht mit Plan und Berechnung reagieren, sondern ich antworte mit einer „ganz anderen Aktivität: dem Werden der in uns möglichen Existenz; wir werden wir selbst, indem wir in die Grenzsituationen offenen Auges eintreten". Darin besteht ihre ungeheure Bedeutung für den Menschen! Erfahre ich wirklich wahrhaft und ganz Grenzsituationen, so bedeutet das einen „Aufschwung des Seins in mir". Ich begegne mit dieser Aktivität der Angst oder dem Trotz, mit denen mein existentielles Bewußtsein auf die Erfahrung solcher Grenzsituationen antwortet. Ich bleibe nicht betroffen, z. B. darüber, daß es keine absolute Freiheit gibt, oder über das Rätsel, daß ich täglich erfahre, wie „ich abhängig bin von einem Sein meiner Selbst, das ich nicht absolut in der Hand habe" und das ich meinen Charakter nenne; über den Schauder beim Gedanken an die Unentrinnbarkeit des Todes, sondern: ich *wähle und ich entscheide*; ich entschließe mich, im Dasein ich selbst zu sein[13]. Ich ertrage als Selbstsein nicht die Möglichkeit der Unfreiheit[14], und so wird *durch meine Tat Freiheit*[15]. Mag ich auch schaudern davor, daß keine Tat rückgängig gemacht werden kann; es muß entschieden werden; denn entscheide nicht ich, so wird über mich entschieden. Auch Flucht und Ausweichen täuschen mich nur über die wahre Situation; denn sie bewirken allein, daß eben über mich entschieden wird. Der Mensch aber, welcher alle diese Grenzsituationen wirklich erfährt, wagt die Entscheidung und gewinnt dadurch Existenz in einer „Aktivität, die sich ihr eigener Grund ist"[16], und er bekundet der Wirklichkeit gegenüber eine rein *realistische* Haltung.

Der Mensch realistischer Haltung ist kein Pessimist dem Menschenwerk und dem Sein gegenüber, sondern er lebt in seinen Entscheidungen mutig und ehrlich; er selbst stellt sich dem Geschehen und den Menschen, ohne auszuweichen, ohne fliehen oder verzagen zu wollen. Er ist selbstverständlich alles andere als ein sorgloser Optimist, gar ein Illusionist, vielmehr bestimmt illusionsfrei, aber ebenso wenig Idealist im Sinn der vulgären Transzendentalphilosophie und ihrer Auffassung vom Menschen als eines auf Freiheit gestellten Wesens[17]; er unternimmt es nicht, die Lehre vom Gottmenschen frech umzudrehen und gegen

---

[13] *Jaspers* a. a. O. II., S. 181.
[14] S. 189.
[15] *Petersen*, Ursprung d. Päd., S. 120—134: Freiheit.
[16] *Jaspers*, a. a. O. S. 197.
[17] *Petersen*, Pädagogik der Gegenwart, 1937, S. 58 ff., 71 ff.

Gott die Verwandtschaft aufzuspielen, sich auch nur in etwa als Göttlichkeit zu schminken (Kierkegaard). Denn er hütet sich vor jener pharisäerhaften Selbstgerechtigkeit, die in harter und seelenkalter, herzloser Weise die Mitmenschen behandelt. Andererseits begibt er sich auch nicht auf die Flucht vor Gott hinein in Haß oder kühle spöttische Gleichgültigkeit, in die Romantik oder Spekulation und läßt wiederum dies dann immer seine Mitmenschen entgelten. Denn in unserem Verhalten zum Mitmenschen offenbart sich hell und deutlich immer, wie unser Verhältnis zu *Gott* ist. Der realistisch bestimmte Mensch ist Zeit seines Lebens auf der Suche nach Gott, und er weiß sich völlig in die Hand Gottes gegeben und seinem Willen überliefert, aber vertraut auch seiner Führung kindlich fest.

3. Bestimmung der pädagogischen Situation, Folgerungen

Als Ergebnis der voraufgehenden Betrachtungen setze ich nunmehr an die Spitze des Folgenden eine Bestimmung der pädagogischen Situation, die es dann weiterhin zu klären gilt.

Pädagogische Situation ist

	a.	b.	c.
1.	ein problemhaltiger *Lebenskreis* von Kindern oder Jugendlichen um einen *Führer*,	Umweltgestaltung	Führung des Unterrichts
2.	von diesem in *pädagogischer Absicht* derart geordnet,	Spannung	
3.	daß jedes Glied des Lebenskreises genötigt (gereizt, aus sich herausgetrieben) wird, *als ganze Person* zu handeln, tätig zu sein.	Übernahme	Führung im Unterricht

a) Die pädagogische Situation ist ein Lebenskreis um einen Jugendführer

Jede pädagogische Situation ist ein echter lebensvoller Menschenkreis, ein „Lebeganzes", wie *Fröbel* sagte. Sobald sich darum das erziehungswissenschaftliche Denken, seinerseits geschult und neu geordnet auf Grund sorgfältigster Beobachtungen und Forschungen innerhalb der realen *Schul*welt in umfassendem Sinne der Frage einer Neugestaltung des bestehenden Schul- und Unterrichtswesens zuwandte, mußte es auf das *Ganze* dieses Fragekreises gerichtet sein. Nichts war vor ihm gering und unwichtig, im Gegenteil, es bestand von vornherein die Überzeugung, daß es auf jede Einzelheit als Teil eines unaufhebbaren, in sich verwobenen Lebensganzen ankommen müsse, wenn das Ganze nicht seine pädagogische Wirkung verfehlen solle. Die Farben der Wandflächen wie der Wandtafeln, die gesamte Einrichtung des Schulraumes bis in die letzten Einzelheiten hinein ebenso gut wie das Schulgebäude, der Schulhof usw. —, alles mußte der pädagogischen Sinngebung unterworfen werden, während es bisher rein didaktisch und daneben noch hygienisch, aber in einer höchst unvollkommenen Vereinigung beider Gesichtspunkte, betrachtet und gestaltet worden war. Überwiegt doch der unterrichtliche Gesichtspunkt derart noch heute den hygienischen, daß man jenem zuliebe die Kinder einer Schulklasse in einer aller gesunden körperlichen Entwicklung widersprechenden Weise in ein starres Banksystem preßt. Je kräftiger sich der pädagogische Standpunkt im Schulwesen durchsetzt, desto schneller wird auch eine vollkommene Änderung im Schulbau und in der gesamten Schuleinrichtung Platz greifen.

Bis dahin kennzeichnet es aber den Anfang des neuen Denkens in der Schule, wenn mit der neuen Raumgestaltung ernst gemacht und als erste Frage diese gestellt wird: Was können wir aus dem gegebenen Raume, Hause, Schulhof und Garten machen, um den pädagogischen Forderungen zu genügen? Welch eine hohe Zahl von Schulen ist bereits auf diese Weise umgestellt worden und bezeugt es, wie die pädagogische Liebe zur Jugend erfinderisch macht und ungeahnte Kräfte des Guten in Lehrern, Eltern und Schülern wachruft. Andererseits bildet der Einwurf, diese Dinge seien etwas Äußerliches, wenig Wichtiges, den unwiderlegbaren Beweis dafür, daß überhaupt noch nicht begriffen worden ist, worum es im Kampfe um die Neue Schule der Volksgemeinschaft geht. —

Dieser Lebenskreis ist problemhaltig, d. h. voll verdeutscht: er enthält Fragen die Fülle. Damit sind nicht Fragen gemeint, die nur oder auch nur in erster Linie der Lehrer stellt, indem er fragt oder zeigt u. dgl., sondern die Gegenstände, menschlichen Verhältnisse, Geschehnisse, Entwicklungen, Verwicklungen, kurz alle Beziehungen innerhalb dieser planvoll gestalteten Welt tragen einen natürlichen oder einen absichtsvoll verstärkten Aufforderungscharakter: „Bitte frage mich! Tu dies oder das mit mir! Was bin ich? Was kannst du mit mir tun? Wie heiße ich? Magst du mich?", und hundert Fragen dieser Art mehr.

Die Kunst, eine solche Welt unter *pädagogischem* Gesichtspunkte aufzubauen, ist nun deswegen von so entscheidender Bedeutung, weil *nur* dadurch, daß einem Menschen etwas zum Problem, also wirklich fraglich, d. i. gleich einer Frage wird, dieses Etwas, ein Mensch, eine Sache, ein Verhältnis usw., ganz allein Anlaß zu *neuen* Einsichten, Erkenntnissen, zu neuem Können und damit zu einem bildenden und darüber hinaus vielleicht sogar zu einem erzieherischen Wert für das Menschenkind wird. Wo dieses eintritt, dort ist wiederum der Situationsbegriff auch insofern ganz erfüllt, als das Kind, der Jugendliche als *gesamte* Persönlichkeit beansprucht wird; jeder muß sich als Gesamtheit einsetzen, um die Frage zu lösen.

Mit diesem Ansatz haben alle angewandte Erziehungswissenschaft und alle Pädagogik heute eine ganze Wendung der bisherigen Praxis gegenüber vollziehen müssen. Vor allem werden die Stellung des Führers und die

Notwendigkeit wie die Eigenart der *menschlichen* Beziehungen innerhalb jeder echten pädagogischen Situation gesehen. Zu ihrer Begründung ist stets der Gegensatz von reiferen und weniger reifen Menschen erforderlich, und zwar als ein *wirksam* werdender Gegensatz. Erziehung zwar geschieht. Sie geschieht auch durch die Natur unbewußt. Doch deckt jede gründliche Analyse der erzieherischen Situation eine *geistige*[18] Überlegenheit des in ihr jeweils führenden Menschen auf. Es gibt also Situationen, in denen z. B. das *Kind* die höhere Geistigkeit bekundet und damit im Verhältnis der Wechselwirkung, in dem es mit erwachsenen Menschen steht, den machtvolleren Einfluß ausübt. Diese Möglichkeit fehlt ebensowenig in der absichtsvollen Erziehung, also im pädagogischen Handeln. Und wir blickten bereits in Hunderten von neuen Schulen hinein in die Fülle dieser Möglichkeiten, welche die überlieferte Schule nicht sehen konnte, weil sie intellektualisiert ist und dem Geistigen keinen nennenswerten Raum zur Entfaltung gibt. Darum begegnet auch der neue Erzieher gerade so starken Zweifeln, wenn er von der natürlichen Kraft zum Guten und Schönen im Kinde zeugt und von ihr aus das Zusammenleben in Schüler- wie Schulgemeinschaft so aufgebaut wissen will, wie er es selber schon mit reichstem Gewinn und Erfolg tut.

Die pädagogische Situation erfordert nun das *Wirksamwerden* jenes Gegensatzes von Zögling und Erzieher, von Schüler und Lehrer, von reiferem Schüler und weniger reifem Schüler. Zum Ersten deswegen, weil nur dann ein „Bildungsgefälle" (O. Kroh) zustande kommt. Die nur beobachtende Hospitantin eines Kindergartens, gar verbannt auf die Tribüne eines modernen Montessoriheimes, die Beobachter, hinter der Glaswand den Schülern unsichtbar verborgen, sie alle bilden kein Stück der pädagogischen Situation; denn die Kinder nehmen von ihnen keine Notiz; sie werden nicht irgendwie in ihre Arbeit, in ihr Streben nach Belehrung, in ihr Spiel, gar in ihr Gemeinschaftsleben mit hineingezogen. Freilich zum Zwecke wissenschaftlicher Beobachtung pädagogischer Situationen mag es nötig werden, den Beobachter so einzuordnen, daß er nahezu in ihr verschwindet; und in einer lebendigen Schülergruppe müssen besondere Maßnahmen getroffen werden, um dieser wissenschaftlichen Forderung zu genügen.

In keiner Weise trifft aber dies Verschwinden in der pädagogischen Situation auf den Pädagogen selber zu, und es hat nichts Falscheres, Unpädagogischeres geben können als die Ansicht *Gaudigs* und seiner Anhänger, der Lehrer müsse sich überflüssig machen. Nein, der Lehrer ist und bleibt konstitutiv für seine Gruppe. Ja, im Gegensatz zur überlieferten Schule *muß* er hier *Führer* sein, oder alles bricht zusammen[19]. Das ist gerade das Unpädagogische und Gefährliche in der alten Schule, daß der Lehrer, gar in den großen Schulkörpern, nichts von einem Führer zu sein braucht, weil ihn die Außenveranstaltungen der Zucht: Direktor, Kollegen, Strafkanon, Versetzungs-, Prüfungs- und Berech-

---

[18] Was unter „geistig" verstanden wird, s. u. S. 226 f.
[19] Siehe *P. Petersen*, Innere Schulreform und Neue Erziehung, 1925, S. 237.

tigungswesen stützen und ihm auch dann Macht über seine Schüler sichern, wenn er persönlich nichts Besonderes enthält oder aufbietet, das ihm Einfluß verschafft und sichert. Nein, ohne den Pädagogen als den geistig reiferen Führer kommen Zögling und Gegenstand nicht in eine Beziehung, welche den Namen Schule im Vollsinne verdient.

Die in den Dienst der pädagogischen Absicht gestellte Geistigkeit des Lehrers ist nun auch hineingelegt in die Raumgestaltung, die Arbeitswelt, in Lehrbücher und Lernmaterialien, in die disziplinierende Ordnung, einfach dadurch, daß der Führer der vorausschauende Organisator kindlicher Energien ist und erwartungsvoll, mit der Spannung des verantwortlichen Steuermannes jedem neuen Arbeitstage und dem Erleben, das er bringt, entgegenblickt. Allein dies ist noch nicht das Entscheidende. Es kommt vielmehr darauf an, daß jener „wirksame" Gegensatz, der wirkliche, wirkkräftige menschliche Gegensatz vorhanden ist. Das ergibt erst die wahre *pädagogische Spannung*, und es besteht nun in dieser Menschengruppe *Autorität* als Ausfluß erzieherischer Macht, die in aller Pädagogie eingeschlossen ist. Diese im Erwachsenen, schon als dem reiferen Menschen, ruhende, von ihm ausstrahlende Macht hat freilich nichts an sich von der zwingenden Kraft des kühlen Gesetzes, aber sie schafft zwischen Zögling und Erzieher die unbedingt erforderliche, die pädagogisch richtige Spannung und *Distanz*. Mag es auch außerordentlich schwer sein, die Art dieser Distanz zu beschreiben, verwandt ist sie sicher dem mit Ehrfurcht gepaarten Treueverhältnis, und am besten wird sie als „Autorität in Funktion" bezeichnet, weil der sich Unterordnende und Einordnende dabei die Berechtigung als *naturhaft geboten* fühlt und anerkennt und sie darum unvermeidlich bejaht. Aber es gibt keine Erziehung, auch nicht die unbewußte, ohne ein den anderen irgendwie Zwingendes. Nur der und das macht mich frei und wirkt mit zu meiner Vergeistigung, meiner Menschwerdung, der und das mir autoritativ wird; d. h. nicht Gewalt antun, vergewaltigen; denn das erzeugt aller Orten und in allen Formen nur einen Widerstand, der mich dem andern verschließt, müßte auch dieser Widerstand nach Möglichkeit verborgen gehalten werden — ja dann nur um so schlimmer! Nein, es muß bei meiner Einordnung und Unterordnung in mir das Gefühl bestehen bleiben, daß ich mich dadurch erst in meinem Wesen und Sinn erfülle und daß demnach meine Freiheit gewahrt bleibt. Wo das der Fall ist, dort strömt der Mensch gleichsam hinüber in etwas, das ihm ist wie Ruhestatt, Heimat, Zuhausesein seines Besten, seines persönlichen Lebens im andern. So ruht ein Kind in seiner Mutter; so spielen und schaffen die Kinder im Kindergarten echten Fröbelschen Geistes um die Kindergärtnerin herum; so lebt und arbeitet ein Schüler unter dem rechten Pädagogen. Der sich Unterordnende bejaht darum auch jene Distanz, weil er an dem Menschen, der ihm Autorität geworden ist, etwas Höheres verehrt, achtet und schätzt. Er will ihn gar nicht auf gleicher Stufe mit sich haben, ihm gleich sein[20].

[20] *Petersen*, Ursprung der Pädagogik, 1931, bes. die Kapitel über Autorität, Disziplin und Autonomie, Macht und Zwang.

Dieser Lebenskreis ist voll und ganz auch „Wirklichkeit für ein an ihr als Dasein interessiertes Subjekt". Damit ist jede pädagogische Situation für das Subjekt also Spielraum oder Einschränkung, Vorteil oder Schaden, Chance oder Schranke. Und: *es kommt darauf an,* daß in ihr *gehandelt* wird. Wahl und Entscheid *müssen* erfolgen. Die richtige, bzw. die zweckmäßige Tätigkeit muß geschehen, *aber* vor allen Dingen viel mehr als dies, nämlich auch die *echte* Tätigkeit des Menschenkindes, d. h. diejenige, durch welche es zum Selbst-Sein gelangt. Denn es darf doch nicht nur oder auch nur wesentlich allein um das Handeln gehen, sondern es geht um den *Menschen,* der da handelt. Auf den Menschen im Schüler zielt alles pädagogische Tun ab. Auf diesen Menschen nach allen Seiten: als Mitmenschen und Bruder, als Staatsbürger und als dereinst berufstätiges Glied seines Volkes. Nur von dieser Einstellung aus vermögen wir es, die alte Forderung nach Selbsttätigkeit in der Schule zu begründen und zu rechtfertigen, und verfallen wir nicht mehr einer individualistischen Auffassung vom Selbst.

Jede einzelne pädagogische Situation hat zunächst auch, wie jede bestimmte Situation, die Merkmale der Enge und Bedingtheit usf., aber dem Schüler wird sie mehr als das; sie nimmt den Charakter einer *Grenz*situation an. Aus zwei Gründen: einmal deswegen, weil der Schüler lange Zeit kein Bewußtsein besitzt, das ihm das Ende der pädagogischen Situation im voraus kräftig anzeigt, ihm den Schluß im voraus erlebbar macht; dann vermöchte er, wie es der Erwachsene, auch der reifere Schüler, etwa auf der Oberstufe höherer Schulen kann, dies Erlebnis in die alltägliche Schulzeit mit hineinzunehmen und deren Ablauf sich zu erleichtern, innerlich zu wandeln, indem er sich sagen könnte: dann und dann ist sie vorüber, und es wird nicht ewig dauern, was du nun erlebst und zu tun hast. Wo allerdings diese Auffassung so weit geht, daß sie dazu dient und verhilft, sich über die Schule, deren Leben und Arbeiten hinwegzusetzen, dort ist die pädagogische Situation vernichtet; denn sie ist um alle erzieherische Wirkung gebracht und vermag höchstens noch formal-bildende Kraft auszuüben.

Den Grenzcharakter behält sie jedoch stets darum, weil der Schüler und Zögling die pädagogische Situation *erleiden* muß. Er kann sie nicht herbeiführen und selber schaffen; das tun andere für ihn; sie kommt über ihn eines Tages, und er kann ihr innerhalb der heutigen Kulturstaaten nicht entrinnen. Der idealste Lehrer, die bekümmertsten Eltern können dieses „Erleiden" nicht aus der Welt schaffen. Daraus folgt nun aber eine höchste Verpflichtung aller verantwortungsvollen Kreise. Die Schaffung pädagogischer Situationen muß stets ein echtes *fürsorgendes* Tun sein. Der Pädagoge muß sich ganz und gar seines *stellvertretenden* Tuns bewußt bleiben. Er muß wissen, die von ihm herbeigeführten und durchgestalteten Situationen sind seinen Schülern Schicksal. So ist er ja auch selber als der Mensch, welcher er ist, mit seinem Sein und Handeln seinen Schülern Schicksal[21].

---

[21] Vgl. das Kapitel über „Die erzieherische Haltung" im: „Ursprung der Pädagogik". S. 134—148.

Wir rühren mithin in der *echten* pädagogischen Situation an das Geheimnis der Verbundenheit der Menschen untereinander; an das Geheimnis höchster Realität, weil es das ist, in dem jeder von uns lebt, da wir ständig Leben und Sein vom andern her empfangen[22]. Und wo immer wir menschliche Gemeinschaft finden, Menschen, die selbstlos füreinander da sind und tätig sind, wie sie am schönsten in der Gemeinschaft von Mutter und Kind als reinstem Urbild allen Erziehens gegeben ist, dort ereignet sich Erziehung. Somit kann *nur dort* eine pädagogische Situation rein und echt der Erziehungsidee gemäß entstehen, wo dem zwischenmenschlichen Geschehen und einer wirklichen Gemeinschaftsbildung Raum gewährt ist. Nirgends anders öffnet sich auch ein Mensch dem andern, kommt es zur Zwiesprache zwischen mir und dir und erheben sich die Liebeskräfte, alle miteinander zu umfassen, zu betreuen und einzutreten einer für alle, alle für einen. *Die pädagogische Gruppe ist darum auch weit mehr als eine soziale Gruppe,* und das Geschehen von Schüler zu Schüler, überhaupt von Mensch zu Mensch in solcher pädagogischen Gruppe ist nur teilweise und nicht seinem Feinsten und Bedeutendsten nach mit dem Worte „sozial" bezeichnet. In der *echten* Gemeinschaft wirken sich nun auch erst jene irrationalen Kräfte aus, die nur intuitiv erfaßt werden; wir sehen deswegen in der pädagogischen Situation fest ineinander verwoben: intuitives Erleben und Gestalten mit planvollem Steuern, Irrationales mit Rational-Technischem.

Von diesen Ausführungen her empfangen u. a. alle unsere Untersuchungen über die besten Formen der Gemeinschaftsbildung in den Schulen, über die Gruppenbildung und vor allem darüber, wie den zerstörenden Kräften der Massenbildung und Mechanisierung des Kindes und Jugendlichen begegnet werden kann, ihren Auftrag und ihre Begründung.

b) Die pädagogische Situation ist ein Umkreis besonderer Spannungen aus den drei Wirklichkeiten: Gott, Natur und Menschenwelt

Die pädagogische Situation ist voller Fragen an das Kind, allein dies nicht schlechthin, sondern sie enthält eine besondere *Spannung* in allem, *was* in ihr zum Problem wird. Denn es wird eben nicht alles, auch nicht alles schlechthin so, wie es ist, ferner nicht immer zum Problem, zu einer wirklichen Aufgabe. Um ein äußerliches und dennoch bezeichnendes Beispiel zu nehmen: der im Gruppenraum befindliche Ofen wird nur selten zum Problem, aber er kann es werden, ja, er wird es, sobald die Frage auftaucht, wie in ihm Holz und Kohle verbrennen und wie es kommt, daß er das Zimmer wärmt usf.; in gleicher Weise sind Stühle, Schränke und Tische, das Türschloß u. a. m. da. Dies alles wird nur dann in die pädagogische Situation hineingezogen, wenn es einem Spannungsbereiche eingegliedert wird, und in gleicher Weise kann der Hospitant einbefaßt werden. Es charakterisiert also die pädagogische Situation, daß in ihr ganz besondere Spannungsverhältnisse bestehen, und diese gehen alle zurück auf die

---

[22] *Petersen*, Pädagogik der Gegenwart, 1937, bes. S. 47—58, 120—128.

pädagogische Absicht, die sie begründete. Es ist jemand dagewesen, oder es hat sich jemand besonders miteingeschaltet, der den natürlichen Lebenskreis verwandelt hat, nämlich der Pädagoge. Im Kapitel über die „Arbeitsmittel" wird gerade dieses Tun und Verhalten an einem Beispiel bis ins Einzelnste näher ausgeführt[23].

Das Kapitel über die Spannungsverhältnisse tritt recht eigentlich an die Stelle des älteren über die Materie, Form und Stufen des Unterrichts. Darin sind für jede Zeit ständig wiederkehrende Fragen enthalten nach dem, *was* denn eigentlich wesentlich in den Unterricht, überhaupt in eine Schule hineingehöre und was nicht. In den letzten Jahrzehnten ist vor allem erfahren worden, daß viel, viel mehr pädagogisch wertvoll in den Schulen verwendet werden kann, als man ehemals annahm. Wir haben gelernt, die „Urquellen des geistigen Lebens" weit reichlicher auszuschöpfen, als es früher möglich oder statthaft erschien. Ja, heute stehen wir weit eher vor der Frage, wie *beschränken* wir die Fülle des pädagogisch und didaktisch Wichtigen, das den Schulen zugeführt worden ist. Und eine Führungslehre kann nicht darum herumkommen, für solche Grenzziehung Richtlinien zu geben und selber eine neue Sichtung vorzuschlagen. „Der Umkreis der Gegenstände für die Erkenntnis umfaßt Natur und Menschheit" so Herbart[24]. Als echtes Kind der Aufklärung und zugleich idealistisch fügte er die religiöse Wirklichkeit der moralischen an; Gott ist ihm das „höchste Wesen", eine „Idee". Diese Gliederung der Wirklichkeit ist bis in unsere Tage hinein üblich geblieben und gehört in die Richtung, in welcher Religion gleich Religionsgeschichte, Religionskunde, Sittenlehre u. dgl. geworden ist. Über diese flache und liberalistische Auffassung des Religiösen, wie sie auch eine Folge des Vulgär-Idealismus gewesen ist, führt heute u. a. die norddeutsch bestimmte Wirklichkeitsphilosophie hinaus. Unsere Führungslehre kann jedoch in diesem Stück die Unterrichtslehre aufnehmen, die in Fr. Wilh. *Dörpfeld* ihren bedeutendsten Vertreter hatte.

Dörpfeld gliederte die Stoffgebiete der Schule in drei Gruppen: 1. die sachunterrichtlichen Fächer: Religion, Menschenleben und Naturkunde, 2. die Sprache (Muttersprache) mit ihren Fertigkeiten: Reden, Lesen, Schreiben, und 3. die formunterrichtlichen Fächer: Rechnen, Zeichnen, Singen. Dabei forderte er, für uns heute noch genau so bedeutsam, daß die sachunterrichtlichen oder Wissensfächer die „Basis des gesamten Unterrichts" bilden sollten. Denn Religion, Menschenleben und Natur seien nicht bloß Bildungsmittel. „Es sind vielmehr reale Lebenssphären, in welche er" (der Mensch) „mit seiner gesamten Existenz — nach Leib, Seele, Geist — *hineingepflanzt* ist. Er *lebt* von ihnen, wie die Pflanze vom Erdboden, von Luft und Licht lebt"[25]. Wenn er sie zur „Basis" des gesamten Unterrichts machen wollte, so meinte er ausdrücklich damit nicht „Kon-

---

[23] Siehe u. Kap. VI.
[24] Vgl. Allgemeine Pädagogik II, 3. (*Hartenstein*, Bd. X. 55, 97.)
[25] Grundlinien einer Theorie des Lehrplans (1873). 5. Aufl. 1910, S. 9. Die nächsten Zitate S. 83 f.

zentration" oder „Zentrum" des Unterrichts im Sinne des Herbartianismus seiner Tage oder ähnlicher Bestrebungen unserer Zeit. Nein, es handle sich nicht um etwas, das „die didaktische Überlegung um gewisser guter Zwecke willen *ersonnen hat*, sondern" um „ein durch die Natur der Dinge und die Natur des Geistes *Gegebenes*".

Um dieses sachunterrichtliche Gebiet ordnete er die beiden anderen und wies ihnen neben ihrem Selbstzwecke vor allem einen gewichtigen Dienstcharakter zu. „Es sind gleichsam fünf Lichter, welche die ... sachunterrichtlichen Fächer umstehen und deren Gebiet je von einer besonderen Seite her durchleuchten, — oder fünf Organe — denn jedem dieser Fächer entspricht eine besondere Beanlagung des Geistes, zum Teil auch des Leibes — welche die Wissensstoffe in eigentümlicher Weise für die Gesamtbildung verarbeiten und verwerten."

Nun zeigt der Wochenarbeitsplan der Jena-Plan-Schulen[26], wie auch hier die „Basis" von denjenigen Wissenskreisen gebildet wird, in denen der Mensch *lebt*, nämlich: Gott, Natur und Menschheit. Um sie herum stehen die Kurse verschiedenster Art. In diesen lernen oder üben die Schüler das, was ihnen die Mittel liefert, um in die Geheimnisse der Bereiche von Religion, Natur und Menschenleben einzudringen. Sie können dabei gleichzeitig diese Mittel in freiester Form, dem erwachten oder dem in ihnen angelegten individuellen eigentümlichen Streben entsprechend, verwerten, seien es Farbe und Form, Schrift und Zahl, sprachlicher Ausdruck oder technischer und künstlerischer Ausdruck.

Gott, Natur und Menschenwelt sind die drei großen Wirklichkeiten, in denen und vor denen jeder Mensch sein Leben gewinnen und führen muß und allein Mensch werden kann. Ihnen entnimmt jede pädagogische Situation ihre Spannungen, und so entstehen in formaler Aufgliederung *drei* umfassendste *Spannungsfelder*, die sich in der Wirklichkeit des Lebens und Arbeitens jedoch ständig kreuzen:

1. Das altbekannte sog. didaktische Dreieck: Lehrer, Schüler, Stoff. Darum hat sich seit Hunderten von Jahren das weitaus meiste Denken der Schulmänner aller Völker gemüht.

2. Die Spannungsverhältnisse Mensch *unmittelbar* zu Mensch, das sind die Verhältnisse Lehrer : Schüler; Schüler : Lehrer; Schüler : Mitschüler, und diese wiederum stets zugleich und durcheinander.

3. Führung, Leben und Handeln in ihrer Verantwortung vor Gott, als täglich unter sein Gebot gestellt und am Willen, an den Geboten Gottes ausgerichtet.

Wie diese drei Wirklichkeiten als solche, so bezeugt alles in ihnen etwas *Vorgegebenes*. Das gilt vom Stoff wie vom Menschen gleichermaßen; ich kann die Kinder nicht wesentlich ändern, sondern muß sie so bilden und ihnen zu ihrem Menschentume verhelfen, wie sie geboren sind; ich kann die Eigentüm-

---

[26] Siehe unten S. 108 ff.

lichkeit der Hölzer so wenig wie die der Blumen und Tiere ändern. Deswegen ist jedes und jeder, auch insofern und inwieweit es vorgegebenen Charakter trägt, in diesem Stück nicht bildsam und über seine Möglichkeiten hinaus zu formen, zu verwerten und anzustellen. Jedes muß, wie es im Wesen und Grunde ist, hingenommen und anerkannt werden, sei es auch als die, leider, gar tragischschwer zu erduldende Grenze unseres Tuns und Helfens an ihm. So ist jedes bestimmt schon dadurch, daß es ist Knabe oder Mädchen, dieses wiederum von dieser oder jener Rasse, Volk, Konstitution, Intelligenz, Grundwesen, oder als Holz oder Gesteinsart, Gedicht oder Drama, Zahlenreihe oder Vokabel mit zugehöriger eindeutiger Aussprache und Schreibform. Darum spricht man hier von der inneren Notwendigkeit, der Gesetzmäßigkeit der Dinge, des menschlichen Seins: von der inneren Logik, von „struktureigenem Unterricht", von der „facheigenen Struktur", von Sachgebundenheit usf.

Auf die Erkenntnismöglichkeit gesehen, heben sich zwei große Spannungsfelder heraus und gegeneinander wieder ab:

1. *Alles das, was Objekt für uns werden kann.* Dahin gehört alles, was etwa im didaktischen Dreieck als „Stoff" an die Spitze des Dreiecks gesetzt zu werden pflegt, als das, worum sich Lehrer und Schüler gemeinsam mühen sollen;

2. *Dasjenige, was selber niemals Gegenstand des Erkennens werden kann,* was wir nur aus seinen Äußerungen erkennen oder in eine mathematische Formel fassen, aber niemals restlos begreifen können. Dieses gibt es wiederum nach mehreren Seiten: in jener oben beschriebenen Sphäre des Selbstseins möglicher Existenz, also auf der Seite des Menschen, und sodann auf der Seite der Natur: Kraft, Magnetismus, Licht, Elektrizität, Anziehung usw.

Unser Bruch mit dem flachen Materialismus und dem Positivismus wird durch nichts stärker unterstrichen, als indem wir uns zur Betrachtung der Natur als *Schöpfung* bekennen. Wie sie damit selber vor dem Menschen erhöht, ja geheiligt wird, so gewinnt von da her auch der Mensch eine neue Stellung in der Natur wie eine neue Haltung zur Natur nebst einer höheren Ansicht vom Sein des Menschen[27].

---

[27] Es wird von epochaler Bedeutung auch für die Pädagogik, daß die neueste Naturwissenschaft die nämliche Stellung zurückgewonnen hat. Klassische Physik im Verein mit dem Vulgäridealismus hatte dahin geführt, daß die Natur vor allem von der Riesenzahl der Halbgebildeten in einer engen, geradezu überheblichen Weise in erster Linie als Material zur Gestaltung durch den Menschen betrachtet und hingenommen wurde, als etwas, das der Mensch eines Tages noch besser, ja ganz und gar beherrschen werde. So sollte nach einem Ausspruche von *Laplace* der Mensch einmal dahin kommen, alle Naturkräfte und die gegenseitige Lage aller Wesenheiten, aus denen sie besteht, „der mathematischen Analyse unterwerfen zu können, in derselben Formel der Bewegung der größten Himmelskörper und des leichtesten Atoms begreifen; nichts wäre ungewiß für ihn, und Zukunft wie Vergangenheit läge seinem Auge offen da", und Hermann von *Helmholtz* bezeichnete als das letzte Ziel aller Naturwissenschaft, „sich in Mechanik aufzulösen". Darauf antwortet die gegenwärtige Physik in allen füh-

Ich kann also, selbstverständlich, einen Kursus über Elektrizitätslehre oder über Charakterkunde abhalten, allein ich muß wissen und um des Erfolges willen ständig dessen eingedenk bleiben, daß ich mich dabei immer nur *vor* dem bewege, von dem ich rede. Ich kann nur in Bildern und Symbolen, in Formeln und Kurven von dem Eigentlichen reden, dessen Erscheinungsweisen, Äußerungen und Wirkungen ich behandle oder aufzeige. Die Bezirke der Natur und des Menschen liegen noch dazu niemals säuberlich voneinander getrennt, nebeneinander vor, sondern über allem Erkennbaren, in welcher Form es sei, liegt stets auch der Schleier des existentiellen Bewußtseins.

Diese Einsicht hat nun für das Spannungsfeld des didaktischen Dreiecks eine Reihe bedeutungsvoller, ja die alten Lehren umstürzender Folgen:

1. Ich kann durch keine wissenschaftliche Forschung jedes Gegenständliche *restlos* durchsichtig machen. Darum muß auch die Naturwissenschaft immer wieder zu einer Kolumbusfahrt rüsten. Zugleich aber wird die Materie des Unterrichts nicht mehr ausschließlich in den Wissenschaften liegen (*Herbart*).

2. Es gibt, auch vom Stoffe aus gesehen, niemals *die* Methode, *den* Weg, *den* Lehrgang zur Erarbeitung irgendeines Stoffes.

3. Aus dem Gesagten folgt, schon rein vom Stoffe aus gesehen, daß ihm ständig „neue" Seiten abgewonnen werden. Auch der Stoff enthält immer wieder

---

renden Vertretern einheitlich: wir können jenen Laplaceschen Dämon pensionieren! a) Und der Altmeister der deutschen theoretischen Physik *Max Planck* nennt die Annahme, „daß das Verständnis für die Gesetzmäßigkeiten der realen Vorgänge sich vollständig gewinnen läßt auf dem Wege fortschreitender räumlicher und zeitlicher Teilung bis ins unendlich Kleine, eine Voraussetzung, die bei genauerer Betrachtung eine starke Einschränkung enthält". Von der sog. Unsicherheitsrelation dieser Physik sagt *Aloys Wenzl*, sie „dürfte bleibende Bedeutung haben". Darum konnte auch der Astronom und Physiker *A. S. Eddington* schreiben: die Physik hat seit 1927 „gegen religiöses Denken nichts mehr einzuwenden". b) Die Welt ist nur um so ferner gerückt, je mehr wir sie berechneten und zu beherrschen vermochten. Ihr Geheimnis ist unentschleiert geblieben trotz Hebel und Wage, Retorte und Mathematik. a) *Ernst Zimmer*, Umsturz im Weltbild der Physik, 1934, S. 23, 28, 255, 4. A., 1938. b) *Max Planck*, Die Physik im Kampfe um die Weltanschauung, 6. A., 1938; *Ders.*, Religion und Naturwissenschaft, 1937, 5. Aufl., 1938, S. 14; *Aloys Wenzl*, a. a. O. S. 150; s. bes. S. 60 ff., 75 f., 165 f. — *A. S. Eddington*, Das Weltbild der Physik und ein Versuch seiner philosophischen Deutung, 1931. *Ders.*, Die Naturwissenschaft auf neuen Bahnen, 1935, S. 300 ff. *Walter Heisenberg*, Wandlungen in den Grundlagen der Naturwissenschaft, 1935 (2. Aufl. 1936), S. 25 f., 44 f.; *Ders.*, Die Einheit des naturwissenschaftlichen Weltbildes, 1942, z. B. S. 32: Alle Erkenntnis muß gewissermaßen über einer grundlosen Tiefe schweben. *Alexis Carrel*, Der Mensch, das unbekannte Wesen, 1936. In einem vortrefflichen Aufsatze schilderte das Nahen dieser neuen Anschauung *Jos. Pezoldt*, Dämmerung mechanischer Naturansicht, in: Mon. f. höh. Schulen, 1924, S. 83 ff. Vgl. *Petersen*, Allgemeine Erziehungswissenschaft, 1924, S. 56—63: Natur; und vor allem *Aloys Wenzl*, Wissenschaft und Weltanschauung. Natur und Geist als Probleme der Metaphysik, 1936. Die beste Übersicht bietet *Bernhard Bavink*, Ergebnisse und Probleme der Naturwissenschaften, 8. Aufl. 1944.

unaufgefundene Mengen „fruchtbarer Momente". Immer kann er noch anders angepackt werden; er ermöglicht uns ständig neue Erfindungen und Gestaltungen. Die Menschheit wird niemals fertig damit. Sooft sie Zeiten großen „Fortschrittes" durchlebte, sooft vergaß sie darinnen wieder früher erworbene und besessene Erkenntnisse und Fertigkeiten, verarmte sie auf einem anderen Gebiete. Wie ist das technische Zeitalter verarmt im Gefühlsleben, im Sittlichen, gar nicht zu reden vom Religiösen! Es droht in die Primitivität der Naturreligion zurückzusinken oder in einer entgotteten Welt den Menschen dem Menschen zum Tiere und reißenden Wolf zu machen. Und zugleich schrumpfen alsdann die künstlerischen Fähigkeiten auf den Gebieten der Kunst, der Dichtung und Musik, verstummen allerorten die geistigen Mächte.

4. Schon im Voraufgehenden ist gesagt, daß dasjenige unendlich ist, was der Mensch in die Natur und Menschenwelt hineinzusehen vermag. Es ist kein Ende dessen abzusehen, was der Mensch aus seiner eigenen Innerlichkeit an Gestaltungsformen im künstlerischen Schaffen auf allen Gebieten herausstellen kann. Und das wird für uns der letzte Grund dafür, daß wir den Schülern *Freiheit der Forschung im Umgange mit den Stoffen geben müssen.* Ja, nun wird diese Forderung etwas gänzlich Selbstverständliches. Denn keinem Volke ist es nur darum zu tun, daß Bekanntes, Gekonntes, Gewußtes zum Verständnis gebracht, eingeprägt und wiederholt, immer wieder getan wird, nein, neben diesem steht als das weit Wichtigere die Pflege der geistigen Fähigkeiten der jungen Generation, um anderes, Neues, noch nicht Dagewesenes zu entdecken, zu gestalten, zu leben und darzustellen. Nicht nur wider die Natur, sondern wider Wohl und Sinn des Volkes wäre es, Schulen und andere Veranstaltungen einzurichten und zu unterhalten, in denen lediglich also ein Papageienwissen geübt würde.

Damit ist zuletzt ebenfalls allgemein gesagt, daß es im *Gegebenen Grenzen* gibt für das Durchgestalten pädagogischer Situationen, d. h. im besonderen der Spannungsfelder. Diese *Grenzen* sind:

1. Die Grenze der Rationalisierung des Gegebenen. Es kann eben nicht alles meiner Ratio unterworfen werden — sosehr dies auch, trotz allem, ein Postulat der Wissenschaft bleiben wird.

2. Die Grenze des individuellen Schauens, als des Ahnens von Möglichkeiten, anderen zu Schauungen und zu Erlebnissen zu verhelfen.

3. Die Grenze der Eingebung, der Einfühlung, der Stimmung, vor allem der Gnade, dies am stärksten in der religiösen „Verkündigung", wo der Verkündende ständig an die Grenze, d. h. hier an Gott selbst, stößt. Darum bewegt er sich notgedrungen in einer Dialektik; das „Wort" bleibt stets in der Schwebe, und dies ist es auch, worauf es hier ankommt. Denn ein „Prophet, der mit innerer Lust kündet, das ist ein falscher Prophet", und „nur die Worte bleiben, die Boten waren" (Ernst Bertram).

Blicken wir auf die *Stufen der Spannung*, so liegen sie zwischen derjenigen härtesten Zwanges, zwingendster Reize und einer Stufe, auf welcher die Spannungsverhältnisse unmerklich sind, nicht zum Bewußtsein der Aufnehmenden kommen. In der Schularbeit wird sie am stärksten in den Kursen sein. In reinen Übungs- und Schulungskursen wie bei der Wiederholung und der Einschulung ergeben sich die in den Stoffen liegenden Spannungen am deutlichsten und am unerbittlichsten. Etwa dort, wo es zu Aussagen kommt wie: „Hier müßt Ihr euch dahinter klemmen! Hier muß einfach gelernt werden!" (etwa Vokabeln, Formeln usw. usw.). Der Stoff so oder so erfordert zu seiner Beherrschung oder, um für andere Aufgaben dienstbar gemacht zu werden, dies und das unnachgiebig. In pädagogischen Situationen voll solcher Spannungen ist es für den Leiter, den Lehrer des Kurses immer das beste, wenn er wirklich den Stoff möglichst allein sprechen läßt und nur als Vertreter dieses Anspruches vom Stoffe aus unter seinen Schülern steht. Alsdann tritt niemals eine ernste Verstimmung, gar Verbitterung, keine Verklemmung und Verdummung bei den Schülern auf. Der Lehrer findet vollstes Verständnis und Anerkennung seiner Haltung und wirkt dadurch pädagogisch als Helfer und Befreier.

Zur Frage der Dichtigkeit und der Stärke pädagogischer Spannungen sei zum Schluß noch die Mahnung angefügt: Niemals überspannen! auch im Sinne von: Niemals verwirren! Jede pädagogische Situation muß durchsichtig, übersichtlich, leicht deutbar, den Altersstufen angepaßt, ungezwungen wirkfähig bleiben. Bei Überspannung versagt der Schüler oder die ganze Gruppe, und jedesmal bleibt als einzige Lösung eine Lockerung der Spannungen übrig, oder es muß völlig neu geschaltet und aufgebaut werden. Die Neigung, verwirrend zu werden, liegt in neueren Schulversuchen z. B. dort vor, wo die Schulstube zu stark Ateliercharakter annimmt und nun nach einem Vierteljahre bereits, gar erst am Schlusse des Schuljahres im Raume ein schier unübersehbares Durcheinander von Gegenständen, Heften usw. usw. vorhanden ist. Verwirrend wirkt aber schon ein Werkraum auf den Schüler der Untergruppe, der für die Bedürfnisse der Obergruppe eingerichtet ist, während jener in einem Chemie- und Physikraum gar nichts der Raumsituation Entsprechendes anzufangen wüßte. Mit Überspannungen haben wir es in allen Fällen zu tun, wo sich die Schüler fragen bzw. in die Haltung gleich dieser Frage kommen: „Was meint er eigentlich? Was will er eigentlich von uns? Was sollen diese Sachen hier?" und aus diesem Staunen nicht in das echte Staunen, das aller *neuen* Erkenntnis Anfang ist, übergehen können.

c) Die pädagogische Situation fordert von allen ihren Gliedern echte Selbsttätigkeit zur Übernahme der Spannungen

Alle diese Spannungen innerhalb der pädagogischen Situation haben ein einziges Ziel: die Übernahme durch Handeln ihrer Glieder. Es muß zur *Berührung*, zu engen *Beziehungen*, zur menschlichen *Begegnung* kommen und weit mehr als dies alles: zu einer vollen *Übernahme* und Aufnahme der Spannungen durch diejenigen Glieder, welche sie insonderheit treffen. Nur wenn solche Übernahme erfolgt, kommt es zum Handeln und zur Tätigkeit auf Grund und im Sinne dieser Spannungen, geschieht situationsgemäßes Verhalten und Arbeiten, erfüllt sich die pädagogische Absicht.

Der allgemeine Charakter dieses Übernehmens ist aus allem Voraufgehenden klar, das uns den wahren Sinn des „Selbst" und einer darauf verstandenen Selbsttätigkeit erschloß. Die Spannungen werden nicht übernommen wie ein Apfel, den man alsdann verzehrt, nicht wie mechanisches Spielzeug, das man nun abrollen läßt, wie ein Gedicht, das „dran" ist und nun gelernt werden muß, sondern es muß zu einer wirklichen Beanspruchung des Selbst kommen, zu einer Herausforderung des Eigenwesens, sei es des Individuums, sei es der ganzen Gruppe oder Schulgemeinde. Es hat keinerlei pädagogischen Wert, sie irgendwie auf Kommando von außen einschwenken, Befehle ausführen und allerlei aufnehmen zu lassen. Niemals erfolgt auf diese Weise eine Übernahme wie die, welche wir fordern und allein als pädagogisch bewerten.

Alles und alles kommt darauf an, in den Schulen im reichsten Maße solche Situationen zu schaffen, in denen das *volle* Selbst der Schüler in Tätigkeit gesetzt wird. Denn es offenbart sich erst in *echter* Selbsttätigkeit nun eben dieses „Selbst" des Schülers. Ich kann es erkennen, in seiner Besonderheit nach Art, Kraft und Leistung reiner beobachten, prüfen, und damit erst einem jeden recht helfen.

Sinn und Ziel aller pädagogischen Situationen, nämlich diese Aufnahme und Übernahme der Spannungen, nötigen zu einer Besinnung auf die *Urformen* oder *die Grundformen solcher Übernahme*. Diese sind weithin gleich den Urformen des Lernens und Sich-Bildens der Menschen. Da wir zeigten, wie diese Spannungen aus den drei großen Wirklichkeiten Gott, Natur und Menschenwelt stammen, so gilt es, die Grundverhaltensweisen des Menschen aufzudecken, in denen und durch die er sich mit diesen Wirklichkeiten auseinandersetzt. Diese Weisen ordnen sich wiederum in zwei große Reihen:

A. Der Mensch nimmt die Spannungen in sich hinein und verarbeitet sie in sich, nimmt *innerlich* Stellung zu ihnen durch:

    Überlegen, Philosophieren;
    Anschauung, Empfindung, Wahrnehmung;   } Grundformen der *Selbst-*
    Versenkung, Andacht und Beten.   *erziehung*

Vor diesen allen liegt als Grundkraft des Menschen das *Schauen:* d. h. die Fähigkeit des Menschen, Erscheinungen und Äußerungen der Wirklichkeit unmittelbar als solche aufzunehmen, sie absichtslos hinzunehmen, vorbewußt zu deuten, also noch ohne Begriffe, und sich zu ihnen sinnvoll zu verhalten und zu handeln. In unseren Tagen hat *Ludwig Klages* darüber das Tiefste ausgeführt in seiner Lehre von den *Wesen* als dem, „was den Anschauungsbildern ursprünglich ihre Bedeutung verleiht und sie aufeinander zu wirken nötigt nach Verwandtschaft und Widerstreit". „Wesen zu sein, die erscheinen können, ist allen anschaulich verständlichen Bedeutungseinheiten gemein." Die Bedeutung aber jedes Anschauungsbildes ist ursprünglich die des *Ausdrucks* einer *lebendigen* Regung, und daher komme es, daß wir überall, wo wir eine elementare Ähnlichkeit feststellen, wo wir von „Wesensverwandtschaft" reden, schon vorbewußt nach Neigung und Widerstreit tätig werden und wirken. Dahin gehören z. B. Bedeutungsinhalte wie Helle, Schatten, Lichtung, Dickicht, Gräser, Regen, und was wir Dingen „ansehen" wie Kälte und Wärme, Steiniges und Dämmerung, Liegen und Sich-Bewegen usf., etwas, das auch die Tiere erkennen und das auch für sie bereits in Gegensätzen auseinander tritt, wie uns ihr Verhalten lehrt[28].

B. *Der Mensch* wird *nach außen hin tätig im Verein mit andern,* und zwar in folgenden vier *Urformen:*

Gespräch (Unterhaltung); *Spiel; Arbeit* und *Feier.*

Das Gespräch ist die erste Form, auch entwicklungspsychologisch gesehen; denn ehe noch das kleine Kind die Vorformen des Spiels beherrscht, wird es aus seiner Umwelt vom Gespräch überschüttet, wird sich mit ihm unterhalten und es so in die menschliche Gemeinschaft, in den Familienkreis mithineingezogen. Und unermüdlich setzt dieses Aufwecken des Kindes sich fort. Sehr früh läßt sich feststellen, daß das Kind auch anfängt, diese Gespräche, die mit ihm geführt werden, zu verstehen, sinngemäß sich zu verhalten und somit teilzunehmen, lange bevor es imstande ist, sich des sprachlichen Ausdrucks zu bedienen und im Vollsinne ein Gesprächsteilnehmer zu werden. In der Schulwelt ist die „Unterhaltung" im „Kreis"[29] die unmittelbare, pädagogisch

---

[28] *Ludwig Klages,* Der Geist als Widersacher der Seele. I., 1937, S. 357—367. Reich an Beiträgen zu diesem Schauen ist die jüngste Ausdruckslehre (Physiognomik i. w. S.) s. z. B. *Karl Bühler,* Ausdruckstheorie, 1933 u. a., S. 205, 212. Im Anschluß an *Philipp Lersch,* Gesicht und Seele, 1932, S. 38, spricht auch er vom Unterschiede der schauenden von der beobachtenden Einstellung. Der *beobachtende* Mensch „steht der Umwelt gegenüber mit Absichten, er berechnet mit nüchternem, messendem Blick; die Welt ist für ihn etwas, das er zu bewältigen und zu beherrschen sucht. Er trägt deshalb an alles, was ihm von außen begegnet, das Richtmaß seiner Absichten heran, wodurch seiner Wahrnehmung gerade die Breite verlorengeht, mit der der schauende Mensch der Welt geöffnet ist. Dem *Schauenden* andererseits fehlen bestimmte Erwartungen und Absichten in bezug auf die Wirklichkeit, er ist innerlich aufgelockert und bereit, auf alles zu hören, was die Welt ihm zu sagen hat. Der Beobachtende befindet sich immer in einer gewissen Aktionsbereitschaft, die Haltung der *Schau* dagegen setzt das voraus, was man pathische Bereitschaft nennen kann. Der Schauende steht der Welt wie ein Kind gegenüber, bloß empfangend, abwartend, ohne bewußte Absicht". Aus der älteren Literatur verweise ich ganz besonders auf *Fr. August Carus,* Psychologie, 2. Bd. 1808, bes. S. 41 ff.; 52 f. über das „reine" Beobachten; 57 f.: Wie müssen Gegenstand und wie der Mensch beschaffen sein, daß an ihnen Beobachtung möglich wird; 60, 98. Vgl. auch *Petersen,* Grundfragen einer Pädagogischen Charakterologie, 1928, S. 11 ff., und: Ursprung der Pädagogik, 1931, S. 25—35: Evidenz. — [29] Siehe unten S. 105 ff.

ausgebaute Fortsetzung dieser Gespräche um das Kind im Familienkreise, die von so unersetzbarer Bedeutung für das geistige Aufwachsen eines Menschen sind und es auch späterhin bleiben. Ein *Goethe* stellte im „Märchen" das Gespräch noch über das Licht, weil es ein Licht für die Seele sei. Es ist uns heute kaum noch verständlich, wie man in den Schulen diese Urform des erziehendbildenden Verkehrs unter Menschen nicht nur vernachlässigen, sondern bewußt unterdrücken konnte.

Im „Berichtkreis" etwa steigert sich diese Form zum *Vortrag* und zur sachlich streng gebundenen *Aussprache*, im *Lehrgang* wird sie vom Lehrer didaktischmethodisch zu einer Kunstform fortentwickelt, an deren übermäßiger Anwendung das Schulleben nach und nach fast gänzlich erstickt ist. Der Lehrgang ist methodisiertes Gespräch; in den „Ausarbeitungen" für eine Lektion hat er seinen tiefsten und oftmals wert-, ja fast sinnlosen Stand erreicht.

Vom Spiel führt eine Zwischenform, die nicht stark genug beachtet werden kann, nämlich das „*Helfen*", hinüber zur *Arbeit*. Helfen und Arbeit sind im besonderen die Formen der Tätigkeit, mit denen der Mensch nach außen hin schafft und gestaltet, Werke nach außen setzt und daran sein Inneres bekundet. Allzu einseitig ist in der Arbeit geradezu die Grundform des Lernens gesehen worden. So wurden nicht nur die anderen gleich wichtigen, ja neben der Arbeit zur vollen Menschwerdung unentbehrlichen Formen vernachlässigt, sondern es kam über die Schularbeit eine unnötige, ihre Aufgabe bitter erschwerende Härte; denn der alte *Aristoteles* hatte ja recht: „Beim Lernen spielt man nicht. Das Lernen tut weh[30]."

Diese Verdüsterung der Schularbeit fand ihren deutlichsten Ausdruck darin, daß die *Feier* in ihrem echten Sinne völlig fehlte. Wie den Jahrzehnten, aus denen wir kommen, die wahre Kunst des Feierns auf das große Ganze gesehen abging, so auch der Schule dieser Epoche. Kaum etwas kann stärker den Umbruch der Schule kennzeichnen als die Tatsache, daß die Feier sich eine Schule nach der andern erobert und in ihrem hohen Werte für den Menschen *wieder*erkannt wird.

Neben den Urformen, die wir hier allein herausstellen und besonders betrachten wollen, steht unter uns eine Reihe von abgeleiteten, von *Zweitformen*, die sicherlich auch Bildungsformen sind, jedoch nicht allein auf menschlichen Grundkräften ruhen, sondern schon auf Fähigkeiten, die mit deren Hilfe ausgebildet worden sind. So mußte *Franz Zinke* bei seiner feinsinnigen Analyse einer Kinderheilstätte als Erziehungsstätte unter den „Bildungsformen im Hallenleben" dem „Lesen" einen eigenen Abschnitt widmen[31]. Diese echte Zivilisationsform ist seit Jahrzehnten in den dänischen Volksschulen in der sog. „Lesestube" (laesestuen) vorbildlich ausgewertet und hat ihr Vorbild, die in den Schulen von USA heute fast allerorten eingerichteten Lesestunden

---

[30] Politik (Rolfes) S. 264.
[31] Die Kinderheilstätte als Erziehungsstätte. 1935. S. 53 ff.

in den sorgfältig gepflegten „Schulbüchereien", rückwirkend nachhaltig beeinflußt.

Auch das *Theater* und der *Konzertsaal* sind solche Zweitformen. Für alle ist bezeichnend, daß sie leicht zu Verfallsformen werden. Das Theater steht unter uns mit höchsten und edelsten Zielen und dient tatsächlich in weit höherem Maße der platten Unterhaltung, dem Kampfe gegen die Langeweile und reinem Sinnengenuß; dasselbe gilt vom Konzertsaal. *Kurt Riedel* hat erstmalig treffend aufgezeigt, daß auch die Urformen des Bildens zivilisiert, d. h. Verfallsformen werden und geworden sind, wie das Gespräch zum Geschwätz, Lehrgang und Arbeit zur sturen Lernerei und zur „verdammten" Arbeit, Vergnügen zum Nur-Genuß entartet[32].

---

[32] Wie sehr das Lernen in Unterrichtsstunden unter methodischer Leitung des Lehrers im Vordergrunde stand, das lehrt die ganze ältere Literatur. Auch *Fr. W. Dörpfeld*, der tiefer als Tausende vor und nach ihm in die Welt des Unterrichtens hineingesehen hat, beschränkt sich im Grunde auf zwei Formen des Bildungserwerbs: auf Gespräch und Arbeit. Unter dem Einfluß *Friedrich Fröbels, Karl Groos'* und *Ovide Decrolys* ist seit 1900 das *Spiel* immer allgemeiner als Lernform anerkannt worden und begegnet innerhalb der ersten Schuljahre kaum noch irgendwelcher Bedenken. Die *Feier* blieb bis heute meistens als „angeordnete", also in der wertlosesten Form, oder als vom Lehrer „gebotene" Feier bestehen, so daß sie ihre erziehend-bildende Kraft nur unvollkommen entfalten konnte.
Selbst eine so freie und weitgreifende Methode wie die Projekt-Methode ließ einen *William Heard Kilpatrick*, ihren philosophischen Begründer, wesentlich nur die *Lern*projekte sehen. (Vgl. The Project-Method, p. 16 f.; auch Dewey-Kilpatrik, Der Projekt-Plan, Weimar, 1935, S. 176.) K. unterscheidet vier Typen Projekte: auf ein Werk, auf (ästhetisches) Genießen, auf Überwinden intellektueller Schwierigkeiten und schließlich auf den Erwerb einer Geschicklichkeit gerichtete Projekte; die Feier und das Spiel werden nicht besonders erwähnt.
In Deutschland hat *Kurt Riedel* „Eigengesetzliche Bildungslehre", 1930, erstmalig alle vier Bildungsformen eingeführt. R. nennt sie Lehrgang, Spiel, Werk und Feier. In „Lehrgang" sind Gespräch und Unterhaltung mitgefaßt. Dabei steht jedoch R. immer noch die, allerdings auch vorherrschende, Schulform mit ihrem „Lehrbetrieb" vor Augen, nicht die mit arbeitenden Kindern, sondern die mit so oder so nach einem „Lehrgang" unterrichteten Kindern. Hinter „Werk" birgt sich bei ihm Arbeit, da er Arbeit in unserer Zeit so herabgewürdigt sieht, daß sie die Verfallsform des „Werkes" geworden sei.
Danach hat *Philipp Hördt* den größten Wurf getan. Angeregt durch seinen Besuch der *Jenaer* Universitätsschule, wo er zum ersten Male im Juli 1931 mündlich die Lernwelt dieser Schule nach seinen vier Urformen des Lernens aufgliederte und den Zuhörern veranschaulichte, und nach Aufsätzen in den damals von *Wilhelm Ebel* herausgegebenen „Neuen Wegen" schrieb er seine geniale Schrift „Grundformen volkhafter Bildung", 1932. Seine Gliederung ist: Spiel + Lernen; Gespräch; Lehrgang; Feier.
Den Psychologen und Pädagogen ist nun auch der Kulturwissenschaftler mit bedeutungsvollen Untersuchungen gefolgt: *J. Huizinga*, Homo Ludens. Versuch einer Bestimmung des Spielelementes der Kultur, 1939; und: *Karl Kerényi*, Vom Wesen des Festes. Paideuma, Mitt. z. Kulturkunde I/2. Dez. 1938, S. 59—74 (nach Huizinga, S. 35).

Wenden wir die Grundformen der Übernahme unter B auf die drei Wirklichkeiten: Gott, Natur und Menschenwelt an, so erhalten wir folgende klärende Zuordnung:

Gott: *Gespräch* als Verkündigung nebst Antwort der Gemeinde und *Feier;*
Natur: *Gespräch, Arbeit* und *Feier* als Feier in der Natur;
Menschenwelt: *Gespräch, Spiel, Arbeit* und *Feier* als Feier des Menschen.

Beim Versuch, die Bildungsform der *Arbeit* auf die Wirklichkeit *Gott* anzuwenden, erfährt der gläubige Mensch, daß er sich arbeitend in den Wirklichkeiten der Natur und der Menschheit findet. Der Mensch wird also sofort von Gott an die Schöpfung verwiesen: „dort hast du, Menschenkind, die reichsten Möglichkeiten, meinen Willen zu tun; wende deinen Tätigkeitsdrang diesem weiten Arbeitsfelde zu; ordne, bebaue meine Schöpfung, den Acker der Welt, und hilf dadurch mit, sie zu erhalten! Diene mit der Tat deinem Nächsten, dann speisest und tränkest, pflegst und bewirtest du mich!" Das *Spiel* aber wird stets zur Feier, zum Mysterienspiel. Im Mysterienspiel stellt der Mensch nicht sich selber dar als Mensch unter Menschen oder als Mensch an sich, letzten Endes mithin als ein reines Abstraktum wie in der heroischen Tragödie, sondern *sich selbst vor Gott*, in seiner damit gegebenen Vereinzelung, und das heißt weiter: in seiner Sündhaftigkeit, d. i. als wissend und es bekennend, daß er, von Gott getrennt, *gesondert* auf Erden sein Leben gewinnen muß. Das gibt ihm das Gefühl seiner Nichtigkeit und seiner Verlorenheit wie seiner Begnadetheit, wenn er Gott sich nahe weiß. Deshalb sprechen die Menschen im Mysterienspiel auch nicht zueinander (wie im Drama), sondern sie bekennen und verkünden; auch ein Dialog, die Wechselrede von Chören wirken wie Zwiegespräche einzelner mit Gott, *vor* dem das ganze Spiel, einer Andacht gleich, mehr gebetet als gesprochen wird.

Unsere Zeit kann dieses Verhalten z. B. noch beim *echten* „Weihnachtsspiel" erleben. Denn dieses gelingt nur, wo es von der ganzen Gemeinde innerlich tätig mitgetragen und gelebt wird. Deswegen fühlen auch die Spieler so stark das Bedürfnis, seelisch, mithin auch räumlich den Zuhörern nahe, unter ihnen zu sein — nicht abgetrennt auf einer Bühne zu agieren. Zugleich ist nun aber doch ein jeder für sich. Spieler wie Zuschauer ist innerlich mittätig auf das göttliche Ereignis, die Geburt des Christ, das Wunder gerichtet, und dies alles bedeutet: auf Gott gerichtet. Und der Spieler, der stumm einen Zipfel des Mantels eines der drei heiligen Könige trägt, wird, wenn alles im Spiel echt sein soll, *genau so tief* und voll und ganz miterleben wie sein König; denn dieser stumme Sklave geht ja genau denselben Weg zu demselben Heiland und Gott. Beide können aber diesen selben Weg recht nur schreiten in Andacht, in anbetender Verehrung, d. h. in derselben innerlichen Haltung und Ausrichtung. In genau der gleichen anbetenden Haltung sind dann auch die Zuhörer versammelt, und so eint alle über das Äußere ihrer verschiedenartigen Gruppierung und Handlungen hinweg eine und dieselbe Ehrfurcht, Andacht und

Gläubigkeit. Davon ist auch die Maria nicht ausgenommen, im Gegenteil. Ihr Spiel wird die ihr gebührende Verehrung nur dann wecken, wenn auch sie selber anbetend verbleibt, ja wie die Gläubigste und Frömmste aller, gerade weil an ihr und durch sie dieses Wunder geschah.

Also bleiben nur zwei der unter B aufgeführten Formen übrig; die Verkündigung in der Gemeinde mit deren Antwort im Gesang, im Gebet und Bekenntnis sowie die Feier.

Auf die Natur sind nun sämtliche Arten des *Gespräches* anwendbar. Da zwischen Mensch und Natur eine Gemeinschaft, eine geistige Verbindung besteht wie die zwischen dem Menschen und seinem Mitmenschen, so daß es zu einer geistigen Wechselwirkung beider kommen kann[33], so fehlt auch nicht die Form einer Verkündigung: die Lyrik, aber auch andere Formen der Dichtung, bezeugen die Stärke und Herrlichkeit dieser Verbindung. Aber ebenso gut kann die Natur in den verschiedensten Weisen des *Lehrganges* behandelt werden, von der Beobachtung angefangen, die still sich in sie versenkende Wanderer, auch als Glieder eines Schulspazierganges, anstellen, bis zum wissenschaftlichen Experiment hin, wo die Natur sozusagen auf Fleisch und Blut ausgefragt wird. Es ist diese innige Wechselbeziehung zur Natur, die auch den Menschen von Anfang an bewog, sich ihr arbeitend zuzuwenden, wiederum, damit er Antwort erhalte auf die Fragen, wessen sie fähig, insbesondere wessen sie in *seinem* Dienste, zu seinem Nutzen oder zu seiner Freude fähig sei. Aber ihren höchsten Ausdruck findet die enge Verbundenheit des Menschen mit der Natur in der Fülle der *Feste und Feiern*, mit denen die Menschheit seit Urgedenken den Jahreslauf begleitet. Darum muß auch die echte Feier, auf die Wirklichkeit der Natur bezogen, aus dieser selbst ihre Bestimmung erhalten, anderenfalls sie um den natürlichen Sinn gebracht und ein reines Menschenwerk wird, das nun sofort den Charakter des Theaters annimmt. Dies echte Feiern ist nur dann möglich, wenn die Menschen selbst noch innig der Natur verbunden leben und arbeiten. Sonst kommt es zu einem ins Freie verlegten Theater mit Zuschauern.

Das Theater aber, dies Wort im weitesten Sinne genommen, ist die Feier in ihrer Beziehung auf die Wirklichkeit der *Menschenwelt*. Da spielt der Mensch sich selber, genießt er sich selber; so gehört auf die Höhe der Idzeit die große Tragödie der Klassik und schon als Verfallsform das Musikdrama Richard *Wagners*. Hier feiert der Mensch sich als „tragischen Helden"; bietet den Göttern Trotz; wagt das Übermenschliche; versucht sich in Gottesnähe zu bewegen und Menschengestalten übernatürlichen Wesens zu ersinnen, bei deren Taten und Leiden der Zuschauer sich selber in seiner Menschlichkeit gesteigert wähnt, aber eine Vorstellung vom Menschsein gewinnt, die ihn derart auf sich selber stellt, daß er gemeinschaftswidrig wird und in einer

---

[33] Siehe *Petersen*, Allgem. Erziehungswissenschaft, 1924. S. 60—63.

verderblichen Überschätzung seiner Kräfte und Aufgaben unter den Menschen mehr gegen als für seine Mitmenschen eingenommen wird.

Im Spiel des Menschen spielt sich dieser wiederum selbst, auch dort, wo er nachahmt. Immer stellt er sich selber dar. So spielen kleine Kinder im gymnastischen oder rhythmischen Spiel nicht den Baum, der sich im Sturme hin und her bewegt, nicht das Mäuschen, das, in der Küche eingeschlossen, auf ein Geräusch hin ängstlich umherrennt, sondern — sich. So sind Feier und Spiel, beide, Ausdrucksformen des Mensdieninnern, in denen dieses selber gebildet, geformt und in den höchsten und besten Fällen vergeistigt wird. Doch müssen sie im letzteren Falle jedesmal allen Selbstgenusses bar werden, sonst verdecken sie gerade das Geistige im Menschen und wenden seine inneren Kräfte zum Selbstsüchtigen hin, dienen der Zersetzung und Auflösung der menschlichen Gemeinschaft.

Wie verhalten sich zueinander die Urformen, die wir in den beiden Gruppen A und B aufwiesen? Die unter B aufgezählten Formen sind diejenigen Gemeinschaftsformen des Sich-Bildens und des Lernens, an die vor allem bei der Schularbeit zuerst gedacht wird und auf die diese besonders, ihrer ganzen Geschichte nach, eingestellt ist. Doch ist die Reihe unter A fortwährend in ihnen gegenwärtig mitenthalten. Das geht schon daraus hervor, daß bei der Definition der Tätigkeiten unter A Begriffe aus B benutzt werden müssen. So ist z. B. das Überlegen ein inneres Reden und Bereden, ein Sich-Unterhalten mit sich selbst; Philosophieren ist innerlich arbeitendes Denken des Denkens; Andacht ist die Feier der Seele; Beten ist Gespräch des Herzens mit Gott. Allein die Gewichtigkeit der ersten Reihe ist damit nicht voll erklärt: sie wird vielmehr für die zweite von entscheidender Bedeutung. *Denn:*

> nur so viel, wie über B in A eingeht oder über A geleitet unter B fällt, so viel wird wirklich Besitz, haftet und gewinnt Wert und Bedeutung für den Aufbau des *persönlichen* Lebens!

Wer diesen Satz ganz durchdenkt und ihm zustimmt, der begreift, zu welcher Nichtigkeit eine Schule des Wortes und des Redens herabsinken mußte! Wo alles und alles beredet wird, dort ist es nur ein kleiner Schritt zum Zerreden; wo alles über das Wort geschickt werden soll, dort stellt sich alsbald das Geschwätz ein. Und es ist furchtbar, genau aufgenommenen Protokollen von Lektionen nach Art der überlieferten Schule zu entnehmen, welche ungeheure Menge unnützer, hohler, sogar schädlicher und selbst ganz ungehöriger Worte solche „Stunden" ausfüllt. Alle entwickelnden Verfahren, alle Methoden, die auf dem Frage-Antwort-Spiel aufbauen, müssen ja übervoll wertloser, ja auf die Schulaufgabe gesehen, völlig unnötiger Sätze und Worte sein.

Nichts ist der Gegenwart nötiger als „Schulen des Schweigens und der Stille"[34].

---

[34] Die Forderung, die alle Jena-Plan-Schulen stellen, s. Petersen, Der Kleine Jena-Plan, 13./14. Aufl. 1946. S. 52; 15./17. Aufl. 1949. S. 33; Ursprung der Pädagogik, 1931. S. 8, 13, 155, 210 f.; Pädagogik der Gegenwart, 1937, S. 137.

Die Weisheit aller Völker feiert den Wert des Schweigens. Ein griechischer Weiser hat gesagt: „Von Menschen lernt der Mensch reden, von den Göttern schweigen." *Pythagoras* und seine Schule pflegten nichts heiliger als das Schweigen, und *Laotse* forderte: „Nicht so viel reden! Nicht in alle Fernen schweifen!" *Hegel* lehrte: es sei eine wesentliche Bedingung für alles Lernen und jede Bildung, das Geschwätz zurückzuhalten. *F. J. J. Buytendijk*[35] zählt das Schweigen zu den beiden höchsten Ausdrucksformen der Intelligenz. „In diesem schweigenden Ausdruck steigert sich die Intelligenz bis zur Weisheit, und es ist nicht zufällig, daß ... in den Buddha-Statuen uns dieser Ausdruck entgegentritt... In der hier gemeinten Ausdrucksform der Intelligenz ist nicht nur *ein viel, sehr viel Haben*, sondern es ist ein *so viel* Haben, daß es innen unter solch einer Spannung sich befindet, daß es durch Augen und Mund hervorzubrechen droht. Schweigen ist dann auch ein aktives Innehalten, ein Nichtsprechen-wollen."

Nur dort, wo in den Schulwohnstuben reichste Möglichkeiten vorgesehen sind, daß die Schüler innerlich arbeiten, nach innen hineinarbeiten, in Muße nachdenken und erwägen, sich ihre Aufgaben überlegen, sie in einer Innenschau zurechtlegen und dann erst ihre Lösungen nach außen setzen können, darf von *Selbst*tätigkeit der Schüler mit Recht gesprochen werden. Jedoch *auch die Lehrer* solcher Schulen werden erst dann im Dienste an den Schülern als Selbste tätig. Nun, wo sie nicht mehr ständig belehren, vortragen und fragen, wie ein Wachtmann überwachend um die auf Bankreihen aufgezogenen Schüler herumgehen, treten sie in reichere menschliche Verbindungen mit jedem Schüler und — nun haben *auch sie* Zeit, sich auf sich selbst und ihr Tun zu besinnen, nachzudenken über jeden einzelnen Schüler, seine Stellung zur Schularbeit, zum Kameraden, zu Schule und Lehrer usw. Unausschöpfbare Kräfte der Besinnlichkeit werden so in einer Schülergruppe wach und wirksam; die wesenhaften Seiten der darin vereinten Menschen begegnen und befruchten einander. Darum kann mit Recht nur von einem solchen Schulleben gesagt werden, es pflege die *Selbst*tätigkeit *aller* seiner Glieder und erziehe sie zu jener Selbständigkeit, die an und in der Gemeinschaft gereift, ein Merkmal der *echten* Persönlichkeit bildet.

d) Übernahme als anthropologisches Problem

Zum Verständnis der Übernahme vom *Kinde* aus gesehen verhilft den Pädagogen die neueste Entwicklungspsychologie des Kindes und Jugendlichen, besonders in ihren Arbeiten zur kindlichen Aktivität[36]. Allein die neue

---
[35] Blätter für Deutsche Philosophie, 3. Bd. 1929/30. S. 59—62.
[36] An dieser Stelle müssen vor allen Dingen die Arbeiten *Elsa Köhlers* genannt werden: Entwicklungsgemäßer Schaffensunterricht, 1932, und (zusammen mit Ingeborg Hamberg): Ur den moderna pedagogikens verkstad. Stockholm 1926, sowie: Zur Psychologie und Pädagogik der geistigen Aktivität. Berlin 1931.

Schulwelt erfordert verfeinerte Formen der Individualdiagnostik und wird sie aus sich selber entwickeln. Denn es gilt jetzt, bis zu den typischen Äußerungs-, Verhaltens- und Leistungsweisen der *Grundwesen* vorzudringen, also eine *charakterologische* Deutung zu ermöglichen. Aus diesem Grunde begleiteten die Jenaer Forschungsarbeit in der Schule von Anbeginn die Versuche zum Ausbau einer „Pädagogischen Charakterologie". In der dort ebenfalls seit 1928 planmäßiger geübten „pädagogischen Tatsachenforschung" sind bereits neue Einsichten in das Lernen, überhaupt in das Arbeiten des Schulkindes gewonnen, in seine Weise des Erarbeitens der Grundfertigkeiten und des Einlebens in die Schülerwelt nach allen Seiten hin. Erst wenn diese Forschungen, auf breitester Grundlage durchgeführt, nun mehr und mehr Gemeingut der Erzieherschaft werden, wird die Einführung in die neu ausgerichtete Schularbeit erleichtert, und neben denen, die intuitiv ihren Weg finden, wird es auch ungezählten anderen Lehrern möglich werden, ihren Dienst an den Schülern pädagogisch zu leisten.

Die Fähigkeit und die Willigkeit zur Übernahme von Aufgaben sind schon ein wichtigstes Merkmal der sog. Schulreife. Die Kindergartenpädagogik belehrt darüber, wie sie erst vom 4. Lebensjahre an überhaupt erwartet werden darf. Aber schon bei Sechsjährigen stellte z. B. *Ch. J. Zweigel* fest, daß rd. 85 % die ihnen gestellten Aufgaben übernahmen und auch richtig durchführten[37]. Es sind Übernahmefähigkeit, -willigkeit und -geschick schlechthin ein Gradmesser wie für Schulreife, so auch für Lebensreife.

Die Erforschung der Konstitutionstypen, der „Grundformen des seelischen Seins" und jüngst auch der Erbcharakterkunde haben uns tiefer in die Bedingungen und die Art wie Form der Übernahme hineinsehen lassen. Der Pädagoge von heute muß es wissen, daß sie weitgehend auch körperseelisch bedingt ist, und mehr und mehr es lernen, was daraus für seine Tätigkeit in Schulleben und Unterricht folgt. Dabei wird die Art der Übernahme ganz allgemein ein bedeutsames Anzeichen und ein ganz starker Beweis für die *Wertigkeit* des Schülers, wie des Menschen überhaupt. Denn es gibt keine Übernahme ohne eine *Auswahl* seitens des Übernehmenden aus der Fülle des Angebotenen an Aufgaben und Stoffen, Verhaltensweisen und Wertungen. Die Auswahl aus dem reichen Angebot der Schule wie des Lebens, das ist: der von beiden dem aufwachsenden Menschenkinde dargebotenen Möglichkeiten seiner Entfaltung, erfolgt in entscheidenden Teilen auf der Grundlage seines Erbgutes, des „Grundfunktionsgefüges" (*G. Pfahler*). Je wertiger ein Schüler ist, desto eigener übernimmt er, desto eigener baut er seine Arbeitswelt und seinen Charakter auf. Seit Jahrzehnten aber wird von allen Seiten her bestätigt, daß die überlieferte Schule diese Echtheit der Übernahme hinderte, ja schädigte, weil ihre Lehr- und Lernformen samt ihrer Auffassung von Autorität und Zucht zu wenig Raum für die Entfaltung *echten* Arbeitens und Lebens ermög-

---

[37] Über die Wirksamkeit von Aufgaben in der frühen Kindheit, 1925, S. 61.

lichten, ja, ihr war dieses Mittelproblem aller „Neuen Erziehung" (bei uns seit den siebziger Jahren von allen deutschen Erziehungs- und Schulreformern klar erkannt) unsichtbar geblieben. Echt arbeiten und leben bedeutet aber: sich organisch entfalten, einen organischen Aufbau des Charakters erreichen, eine organische Weltanschauung sich bilden. Und nur so kommt es zu Hochwertigkeit in Leistung und Charakter, nur so wird ein echter Mensch gebildet, jeweils auf dem Grunde seiner seelischen Art. Von heute an findet demnach die in unserer Pädagogik seit je erhobene Forderung nach der „Echtheit" der Entfaltung wie der Leistung, ruhend auf echter Selbsttätigkeit, die allerstärkste Befruchtung und Stütze durch die deutsche Psychologie und Charakterologie (E. R. Jaensch, Hann Ruppert, G. Pfahler, Ph. Lersch).

Diese Wissenschaften bestätigen ebenfalls im vollen Umfange das Recht der pädagogischen Forderung nach einem völligen Umbau des *alten* autoritativen Schul- und Unterrichtsbetriebes, denn sie fordern, folgerichtig ausgelegt, eine Schule und einen Unterricht, ruhend auf den Kräften innerer Autorität und eines freieren, aufgeschlosseneren Schul- und Arbeitslebens. Gerade sie haben ja an ihren Versuchspersonen, Jugendlichen beiderlei Geschlechts nach Absolvierung der Schulen, vor allem auch der höheren Schulen, zahlenmäßig sehr reich an Studenten und Studentinnen, exakt nachgewiesen, wie groß der Schaden gewesen ist, den jene alte normativ und linear ausgerichtete Schularbeit und Lernwelt angerichtet hat, sie, die wesentlich gehalten wurde durch die Klammer äußerer Autorität von Institutionen, Verordnungen und deren Angestellten. Um diesen „gerecht zu werden", übernimmt dann der aufwachsende Mensch Verhaltensweisen, Ansichten von Mensch und Welt, Lehrmeinungen, Wertungen aller Art, die keine innere, keine organische Beziehung zu seiner seelischen Art besitzen. Angenommenes Wesen, angelerntes Wissen, nachgeahmte Haltung, nachgesprochenes Urteilen und Bewerten ist die Folge, ein unechtes Wesen, „Halbbildung", die gefährlichste, für den einzelnen wie eine Gemeinschaft schädlichste Spielart von Bildung. Es kommt so zu einer „unorganischen Wertbildung" im jungen Menschen, die ihm im Leben jeden festen Standpunkt nimmt und solche Menschen nach zwei Seiten hin vor allem gefährdet: entweder sie schwanken von einem Standpunkt, einer Parteinahme zur andern (Vermassung), oder sie fliehen, ihr (falsches) Selbst zu retten, in einen Fanatismus hinein, der genau so gemeinschaftszersetzend und zerstörend wirkt wie jene Vermassung.

In allen solchen Fällen ist während der wichtigsten Bildungsperiode des Menschen die Emotionalität, das Fundament des Charakters (der „endothyme Grund" nach Ph. Lersch) zu kurz gekommen und die Verstandesseite für diese Menschen übers Maß hinaus beansprucht worden. Sie sind gezwungen worden und haben daher auch sich selbst gezwungen, ihrer Art Fremdes, ja Unzuträgliches zu begreifen und anzuerkennen, und es ist ihnen dabei niemals recht zum Bewußtsein gekommen, daß sie nichts davon wirklich verstanden, weil sie es von denjenigen Übernahme- und Aufnahmebedingungen her, die in ihnen angelegt sind, gar nicht verstehen konnten, es auch nicht anerkennen durften. Deswegen bleiben in ihnen so leicht ihr ganzes Leben hindurch — falls eben nicht eine Erweckung, eine Besinnung auf ihr echtes Selbst erfolgt — Verstand und Gemüt gespalten, und immer, wenn sie dem Herzen folgen sollten, fallen sie zurück in ein Verhalten, das ihrem — nun notwendig — „kalten" Verstande entspricht, denn auch der Verstand urteilt nur dort richtig und wohltätig für den einzelnen wie für die Gesamtheit, wo er vom Grunde her geleitet wird, wo er vom Gemüt her durchwärmt und mit dem Lebensgrunde des Menschen geeinigt ist. Es ist bereits die Zeit da, wo wir mit größter Klarheit erkennen können, welche ungeheuren Schädigungen des Charakters die Bildungs- und Schulungseinrichtungen der letzten hundert Jahre verursacht haben. Der Mitmensch wird kaum nach *seinem Charakter*, sondern nach seinem „Bekenntnis", seiner Weltanschauung, d. h. aber intellektualistisch gewertet, also nach seinen Klugheitsregeln, nach seiner „verständigen" Einstellung zu Menschen und Dingen, nach seiner Kunst, sich einzufügen, nachzusprechen und zu tun als ob. Auch darum muß alle Bildung eine volle Wendung zur Echtheit hin machen und sich dabei vor allem auf den Charakter einstellen; denn „ein Schichtenausfall hat nicht nur unvollkommenes — wenn zwar ‚leistungsfähiges' — Menschentum zur Folge, sondern ... auch krankhaftes"[38]. Vor uns enthüllt sich der unabmeßbare Reichtum individuellen Lebens und Gestaltens, jene Fülle des Eigenwesens, die zuletzt wiederum den Vollgehalt einer Gemeinschaft bestimmt; denn je weniger innerhalb eines Gemeinschaftsganzen, als des ersten, jedem Einzelwesen Vorgegebenen, Eigenkräfte der Glieder entfaltet werden, desto ärmer ist es in seiner Wirkkraft, genau wie ein schlecht bestellter Acker dann weniger bringt und unter seinem wirklichen Leistungsvermögen gehalten wird. Im Ackerbau und in der Tierzüchtung sind dies alles dem Menschen sehr geläufige Dinge; die überlieferte Schule hat die *organische* Anschauung der Gemeinschaftspädagogik noch nicht aus der Theorie in die Praxis übertragen.

Bei diesem Verhältnis von Gemeinschaft und Individuum gelangen wir zu einem für alle Pädagogik des Unterrichts ebenfalls bezeichnenden Grundsatz:

Es gibt bei keinem Lernen, in keiner Tätigkeitsform, während der Aufspaltung Subjekt : Objekt diese Aufspaltung rein, und *darum kann es auch keinen eindeutigen Bogen geben, über den sich die Spannungen auflösen und übernommen werden.* D. h. es gibt auch, vom Kinde aus gesehen, nicht *die* Methode, *den* Weg und Lehrgang. In der einprägsamsten Form haben das die zahlreichen Untersuchungen der Jenaer Universitätsschule etwa zum Rechnen gezeigt! Wir besitzen, wie jede Zeit vor uns, nur konventionell anerkannte,

---

[38] *Hann Ruppert*, Aufbau der Welt des Jugendlichen, 1931, S. 189; vgl. *Ph. Lersch*, Der Aufbau des Charakters, 1938, s. bes. 258 ff.: Zur Charakterologie der Unechtheit. Ferner zur Lit.: *G. Pfahler*, Warum Erziehung trotz Vererbung? 3. Aufl., 1938; *Siegfried Gerathewohl*, Das Problem der Echtheit in der Pädagogik, 1938, hier auch wichtige Folgerungen für den Unterricht.

sog. einfachste Wege im Sinne einer Annäherung an den besten Weg, an die beste Methode. Es ist unter uns üblich, gewisse Verfahren als „überwunden" zu betrachten, andere als die „für uns heute" gültigen oder auch nur erwünschten anzuwenden. Dahin gehört z. B. die Ganzheitsbetrachtung im Anfangsunterricht; doch auch diese wird, wie schon gezeigt werden kann, zu einer hemmenden Fessel, zu der nämlichen Vergewaltigung des Schulanfängers, wenn sie nun zu der alleingültigen Methode gestempelt und aus ihr nichts weiter als ein neuer Lehrgang gemacht wird.

Blicken wir auf das Verhalten des Übernehmenden, so spaltet sich dieses auf zwischen den Polen strengster Sachgebundenheit und freiester, rein persönlicher Gestaltung. Es gibt Stoffe, die vom Menschenkinde schlechthin Unterwerfung fordern, andere, die zu ihrer Erarbeitung und Bearbeitung ganz spezifischer Fähigkeiten wie Werkzeuge bedürfen. So ist die Übernahme zwischen unbedingtem Gehorsam und höchster Freiwilligkeit ausgespannt. Das bedeutet für die Innengestaltung der pädagogischen Situation, daß darin jedesmal, sehen wir auf sie als Lebenskreis, die ganze Spannweite sittlichen Verhaltens zu Menschen und Stoffen vorhanden sein muß. Alsdann wird sie zu einem erziehend-bildenden Gesamtgeschehen, zu einem *echten* Lebenskreis für Menschenerziehung.

II. Kapitel
Die Führung des Unterrichts

1. Teil: Die Ordnung des Schullebens im Dienste des Unterrichts

1. Führung des Unterrichts — Führung im Unterricht

Wir haben es mit dem Unterricht in *Schulen* zu tun. Das setzt eine Stellungnahme dazu voraus, wie wir uns die Aufgabe und die Organisation der Schule in unserer Zeit denken. Bei vollem Anschluß an die Praxis der Neuen Erziehung werden die Schulen sich zu *Schulgemeinden* umwandeln und sich breiter und inniger in das ganze Volksleben ihres Standortes hineinlegen. Schulen werden so wichtigste Lebensstätten der Jugend, betreut von Erziehern und Jugendwaltern, und ergreifen ihre große volkserzieherische Aufgabe mit voller Hingabe inmitten des lebendigen Kräftestromes erzieherischer Mächte ihrer Zeit und ihres Raumes. Als Schulgemeinde wird die Schule als Ganzes selber zu einer pädagogischen Aufgabe allererste Ranges. Ihre Ausrichtung auf die Jugendbildung und Jugenderziehung in deren ganzer Fülle wandelt ihre Stellung im Volksganzen, aber damit auch den Innenbereich in allen Teilen: dieser wird durch und durch pädagogisch gesehen und geordnet. Was daher in solcher pädagogisch durchdachten Schulgemeinde an Unterricht geschieht, das ruht mithin immer eingebettet in pädagogischen Situationen. Mit „eingebettet" ist bereits sofort zu Anfang unserer Ausführungen eine deutliche und bedeutsame Abgrenzung vorgenommen, nämlich allen denen gegenüber, welche dazu neigen, Unterrichtssituationen einfach gleich pädagogischen Situationen zu setzen. Diese Gleichsetzung ist darum geradezu gefährlich, weil sie das Allerwichtigste verdunkelt, nämlich den erzieherischen Bezirk und die erzieherische Funktion der Schulen, und zwar auch in demjenigen Teile, den der Unterricht einnimmt. Das Leben kennt reinere Unterrichtssituationen, „rein" insofern, als der persönliche Einfluß ganz eng auf das bezogen bleibt, was der Unterrichtende als Einzelmensch hineingibt; denn es kann ja keinen Unterricht geben, der nicht die besondere Note dessen erkennen ließe, der ihn erteilt. Aber darüber hinaus kann fast jeder Unterricht (in Schnellschrift, Reiten, Klavierspiel, Fechten, einer Fremdsprache, spanischer Handelskorrespondenz, Doppelter Buchführung u. v. m.) so herabsinken, daß das Verhältnis zwischen Lehrer und Schüler wenig, ja überhaupt nicht anders wird als das zwischen Käufer und Verkäufer. Auf diese Stufe sinkt jeder Lehrer, der sich zum „Stundengeber" erniedrigt, und es ist dabei ganz einerlei, ob er diese Stunden schlecht gibt, nur so hält oder ob er sie als hervorragender Methodiker packend und erfolgreich gibt. Der Vorteil liegt im letzteren Falle so einseitig im rein Nützlichen, im Geschäftsmäßigen, daß der Sinn einer pädagogischen Situation dadurch nicht erfüllt ist. Jedermann wird den letztgenannten Lehrertyp vorziehen, aber mit der Begründung: „Bei ihm lernen sie ‚wenigstens' was." Und dieser viel gebrauchte Satz sagt es vollendet deutlich, daß „eigentlich" noch etwas hinzukommen müßte. So fein und sicher empfindet der Instinkt des Menschen auch dort, wo er nicht imstande ist, genauer zu umschreiben, *was* er empfindet.

Wir können mithin eine Reihe bilden, an deren unterstem Ende solche reinen Lernsituationen stehen, in denen das Nützliche, das Egoistische vorherrscht, und diese Stufe ist dort in größter Reinheit gegeben, wo auf beiden Seiten, bei Lehrer wie Schüler, dieser Nutzen ihrer Zusammenkünfte begründet und beide daraus Vorteil ziehen wollen. Wo aber finden wir die höchste Stelle dieser Reihe? Sie liegt in einer Höhe, zu der sich alle jene, die zu einseitig an Unterrichtssituationen denken, nicht erst erheben. Es gibt nämlich pädagogische Situationen, in denen es überhaupt nicht um ein Lernen geht, sondern um ein — Aufgeweitetwerden, ein Aufgeschlossenwerden, ein innerliches Wachsen und Reifen. Wir können auch sagen: um ein Bewußtwerden, das sich nicht leicht in Worte fassen läßt, man müßte schon ein Dichter oder Musiker sein. Es sind das Bewußtheiten ohne Worte, aber Quellkräfte für das Leben und nicht zum mindesten für das Lernen auch. Es gehört dazu alles das, was wir oben als das „Schauen" schilderten und als die daraus abgeleiteten ersten und begründenden Grundformen des Sich-Bildens, die nach innen gewandt sind[39].

---

[39] Siehe oben S. 32 f.

Es ist kein Wunder, daß gerade dieser Teil völlig übersehen worden ist, solange man im Banne der Kultur- und Bildungspädagogik dachte und folgerte. So mag es dem Menschen ergehen, der von einer Paßhöhe oder Bergesspitze aus über Alpenketten blickt oder über die schäumende See, die blühende Heide, daß er vom Überfluß der Welt trinkt und vom Schauen und Erleben übervoll solche Aufweitung des Seins und unvergeßliche Stärkung von Urkräften seines Wesens unmittelbar aus und von der Natur empfängt. Wenn Ferienreisende heimkehren vom Besuche norwegischer Fjorde oder des Mittelmeers, da haben sie gewiß viel „gelernt", aber nicht mehr? nicht viel mehr empfangen an Unsagbarem und für sie als Menschen gerade an Wertvollstem? Keinem dieser Reisenden ist es auch verborgen geblieben, daß er viel mehr mitnahm als Kenntnisse u. dgl.; denn er hat daheim versucht, davon zu erzählen, und unvermeidlich erlebt, daß er das Schönste gar nicht erzählen konnte, oder wenn ihm die Sprache reich zu Gebote stand, daß die andern ihn doch nicht recht verstanden, die nämlich, welche nicht die gleichen Schauungen haben konnten.

Und genau dasselbe vermag in echten pädagogischen Situationen auch unserer Schulen zu geschehen, ja, es ist dort gar nicht Schule im wahren Sinne, keine *Volks*-Schule vorhanden, wo diese Möglichkeiten nicht reich gegeben und jene Erlebnisse nicht selbstverständlich sind. Die ganze Schulwelt als Schulgemeinde sei so eingerichtet, daß in ihr auch dieses Schauen gepflegt werden, die Fülle der inneren Handlungen des Geistes, der Reichtum der geistigen Tugenden erscheinen kann. Nun soll man da nicht zuerst an Stunden religiöser Unterweisung, an Stunden denken, in denen die Großen unseres Volkes und der Menschheit Schüler und Lehrer packen als Zeugen der Schönheit, der Zerrissenheit, der Leidenschaftlichkeit und Zartheit im menschlichen Dasein, sondern dasselbe gilt für die pädagogische Situation des Rechnens, allen Gruppenunterrichts, des Kreises usf. Durch sie *alle* hindurch webt und wirkt dieses Aufnehmen, Stellungnehmen und Handeln aus den Innenkräften. Und in diesen Teilen solcher pädagogischen Situationen ragen wir auch in allen Schulen alsdann heran an diejenigen, denen wir die höchste Stelle in jener Reihe anweisen mußten.

Je deutlicher vor dem Lehrer und Erzieher der letzte Sinn wahrer pädagogischer Situationen steht, desto klarer tritt für ihn die besondere Aufgabe in einer jeden, ebenso aber auch der oberste Grundsatz des Unterrichts selber heraus: nämlich, daß aller Unterricht zu leiten, zu führen ist, und zwar derart, daß er nicht die pädagogischen Situationen verstört, gar aufhebt.

Viele Landerziehungsheime haben das Zusammenleben von Schülern und Lehrern und Angestellten auf eine ganz neue Lebensauffassung und Gesinnung gestellt, allein mitten hinein einen Unterricht und eine alte Schule gesetzt, die stilwidrig sind. Die Folge wurde hier und da, daß alle Beteiligten es empfanden, daß, was sie im Unterricht treiben, nur das ist, was man eben tun muß, um den staatlichen Anforderungen zu genügen, das, was man absitzen muß, um einmal — nun was denn? — frei davon zu sein? nein, doch nur, um anderes tun und treiben zu müssen, das im Grunde wiederum genau so stark durchsetzt ist von Kleinkram, langweiligen Dingen, Aufgaben, um die man sich auch gern herumdrückt, wenn es ginge. Und so besteht hier nicht nur ein Widerspruch zwischen der ausgezeichneten Gesinnung und allgemeinen Lebensauffassung und der Praxis des Unterrichts, sondern schließlich ein Mißverstehen des Menschenlebens überhaupt, in dem der Mensch nun einmal „geschunden" werden wird. So durchzieht solche Heime ein nicht ungefährliches Wahnbild vom Leben, wie es ist und wie es die Schüler anpacken wird. Und anstatt sich also eine „Kulturinsel" zu schaffen, die ein Traumgebilde bleiben muß, wäre es doch gerade hier leichter, Weltanschauung und Schule, Unterricht und Leben in Einklang zu bringen.

Die erste Aufgabe einer Unterrichtspädagogik, die sich der Praxis zuwendet, muß es darum bilden, das *Ineinander des Pädagogischen und des Didaktischen* zu lehren, so stark, daß das Bewußtsein davon bei jedem Schritt, den die Praxis macht, wachgehalten wird. Die Fülle der Fragen, die sich hier auftut, gliedern wir in zwei Hauptkapitel; sie behandeln

> die Führung des Unterrichts und
> die Führung im Unterricht.

Auf jeden Fall steckt heute in diesen Fragen das Kernstück aller Unterrichtslehre, wie sie Mittelprobleme der Jenaischen Pädagogik von Anfang an gewesen sind.

Die „Führung des Unterrichts" handelt von all dem, das nötig ist, um den Unterricht *vorzubereiten,* dieses Wort im weitesten Sinne genommen, so wie er im folgenden erläutert werden wird. Hierher zählen wir alles, was dazu dient, innerhalb der „Schulwohnstube" sowie in der ganzen Schulgemeinde die beste unterrichtliche Reizwelt herzustellen. Also:

a) Die Einrichtung der Räume; Gruppierung der Kinder; Wochenarbeitsplan; Arbeitsmittel aller Art usf. Durch dies alles leuchtet die pädagogische Absicht des vorausschauenden Lehrers, der allen Schülern im Wissen um das, was geschehen und erreicht werden soll, voraus ist. Aber doch nur unvollkommen voraus in einem eng rationalen Verstande; denn dann weiß er wiederum nicht, was auch nur eine Woche, gar ein Jahr später sein wird und was die Schüler können und erreicht haben werden. Sondern, mit diesem Voraus-Sein ist gemeint: sein ganzes Sein als das dieses erwachsenen, für seinen Beruf vorbereiteten und ihn liebenden Lehrers. In seinem ganzen Wesen und Vermögen ist er voraus, und auch was er sich ausrechnet und ausdenkt, ist dann am besten vorgedacht und vorbereitet, wenn es in einem Akte geistigen Schauens geschieht. Dabei wird er von dreierlei gelenkt werden: von seinem pädagogischen Verantwortungsgefühl[40], dem erworbenen fachlichen, beruflichen Wissen

---

[40] Siehe m. Ursprung der Pädagogik, 1931. S. 134 ff., 114 ff.

und Können sowie von den guten wie schlechten Erfahrungen, die er selber machte oder andere machen sah.

b) Mit all diesem sind stets Entscheidungen über „richtige" Dinge, über methodische Gänge i. e. S., über das jeweils Bessere oder Zeitgemäßere oder das eher Zweckentsprechende verbunden. Manche solcher Vorentscheidungen sind dem Lehrer von Behörden abgenommen, und je kümmerlicher ein Schulwesen, vor allem sein Lehrerstand ist, desto mehr pflegt ihm oberbehördlich abgenommen werden zu müssen, damit wenigstens das Mindeste dessen geschehe, was ein Staat, ein Volk verlangt. Die Kulturhöhe eines Volkes wird darum am schnellsten an seinem Schulwesen gemessen und an der Stellung seines Lehrerstandes zu den Aufgaben der Schule. Trotzdem wird immer ein großer Bezirk bleiben, in dem der Lehrer selber entscheiden muß. Und hier wird wiederum in ihm der Fachmann aufgerufen. Dafür ist nun zweierlei zu verlangen:

1. Die Entscheidung muß nach ernstlicher Prüfung des wissenschaftlichen Standes der Zeit und dabei nach dem Vermögen seiner Lage getroffen werden. Wenn ein Lehrer fern jeder Verbindung mit seiner Fachwissenschaft lebt, wenn ihm sein Staat nicht mehr geben kann, als daß er so eben sein Leben fristet und sich mit den Seinen einigermaßen durchschlägt, dann wäre es grausam, mehr zu erwarten als die Sehnsucht, das ehrliche und ernste Verlangen in einem jeden solcher Lehrer, jener idealen, nein, im Grunde ganz selbstverständlichen Forderung zu genügen. Denn es heißt ja nicht mehr verlangen, als was von jedem Arzte für Menschen oder Tiere gefordert wird, hier aber geht es um Menschenkinder und um den Nachwuchs, die Lebenskraft von Völkern.

2. ist zu fordern, daß der Lehrer schließlich *seinen* Weg kenne und ihn auch einhalten könne. Es gibt keine allgemeingültige richtige Methode. Aber es gibt Festigkeit, verbunden mit Gründlichkeit und ehrlichem Suchen, und was solche Tugenden eines Lehrers bedeuten, das liegt noch über dem Wissen um die letzten wissenschaftlichen „Errungenschaften" und die solidesten Kenntnisse; denn es ist die Haltung in jenem Falle vom Grunde her bestimmt und darum lebenswahr, echt und also auch wirksam. Er wird sich dann stets irgendwie mitgetragen fühlen und erkannt von den Besten seiner Zeit und aus diesem Empfinden heraus neue Kräfte ziehen. Er wird nicht hinterdrein schleppen und ebensowenig den Modeströmungen erliegen, weil in ihm eine Richtung auf das Feste und Gerade angelegt ist. Diese Anlage aber macht es ihm wiederum möglich, aufgeschlossen zu sein und in Ruhe abzuwägen und zu übernehmen, solange er lebt. Denn das gehört mit zu der rechten pädagogischen Haltung, zu wissen, daß niemals Ende ist, niemals „letzte Worte" gesprochen sind, noch in dieser Welt gesprochen werden können. Wir stehen immer „in Gegenwart", und unser Los ist, zu entscheiden im Angesichte dessen, was nicht entschieden, sondern eben nun an uns gekommen ist und unserer Entscheidung harrt, soll nicht über uns entschieden werden.

Bereits diese Betrachtungen des Eingangs belehren darüber, daß die Stellung des Lehrers in der Schule von grundlegender Bedeutung ist[41], daß es sich um wirkliches Führersein handelt, um echte Führerentscheidungen und Führerverantwortung; niemand anders in dieser Gemeinschaft weiß jemals so um den Weg und das Ziel wie er — darum tritt auch vor jedem Lehrer, der seine Aufgaben in der Schule rechtschaffen erfüllt, jeder Schulrat und Besucher bescheiden zurück und weiß, daß in jedem Falle, wo es etwas zu erklären gibt, ihm das erste Wort gebührt. —
Betrachten wir im 2. und 3. Kapitel den Lehrer wie einen, der die Fahrt über den Ozean der tausend Hoffnungen und der unbegrenzten Möglichkeiten vorbereitet, so später, wenn wir von der Führung im Unterricht sprechen, als den Kapitän des nun auf der Fahrt befindlichen Schiffes. Und wie Kapitän und Steuermann Kompaß und Karten und Instrumente brauchen, um sich nach den Gestirnen des Himmels zu richten, vor allem aber der ganzen Reise Ziel und Sinn kennen müssen, so auch der Lehrer und Erzieher. Für die allgemeine Ausrichtung seines Tuns bis in die letzten Verästelungen hinein bedarf er jedoch eines Richtmaßes, und danach haben wir nun zuerst zu fragen.

2. Das pädagogische Richtmaß für die Ordnung des Unterrichts, d. i. für Raum, Leben und Arbeit in Schulen

Die Schule sei eine „Lebensstätte der Jugend". Damit ist gesagt, was wir anstreben, allein diese Wendung ist zu allgemein, sie enthebt uns nicht der Mühe, weiter zu fragen, welches denn der Aufriß, die innere Struktur, die Ausrichtung des Lebens in solchen Jugendstätten sein soll. Landheime und Jugendbünde sind ganz gewiß auch jugendgemäße Lebensstätten, dennoch wurde es gefährlich, deren Lebensstil einseitig auf die Schule zu übertragen. Die Schulen haben zwischen der elterlichen Wohnung, den Spiel- und Tummelplätzen um diese Wohnung herum und der Schule selbst hin und her wandernde, täglich hin und her gezogene Kinder zu betreuen, also paßt schon darum nicht, das Landheim als Vorbild zu nehmen. Der Bund geht auf Auslese; öffentliche Schule muß aber eben den Kindern dienen, die örtlich vorhanden sind und dort eingeschult werden. Auch Landerziehungsheime, die versuchten, vom Jugendbund her den Kindern einer bestimmten Ausleseschicht aus der Jugendbewegung, etwa denen der „Deutschen Freischar", zu dienen, sind in diesem Punkte gescheitert, so Max Bondy in Marienau und Karl Seidelmann in Münder am Deister. Als Richtmaß die Gemeinschaftswerte des Freundschaftsbundes, der Ehe oder die Erosbewußtheit zu wählen, wie sie um 1919/20 vor allem im Hamburger Wendekreis an dessen Versuchsschule geschah, verfing sich alsbald in eine sentimentale, unmännliche Welt, die des Erzes entbehrte, ohne das **alle** absichtsvolle Erziehung hohl klingt und sich verirrt[42].

---

[41] *Petersen*, Innere Schulreform und Neue Erziehung, 1925. S. 237 ff., 284 f.
[42] Vgl. *Petersen*, Ursprung der Pädagogik, 1931. S. 140 ff.; *Aloys Fischer*, in: Jugendführer und Jugendprobleme, 1924. S. 260 ff.

Das 19. Jahrhundert liebte besonders die Nachahmung der Rechtsgesellschaft und daraus abgeleitet der parlamentarischen Demokratie. Stephanis Vorschlag, den Schulstaat als Rechtsgesellschaft aufzubauen, war von Kant beeinflußt, von dessen Trennung von Recht und Moral als Reich des Zwanges dort und Reich der Freiheit hier. Auf deutschem Boden bildet Tuisko Zillers „Regierung der Schüler" (1857) die folgerichtigste, aber zugleich auch unhaltbarste Anwendung dieses Grundsatzes und belehrt darüber, wie alles Erzieherische restlos ausgetrieben wird, wo man die Schule dem juristischen und staatsrechtlichen Denken ausliefert. Während es den zuletzt aufgezählten Richtmaßen nicht an dem Vermögen fehlt, weit auszugreifen und zu durchdringen, verengen die Ausrichtung der Schulwelt diejenigen Versuche, welche den Werkstatt- und Laboratoriumsgedanken (Dalton Laboratory-Plan) zugrunde legen. Weit greifen dagegen wiederum die Ideen der Produktionsschule und der Schulfarm, nun aber so weit, daß die besonderen Aufgaben der Schule nicht geleistet werden können. Die Schularbeit löst sich derart auf, daß die innere Gerichtetheit, das noch Erlebbare und Empfundene an unbedingt Straffem und Zuchtgebendem verlorengeht. Die Schulfarm stellt insbesondere Lehrer wie Schüler vor so große Alltagsarbeiten und Sorgen, bürdet ihnen so starke wirtschaftliche Sorgen auf, daß darunter die Schule erstickt. Mit bewundernswertem Idealismus unternommene und vom Staate großzügig gestützte Versuche dieser Art in Mexiko und Chile haben das für alle Völker zur Genüge gelehrt.

Für die deutschen Verhältnisse und ganz aus dem besten Geiste der deutschen pädagogischen Überlieferung wie aus dem Edelsten deutschen Gemütslebens heraus stellt sich als Richtmaß für das Schulleben am ehesten die Familie und das Familienleben ein (Pestalozzi, Fröbel, Dörpfeld u. v. a. m.). Es ist darum auch kein Zufall, daß Lietz in seinen Heimen (zuerst in Haubinda) die Einrichtung der „Familien" traf und damit zugleich sich vom Vorbilde Abbotsholmes an einer entscheidenden Stelle abwandte. Mehr als dreißig Jahre Heimleben in vielfach seitdem abgewandelten Formen enthüllten jedoch, wie stark solche „Familie" Ersatzgebilde ist, und dazu kommen noch weitere Gefahren, die mit dem Leben auf Kulturinseln zusammenhängen. Die Kinder haben dort eine Möglichkeit, sich stark auf die Familie, zu der sie gehören, zurückzuziehen und im Sozialen zu verarmen. Das war u. a. der Grund dafür, daß Paul Geheeb in der Odenwaldschule nach mehr als zwanzig Jahren dazu überging, die alten Familien zu zerschlagen und, angelehnt an die härteren Formen des Heimes in Letzlingen unter Uffrecht, lebenswahrere, verantwortungsvollere Schülergruppen in den Häusern zu bilden. Damit sollte ferner erreicht werden, daß jeder Kampf von Familienleitern um gewisse Kinder aufhöre, und vor allem die Gefahr verringert werden, daß das rein Persönliche überbetont, das Kind allzu ernst genommen und zu weich würde, sich im späteren Leben dann immer „enttäuscht" fühle und nicht verstanden wähne, also am Leben und den Menschen vorbeilebe.

Alle diese Gefahren bestehen kaum in einer Schule, die die Kinder Tag für Tag in die Elternhäuser zurücksenden kann. Andererseits muß aber mit aller Deutlichkeit gesagt werden, daß Familie nur sehr bedingt, nur in einem Teile Richtmaß der öffentlichen Schule sein kann und darf. Die Schule ist keine Familienwohnung, ihr Geist kann niemals der elterliche sein, und pädagogische Liebe ist nicht gleich Elternliebe[43]. Trotzdem bewegen wir uns nun dort, wo wir in der Tat das Maß finden werden, nämlich im Bereiche der „Gemeinschaft". Während die vergangene Zeit ihre Aufgabe darin sah, die Jugend zu tüchtigen Einzelmenschen zu erziehen, hat sich die Schule der Neuen Erziehung die Bildung des Gemeinschaftswillens zum Ziele gesetzt. Dafür genügt es nicht, Schuljugend etwa ein paar Wochen lang in den nicht unwichtigen, allein doch künstlichen Lebensformen des Lagers, des Heims, der Fahrt in echter Kameradschaftlichkeit leben und leiden zu lassen. Alle die großen Tugenden, die solches Leben auf höherer Ebene und in Ausnahmeformen bestimmen und möglich machen, sind doch zugleich für das ganze Leben als festgewordene Antriebskräfte und Gemeinschaftsbande notwendig, darum muß *das ganze Schulleben* so eingerichtet sein, daß es die „geistigen Tugenden" herausfordert und als alltägliche Voraussetzung des Zusammenlebens tun und erleben läßt. Unter den geistigen Tugenden aber wird verstanden: Güte, Liebe, Treue, Kameradschaft, Demut, echtes Mitleid, Leid, Andacht, Ehrfurcht, Dienstbereitschaft, Hingabefähigkeit, Opfersinn, Einsatzbereitschaft, Fürsorge, alles Dinge, die es in der Tierwelt nicht gibt, wo auch keines dem andern dient, so wie unter Menschen, noch liebt oder Treue hält usf. Zugleich sind es aber die geistigen Tugenden ganz allein, mit denen Gemeinschaft steht und fällt: kein Lager, keine Fahrt, kein Landheimaufenthalt, aber ebensowenig die Familien, das Volk können zusammenhalten, können bestehen, wenn es an diesen Tugenden mangelt. Und nur *die* Menschen erhalten die Gemeinschaft, welche Form es auch sei, in denen jene Tugenden lebendig und stark sind, von denen *Pestalozzi* als den wahrhaft „ersten Angelegenheiten des Menschen" sprach[44].

Die Tugenden selber sind wiederum zu verstehen als Abwandlungen aus der Wechselwirkung der drei sittlichen Grundformen, die sich in aller Welt und seit Menschengedenken aufweisen lassen. Es sind das die Ehrfurcht gegenüber dem älteren Stammesgenossen und dem, der die Autorität vertritt, die Hilfsbereitschaft gegenüber dem Artgenossen und die Treue gegenüber der überlieferten Sitte[45]. Ohne Zweifel müssen wir also bewußter hier wieder anknüpfen, um unserem Jahrhundert zu genügen. Die Gemeinschaft ist uns das erste; aus ihr und in ihr erwacht der Mensch zum Leben und gelangt nur durch sie zum Personsein.

Hier erhebt sich eine Schwierigkeit, wie jede dazu da, angepackt und überwunden zu werden. Die öffentliche Schule ist ohne Zweifel auf den ersten

---

[43] Siehe m. Allgemeine Erziehungswiss. I. S. 272 ff.
[44] Vgl. Ursprung der Pädagogik § 4.
[45] *Wilh. Wundt*, Sinnliche und übersinnliche Welt. S. 384 ff.

Blick eine Sozialform, wie Kant sie nannte: eine „zwangsmäßige Kultur". Immer wieder verführt dies dazu, die Schule ganz und gar als soziale Hilfsveranstaltung der Gesellschaft zu sehen und zu einer reinen Unterrichtsanstalt herabzudrücken. Allein, es hat sich gezeigt, daß immer wieder bei uns diese Versuche scheiterten, daß sich die große Überlieferung erhob, nach der die Schule eine höchste *Erziehungs*funktion im Dienste des gesamten Volkes ist. Das heißt: die geistigen Kräfte der Volksgemeinschaft, denen die Schule allererst ihr Dasein verdankt, beanspruchen weiten Raum in ihren Hallen; sie dringen auf Entwicklung des Volksbürgers und Menschen in jedem Kinde auch durch die Schule, im klaren Bewußtsein dessen, daß erst dann ein wirklich wertvolles Glied dem Staate, der Wirtschaft, allen Kulturzweigen zugeführt wird. Die Lern- und Drillschule in rein oder wesentlich wirtschaftlicher Abzweckung widerspricht allzu stark unserem Wesen, als daß sie Aussicht hätte, unter uns verwirklicht zu werden.

Von Gemeinschaft wird nun dort geredet, wo unter Menschen geistige schöpferische Wechselwirkung besteht, wo also vor allen Dingen jene geistigen Tugenden wirksam sind und gepflegt werden, ja wo sie es sind, die den Verband bauen und erhalten. Und „Gruppe" ist der allgemeine Begriff, den wir Gemeinschaft zuordnen als Bezeichnung für die Gliederungen, in die Gemeinschaft zerfällt, so wie Klasse, Verein, Konzern usw. Untergliederungen der „Gesellschaft" darstellen. Fordert die „Neue Erziehung" die Ausgestaltung aller Schulen zu „Schulgemeinden", so ist bereits in diesem Worte gesagt, daß der Schule die Idee der Gemeinschaft als Richtmaß gesetzt ist und daß die Aufgabe die ist, im Rahmen der vom Staate abgegrenzten, verwalteten und unterhaltenen Schule, die höchstmögliche menschliche Ausbildung und Erziehung zu geben, ohne dabei die Forderungen des Staates und der Wirtschaft, kurz der Gesellschaft, zu verfehlen. Der Staat, selber mitten zwischen der Gesellschaft und dem Volke stehend, will so die Schule des Volkes für das Volk sicherstellen.

Daraus folgen für uns zuerst *vier beschränkende Gegebenheiten* allen staatlichen Schulwesens: Die Schule ist eine Mischform zwischen reiner Sozialform und Gemeinschaft, die es gilt, auf die oberste Gemeinschaftsbildung, auf das Volk, auszurichten. Ihre Lehrer sind sodann stets amtliche Beauftragte; hinter ihnen steht ein Muß, ein amtlicher Auftrag. Vor allem deswegen kann kein Lehrer und amtlich bestellter Erzieher als Regel seiner Schüler Freund, Kamerad u. dgl. sein im Sinne des wirklichen Freundes und Kameraden; alles kann nur ähnlich sein, und es soll auch dem ähnlich sein, doch so, daß jeder Lehrer um die Grenzen weiß und nicht die erzieherischen Wirkungen dadurch verringert, daß er das Verhältnis Lehrer zu Schüler sentimental, unecht sieht und pflegt. Die dritte beschränkende Gegebenheit ist die Zufälligkeit im Faktor Schülerschaft, d. h. die Tatsache, daß ich ja mit den örtlich, jahrgangsmäßig, landschaftlich, stammesmäßig gegebenen Kindern rechnen muß und ideale Verhältnisse die große Ausnahme bilden. Und dazu gesellt sich viertens die Bindung allen Schullebens an die Zufälligkeiten der „Lokalität", daß ich dies und nicht das Gebäude, so und so eingerichtet, nun einmal habe und darin ideengemäß Höchstes leisten soll.

Diese vier Gegebenheiten sind es, die immer, überall und von Jahr zu Jahr sich wandelnd, niemals Ruhe aufkommen lassen, sondern dastehen als Grundaufgaben: als der Grund, auf dem allein hier und jetzt gebaut werden kann, und als nimmer fertige Aufgaben zeit des Lebens. Sie sind oft, ja zumeist harte Gegebenheiten. Aber *sie* sind es nun, die von der Erziehungsidee her auch pädagogisch bewältigt werden müssen. Darum nehme man sie ständig hinein in den Lichtkegel dieser Idee, damit sie gründlich, d. h. bis auf den Grund, beleuchtet werden. Sie dürfen auch niemals aus dem Blickpunkt und aus dem Kreise bewußt angefaßter Aufgaben für den Erzieher verschwinden, sofort stellt sich die Angewöhnung ein, und er wird zum Techniker seines Berufes, zum Könner, zum Nur-Lehrer mit Routine, und seine erzieherischen Kräfte verkommen. Allzu leicht freilich wird dies die Antwort auf jene harten Gegebenheiten, und doch sind diese nichts weiter als lebensechte Verhältnisse, vor denen nicht verzagen oder sich selber in seinem Besten ersticken lassen braucht, wer Leben liebt. Denn weil sie im Leben selber liegen, seine Gebilde sind, so ist eben dies an ihnen das Tröstliche und Schöne; denn im Ringen mit ihnen wird, muß ja Leben geschenkt und geweckt, müssen damit die Kräfte und Wege zu ihrer Bezwingung gefunden werden.

Also sind es nun auch Gemeinschaftsformen, welche mitten in dieser selben vorgegebenen Schulwelt liegen, nach denen wir suchen müssen, um das Richtmaß zu finden, andernfalls würden wir Gefahr laufen, die Schulwirklichkeit unter ihr nicht gemäße Ideen zu zwingen und sie damit zu vergewaltigen. Der organische Weg im Denken und zum Handeln verbindet beide aufs innigste mit der gegebenen Welt, fürchtet den Aufschwung in die gedankenblasse Leere, in überwirkliche Welten, diese Erfindungen wuchernder Verstandeskräfte. Wer durch den Acker der Welt die Pflugschar führen will, der muß fest auftreten und darf niemals den Boden, die Scholle verlieren, noch deren Tragfähigkeit und Eigenart übersehen, wenn anders seine Arbeit gelingen und der Acker ihm danken soll. Es hat auch kein Pflüger eine andere Hoffnung auf Ernte, als ihm sein Acker tragen kann. Genau so steht eine jede Schule nur dann und dort fest gegründet da, wo sie sich unverrückbar an die Eigenart und die Gesetze der Landschaft und der Menschen in ihr bindet, denen sie unmittelbar zu dienen hat. So erhalten wir folgendes *Richtmaß für die Schulen rings in der Welt:*

A. Ihr Richtmaß zur Organisation der Schüler für den Unterricht wie für die Unterrichtsgestaltung selber ist:

Die Altersreihe in der natürlichen Ordnung der Arbeit und des lebendigen Volkstums ihres Standorts.

B. Das Richtmaß für das Schulleben und das „Unterrichtsleben"[46]:
Die Familie und der Jugendbund.

Zu A: Organisations- wie Unterrichtseinheit zugleich ist in der überlieferten Schule die „Klasse", und zwar in neuester Zeit als Jahresklasse. Das Denken in der Form der Jahresklasse ist so allgemein und gleichzeitig so verheerend geworden, daß es sogar in den wenig gegliederten, selbst den einklassigen Schulen vorherrscht. Ein Leiter solcher Einklassigen stellte (14. 8. 1930) im Ausfrageverfahren fest, daß ein Liter Luft rd. 1 g wiege, genau 1,293 g. Er übte anschließend die Schreibweise des Dezimalbruches und suchte die Zahl selber einzuprägen. Dabei sagte er zu dem einzigen Jungen, der sein achtes Schuljahr darstellte: „Du hast die Tausendstel schon gehabt; du kannst dir merken: 1,293 g." Darauf zu einem Mädchen: „Du hast es nicht gehabt. Wie sagst du deshalb?" — „Etwas über 1 g." Aber beim Einüben hatte sich allen Anwesenden deutlich gezeigt, daß der Junge das mit den Tausendsteln nicht konnte, wohl aber die jüngeren Jahrgänge, und gerade das gefragte Mädchen hatte ihn berichtigt. So stumpfsinnig und stur ist das Unterrichten unter dem Wahnbild des Jahrgangs und seiner Pensa geworden! Zu einer Fessel, die gedankenlos weitergeschleppt wird.

Die Pädagogik des Unterrichts fordert den endgültigen *Bruch mit dem Jahresklassensystem* und die Ersetzung der Klasse durch die natürlichen „Altersgruppen". Man meint noch gern, die Klasse sei jederzeit das Ideal des Pädagogen wie der Schulverwaltung gewesen. Es pflegt deswegen immer von neuem Erstaunen zu erregen, wenn gesagt werden muß, daß die Jahresklasse 1. eine recht junge Erfindung ist[47] und 2. daß sie überall in der Welt Schiffbruch erlitten hat[48].

Bis 1900, und noch darüber hinaus, war nicht die achtjährige sog. durchgegliederte Volksschule das pädagogische Ideal, z. B. der preußischen Schulverwaltung, sondern die sechs- und daneben die dreiklassige. *Fr. Wilh. Dörpfeld*

---

[46] „Unterrichtsleben" wurde gewählt zur Bezeichnung der neuen Erscheinungen in der Unterrichtsarbeit, die sich bei der veränderten Arbeitsweise und dem andern Schulleben der Universitätsschule zeigten und nun jede Jena-Plan-Arbeit allerorten charakterisieren. Ich bestimme es als „die Welt problemhaltiger, Kinder und Jugendliche auf natürliche Weise zum Lernen anreizender Situationen". Siehe: der sog. Kleine Jena-Plan, 1. Aufl. 1927. S. 38. 13./14. Aufl. 1946. S. 93. 15. u. ff. Aufl. S. 59. Jena-Plan I. 1930. S. 95—111; s. auch unten S. 139 ff.

[47] Den Anstoß gab *Johannes Tews* mit seiner Forderung nach „Durchführung" der Schulklassen in seinem Aufsatz in den „Jahrbüchern des Vereins für wissenschaftliche Pädagogik", 1889, S. 180—248. Die sechsjährige Volksschule war für ihn das „am wenigsten brauchbare System", s. S. 232. Vgl. auch *Tews'* Beiträge in dem von *W. Rein* herausgegebenen „Enzyklopädischen Handbuch der Pädagogik" I. 1895. S. 756.

[48] Ich verweise zur ersten Einführung auf: „Der Kleine Jena-Plan", 13./14. Aufl. S. 21 ff., 15. u. ff. Aufl. S. 15 ff: Der Bankerott der Jahresklasse! und auf den Band: „Praxis der Schulen nach dem Jena-Plan". Weimar, 1934. S. 4 ff.

kämpfte mit ausgezeichneten Gründen für die vierklassige, und für diese trat auch *Stoy* in Jena an seiner Johann-Friedrich-Schule ein. Diese alte Pädagogik war darin mit der neuesten Erziehungswissenschaft und deren Pädagogik einig, daß sie ganz anders das Kind und sein Verhältnis zum Lehrer und umgekehrt sah und die erziehliche Seite betonte, während die Vertreter der durchgegliederten Volksschule einseitig auf den Unterricht blickten und das Kind dem Stoff, dem Jahrespensum, unterordneten. Insofern waren diese echt materialistisch, und was die Lehrerstellung und -haltung in und vor der Klasse anging, individualistisch. Während z. B. ein *Dörpfeld* noch genau wußte und es lehrte, daß der Lehrer den Kindern nur auf den Weg helfen, sie aber sofort allein lassen solle, wenn er merke, daß sie selbständig weiter könnten, forderte der Herbartianismus, daß alles vom Lehrer zerlegt und in kleine Teile geordnet, diese wieder stufig geboten, dem Schüler mundgerecht gemacht werden sollten, oder sein Bekämpfer *Ernst Linde*, vom Standpunkte der Persönlichkeitspädagogik aus, daß alles durch den Geist des Lehrers gebrochen und dargestellt werden müsse.

An die Stelle der Jahresklasse setzt der Jena-Plan die „Gruppe", d. i. eine Gemeinschaft von jeweils drei Jahrgängen:

Untergruppe 1.—3. Schuljahr,
Mittelgruppe 4.—6. Schuljahr,
Obergruppe (6.)7.—8. Schuljahr,
Jugendlichengruppe I (8.) 9.—10. Schuljahr,
Jugendlichengruppe II (10.) 11.—12. Schuljahr.

Die Überschneidungen im 6., 8. und 10. Schuljahre hängen mit den allbekannten Entwicklungsvorgängen zusammen.

Die Vereinigung von jeweils drei Jahrgängen ist keinerlei Willkür. Sie ergab sich in Jena aus den ab 1925 durchgeführten planmäßigen Versuchen. Aber heute ist sie auch von der Kinderpsychologie bestätigt, sowohl von der *Bühler*schule wie von *O. Kroh*, in den bekannten großen Werken. Ja, es liegt so, daß wir diese Zusammengehörigkeit von rd. drei Lebensjahren schon für die 4.—25. Lebensjahre erwiesen sehen. So denkt der Kindergarten nicht daran, die Kindergemeinschaft des 4.—6. Lebensjahres jahrgangsweise aufzulösen, sondern die Kindergartenpädagogik schildert deren Gruppenleben genau so vorteilhaft, als wenn sie etwas vom Jena-Plan und dessen Begründung der Gruppenbildungen kenne[49]. Sodann werden wir von den besten Kennern des neueren Strafvollzuges darüber belehrt, daß die Alter 18—21, dann wieder 22 bis rd. 25 zusammengehören und nicht in gleicher Weise behandelt werden und zusammenkommen dürfen[50].

---

[49] Siehe Kindergartenpädagogik, im: Handbuch der Erziehungswissenschaft, 1. 1934. S. 170.
[50] *Schoetensack, Christians, Eichler,* Grundzüge eines Deutschen Strafvollstreckungsrechts. 1935. S. 51.

Die reichen Erfahrungen in der Erwachsenenpädagogik führen zu gleichen Ergebnissen. Man hat bereits übergenug beobachtet, daß auf die Spanne in den Lebensaltern achtgegeben werden muß, und so werden wir über kurz oder lang von da her wichtigste weitere Aufklärungen über das erhalten, was als „Altersreihe" auch sonst bekannt ist und von Wissenschaften wie Kunst-, Literatur- und Geschichtswissenschaft in großen Werken seit länger als zwei Jahrzehnten ebenfalls erkannt ist und beobachtet wird. Wir Menschenkinder gehören nicht so sehr deswegen zusammen, weil wir im selben Jahre geboren wurden, sondern stehen geschichtlich mit Reihen von vor und nach uns Geborenen in einem besonders innigen Lebenszusammenhange. So stark sind irgendwie die Prägungen, die uns aus solchen geschichtlichen Schicksalsgemeinschaften aufgedrückt werden. Darum nimmt es nicht wunder, wenn die Bühlerschule von den Entwicklungs„phasen" spricht und ihre Pädagogen von „phasenspezifischer Erziehung" reden. Die Kinder einer solchen Phase — also von durchschnittlich drei Jahren — gehören irgendwie seelisch — und was noch wichtiger für den Pädagogen ist — *allgemeinmenschlich* enger zusammen, d. h. sie *bedeuten* etwas Besonderes *für* einander, können sich gegenseitig besonders viel sein und geben.

Zu B: Das Vorbild für das Schulleben sind die Ordnung des Jugendbundes und die geregelte Haussitte einer guten *Familie*, deren Gemeinschafts- und Formkräfte *Pestalozzi* mit vollem Recht hat in den Dienst der Schule gestellt wissen wollen. Wie hat man nur ein Jahrhundert und länger zögern können, damit vollen Ernst zu machen? Gehen die so oft kritisierten Schattenseiten der sozialen Verhältnisse in den überlieferten Schulen zwangsläufig parallel mit den Zerfallserscheinungen in den Familien der liberalistischen Epoche? Wenn wir den unvergleichlichen Wert der Familie für den Volksorganismus anerkennen, dann wird ebenso notwendig eine Umstellung der Schulzucht die Folge.

Wie unsere pädagogischen Richtmaße die Organisation der Schülerschaft im voraus bestimmen, so auch *die Raumgestaltung und die Ordnung des gemeinschaftlichen Lebens und Arbeitens* im Raume. Das führt uns weiter zu den Fragen nach dem *Sinn des Schulraumes* und nach den *Vor-Ordnungen* im allgemeinen. Es birgt sich irgendwie hinter diesen Fragen das, was unter Zucht und Disziplin verstanden wird und was Leben und Arbeiten in den Schulen überhaupt erst möglich macht. Es ist des Pädagogen Aufgabe, als Voraussetzungen für die Lösung dieser Fragen vor allen Dingen dreierlei im voraus fest zu bestimmen, nämlich:

a) Für welche Arbeiten die einzelnen Räume, Werkstätten und Arbeitsplätze seiner Schule zu benutzen sind und wie sich die Schüler der Arbeitsmittel zu bedienen haben;

b) wie sie sich zu betragen haben und wie sie sich mit Rücksicht auf die anderen zu benehmen haben.

Der Pädagoge bestimmt mithin im voraus
1. die Lernwelt, ihre Räume, Arbeitsmittel und Arbeitsweisen u. a.;
2. die Formen des geselligen Verkehrs;
3. das oberste Gesetz des Zusammenlebens.

3. Der Sinn des Schulraumes.

Seine Ausgestaltung und seine Bedeutung für die soziale und sittliche Erziehung

Der Schulraum soll nicht nur soundso viel Kinder unter *hygienischen* Bedingungen vereinen, sondern er hat einen weit tieferen Sinn. Er soll den darin versammelten Kindern zur rechten inneren Ordnung, Sammlung, Konzentration verhelfen. Darin liegt seine Bedeutung für ein erfolgreiches Arbeiten in ihm, aber mehr noch für die Charakterentfaltung der Kinder. In der alten Schule ist alles darauf abgestellt, daß der Schüler „aufmerksam" sei, und zwar in einer ganz bestimmten Weise: aufmerksam auf das, was von einer Stelle des Raumes aus, vom Katheder her, an der vor den Kindern aufgestellten Wandtafel oder hängenden Karte u. dgl. ausgeht, vorzüglich immer auf Worte. Daher war man bestrebt, den Raum in seiner Farbigkeit, in seinem Bildschmuck, in der Fensteranlage so zu halten, daß die Kinder durch nichts „abgelenkt" würden.

So richtig es ist, die Aufmerksamkeit zu pflegen, denn alles Arbeiten ist aufmerkendes Tun, so falsch ist es, alles auf diese vorherrschende Aufmerksamkeit auf Worte einzustellen. Einmal wird dadurch in ungebührlich starkem Maße die *nach außen* gerichtete Aufmerksamkeit gezüchtet und in Verbindung damit alles, was innerhalb einer *Massen*verbindung von Menschen an wirkungsvollen Reaktionen gedeiht: a) wie Fixigkeit in der Auffassung des Gesprochenen, des Gemeinten, des als Antwort Erwarteten, bei hinreichend langem Einspielen mit dem Lehrer, als *dessen* Meinung und als von ihm erwartete Antwort aus seiner Art zu fragen und seinem Mienenspiel zu Erratenden; b) wie äußere Anständigkeit in Haltung und Benehmen selbst bei innerlicher Auflehnung gegen die erzwungene Haltung und noch mehr gegen die erzwungene Art der Beschäftigung, oder c) noch schlimmer, die oft schon nach einigen Jahren festzustellende geistige Schläfrigkeit als Folge der Tatsache, daß man doch nur in jeder Stunde ein paarmal darankommt oder gar nicht, weil einmal immer die Antwortbeflissenen die Fragen beantworten und sodann, weil der Lehrer selten überhaupt alle darankommen lassen kann. So bietet jede Klasse, man mag hinkommen, wo man will in Europa, dort, wo diese Aufmerksamkeit als *die* Vorbedingung von Schularbeit gepflegt wird, den bejammernswerten Anblick verschütteter geistiger Kraft. Und es ist nur allzu begreiflich, daß die Vertreter der alten Schule der Rede von schöpferischen Kräften des Kindes verständnislos oder spöttisch gegenüberstehen. Die Kinder, die *sie* allein kennen können, sind allerdings verkrampft, verkümmert, als Schulkinder wenigstens unschöpferisch, abgesehen von den sog. „Fleißigen" — vielleicht! —, um die sie noch dazu wenig beneidet werden.

Die Aufmerksamkeit dieser Art ist keineswegs ganz zu verwerfen, aber entschieden als die untergeordnete zu betrachten. Wir möchten erziehen helfen zur *inneren Sammlung der Kräfte.* In der alten Schule sollte das vorzüglich immer dann geschehen, wenn etwa im Frage-Antwort-Spiel der fragende Lehrer die Schüler in sich zurückwarf mit dem Zuruf: „erst nachdenken!" oder wenn sie zur schriftlichen Arbeit angehalten wurden. Allein in beiden Fällen kommt es dort bestenfalls zu einer einen von außen her gebotenen Stoff *zusammenstellenden* Tätigkeit. Jene innere seelische Haltung, die wir meinen, ist ganz anderer Art: sie ist diejenige psychophysische Einstimmung des gesamten Menschen, welche die wahre Voraussetzung für eine von innen aufsteigende, von innen her getragene und durchgeführte und deswegen „schöpferisch" genannte Arbeit ist. Und nur, wenn wir uns, *zusammen mit den Kindern,* einen Schulraum schaffen können, der dieses Ziel erreicht, haben wir jeweils den Sinn des Schulraums verwirklicht.

Was haben wir zu dem Zwecke in Jena versucht? Zunächst auf die äußere Raumgestaltung gesehen[50a]. Wir suchten der Schulstube soviel wie möglich vom Charakter eines schlichten Wohnraumes zu geben. Es gibt also keine der üblichen Schulmöbel, sondern einfache Tische in Naturfarbe und nach der besten, überzeugendsten Schulhygiene hergestellte Stühle mit und ohne Lehne, in der Untergruppe sind leichte, zusammenlegbare Stühlchen bevorzugt. Die Kinder können sie mühelos selber zusammenlegen und mit nach draußen nehmen, wenn eine Stunde ins Freie verlegt werden soll, sie sind bequem zu handhaben, wenn im Zimmer der Kreis gebildet oder nach der Schulzeit die Stube gekehrt wird. Die Rückenlehne sei stets grade und leicht geneigt; die Kinder können, sobald Ermüdungen des Rückgrates auftreten, auf die Kinder ja spontan zu reagieren pflegen, den Rücken frei bewegen, ohne nach rechts oder links auf Kanten zu stoßen; denn weder der Rücken noch die Sitzfläche sind in eine Zwangsform gesetzt, deren Annehmlichkeit nur für die erste Viertelstunde, aber niemals beim Dauergebrauch vorhält.

Als Tische gebe man wirkliche Tische und nicht diese so oft ausgeklügelt „schul"-gemäßen Tische. Also keine Haken daran, um die Mappen aufzuhängen, auch keine Unterbretter oder Schubläden an allen vier Seiten oder bei Zweiertischen einander gegenüber angeordnet! Diese lassen den Knien zu wenig Spielraum; alles aber macht den Tisch unnötig schwer, vor allem für die 7—12jährigen, und wenn die Tische bewegt, an einen Platz gerückt werden sollen, alsdann fallen die Sachen von den Brettern, öffnen sich die Schubläden, stören die Mappen[51].

Aber hinter diesen Kunsttischen birgt sich derselbe alte pädagogische Geist, der die Schüler in Bänke zwängte! Er möchte jetzt wieder die Schüler so

---

[50a] S. auch unten S. 103.
[51] „Jena-Möbel" liefert die Firma Carl Sasse, Lauenau (Deister). Die gesamte Einrichtung einer Schulwohnstube für 40 Schüler kostet weniger als 40 % einer Klasseneinrichtung mit Rettig-Bänken.

fest wie nur möglich an diese Tische gebannt sehen. *Darum* sollen sie ihre „Sachen" möglichst alle am Platze haben; also steckt dahinter auch der alte „Platz"gedanke. Nein, die Schüler sollen gerade ihre Sachen holen, sie zur rechten Zeit und im rechten Umfange holen lernen und so täglich üben, ihre Arbeit zu planen, sich vorher genau zu überlegen, was sie alles brauchen für die vorgenommene Arbeit. Es kann nicht stark genug diese tägliche Übung betont und gepflegt werden. Wer viele Jahre hindurch diese Ausbildung zur Ordnung und zum vorausschauenden Planen miterlebt und ihre ganz große Bedeutung erkannt hat, der wird nie mehr ablassen, sie den Lehrern anzuempfehlen. Wie wichtig diese Ausbildung zur Ordnung für das ganze Leben ist, das erhellt ja ohne weiteres. Ebenso sollen die Schüler im Raume alltäglich lernen und üben, den Weg vom Sitzplatze zu den Schränken durch die 30 — 40 Mitschüler hindurch so zu machen, daß sie sich dabei gut benehmen; es lernen, sich auf dem Hin- und Rückwege nicht sinnwidrig ablenken zu lassen. Zugleich soll ihnen durchaus auch Gelegenheit gegeben sein, in die Arbeiten der Kameraden hineinzublicken, sie zu sehen, zu beachten, Interesse daran zu nehmen, auch währenddessen daraus zu lernen. Die Sonderaufgaben, die in den einzelnen Tischgruppen erledigt werden, sind untereinander weniger stofflich, als allgemein menschlich dadurch innigst verbunden, daß sie echte „Mannschafts-Arbeiten" sind. Es *soll* ein jeder über seine Arbeit hinaus an allen anderen Arbeiten Interesse haben, und zwar durch die Tat betätigt, nicht nur allgemein, und jeder rechte Gruppenleiter wird diese Bindungen unter den Schülern nach Kräften zu fördern suchen. Vor allem innig sind aber die Bindungen derjenigen Schüler, die zur gleichen Tischgruppe gehören, die zusammenarbeiten wollen, sei es auch, daß sie ganz verschiedene Stoffgebiete gewählt haben[52]; darum muß wiederum jeder Tisch so eingerichtet und nur so groß sein, daß die 2 — 3 — 4 Schüler am gleichen Tische wirklich bequem „über Eck" sehen können; es gibt ja hinfort keinerlei verbotenes „Absehen" mehr, sondern eben echte und als solche gewollte Gemeinschaftsarbeit. Und wenn mit Willen das in jeder Schulwohnstube herrschende „Bildungsgefälle" ausgenutzt werden soll, so dürfen doch nicht die Wellen und die Strömungen dieses Gefälles unnötig gehemmt und gestaut werden, sondern es muß den Kräften, den Neigungen, Interessen und menschlichen Beziehungen Bewegungs- und Äußerungsfreiheit gegeben werden.

Fehlt es nun auch in diesem Raume nicht an den zur *Schularbeit* gehörenden Gegenständen, so erscheinen sie doch den Kindern anheimelnd eingerahmt, so daß selbst die wenigen, welche wohl daheim schöne Räume aus dem Elternhaus kennen und benutzen, von denen ein paar vielleicht auch eigene Kinderzimmer besitzen, sich, wie wir immer wieder feststellen können, in ihrem Schulraume sehr wohlfühlen. Die angestrebte Verbindung von Schul- und Wohnraum zur *Schulwohnstube* haben wir in allen Jena-Plan-Schulen mit gleicher Einrichtung als voll erreicht ansehen dürfen. Freilich kommt noch eine Fülle anderer Umstände

---

[52] Siehe unten S. 135 f.

hinzu. Man übergebe den Raum ganz und gar den Kindern samt dem Lehrer als Gleichberechtigten, unter der nämlichen Bedingung, die seinerzeit *Langermann* seinen Hilfsschülern stellte, als er ihnen den Schulgarten zur freien Verfügung überließ: es solle nur das im Raume geschehen, „was alle gemeinsam wollen". Bei dieser Bindung bleibt freie Bewegung in solcher Fülle, daß wohl niemals das Gefühl eines Zwanges in einem Kinde aufgestiegen ist. Auch wir lassen sie alle frei am Raume arbeiten: sie bringen Bilderschmuck an, stellen Blumen in Vasen auf die Tische, in die Fenster, bringen Blumen in Töpfen mit, Aquarien; ihnen liebe Sachen werden dadurch gleichsam geweiht, daß sie im Schulraume aufgestellt und gebraucht werden können: technisches Werkzeug, Sammlungen, Spielzeug belehrenden Charakters, Tiere, Puppen in Puppenwagen, eigene Bücher für den Klassenbücherschrank usf. In der Regel werden diese Gegenstände dann nach einigen Tagen oder Wochen wieder mit nach Hause genommen, weil das allgemeine Interesse erlahmt und sich anderem zuwendet.

Der Zweck ist immer, vom Pädagogen aus gesehen, dieser: das Gefühl zu wecken, „unsere gemeinsame, auch meine Arbeit gestaltet den Raum, erhält ihn, schmückt ihn. Es ist unsere Stube. Es sind Sachen von mir dort, und zwar für die Kameraden. Meine Sachen werden dort gebraucht, auch der Lehrer freut sich an ihnen und kann manches verwenden". So erlangt alles Eigene an Besitz wie an Fähigkeiten weit größeren Wert, als wenn es zu Hause steht oder getan wird. Denn die Schulstube erhöht den Wert dessen, was man hat, wie dessen, was man kann. Und immer bleibt das Gefühl, unausgesprochen und unbewußt für die Kleinen, an das Erlebnis gebunden: die andern freuen sich mit, die andern arbeiten auch mit meinen Sachen, die andern helfen mit. Wir erhalten unsern Raum.

So wird es selbstverständlich, daß die Kinder angehalten werden, abwechselnd täglich nach Schluß der Schulstunden den Raum schlicht zu kehren, ihn nie anders als in anständigem Zustande zu hinterlassen. Ich möchte darauf das allergrößte Gewicht legen. Und wir haben nichts anderes erlebt, als daß es stets bis zum heutigen Tage mit Freude und großem Eifer und ebenso mit großem Geschick erledigt wird.

Damit hängt es zusammen, daß wir von jedem Kinde erwarten, daß es mit dem Berühren der Türklinke sich darauf einstellt, nun eine besondere Stube, *seine* Schulwohnstube zu betreten. Die Tür wird unhörbar aufgeklinkt, und so auch wieder geschlossen; bei unserer sehr unhandlichen Klinke für kleinere Kinder eine schwere Aufgabe. Aber sie wird sportsmäßig geübt, ebenso übrigens alle anderen ähnlichen Aufgaben, z. B. das täglich sich wiederholende lautlose Umstellen der großen Tische und der Stühle, etwa zum Kreise, das Vorbeilassen u. ä. m. Es ist für die Kinder wie ein Spiel, und jedes hält darauf, daß die geübte gute Sitte beachtet wird. Verstößt ein Erwachsener dagegen, so wird er in der Regel in höflicher Form darauf aufmerksam gemacht, und nur ein alter Schuldespot könnte daran nicht seine Freude haben, weil er sich in ein unfehlbares Verhalten hineinregiert hat.

Mit dem Betreten des Raumes und nach Schließen der Türe bringt jedes Kind seine Sachen in das Büchergestell. Befindet sich eine Gruppe bei der Arbeit, so geht es auf Zehenspitzen und sucht sich seinen Arbeitsplatz an der Tafel, am Gruppentisch, am Rechenbrett, am Fensterbord, an der Wage, am Aquarium, oder wo sonst es seine erste Arbeit auszuführen entschlosen ist oder sich eine Arbeit vorbereiten will, die ordnungsmäßig zuerst an diesem Morgen zu erledigen ist.

Wer die Kinder solche Schulräume hat betreten und still an ihre Arbeit gehen sehen, der weiß, daß in ihnen noch ein zweites Gefühl Klarheit gewonnen hat, daß diese Schulwohnstube zugleich ein *Arbeitsraum* ist, in dem sie mit vielen zusammen gleichzeitig arbeiten müssen, und daß sie ein Verständnis dafür gewonnen haben, was alles aus dieser Bestimmung des Raumes folgt. Vom ersten Schultage an wird dieser Gedanke mit dem ersteren in allen Unterhaltungen, Besprechungen in der Gruppe oder mit einzelnen verbunden, durch freundliche Hinweise, Erinnerungen und Mahner wieder eingeprägt. Nur wenn ein Kind an einem Tage allzu fahrig sein sollte und (wie wir ja wissen), körperlich bedingt oder durch außerhalb der Schulstube liegende Erlebnisse und Einflüsse verursacht, unfähig ist, zeitweilig die erforderliche Arbeitsruhe zu wahren, wird es angewiesen, einen besonderen Platz einzunehmen oder den Raum auf einige Zeit ganz zu verlassen, in besonders schwierigen Fällen in die Obergruppe zu seinem „Paten" geschickt — ein stets vorzüglich wirkendes Mittel. Aber kann nicht die Gefahr des Mißbrauchs eintreten? Ganz sicher, wenn nicht Lehrer und Gruppe als Gesamtheit von sich selber aus das auch wüßten und sofort einschritten, wenn jemand hinausgeschickt werden sollte, der es ausnutzen oder sich nur darüber freuen würde. Wir haben unter den Kindern häufig solche, die alle Merkmale des Hilfsschülers besitzen, und andere, die „schwierig" sind. Es ist aus den Jahresberichten vielfach zu ersehen, wie die Mitschüler den Lehrer tüchtig und gerade in sittlicher Selbständigkeit bei der Erziehung dieser Schüler unterstützt haben, ebenso wie bei deren intellektueller Bildung. Darin hat sich in unserem Kreise nur wiederholt, was alle Lebensgemeinschaftsschulen in jahrelangen Erfahrungen auch beobachtet haben: die große *pädagogische Fähigkeit mancher Kinder*, die wir in den neuen Schulen sich voll und dann so überaus segensreich auswirken lassen können.

Die Jenaer Jahresberichte zeigen verschiedene Stufen des Versuchs, die *Idee der Schulwohnstube mit der des Arbeitsraumes zu verbinden*. Rückblickend ist es unsre Überzeugung, daß es falsch wäre, irgendwelche Veranstaltung als die in allen Einzelheiten richtige anzusehen und zu sagen: so müßt ihr es fortan machen! Denn Dutzende Jena-Plan-Schulen haben gelehrt, wie erfinderisch Lehrer und Kinder sind. Es kommt nur darauf an, diese Idee der Schulwohnstube *immer wieder lebendig zu erhalten*. Kinder der ersten Schuljahre können noch nicht auf lange Zeit hinaus, etwa für ein ganzes Jahr, diese Verbindung fest behalten. Das hat mit Bösartigkeit, gar angeborenem Ungestüm, nicht das mindeste zu tun. Wer selber Kinder besitzt, der wird es unaufhörlich erleben, daß Kinder, ermahnt, etwa die Mittagsruhe der Mutter, die sie mit aller Zärtlichkeit lieben, nicht zu stören, sich immer wieder doch vergessen. Der kleine Mensch kann soviel Gedächtnisenergie nicht aufbringen. Aber gerade wo er liebt, geht alles leichter. Und Liebe zur Schulwohnstube, zu den Menschen, den Sachen und den Arbeitsformen dort, das ist das Wichtigste von allem, und sie gilt es als Grundvoraussetzung für wertvolles Zusammenleben zu erhalten. Dann wird er gern sich berufen lassen und gern sich üben, wohlanständig und kameradschaftlich rücksichtsvoll zu sein. Darum muß der führende Lehrer darauf bedacht sein, das rechte Verhalten immer wieder einzuüben, bis es zu einer selbstverständlichen Lebensform für die Schüler geworden ist. Ja, ich bin der Meinung, daß wir auch in Deutschland nicht genug lernen können, schöne Umgangsformen von klein auf zu pflegen und unsere Verkehrsformen zu veredeln. Die von uns angestrebten Verkehrsformen setzen als erstes voraus, daß das Kind voll und ernst genommen wird, genau so wie ein Erwachsener, und daß der Lehrer vorangeht als der Meister schöner, natürlicher, ungekünstelter und angenehmer Formen im Verkehr mit jedermann.

Wichtig sind ein paar Ratschläge, wie man diese geselligen Formen erhält. So haben wir zum Einüben verschiedene Mittel angewandt. Es erwiesen sich früh schon als die schlechtesten Mittel[53]: Mahner wählen lassen, Mahner durch den Lehrer ernennen lassen; weit besser ist Beratung der Gesamtgruppe, Finger auf die Lippen legen (das sich am besten und längsten bewährt hat), kleine künstlerisch entworfene Mahnzettel mit: „Tür leise öffnen!" oder „Leise!" an geeigneten Stellen anbringen oder einer zu lauten Tischgruppe leise auf den Tisch stellen, an einen Gong schlagen, einen Akkord oder Ton auf dem Klavier anschlagen. Alle diese Dinge sind gut und haben allesamt keinen anderen Nachteil als den, daß sie dem Gesetz der Gewöhnung erliegen und so um ihre Wirkung kommen. Darum werden Lehrer und Schüler nicht nur noch ganz neue Mittel ersinnen und ausproben, sondern genau so gut die älteren zurückgestellten zeitweilig wieder aufnehmen. Sie werden alsdann wie neu erscheinen und ihren Zweck erfüllen, wie alles andere auch: nämlich nur Rahmenmittel zu sein, um den Sinn des Schulraumes frisch und lebendig zu erhalten.

Diesen tiefsten Sinn erfassen wir erst dann, wenn wir das Gruppenleben in einer solchen Schulwohnstube in seinem *sittlichen* Eigenwerte zu verstehen suchen. *Der Raum als solcher besitzt die größte Bedeutung,* ja ist die unentbehrliche Voraussetzung für die Bildung von Gemeinschaft. Auch der Schulraum hat eine starke *seelenformende Kraft,* genau so wie der Raum im großen, die Landschaft, der Erdteil. Mit Recht hat *Leo Frobenius* auf diese Macht der Räume für die Bildung der „Kulturseelen" hingewiesen und sie immer wieder aufgezeigt. Bestimmte, in sich durchgegliederte Landschaftsräume lassen geistige Kulturen wachsen, entstehen und vergehen. Die erste Rolle spielt dabei der

---

[53] Siehe unten S. 71 f.

Faktor der „Geschlossenheit"; denn dadurch wird die Wechselwirkung der im Raume vereinten Energien gekräftigt, und sie gelangen eher zur Reife[54].

Deswegen ist es von grundlegender Wichtigkeit, einen *wirklichen* Wohn- und Lebensraum für die Schülergruppen zu gewinnen; es darf nicht nur so sein, als ob; wir müssen den Mut aufbringen, den Raum den Schülern wirklich anzuvertrauen, ihn ihnen auszuliefern zum Gestalten, zum Bewohnen, Reinigen, Umordnen usw. Da er von Natur Grenzen besitzt, so legt er alsbald natürliche Beschränkungen auf. Aber damit nötigt er zugleich, ihn zu füllen, d. h. nach innen zu arbeiten, in ihn hinein. Und so kommt es auch im bescheidensten Gruppenraume zu einer Stärkung, Ballung, strafferen Ausrichtung und schließlich zur Reifung geistiger Energien.

Und wie der Landschaftsraum zum Vaterland wird, zur geliebten Heimat, sei er auch noch so schlicht, ja armselig, so bindet ähnliche Liebe die Schüler an *ihren* Raum. Schon *Friedrich Fröbel* betonte, daß der Besitz eigenen Raumes das Lebensgefühl des Jugendlichen erhöhe. Darum ging er in Keilhau bereits so weit, daß er jedem „sein Reich und sein Gebiet, gleichsam sein Land" gab, sei dies „ein Winkel des Hofes oder der Stube, sei es der Raum einer Schachtel, eines Kastens oder in einem Schranke oder sei es eine Höhle, eine Hütte, ein Garten".

Wo Menschenkinder in einem Raume vereint tätig sind und sich frei gegeneinander und voreinander bewegen dürfen, dort kann nun überhaupt erst auch das *ethische* Phänomen erscheinen. Hier erst werden wirklich sittliche Aufgaben gestellt und geschieht fortgesetzt Sittliches, so reich wie im Leben da draußen um die Schule herum. Jetzt kommt es zur *eigentlichen* Beziehung der Menschen zueinander, nämlich zu einer *unmittelbaren* Beziehung. Von einer Unantastbarkeit der Persönlichkeit kann nur dort die Rede sein, wo es um

---

[54] Der Soziologe und Volkswirtschaftler *Robert Michels* hat schon vor zwei Jahrzehnten darauf hingewiesen, daß die proletarische antikapitalistische Massenseele geformt worden ist durch den Fabrik*saal*, durch die Massivität der *Fabrik*. dazu kommt noch die Isolierung der Massen vom Unternehmer und von der bürgerlichen Menschheit in der Fabrik, in Werftbetrieben, also durch die *räumliche* Trennung in Menschen, die in den Fabrikhallen, Maschinenräumen usw. arbeiten, und in die, welche in den Büroräumen arbeiten, oder wie die erstere Gruppe von Arbeitern klassenbestimmt sagt: dort nichts tun, die Schreiberseelen. Die Klassenbildung bewirkte ferner das getrennte Wohnen in den Städten: hier das „bessere" Wohnviertel, dort die Arbeiterviertel. Vgl. hierzu *H. Kautz*, Industrie formt Menschen. 1929. S. 130 f. Auch die rein formale Soziologie hat hierhergehörende Untersuchungen angestellt, z. B. *Willy Latten*, „Über Gruppenbildung in einem Ferienlager", Kölner Vierteljahresschrift für Soziologie, 1932. L. studierte die Frage „Raum und Vergesellschaftung" an einem Rügenlager des „Deutschen Kanu-Verbandes" und fand, „daß das Richtmaß des Sportsmannes und Abenteurers nicht geeignet ist, das Richtmaß einer Gruppe zu bilden, deren stabiler Kern aus Familien besteht". Für *Leo Frobenius*' Gedanken zum „Seelenraum und Lebensraum" verweise ich auf: Erlebte Erdteile, IV. Band, und auf seine „Kulturgeschichte Afrikas", 1934.

Dinge geht, die diesem oder jenem wirklich gehören, sein Eigentum sind. Auch das Eigentumsproblem steht mitten in einer solchen Schulwohnstubengesellschaft. Allerdings gibt es über die Dinge hin vermittelt keine Gemeinschaft. Es kann hier nur eine Gemeinsamkeit des Besitzes geben und dies in materiellen wie in kulturellen Dingen gleicherweise. Aber ich dringe über diese Dinge niemals vor bis zu den menschlichen Beziehungen, dorthin, wo es um Gut und Böse im sittlichen Sinne und bezogen auf die menschliche Sphäre geht; sondern ich bin und bleibe außerhalb der wahrhaft sittlichen Sphäre.

In einer echten „Schulwohnstube" begegnen sich Menschen, die in vollem Sinne einander „gehören", das heißt stets: die einander verantwortlich und füreinander verantwortlich sind. In *diesem* Raume stehen sie als Schüler untereinander und um ihren erwachsenen Führer vereint in einer echten Lebensverbundenheit, in Gemeinschaft, und der Lehrer verliert seine *Rechte* und vor allem seine *Würde*, wenn er die Ansprüche der Schüler nicht vernimmt und ihnen nicht gerecht wird; die Schüler mitsamt der ganzen Schule verlieren ihren *Sinn*, wenn sie nicht den Forderungen Genüge tun, sich den Anforderungen stellen, ihre Pflichten auf sich nehmen und sie einfach tun, die von dem Volke her den Schulen schlechthin gestellt sind, und, nun über die Lehrer vermittelt, gefordert werden müssen.

Sind diese Forderungen des Volkes, des Staates an ihre Schulen wesentlich Leistungen im alten Sinne, Kenntnisse u. dgl., dann wird die Schule sich vor allem den Dingen, den Gegenständen zuwenden. Sie wird Unterrichtsanstalt, Lernschule, Stoffvermittlungsschule, ihre Räume zu Schulklassen. Das ethische Phänomen erscheint hier zwar noch dann und wann, aber *eigentlich* darf es nicht erscheinen; alles wird so eingerichtet, wie wir es oben ausführten, daß nur eine nach *außen* gewandte Aufmerksamkeit auf die gebotenen Gegenstände und Worte wirksam wird, die Schüler sind aufgereiht, leicht überschaubar und lenkbar, um jede „störende" Bewegung und Äußerung möglichst schon im Keime zu ersticken. Es *soll nicht* um menschliche Regungen und Beziehungen gehen, sondern um Sachen, Sachen, Sachen[55]. Wie sie, so wird das Sittliche selbst beredet,

---

[55] Daß es tatsächlich so ist und in dieser Schulform allerorten gar nicht anders sein kann, darüber belehrt ein so methodenstrenges und umsichtiges Werk wie das des *Finnen Matti Koskenniemi*, Soziale Gebilde und Prozesse in der Schulklasse, Helsinki 1936, in einer den Erzieher tief erschütternden Weise. Und als im Pädag. Institut der Kgl. Universität in *Rom* eine Arbeit über echtes und allseitiges Zusammenarbeiten von Schülern in wirklichen Arbeitsgruppen durchgeführt werden sollte, da erlebten die Verfasserin und ihre Dozenten, daß sie darüber keine eigene Erfahrungen besäßen, abgesehen von rein negativen — „si accorse subito che non aveva a sua disposizione altro che elementi in complesso negativi"!! S. Miscellanea di pubbl ... 1936/37. 1937—XV, des gen. Pädag. Instituts, p. 96 f; s. auch unten S. 73. Vgl. demgegenüber die Fülle echter, lebenswahrer und allseitigster menschlicher und menschenformender Beziehungen in einer Gruppenunterrichtsschule (Jena-Plan) nach der Untersuchung von *Magdalene Wieschke-Maaß*, Gegenseitige Hilfe im Unterrichtsleben einer Untergruppe, 1940.

in Worten behandelt, an gesuchten, in Büchern zurechtgemachten, ehedem sehr salbungsvollen, erfundenen Geschichten vorgetragen. Diese sollen den Stoff geben für die sittliche Erziehung. Den aber, der immer da ist, wo sich einige dreißig, vierzig Menschen zusammenfinden Tag für Tag zu gemeinsamer Arbeit, *den* darf es nicht geben. So bleiben das Sittliche und alles Soziale ohne unmittelbaren Bezug zum wirklichen Leben. Der Lehrer meint solchen Bezug hergestellt zu haben, wenn er die Erinnerung der Kinder an ähnliche Vorfälle wachruft, wie er sie in der Geschichte vortrug, die man auch las oder über die man sprach. Bei rechter „Assoziation" solcher Erlebnisse und Vorkommnisse im Kinderleben mit allgemeinen moralischen Sätzen, Normen, Betrachtungen soll es dann zu einer Wirkung im gewöhnlichen Leben kommen, nachhaltig für das ganze Leben[56].

Solcher Lehrer sieht nicht, daß er dann immer wieder in der — Geschichte landet, daß er Leben und Gegenwart verloren hat. Er betrachtet, was war, und moralisiert darüber. Er hat einen Falter in der Hand, dem aller leuchtender Schmuck der Flügel abgestreift ist und der nicht mehr fliegen kann. Es mag sich dabei alles sehr nett und wirklich gut anhören; Lehrer und Schüler können dabei sehr „interessiert" sein. Warum sollten solche Geschichten nicht interessieren, noch dazu, wenn dieser oder jener Schüler selber davon betroffen ist, weil er ein Stück aus *seiner* Geschichte, seinem Leben einfügen durfte? Aber: für etwas Interesse haben, mit etwas sympathisieren, heißt immer: alles nicht ganz haben, *nicht ganz* wollen, heißt: sich eine Möglichkeit vorbehalten, es abzulehnen und es anders zu machen.

Mit dieser äußerlichen Haltung ist es vorüber, wenn es um die gewöhnliche, alltägliche Pflichterfüllung im Zusammenleben von aufeinander angewiesenen Menschen geht. Da gibt es keine Möglichkeit mehr, sich zu distanzieren, Abstand zu nehmen oder auch nur allgemein seine Sympathie mit dem Geschehen und den Menschen dort zu erklären. Sondern da heißt es: mit anfassen, in Ordnung bringen, tausend kleine, nicht immer angenehme Dinge tun, Mitmenschen ertragen, ja ihnen freundlich und ehrlich helfen, auch wenn sie einem nicht liegen. Ein jeder muß sich dem andern stellen; er muß für alles, was er sagt und tut, gerade stehen; keiner kann sich in eine private Haltung flüchten. Ohne Zweifel ist diese Forderung allseitiger Ansprechbarkeit mit einer der stärksten Gründe für den heimlichen Widerstand, den so viele Lehrer der *inneren* Umwandlung des Schullebens entgegensetzen. Allein: was auch getan werden mag, um im einzelnen anders zum selben Ziele zu gelangen — das ja als Allgemeines kaum ein Lehrer je gering achtet oder auch nur ablehnt — alles und alles bleibt Stückwerk, wenn nicht der *ganze* Schritt *vorbehaltlos* getan wird, nämlich: das alte Schulleben bis in seine letzten Winkel hinein auszuräuchern und gründlich zu beseitigen.

---

[56] Vgl. unten S. 204 ff., wo gezeigt wird, warum diese Betrachtungen und „Behandlungen" keinen sittlichen Charakter bilden können.

Die „Schulwohnstube" ist ein, nein, sie ist *das* hervorragendste Mittel für sittliche und soziale Bildung, für Zucht im Vollsinne des Wortes. Dasselbe gilt für *die unterrichtliche Seite* der Schule. Auch dafür ist die Schulwohnstube dem Klassenzimmer weit überlegen; denn in ihr *lernt das Kind inmitten einer Welt familienähnlichen Gepräges;* es macht Schularbeiten wie daheim unter den Augen von Menschen, deren liebende Fürsorge und echte Teilnahme an seinem Tun und Erleben das Kind aus allem tagaus, tagein spürt. Wir sprechen von den Kinderscharen innerhalb ihrer Gruppen als vom Gefolge, geschart um seinen Führer. Der Lehrer kann nun wirklich zu einem Führer, zu einem Päd-Agogen, d. h. ja Führer von Kindern, werden. Er braucht nicht mehr immer den Schülern zuzusetzen, ihnen aufzusitzen, um das Pensum zu erreichen. Er kann den einzelnen Schülern ganz anders nachgehen, auf sie eingehen. Lehrer wie Schüler können „aus der Ruhe heraus" schaffen, wie ein anderes Merkwort aus der Welt des Jena-Planes lautet. Der Lehrer kann die Entwicklungsgesetze, den eigentümlichen Lebensrhythmus der Kinder beachten, allen und allem viel mehr gerecht werden. Jeden Tag kommt er an jeden Schüler heran, sitzt neben ihm, sei es auch nur für eine kurze Zeit, immer aber ist er mitten unter ihnen, hält wirklich Tuchfühlung mit allen, sieht hinein in eines jeden Leistung und lebt in ihr mit, lernt demnach seine Schüler gründlich kennen[57].

Dabei wird er in allem unterstützt durch die regste Schülerhilfe, richtiger dadurch, daß sich von sich aus in Betrieb setzen die pädagogischen und unterrichtlichen Fähigkeiten in den Schülern jeder Gruppe. Auf Grund der in jeder Gruppe vereinten drei Jahrgänge entsteht jenes starke „Bildungsgefälle". Es leuchtet ja ohne weiteres ein, daß in solcher Gruppe viel mehr Helfer und Mitarbeiter für den Lehrer vorhanden sein müssen als in einer Jahresklasse, in der sie natürlich auch nicht ganz fehlen, nur daß die Jahresklasse in allen diesen Fragen den Vergleich mit einer Gruppe niemals aushalten kann. Magdalena Wieschke-Maaß hat die *gegenseitigen Hilfen im Unterrichtsleben* einer Untergruppe" von 33 Schülern (17 Jungen und 16 Mädchen) des 1. bis 3. Schuljahres bis in ihre feinsten Verästelungen untersucht und die erstaunliche Fülle der sozialethischen Beziehungen im einzelnen aufgezeigt und ausgewertet. Sie analysierte 256 Unterrichtsprotokolle, in denen 11 347 Minuten Gruppenleben aus Gruppenunterricht, Kreis und Einführungskurs aufgenommen war. Es fanden sich darin 4688 Hilfen erfaßt, die sich in 12 Hauptarten mit über 50 Unterarten verschiedenster Hilfen zerlegen und ordnen ließen. Dadurch lieferte sie zum ersten Male ein ebenso beglückendes wie exakt gezeichnetes Bild von der Kraft und der Mannigfaltigkeit jenes „Bildungsgefälles" in einer Schülergruppe als echter Arbeitsgemeinschaft. Selbst im Einführungskurs für das erste Schuljahr, in dem die Führung durch den Lehrer naturgemäß am straffsten sein und bleiben wird, war noch ein Viertel (24,52 %) aller Hilfen Schülerhilfen. Im Kreis, dessen Leitung ebenso selbstverständlich in der Hand des Lehrers liegt, stieg der Anteil

---

[57] Vgl. über Leistungskultur u. S. 137 ff.

auf 35,64 %. Im Gruppenunterricht jedoch, der nun der gegenseitigen Hilfe den weitesten Raum gewährt, fanden sich 73,36 % Schülerhilfen und nur 26,64 % Lehrerhilfen. Dabei war in den Protokollen jeweils alles, was sich in den Minuten an Handlungen und Beziehungen zwischen den Schülern wie zwischen Lehrer und Schülern ereignete, aufgeschrieben. Trotzdem sich nun im Gruppenunterricht die Schüler derart frei bewegen können, waren von den hier im besonderen erfaßten 1922 Hilfen ganze 29 „persönliche Gefälligkeiten", das sind nicht in eine Schularbeit i. e. S. hineingehörende Handlungen, z. B. einem Mitschüler die Schürze zubinden, ihm einen Platz freihalten, u. dgl. m. So stark nimmt also eine Arbeit, die auf der echten Selbsttätigkeit und dem entwicklungspsychologisch recht beachteten Interesse ruht, die Aufmerksamkeit und den Willen schon der Kleinen gefangen und leitet sie inmitten einer ihnen gemäß gestalteten Welt voller mitmenschlicher Aufgaben hin zu einer in täglichem Tun entwickelten mitmenschlichen Teilnahme wie zu echter Arbeit[58].

So bildet sich in der Schulwohnstube und eben durch sie eine Arbeitsgemeinschaft, in der alle individuellen Kräfte, die sozialen, sittlichen und intellektuellen, bestens genährt werden, keine in ihrer Eigenart verkümmert, und doch sind alle in der Gruppe gebunden und sind ein System ineinander spielender, zueinander hindrängender, sich ergänzender und darum auch einander fördernder liebender Kräfte aufblühender junger Menschenkinder.

4. Der Sinn und die rechte Anwendung der pädagogischen Vorordnungen des Unterrichts

Einige der voraufgehenden Ausführungen und manche späteren könnten so aufgefaßt werden, als handle es sich grundsätzlich um nichts durchaus Neues, verglichen mit den Belehrungen über Zucht und Disziplin in der überlieferten Schule. Darum wird es nötig, eingehender zu klären, was unter den Vor-Ordnungen verstanden wird, und vor allen Dingen einzuschärfen, *wie* sie und wie sie *nicht* aufzufassen und anzuwenden sind. Denn auch hier ist es der Ton, der die Musik macht, und ist es die pädagogische Grundhaltung, die entscheidet, die große Sicht auf junge Menschenkinder, die letzte Anschauung von dem, was Erwachsene den Kindern, insonderheit was berufene Pädagogen der Jugend schuldig sind. Darum zuerst dies:

a) Vorordnungen sind keine Verordnungen!

„Verordnung" gehört begrifflich in ein verwaltungsrechtliches, einseitiges Denken über Fragen des Schullebens. Diese Auffassung, daß es zwischen Lehrern und Schülern *wesentlich* darauf ankomme, daß die Anordnungen des Lehrers befolgt werden, daß es um eine Schule als Ganzes dann am besten bestellt sei, wenn die Lehrer die Anordnungen des Direktors, dieser wiederum die Erlasse, Verordnungen, Befehle der Oberbehörden tadellos ausführe[59], verrät ihren innigen

---

[58] Siehe a. a. O. S. 47 ff., 113 ff., 160 ff.

Zusammenhang mit dem individualistischen Rechtsprinzip. Der Individualismus löst das menschliche Leben auf in Beziehungen von Einzelpersönlichkeiten zueinander, darum ist er die typische Haltung der liberalistischen Rechtsauffassung. Den Untertanen, der Summe von freien Einzelpersönlichkeiten, steht gegenüber die höchste individuelle Persönlichkeit, der souveräne Fürst, und nach dessen Ausscheiden der souveräne Staat, wiederum als Staats*person*. Und „das Recht nun, Verwaltungsgeschäfte zu besorgen, erscheint in der gesamten Vorstellung vom Recht als ein Verkehrsgut, d. h. als ein Gut, das von einer Persönlichkeit auf die andere übertragen werden kann" (Höhn).

Dieser individualistische Rechtsbegriff setzt folgerichtig an die Stelle von Volksgemeinschaft die „Rechtsgemeinschaft"; d. h. für alle jene Einzelpersönlichkeiten, die in Rechtsbeziehungen zueinander stehen, gibt es allgemeine Vorstellungen von Recht und allgemeine Anschauungen von Werten, von Recht und Unrecht, und es ist nun die *Gemeinsamkeit* dieser allgemeinen Rechtsvorstellungen und Wertanschauungen, die an die Stelle von konkreten, sichtbaren, lebendigen Gemeinschaften tritt. „Zur Verwirklichung dieser Vorstellungen muß ein Herrschafts- und Zwangssystem im Recht geschaffen werden."

Da nicht von einer konkreten Gemeinschaft ausgegangen wird, so wird auch gar nicht der *ganze Mensch* erfaßt, sondern der Mensch nur insoweit, als er sich zu diesen allgemeinen Wertanschauungen bekennt und soweit er sich die Technik des rechten Verhaltens entsprechend der von ihm geforderten Anerkennung von Rechtsvorstellungen und allgemeinen Werten erwirbt — dann ist alles gut und ist genug getan.

Diese Auffassung birgt, ja verursacht wie im Staatsleben und ganzen Volksleben, so auch innerhalb der Schule alten Geistes die allergrößten Gefahren. Denn wer als Schulleiter, als Lehrer und ebenso nun als Schüler die Gesetze, die Verordnungen und allgemeinen Vorschriften befolgt, der ist — gut[60], d. h. vor dem Recht, dem Gesetz in Ordnung, gut und brav, ein Musterlehrer, ein Musterschüler, ein Vorbild von Direktor und Rektor. Und darüber hinaus ist er dann — frei, hat sich niemand mehr um ihn zu kümmern; kann ihm keiner mehr etwas anhaben, hat er „seine Ruhe".

Dagegen: die illusionsfreie Erziehungswissenschaft, der pädagogische Realismus gehen aus von der konkreten sichtbaren Volksgemeinschaft. Volk ist „Tateinheit und eine organische Einheit"[61]. Entsprechend sieht sie auch die Schule, die Schulgemeinde und die einzelne Schulgruppe als eine konkrete Gemeinschaft, nicht liberalistisch als numerische Einheit. Infolgedessen gibt es in ihr niemals jenen Zustand der Freiheit, sondern jeder einzelne ist fortwährend als ganzer Mensch voll erfaßt, er kann nie in eine private Sphäre flüchten und von dort her gar des Ganzen spotten. All sein Tun und Denken

---

[59] Vgl. m. „Ursprung der Pädagogik", S. 45 oben.
[60] Ausgedrückt in der Betragenszensur des Schülers!
[61] Meine Allgem. Erziehungsw. I. 1924. S. 244.

wird beansprucht, nicht nur soweit, als es geschriebene, gedruckte Gebote und Verbote beanspruchen. Also wird hier wirklich „sittliches Verhalten" gefordert und nicht bloß rechtliches. Ja, ein wertvolles „Schulleben" wird erst in dem Augenblick möglich, wo in den Lehrern, in allen für die Schule mitverantwortlichen Erwachsenen, der letzte Rest des individualistischen Geistes verschwunden ist.

Genau wie in der Staats- und Rechtsauffassung wird sich jedoch auch allgemein folgender Wandel für die Schulwelt segensreich auswirken: Reinhard Höhn zeigt, zu welcher Verkehrung des Verhältnisses von Recht, Kultur, Sitte, Sprache usw. zu Volk die Anschauung von der Volksgemeinschaft als einer Rechtsgemeinschaft geführt hat: „Bei einer solchen Auffassung werden Recht, Kultur, Sitte, vor allem auch die Sprache als Sachgebiete genommen, als eine Art persönlicher Größe angesehen, um die sich Menschen gruppieren. Recht, Sitte, Kultur erscheinen als selbständige Wertgrößen, die in Beziehung zu anderen Wertgrößen und in Beziehung zu den Menschen gesetzt werden. Darin liegt auch hier die streng individualistische Grundauffassung. Gemeinschaft bedeutet dann nur die gemeinsame Beziehung auf einen solchen Zentralpunkt. Recht, Kultur, Sitte usw. stehen dann nebeneinander als selbständige Wertgrößen. Ihre Abgrenzung ist Aufgabe der Systematik."

Gehen wir jedoch nicht von Sachgebieten aus, sondern von lebendigen Menschen, dann ändert sich alles; denn nun wächst aus einer Gemeinschaft ein bestimmtes Recht, eine bestimmte Kultur, entsteht eine bestimmte Sitte. Die vom pädagogischen Realismus bekämpfte Anschauung von Kultur, Recht, Sitte usf. ist zugleich diejenige des Idealismus, der also auch im Felde des Rechts zurückgewiesen wird. Denn es ist „idealistisch", das Reich des Geistigen, die Kultur, zu betrachten als abgelöst vom konkreten Menschen. Der objektive Geist ist danach etwas für sich, ein übergreifender Zusammenhang, der an sich Realität besitzt; der Mensch, vor allem der geniale, kann ihn zum Material seines Denkens und seiner Gestaltungen machen, aber, während er ihn benutzt, muß er — und das ist dann die Lehre von der „List der Vernunft" — ihn vervollkommnen, ihn „höher entwickeln", so daß er doch als Werkzeug des Geistes erscheint.

Die realistische Ansicht lehnt diese Auffassung ab. Es gibt nur Sitte, Recht und Kultur als lebendigen Ausdruck konkreten Gemeinschaftslebens. Es ist immer gerade so viel Sitte und Sittlichkeit, Recht und Kultur da, wie in dieser Gemeinschaft von ihren Gliedern gelebt, in ihrem täglich-stündlichen Verhalten und Denken verwirklicht wird. Darum muß es auch hier, wie in allem Lebendigen, den ewigen Rhythmus des Auf und Ab geben, ein *stetes* Ringen um die reinste Selbstdarstellung dieser gegebenen Gemeinschaft, dieser Schulgemeinde, dieser Schülergruppe. Kein Statut, kein Gesetz und keine Verordnung können es nennenswert endgültig regeln. Nur ein Zwangssystem könnte es versuchen, Regeln und Gesetze durchzudrücken, die Folge wäre der

Tod des Besten, *Tod eben der Gemeinschaft selbst*[62], und zwar dadurch, daß jedes Glied nun in eine private Sphäre flüchtet, um sich vor den Drohungen und den Strafen so gut wie nur möglich zu retten. Diese Flucht aber wird nötig, weil der Mensch sein Edelstes anders gar nicht schützen kann; *dieses Edelste aber ist gerade sein innerster Drang zum Leben und Arbeiten für eine sichtbare konkrete Gemeinschaft;* denn allein dadurch erfüllt er ja sein Wesen, gewinnt er seine Existenz „vom andern her". Diese wird aber bedroht von jenem System der Drohungen und der Rechtsvorschriften, weil es den Menschen zu einem *formalen* Verhalten zwingt, zu einem *technischen* Beherrschen und Erfüllen, alles etwas, in dem der Mensch innerlich verarmt, unerfüllt bleibt, sich darum mit Haß und Ressentiment füllt, mindestens mit kühler Ablehnung und starrer Befolgung des Erzwungenen, einfach Verordneten begnügt. Menschen aber in solcher Leere des Wesens leben zu lassen, ist die größte Gefahr für alle Gemeinschaften. In dieser Öde werden alle gemeinschaftzerstörenden Gedanken und Handlungen geboren. Das lehrt jeden, der sehen kann und will, was tagaus, tagein in jedem Klassenverband geschieht, der nach dem Bilde der individualistischen Rechtsgemeinschaft aufgefaßt, geleitet und behandelt wird.

Wo Volksgenossen keine lebenswahren und warmen Beziehungen zum Volke und zum Staate ihres Volkes besitzen, weil diese im Regierungs- und Verwaltungssystem des Staates nicht vorhanden sind und nicht gepflegt werden können, dort häufen sich immer die Elemente der Zersetzung, des Verrats, des Aufruhrs. Und in der Schulwelt ist es keineswegs anders. Hätten dort lebenswahre, warme, menschlich echte und aufrichtige Beziehungen zwischen den Lehrern und Schülern bestanden, ja wäre dies überall als das ganz Selbstverständliche, als das Wesentliche innerhalb unserer Schulen angesehen und danach nach Vermögen gelebt und gehandelt worden, wie hätte es zu dieser weitgehenden Ablehnung der Schule und der Lehrerschaft, zu diesen starken Angriffen auf unser Schulwesen kommen können?

Es werden bei einer ernstlichen Pflege menschlicher Beziehungen nicht Fehler und Mängel und menschlich-allzumenschliche Dinge ausbleiben, allein das nimmt kein Wunder, das erwartet kein Mensch; jeder ist bereit, den guten Willen, das ernsthafte Ringen um wahre menschliche Beziehungen anzuerkennen, und nur der Selbstgerechte, der Pharisäer, mag sich an die Brust schlagen und also — abseits stehen, allein, außerhalb jeder Gemeinschaft. Der Pädagoge, der unsere Grundanschauung von der Gemeinschaft be-

---

[62] Daß diese Gemeinschaft tatsächlich in der alten Schulklasse zersprengt ist, das haben die Untersuchungen zur Soziologie der Schulklasse (von *W. Herrtwich, A. Krukenberg, H. Schröder* usf.) unbestreitbar erwiesen. Wenn uns Primaner freimütig gestanden, sie hätten ja ohne die Schullüge gar nicht durch die Schule kommen können, so ist gerade an dem Ausschnitt über die Schullüge am deutlichsten gezeigt, daß keine Gemeinschaft bestand; denn diese ist immer **dort** aufgehoben, wo zwischen den Menschen eines Kreises die Lüge lebt.

jaht, wird deswegen kein Maschennetz von Verordnungen, von Gesetzen und Vorschriften flechten, um darin Missetäter und Sünder aller Gattungen zu fangen, sie nachher säuberlich auszulesen und zu „zensieren", sondern er wird bestimmte *Vor-Ordnungen* treffen, dem Schulleben seiner Schulgemeinde wie seiner Schülergruppe zu dienen. Das aber vermag er auf Grund seiner Fähigkeit, vorauszudenken; er als der Erwachsene, der Reifere, ist den noch nicht Reifen voraus, und aus diesem Vor-Wissen stammt nicht nur sein Vermögen, sondern darin gründen seine Pflicht und sein Recht, Vor-Ordnungen in das Schulleben hineinzustellen. Diese sind keine Fangnetze, sondern im Bilde zu sprechen, *sie sind die großen Leuchter,* die hohen Kandelaber, die über einen weiten Platz leuchten, um das Leben und Treiben darauf während der Abend- und Nachtstunden nach Möglichkeit zu schützen, daß es sich ungefährdet über diesen Platz bewege und seine Richtung finde und einhalte. Kaum wird es jemals möglich sein, bis in die letzten Winkel hineinzuleuchten, nie wird es möglich sein, jede Stelle solchen Platzes gleich stark zu belichten, — ganz genau so werden keine Vor-Ordnungen das wirkliche Schulleben, sei es der Schule, sei es das einer Gruppe, ganz und gar und für alle Erscheinungen, Vorkommnisse und neuen Aufgaben im voraus bestimmen können. Das zu verlangen, wäre Torheit und Unkenntnis des realen Lebens. Allein den großen Dienst einer ersten umfassenden, wesentliche Dinge des Zusammenlebens treffenden Belichtung, *damit zugleich* Wegweisung und allgemeinste Ausrichtung sollen und können die Vor-Ordnungen leisten.

Diese Vor-Ordnungen beziehen sich also auf dreierlei, wenn wir nun alles zusammenfassend betrachten:

1. Die Lehrer, die Erwachsenen, bestimmen im voraus, für welche Betätigungen die einzelnen Räume, Werkstätten, Plätze usf. zu benutzen sind und wie die Schüler sich der Gegenstände und Arbeitsmittel darinnen zu bedienen haben; die Pädagogik d e s Unterrichts stellt eingehend diese *Vorordnung der Arbeits- und Lernwelt* in Schulen dar.

2. Klar und eindeutig sind die *Formen des geselligen Verkehrs* festzustellen; ihre Beachtung ist ganz selbstverständlich. Sie sind als etwas, worüber es nicht zwei Meinungen gibt, einzuhalten und von Anfang an, vom ersten Schultage an, zu üben. Es wird gesagt, wie sich die Schüler zu betragen haben und wie sie sich mit Rücksicht auf die anderen, die Erwachsenen und Mitschüler, in den Räumen, auf dem Schulhof und überhaupt zu benehmen haben. Dabei ist es wichtig, keine anderen Formen des Betragens vorzuschreiben als diejenigen, die man in jeder guten Familie, ja unter wohlerzogenen Menschen der ganzen Welt findet. In Einzelheiten werden sie örtlich und volklich abweichen, allein niemals dadurch den Eindruck der „guten Sitte" verwischen, daß sie landschaftlich gefärbt sind. Die Erziehung zu guten Umgangsformen bleibt eine der allerwichtigsten Aufgaben auch der Schulen; sie können gerade in diesem Punkte etwas ganz Entscheidendes pflegen, um das Ansehen

ihres Volkes in der ganzen Welt zu heben. Die Autorität, die diese Formen trägt und fordert, ist keine andere als die des Vaters, der Eltern daheim in der Familie, wo auch sie bestimmen, wie sich ihre Kinder bei Gruß und Tisch, auf dem Spaziergang, bei Besuch und untereinander zu benehmen haben.

3. Die Erwachsenen geben das *Gesetz des Zusammenlebens* im Raum. Das ist das „Gesetz der Gruppe": „In unserem Gruppenraume darf nur das geschehen, was wir alle gemeinsam wollen und was das Zusammenleben und die Schularbeit in Ordnung, Sitte und Schönheit allen in diesem Raume gewährleistet!" Allen, d. h. Lehrern und Schülern[63]. Das Entscheidende wird dabei die Durchführung des Gesetzes. Alles geht fehl, weil des Gesetzes Sinn verfehlt, es nämlich juristisch statt als Richtmaß einer Gemeinschaft genommen würde, wenn nicht das Folgende beachtet und streng befolgt wird: *Jedes* Mitglied der Gruppe hat das Recht, jeden zu mahnen! Die älteren Schüler die jüngeren, diese jene und nicht nur der Lehrer die Schüler, sondern die Schüler auch den Lehrer! Wird diese Forderung ganz natürlich eingehalten und geht der Lehrer vorbildlich voran, so wohnt diesem Gesetze die denkbar größte, das Gruppenleben regelnde Kraft inne.

b) *Zucht und Disziplin unter dem „Gesetz der Gruppe"*

Allein, *warum* soll ich jedem das Recht geben, jeden zu mahnen, zu berufen? Warum gibt das unter Menschen die größte Sicherheit einer gerechten Ordnung, ja darüber hinaus einer wohltuenden Ordnung des Zusammenlebens? Gibt man einzelnen Schülern den Auftrag, einerlei ob es der Lehrer von sich aus tut oder ob er die Gruppe Mahner oder Ordner wählen bzw. nur mitwählen läßt, so wird es niemals zu einer reibungsarmen Lösung der Zucht- und Disziplinfragen kommen. Denn ich übertrage einem einzelnen etwas, das ihm zu tragen viel zu schwer ist, das ein einzelner wahrhaft, im Vollsein gar nicht leisten kann, deswegen auch nicht tragen soll. Denn *Sittlichkeit lebt in der Gemeinschaft und ruht auf ihr als Ganzem,* mithin in allen Gliedern nicht als einzelnen gegenüber Vereinzelten, sondern als miteinander Verbundenen, ineinander Gebündelten; denn das ist das Wesen organischer Einheit, daß in ihr Einzelnes immer Gliedhaftes ist, mithin nichts abgetrennt aus der Einheit, in der es seine Funktion zu erfüllen hat. Auferlegt man darum einem einzelnen, dafür zu bürgen, daß das Gesetz der Gemeinschaft erfüllt werde, kraft dessen sie sittlichen Geistes ihre Aufgaben am bestimmten Platze nur vollführen kann, so muß diese Last ihm zu groß werden; er muß Übermenschliches leisten. Die Folgen können für ihn verschieden sein: er mag zum Heuchler werden oder zum Pharisäer, d. i. zum Selbstgerechten, oder ein Splitterrichter oder ganz allgemein ein Sittenrichter. Immer kommt es auf eine Verkehrung des Ich hinaus, die eine überbetont-sittliche, im Kern falsche Haltung ist.

---

[63] So erfolgreich durchgeführt von *Johannes Langermann*, s. „Der Erziehungsstaat nach Stein-Fichteschen Grundsätzen in einer Hilfsschule durchgeführt". *O. J.*, und: *Petersen*, Der Kleine Jena-Plan, 23./24. Aufl. 1954. S. 30 ff.

Solchem Menschenkinde ist ein *Amt* im Bereich des Sittlichen übertragen, und jedes Amt setzt voraus, daß sein Träger es in einem besonderen Grade, besser als andere, immer irgendwie darum vorbildlich ausübt. Nun *kann aber kein Mensch Darstellung, auch nur Repräsentation des Sittengesetzes sein.* Kein Mensch ist fehlerfrei, alle ermangeln dieses Ruhms, niemand ist vorbildliche Verkörperung des Gesetzes, und selbst gesetzt den Fall, daß er dem sehr nah käme, so hörte er doch sofort auf, es zu sein in dem Augenblick, wo er darum wüßte und wo er nun die anderen, die Kameraden an sich messen würde, und also muß jeder versagen, der aus der Gemeinschaft herausgestellt würde. Müssen doch selbst die Lehrer versagen und sind doch viel reifer, auch klüger, ja sogar als Erwachsene viel gewiegter, um nicht zu sagen gerissener, um sich zu verbergen, als es Kinder und Jugendliche sein können, wiewohl diesen diese Fähigkeiten keineswegs fehlen.

Lasse ich jeden jeden berufen, alsdann kommt es auch unvermeidlich vor, daß einer oder ein paar Schüler der Gruppe sich es besonders zunutze machen, mindestens im Anfang ihrer Gliedschaft. Sie mahnen dann besonders viel und mit Lust und genießen sich selbst in der Öffentlichkeit ihrer Gruppe, wodurch sich ja die Lust erhöht; denn niemand ist gern in der Einsamkeit brav, gut und eine Leuchte der Sittlichkeit; in diesem Punkte gibt es im Menschen einen sehr starken Drang, sein Licht nicht unter den Scheffel zu stellen. Aber nun erhebt sich unfehlbar alsbald die Gemeinschaft, die Gruppe, und weist solche Kameraden in ihre Schranken, und so erzieht sie solche, die dazu neigen, selbstgerecht zu werden, sich zu Sittenrichtern über ihre Mitmenschen zu machen oder sich ganz einfach „aufzuspielen", Tugendbolde zu spielen.

Darin offenbart sich in der Schulwelt nichts anderes als die christliche Wahrheit, daß zwischen Menschen nur dann Gemeinschaft ist, wenn sie einander hörig sind, d. h. wirklich einander gehören, aufeinander hören, in einer unmittelbaren eigentlichen Beziehung zueinander stehen. „Denn nur indem sie einander gehören, ... haben Menschen eigentlich mit Menschen zu tun. Sonst haben sie immer nur mit den Dingen zu tun, die zwischen ihnen sind, oder aber, was noch schlimmer ist, es hat jeder nur mit sich zu tun[64]."

Wo ein Zusammenleben und -arbeiten auf Verordnungen ruht, dort haben es die Menschen also mit dem „Ding": gedruckte, niedergeschriebene, paragraphierte Schulordnung, Satzung u. dgl. zu tun und damit, festzustellen und nachzuprüfen, ob und welche Paragraphen übertreten sind. Wer Schüler zur Arbeitsleistung „verpflichtet", sie sich gar — aller Kinder- und Jugendlichenpsychologie entgegen — schriftlich verpflichten läßt, der hat das Wesen der pädagogischen Situation vollkommen zerstört und aus ihr eine rechtliche Situation gemacht. Das Menschlich-Sittliche ist zerschnitten und in ein Rechtsverhältnis überführt. Die Schülerschar kann hinfort nur Erfüllungspolitik treiben; ihre Arbeit und ihre Leistung sind sittlich entwertet. Pädagogische

---

[64] *Friedrich Gogarten*, Politische Ethik. 1932. S. 15.

Vor-Ordnungen sind jedoch in der Menschengruppe lebendige, gelebte Sitte und Brauch, in ihr wachsendes und gelebtes Recht. Darum ist nun auch in jedem „Fall", bei jedem Vorfall sogleich Mensch an Mensch gewiesen; unmittelbar wird ein jeder angerufen und von ihm Gehör verlangt werden, Auskunft und Gehorsam gefordert. Ein jeder hat sich jedem zu stellen, für sein Verhalten und seine Arbeit einzustehen, unmittelbar in einem lebendigen menschlichen Verhältnis „geradezustehen"[65].

Unter der Voraussetzung, daß die Kinder diese Anweisungen zur Ordnung und zum guten Betragen wie zu schönen Umgangsformen beachten und sich alle in den Dienst des Gruppengesetzes stellen, sind sie, wie bereits gesagt, hinsichtlich des übrigen Schullebens *frei*; ja es liegt so, daß erst diese Bindungen ihnen Freiheit schenken dadurch, daß sie es sind, die die Unordnung beheben und den Widerstreit der Einzelwillen bändigen, so daß nun die Freiheit wirklich erscheinen und gelebt werden kann[66]. Worin besteht diese Freiheit, richtiger das Gefühl der Freiheit?

Jetzt erst verschaffen, erwerben und erhalten sie sich selber die Möglichkeit, daß sich jeder einzelne nach seinem Gesetz und seinen individuellen Anlagen und Befähigungen entwickeln kann. Gewiß, es fehlen fortan im alltäglichen Leben der Gruppe (wie der ganzen Schulgemeinde) nicht alle die kleinen und großen Schwierigkeiten. Bald für diesen, bald für jenen kommen Zeiten der Krise, wie sie eben biologisch und durch die wechselnden Umwelteinflüsse bedingt sind. Allein dies ist das echte Leben, so ist es in Wirklichkeit. Und da wir für das Leben erziehen wollen, so wie es ist und immer war, wäre es doch im Grunde falsch, ja widersinnig, dieses Leben nicht sehen oder es während der Schulstunden mit Hilfe eines Zwangssystems unterdrücken zu wollen. Im Gegenteil: diese Erscheinungen des sozialen Lebens und sittlichen Verhaltens in diesen Jahren und Monaten der seelischen und charakterlichen ersten Festigung und Entscheidung, desgleichen der ausgesprochenen Krisenperioden bilden gerade für den Erzieher *den Stoff der sittlichen und sozialen Erziehung*. Die rechte Erziehungsschule kennt keinen Moralunterricht, scheut nichts mehr als das Moralisieren. Aber sie ist unablässig bemüht, das gegebene, täglich neue Leben mit seinen schönen und häßlichen, seinen schlechten und guten Spannungen durchzuformen, zu klären; jede Schulgemeinde ein *Klärungsbecken für das sittliche Leben der Jugend*.

Auf diese Weise kommt es zur *Selbsterziehung der Gruppen* und eines jeden Schülers in ihr gerade mit ihrer Hilfe, dadurch zur Entfaltung des *persönlichen* Lebens in den einzelnen; denn einzig und allein in der Gemeinschaft und durch sie kann die Individualität zur Persönlichkeit werden und sich als

---

[65] Auch darin zeigen sich die weltanschaulichen Gegensätze des pädagogischen Rationalismus und des pädagogischen Realismus.

[66] M. „Ursprung der Pädagogik", § 7: Freiheit; ein Kapitel, in dem von der Entstehung der Freiheit gehandelt wird.

Persönlichkeit behaupten[67]. Das Gruppenleben selber liefert uns ja die Materie der sittlichen Erziehung. Wenn z. B. die Schüler auch nur genötigt sind, jeden Tag, und zwar dieses dann wiederholt, sich ihre Bücher, ihr Schreibgerät aus den Fächern zu holen, sich dabei also durch die arbeitenden Kameraden hin und her bewegen müssen, — welche stündlich-tägliche Übung im Sich-Bezwingen, nicht unnütz zu reden, zu stören, höflich und korrekt auszuweichen, zu warten auf andere, behilflich zu sein, wo sich ein Anlaß bietet usw. usw.! Und in gleichem Maße geht es mit der Fülle der kleinen Anstandspflichten und Ordnungsdinge, die jede Stunde, jeder Tag alle Schuljahre hindurch bringt.

Die Aufrechterhaltung der Zucht und Disziplin ist Angelegenheit der Gruppen *und* der Schulgemeinde, vor allem aber der einzelnen Gruppengefolgschaften und ihres Führers. Das heißt nicht von Selbstverwaltung im Sinne des *self-government* oder einer falsch verstandenen Demokratie reden[68]. Sie ruht nicht auf einer äußerlichen Auffassung von Gleichheit und Freiheit, die der Wirklichkeit des Menschenlebens spottet; sie darf sich aber auch nicht auf einen Ausschnitt des Zusammenlebens beziehen. Das bedeutete ja wieder, das Zusammenleben unter Verordnungen und Gesetze in einem juristischen Sinne bringen, den wir oben zurückgewiesen haben. Es ist vielmehr so: die Gesamtheit aller Fragen, die sich auf die Sitte und das Benehmen beziehen, ist in diese Gemeinschaftserziehung eingeschlossen, ihr Gegenstand; *jedes Glied ist demnach ganz gefordert und dauernd beansprucht.*

Das Gemeinschaftsleben der einzelnen Stammgruppen wie das der Schule als einer Schulgemeinde macht es möglich, in reichem Maße Feste und Feiern einzufügen; denn wahrhaft feiern kann wiederum nur eine Gemeinschaft, eine Menschengruppe, die ernsthaft an sich selber arbeitet, um sich als echte Gemeinschaft darzustellen. Dahin gehören nicht nur die Jahresfeste nach dem Rhythmus des Jahresablaufs, sondern auch die Geburtstage der Kinder[69], bei großen Schülerzahlen in der Gruppe etwa monatlich zusammengefaßt, eine unausschöpfbare Quelle für die Pflege der feinsten zwischenmenschlichen Beziehungen. Ihr Zweck ist gleichzeitig, schöne Familiensitte zu pflegen, sie zu erhalten oder wieder einzuführen, um in unseren Familien den alten Sinn für das Trauliche und die Werte der Innerlichkeit als Quelle familienhaften Glückes und Friedens zu wecken. Hierher rechnen aber auch Ausflüge, Wanderungen mit Übernachtungen in den Landheimen, Jugendherbergen, die Schulreisen, Lager und Fahrten. Denn dies alles zusammen dient der *tätigen* Entwicklung der sozialen und sittlichen Kräfte in der gegebenen Schülerschar. So ist es also dieses räumlich abgeschlossene und pädagogisch vorgeordnete Schulleben selber, welches die Mittel zu seiner Läuterung darbietet, die Sitt-

---

[67] Vgl. m. Allgemeine Erziehungswissenschaft I. 1924. S. 52, auch S. 44—56.
[68] Zur weiteren Begründung dieser Ablehnung vgl. meine „Innere Schulreform und Neue Erziehung" 1925, S. 233 f., Neueuropäische Erziehungsbewegung, 1926, S. 37 f., Kleiner Jena-Plan 1. Aufl. 1927. S. 8; 13./14. Aufl. 1946. S. 9 ff., 15. u. ff. Aufl. S. 8 f. — [69] Siehe unten S. 146 f.

lichkeit und gute Sinne in sich wachsen, Form gewinnen läßt und ihnen so zugleich eine schöpferische Entwicklung sichert, da es ja auf diese Weise niemals zu starren Formen gelangen kann. Damit wird die Schule zum wichtigsten Ort der *Läuterung des sozialen und sittlichen Lebens der Jugend.*

Noch einiges über die *Aufgabe des Lehrers* in diesem System der Selbsterziehung der Gruppe. Jede Auffassung, nach der er in seiner Stellung, seinem Ansehen und seiner Würde gemindert wäre, ist von Grund auf falsch, mindestens ein arges Mißverständnis. Das Gerede, wonach der Lehrer der beste sei, der sich überflüssig mache und in seiner Klasse ganz verschwinde, ist Geschwätz oder wiederum eine mißverständliche Ausdrucksweise. Es wurde schon gesagt, daß der Lehrer für das Gemeinschaftsleben seiner Gruppe konstitutiv ist[70]. Der Lehrer hat mithin weit mehr als nur dieselben Rechte und Pflichten wie die Schüler, er besitzt darüber hinaus eine eigene, ausschließlich auf ihm ruhende Verantwortlichkeit. Als der Reifere verfügt er über das bessere Gedächtnis, und weil er sich besser an alles erinnern kann, so *soll* er auch erinnern helfen und dabei seine überlegene Gabe der Erinnerung einsetzen, nicht um damit zu prahlen, nicht um sich damit Respekt zu verschaffen, daß er an alles denkt und daß „dieser Lehrer nichts, aber auch nichts vergißt", sondern als einen Vorzug im Dienste seiner Gruppe und Schule, so bescheiden und so selbstverständlich. Er muß also auch in diesem Punkte Taktgefühl beweisen, dabei wird er durchaus energisch auf alles bestehen, was vergessen ward, daß es nachgeholt, abgestellt oder gut gemacht werde. Lehrer sind die gegebenen Mahner und Ratgeber schon deswegen, weil die Schüler es vielfach gar nicht sein können oder Aufgaben vergessen, obwohl sie nicht im mindesten schlechten Willens sind.

Dies bedeutet in keinem Stück, daß etwas vom Zwang im *alten* Sinne und die damit verbundenen Strafen auf Umwegen Einkehr hielten; sie sind unwürdig und sinnlos, auch in Wahrheit gar keine Hilfe, wie denn überhaupt alles Abschrecken nie von Dauerwirkung ist. Dieser Rückfall wird ferner dadurch verhütet, daß die Voraussetzung für die Fähigkeit, überhaupt um sich Gemeinschaft werden zu lassen und sie zu leiten, *der Glaube an den Erstrang des Guten im Menschen* ist. Danach Menschen behandeln, sie in vollem Ernste als gut, als doch bestimmt das Gute immer wollende und bejahende Wesen nehmen, hat stets Wunder getan, weil der Mensch normaler Sinne nichts schwerer erträgt, als für gut gehalten zu werden, wo er doch seine eigenen Kämpfe kennt und weil jeder darum weiß, wie schwer Gutsein ist. Bei solcher Behandlung wird an den Kern des Menschenwesens gerührt, wird ihm gesagt, daß er als „sehr gut" geschaffen sei, darum für den Anruf Gottes offen ist, Gott hat den Menschen so geschaffen, daß dieser ihn hören und seinen Willen, seinen Plan mit ihm vernehmen kann. Das heißt es, wenn ein erziehungs-

---

[70] Vgl. meine „Innere Schulreform und Neue Erziehung", den Aufsatz: „Das Gemeinschaftsleben der Schuljugend als organisatorische Kraft für Unterricht und Zucht", S. 230—252.

wissenschaftliches Grundurteil[71] aussagt: Von Natur gut! Nimmt also der Lehrer seine Schüler voll dieses Glaubens an den Menschen, dann findet auch er zuletzt doch Eingang in ihr Innerstes, mag er gleich es nie erfahren. Jedenfalls gibt es in unserm Dienst am Mitmenschen keine größere Sicherheit, als ihn so zu nehmen, wie er geschaffen ist.

Beseelt von diesem Glauben, wird der Lehrer dann *drei große Hilfeleistungen* erkennen, die ihm als Lehrer aufgegeben sind: er muß 1. die Widerstände beseitigen, die dem Wachstum des geistigen Lebens im Kinde entgegenstehen; er muß 2. dieses Leben richtig ernähren und anregen, und zwar je nach dem, was jeder einzelne braucht, und 3. jedem helfen, immer wieder mit sich ins Gleichgewicht zu kommen. Wenn er imstande ist, diese Aufgaben recht zu erfüllen, dann wird er in des Wortes vollster und schönster Bedeutung der Erzieher (= Befreier) seiner Schüler. Auch hier gewinnt, wer verliert, d. h. gewinnt, wer sein Ich dahingibt um des andern willen, wer stets seine Überlegenheit so einsetzt, daß sie im dienenden Helfen untergeht.

So entsteht ein freies, offenes Verhältnis zwischen Lehrer und Schüler. Wer zum ersten Male in seinem Leben solchen Gruppenraum betritt, dem fällt darin stets auf, wie die Kinder kommen und gehen, dabei fast nie den Lehrer fragen und wie dieser sich — scheinbar — nicht weiter um sie kümmert. Der Besucher sieht und hört, wie die Schüler einander fragen, Rat holen, Auskunft erteilen, scherzen, mit leiser Stimme, möglichst im Flüstertone, wie sie beim Hinausgehen die Türen geräuschlos öffnen und schließen und jeden, auch den Besucher, höflich und freundlich empfangen und in ihre Gruppe einzuordnen versuchen. Es ist ja vom ersten Schultage an in ihnen das Empfinden dafür geweckt und durch stete Übung gezüchtet, daß Ruhe, Ordnung und Anstand zu einer Schule gehören, daß anders nicht gearbeitet werden kann und auch kein erfreuliches, schönes und alle beglückendes Zusammenleben möglich ist. Und der Anruf dieses Empfindens wird schließlich und zuletzt niemals einen Lehrer enttäuschen, der im rechten Glauben, in pädagogischer Haltung mitordnend innerhalb des Gruppenlebens steht.

c) *Schule und Gesellschaft*

In keiner Weise ist eine Entwertung der „Gesellschaft" damit verbunden, daß wir so stark und in erster Linie die Grundlagen für ein *Gemeinschaftsleben* in den Schulen festlegen. Genau so, wie wir es vom Unterricht aussagen werden[72], daß er in die soziale Welt hineingehört, so sind es ja überhaupt soziale, staatliche, wirtschaftliche, allgemeinpolitische Notwendigkeiten einer ganz bestimmten Epoche der europäischen Entwicklung gewesen, die dieses Gebilde „öffentliche Schule" gefordert haben. Diese Tatsache ist in unseren Betrachtungen nie und nimmer vergessen oder irgendwie unterdrückt worden.

---

[71] Siehe die 6 Grundurteile: „Ursprung der Pädagogik", S. 96—113.
[72] Siehe unten S. 83 ff., 223 f.

Stets lautete die Ausgangsfrage: Wie ist es möglich, innerhalb dieser staatlich, volkswirtschaftlich geforderten und für unsere Zeit ganz unentbehrlichen öffentlichen Schule ein Schulgemeindeleben auf echten Grundlagen aufzubauen? Erfahrungen aus mehr als einem Vierteljahrhundert mit diesem und in diesem öffentlichen Schulwesen sind es gerade, die die Überzeugung gefestigt haben, daß wir dessen Grundlagen ändern und, kurz gesagt, menschlicher, würdiger gestalten *können*, so daß sie, weit mehr als der Fall ist, auf gegenseitiger Achtung, Hochschätzung und vor allen Dingen auf Vertrauen zueinander ruhen, gesehen auf Eltern, Lehrer und Schüler und nicht zuletzt auch Schulbehörden.

Mithin bleibt alles bestehen, was von einer „Schulordnung" verlangt werden muß, um das Rechtsverhältnis zwischen Schule und Erziehungsberechtigten zu regeln, also Fragen wie Aufnahme, Abgang, Teilnahme an Schulveranstaltungen, Lernmittel, Schulzucht, Zusammenarbeit mit dem Elternhaus, Schulgeld, Haftung und Zwangsmittel, so wie diese Dinge schulbehördlich jeweils zu ordnen nötig sind. Das bleiben aber Gebiete, für die eine unmittelbare Mitarbeit der Schülerschaft nicht in Betracht kommt, sondern dies alles folgt einfach daraus, daß die Schule in das Verfassungs-, Verwaltungs- und Rechtswesen des Staates eingeordnet ist.

Amtliche Vorentscheidungen sind ferner getroffen über das, was unterrichtet werden soll. Das geschehe mindestens und am besten stets in weisen Richtlinien, die den einzelnen Lehrern wie den einzelnen Lehrkörpern die Arbeit nicht ersparen, selber nachzudenken und die Stoffe aus den Bindungen ihrer Schule heraus sinnvoll zu verteilen, an ihnen eigenständig zu arbeiten. Auf jeden Fall wird ein Staat alsdann Möglichkeiten schaffen, um sich geistig bewegliche, nicht erstarrende und sich ans Schema haltende Lehrer zu erziehen. Verordnet sind weiterhin die Wochenstundenzahlen für die einzelnen Jahrgänge, Zeugnisse oder Charakteristiken, dazu das ganze vorgeschriebene Berichtswesen. Auch von diesen Dingen wird das meiste den Schülern ganz und gar entrückt bleiben. Es besteht keinerlei innere Nötigung, darüber Schülererörterungen anstellen zu lassen, mit der einzigen Ausnahme, daß es sich um einen *neuen* Schulversuch mit reiferen Schülern handle, so daß es zur Vertiefung der Selbstbesinnung auf den Versuch, seinen jeweiligen Stand, seinen inneren Fortgang und seine Grenzen und Möglichkeiten durchaus erwünscht, ja notwendig werden kann, sich auch mit den Schülern über die behördlichen Umgrenzungen und Wünsche auszusprechen. Und beste Erfahrungen haben gelehrt, daß ein solcher Lehrkörper davon reichen Gewinn haben wird.

Ganz selbstverständlich kommt keine Schulgemeinde ohne Übung und *stete Pflege rein formaler Disziplin* aus. Es gibt in ihr ständig Gelegenheit, sie zu fordern, und darum auch, sie gründlich und unnachgiebig zu pflegen. Das Hinein- und Hinausgehen während der Freizeit, das Antreten zum Turnen, zu einem Spaziergang, zum Museumsbesuch, der Marsch durch

den Ort zu einem Spielplatze, einem Lehrspaziergang, einer Aufführung —
alles dies und ähnliches mehr sind solche Anlässe, für die ein geordnetes und
durchdiszipliniertes Auftreten der Gruppe oder einer ganzen Schule nötig wird.
In all diesen Fällen gilt keine andere Regel als für gleiches Auftreten außerhalb des Schulverbandes. Nur nicht diese formale Disziplin auf das Arbeiten
in der Schule übertragen! denn dadurch wird gerade jene Arbeitshaltung gefördert, die zur Auflösung der Gemeinschaft und zu einem wenig tiefen Arbeiten führte, weil das Selbst der Gruppenglieder nicht zur Entfaltung kommen
kann. Die Einsicht, daß formale Disziplin an *einem* Orte falsch ist, bedeutet
jedoch nie und nimmer, daß sie im Zusammenleben der Menschen absolut ohne
Wert sei. Wer so schließt, der denkt in lauter Kurzschlüssen oder will sich
den neuen Anforderungen gegenüber eine rhetorische Überlegenheit sichern,
um im Alten weiter beharren zu können[73].

Die vergangene Generation hat viel Zeit und viele Versuche darauf verwandt,
ob die Schule auch gesellschaftliche Spielformen übernehmen, in die Schule
hineinstellen und danach das Schulleben selber ablaufen lassen solle. In
einigen Staaten des demokratischen Parlamentarismus hat man geglaubt, die
Schüler müßten bereits die Spielformen dieser Demokratien üben. Es erschien
demnach gut, mit Rücksicht auf die zukünftige Betätigung als Staatsbürger,
bereits in der Schule sich im Abstimmen, in Kommissionssitzungen, in Wahlen,
Gerichtsverfahren u. dgl. m. zu üben. Alle Berichte belehren darüber, wie entsetzlich öde und geistlos diese Dinge wurden, wie sich nichts anderes in den
Schulstuben einstellte als eine kindlich-kindische Wiederholung der Vorgänge
in der umgebenden Erwachsenenwelt, wie deren Urteile, genauer Zeitungsurteile und Elternansichten nun in den Schulen von den Kindern vertreten
wurden und wie der Lehrer in der Rolle eines internationalen oder eines höchsten nationalen Schiedsgerichtshofes erscheinen müßte, wenn er sich nicht in das
Parteigezänk mit hineinmischen und unter den Schülern als der so oder so eingestellte Parteiinteressent erscheinen und jedermann, der anderer Parteiansicht
ist, zum politischen Gegner werden wollte[74]. Alles ist nichts weiter als Übung
in den Mitteln, welche die Spaltungen im Volke befördern, anstatt der Volksgemeinschaft aufbauend zu dienen.

Es bleibt aber ein Gebiet, an dem beide, Lehrer wie Schüler, gleichermaßen voll interessiert sind, und zwar sachlich rechtens gemeinsames Interesse
betätigen sollen, das ist alles, was das Zusammenleben in der Schule selbst
ordnet, die Einrichtungen, welche diesem Zusammenleben zugute kommen, und
alle Veranstaltungen, welche daraus hervorgehen, als da sind: Bücherei, Lese-

---

[73] Wie und warum Disziplin und Autonomie in gleicher Weise unentbehrlich
sind, darüber vgl. m. „Ursprung der Pädagogik", 1931, § 14: Disziplin und
Autonomie, bes. S. 200, 206 ff.
[74] Aus der reichen Literatur bleibt diejenige Arbeit, die am ehrlichsten gläubig
berichtet, darum auch die Hohlheit und Öde am deutlichsten erkennen läßt:
C. Burkhardt, Klassengemeinschaften. 1911.

säle, Spielplätze, Arbeitsräume, Schulgarten, Veranstaltungen von Festen, Feiern, Vorträgen, Besichtigungen, Wanderungen, Schulreisen u. dgl. m. Alle diese Dinge greifen immer auch irgendwie hinein in die öffentlichen Ordnungen der Verwaltungen, des Verkehrswesens, des Rechts und müssen in diesen Stücken richtig verstanden, geleitet und durchgeführt werden. Hier ist ein Bereich, in dem jede Schulgemeinde auch die Schüler, u. U. nur besonders geeignete Schüler, teilnehmen und bestimmte Dinge selber ausführen lassen wird.

Warum muß aber so bestimmt davor gewarnt werden, das Schulleben auf „gesellschaftliche" *Grundlagen* zu stellen? Der entscheidende Grund dagegen ist dieser, daß alle Schulformen, alle Schülergruppen, die danach geordnet wurden, in die Gefahr der Erstarrung, der Öde und Langeweile hineinkamen. Es ist fast erschreckend, zu beobachten, wie schnell es eine Klassengemeinschaft satt hat, diese Ämtergeschichten, diese Beratungen, Abstimmungen, Wahlen usf. vorzunehmen[75]. Die Jugend hat einen sehr gesunden Instinkt und starke gesunde Abwehrtriebe diesen Dingen gegenüber, die den Lehrer und Erzieher auf den rechten Weg weisen können.

Aber unterliegt nicht im Gemeinschaftsleben dies und das derselben Gefahr der Erstarrung? Gewiß. Auch die Sitte als „Lebensform einer Gemeinschaft" unterliegt dieser Gefahr. Der einzelne spielt sich ein. Und geht er nun in eine andere Menschengemeinschaft über, in die er nicht so eingelebt ist, alsdann wird er unsicher, weil ihm jetzt die Maßstäbe fehlen, sich zu benehmen und zu handeln. Das ist die bekannte Erscheinung auch an den sogenannten durchgeführten Klassen. Wenn 3—4 Jahre oder noch mehr ein und dieselbe Schülerschar mit dem nämlichen Lehrer als Klassenlehrer zusammenarbeitete und lebte, so zeigt sich dieses Eingespieltsein miteinander in seiner die sittliche und soziale Selbständigkeit der einzelnen Glieder der Klasse bedrohenden Weise. Ja, weil um diese Gefahren genau gewußt wurde, *darum* ist in dem Gruppensystem, das der Jena-Plan fordert und ausgeprobt hat, mit vollem Bewußtsein auf die „Durchführung" von Gruppen verzichtet. Es ist gerade, um die Sitte und um die Ordnungen des Schullebens *lebendig* und stets frisch bewußt zu erhalten, dafür gesorgt, daß alljährlich in der Gruppe etwa ein Drittel der Schüler neu hinzukommt. Daß nur ein Drittel und nicht etwa die Hälfte erneuert wird, das ist auch deswegen von solchem Vorteil, weil damit die jeweils im Vorjahre geschaffene gute Überlieferung, deren Wert ganz unbestreitbar ist, von einer Mehrheit vertreten weitergegeben werden kann, *aber* zugleich wird Jahr für Jahr jede Gruppe vor menschlich ganz neue und frische Aufgaben gestellt und muß sich doch wieder innerlich zusammenfinden und menschlich auseinandersetzen. Dadurch werden aber die Sitte und die Ordnung und der allgemeine Geist der Schulgemeinde fortgesetzt lebendig erhalten. Sie kommen niemals in die Gefahr, zu erstarren und etwas Fertiges zu werden. Die Folge davon ist aber, daß sie in ihrem Kerne, daß demnach eben der Geist selber in

---

[75] *Petersen*, Kleiner Jena-Plan. 13./14. Aufl. 1946. S. 9 f., 15. u. ff. Aufl. S. 8 ff.

den Schülern gefestigt wird, daß sie diese innere Kraft, als deren Erzeugnis sich dann die äußere Ordnung und das äußere Verhalten ergeben, wachsen und sich stählen sehen. Und dies hat die praktische Folge, daß sich beim Übergang in andere Verhältnisse, in andere Schulen etwa, keine Unsicherheit einstellt, sondern wenn der junge Mensch nur lange genug diesem Schulgeiste unterworfen war und sich in ihm betätigen und kräftigen konnte, so ist er ganz anders gefestigt, um im gleichen Geiste fortzuleben und sich nicht beirren zu lassen. So kann ein vorsorgender Erzieherwille die Gefahren erstarrter Sitte und zur bloßen Gewohnheit gewandelten Schullebens vermeiden.

d) *Schulleben und Unterricht*

Eine Folge des recht vorgeordneten Schullebens ist es, daß es inmitten dieses Wohnstubenlebens zu echten Tätigkeitsformen kommt. Man sieht die Kinder in ihren besonderen Aufgaben *tätig* vertieft, so daß sie auch nicht von den sich bewegenden und fragenden Mitschülern gestört werden. Entscheidender aber wird, daß es so wirklich zu *erziehlichen* Einflüssen kommt, daß wir in den Schulen, die doch Kunstformen sind und Stätten, in die die Jugend gezwungen wird infolge des staatlichen Schulzwanges, dennoch Kräfte und Formen der wahren Erziehungswirklichkeit erhalten und in Dienst nehmen können. Und wir erhalten eine froh bejahende Antwort auch auf die Frage, die mit Recht an jede Schule gestellt wird: *Lernen die Kinder auch etwas?* In diesem Zusammenhange muß jedoch unzweideutig zunächst und immer wieder geantwortet werden: das Allerwichtigste bleibt in den Schulen, daß der Kinder *Gesundheit* gefördert und gekräftigt werde, daß ihre Umgangsformen mit ihresgleichen und mit allen Menschen, die soziale und menschliche *Gesinnung* gepflegt werden. Demgegenüber sind und bleiben Wissen und Kenntnisse das Zweite und Dritte. Ein Volk kann seinen Schulen keine schönere, keine für das Volk selber förderlichere, seinen Eigenwert mehr hebende Aufgabe setzen als die: daran zu arbeiten, daß sie in Lebensführung und Gesinnung einen vornehmen, jeden für die Angehörigen dieses Volkes einnehmenden Stil pflegen, in dem sich alsdann immer das Tiefste des Menschen, die *Güte*, die uneigennützige Bereitschaft zum Dienen und Opfern offenbart. Denn das ist es ja am Menschen, was ihn am weitesten vom Tier trennt und ihn dem Himmel so nahe rückt, daß der Fehlschluß so verzeihlich naheliegt, zu behaupten, damit sei auch im Menschen ein Göttliches.

Es leuchtet unmittelbar ein, daß diese Vor-Ordnungen des Schullebens in hervorragendem Maße dem *Unterricht* dienen; sie halten nach Kräften alles zurück, was den Unterricht stört, und bereiten ihm die beste Atmosphäre für fruchtbringenden Verlauf. Es ist mithin die Arbeitsgruppe, die sich als Erziehungsgemeinschaft selber fortwährend durch ihre eigene Tätigkeit und durch ihre Sorge für gute Haltung und Benehmen, für Ordnung im Raum und in ihren Arbeitsmitteln reinigt und sich auf diese Weise in sich selber steigert, um zu wertvollerer Arbeitsleistung zu kommen. Eben dieses Schulleben besitzt also die allergrößte Bedeutung *auch für den Unterricht*, für das Lernen i. e. S. Das klärten so gründlich wie nur möglich angestellte Forschungen, die den Unterricht inmitten solchen Schullebens zum Gegenstande hatten. Seit länger als dreißig Jahren floß uns von da her eine *Fülle neuer Erkenntnisse vom Lernen* zu. Danach ist das Lernen in allen seinen Funktionen und Stufen im allerhöchsten Maße zuerst abhängig von der Wirklichkeit, *innerhalb* deren gelernt werden soll, d. h. von der „pädagogischen Situation", sodann davon, *wie* einer in der betreffenden pädagogischen Situation lernen darf, welche Bewegungsfreiheit man ihm gewährt bezw. welche Straffheit der Leitung seine Tätigkeit vorordnet und begleitet, ferner *neben wem* er arbeitet oder viertens, weil dies wiederum etwas ganz anderes ist, *mit wem* er gemeinsam arbeiten darf. Diese Erkenntnisse werden für die Praxis bedeutsamer, je eindringlicher und umfassender die Struktur und die Bildekraft der verschiedenen pädagogischen Situationen untersucht sind, weil damit zugleich die Möglichkeit immer größer wird, sie richtiger vorzuordnen und die je besondere Aufgabe des Lehrers festzustellen.

Alles Lernen *ist erkannt als uranfänglich bedingt von dem Innerlichsten des Menschen,* von seiner ganzen Gemütswelt, dem ganzen emotionalen Sein — oder welche anderen Bezeichnungen gewählt werden mögen je nach dem wissenschaftlichen Blickpunkt, von dem aus man an diese Frage herankommt. Weil dies aber so ist, muß ja inmitten eines Schullebens der geforderten Art die denkbar beste Möglichkeit bestehen, dem Schüler gerade auch unterrichtlich vorwärts zu helfen. Denn nun offenbart sich uns jedes Kind in seinem ganzen Wesen, da wir es ganz beanspruchen. Der Erzieher sieht tief hinein in eines jeden Schülers Wesen und dessen Bindungen, er kann darum auch die Lernwelt der Schüler so allseitig wie nur möglich erforschen. In dieser Weise wird *das Schulleben dem Unterricht wundervoll dienstbar gemacht,* alles Unterrichten ist im Schulleben verankert, wird vom Schulleben getragen wie das Schiff vom Meere.

III. Kapitel
Die Führung des Unterrichts
2. Teil: Planlegung des Unterrichts

1. Vom Unterricht im erziehungswissenschaftlichen Sinne

Aus der Einsicht in die Eigenart und Kraft der Erziehungsfunktion, wie sie die neuere Erziehungswissenschaft gewonnen hat, müssen von selbst neue Erkenntnisse von dem kommen, was Unterricht zu bedeuten und zu leisten hat. Die Funktion der Erziehung bedient sich, auch ohne planvolle Veranstaltungen, des menschlichen Bildungsstrebens, wie allen Strebens, das irgendwie auf Form und Bildung geht. Das Sich-Unterrichten gehört nun ebenso zum Bildungsstreben des Menschen, wie Essen und Trinken zum Ernährungsbereiche gehören. Reden wir von der Bildung der Sinne, so ist es durchaus mehr als nur bildlich gesprochen, wenn gesagt wird, die Sinne vervollkommnen sich dadurch, daß sie sich unterrichten, indem sie sich ernähren. Es gibt durchaus das trunkene Auge, ebenso wie das Ohr, das satt vom Hören ist. Die Erziehungswissenschaft weist deswegen zuerst hin auf die volle Beachtung des n a t ü r l i c h e n Bildungsstrebens in allen seinen Arten, und sie fordert von der Erziehungskunst, daß sie sich ihm organisch einschalte.

Die Funktion der Erziehung nimmt das Bildungsstreben, mithin auch alle Mittel desselben, in Dienst, um den Menschen seiner vollen Bestimmung, seiner Vergeistigung und Freiheit zuzuführen. Alle Erziehungskunst muß sich demnach ständig rechtfertigen und verantworten können vor dieser Bestimmung, ob sie dem Wesen der Erziehung treu geblieben ist. *Ehrfurcht vor dem Leben und Dienst an der Erziehung* sind darum für alle Pädagogie oberste Grundsätze.

Nun entspringt die Pädagogik, die Führungslehre, innerhalb der Erziehungswissenschaft dort, wo das Problem der *Verantwortlichkeit* aufgelöst ist, d. h. wo die Frage geklärt ist, womit ich es verantworten kann, mich als Lehrer in Dienst zu setzen oder in Dienst nehmen, anstellen zu lassen[76]. Kurz gesagt gründet sich dieses Recht auf die Grundtatsache des Lebens, daß der eine des andern bedarf, um Mensch zu werden, und es empfängt von da her seine sittliche Begründung. Der um diese Urtatsache wissende Mensch, der die darin enthaltene Dienstverpflichtung aus innerem Drang aufgreift, bejaht und sich mit voller Hingabe diesem Dienste weiht, wird zu dem in rechter Verantwortung stehenden und tätigen Pädagogen.

Seine Tätigkeit ist aber keineswegs ausschließlich oder im besten Teile unterrichten. Vielmehr entsteht innerhalb der Pädagogik wiederum das engere Problem der Didaktik, der Unterrichtslehre i. e. S., dort, wo das Problem des *Bewußtmachens* auftaucht. Damit ist folgendes gemeint: Es wird u. a. pädagogische Aufgabe, dem aufwachsenden Menschenkinde zu helfen, seine Umwelt, aber ebenso sehr sich selber deutlich zu erkennen, zu benennen, zu verstehen, zu behandeln und zu deuten. Dabei werden ständig *neue* Inhalte ins Bewußtsein gebracht, darunter eine erhebliche Anzahl solcher, die nicht der Umwelt des Kindes entstammen, zum Teil niemals in sie hineinkommen würden ohne eine planvolle Unterweisung, ohne die Schule. Damit wird die ernsteste Frage der Didaktik, *was und wann und wie bewußt gemacht werden kann und darf*[77]. Gleichfalls wird es immer zur Aufgabe der Führung im Unterricht, manches aus dem Bewußtsein verschwinden zu lassen, das einmal darinnen war, und zwar für immer: gewisse Triebe, gewisses Wissen und Kenntnisse, Neigungen

---

[76] Siehe m. Ursprung der Pädagogik, S. 118 ff.
[77] a. a. O. S. 190 ff. § 13. Das Bewußtmachen usw.

usw., es gilt sie zu beseitigen, umzustellen, abzuleiten, zu reinigen und zu läutern. Aber auch manches, das spontan ins Bewußtsein drängt, gilt es nicht oder nur zum Teil hineinzulassen, damit das Menschenkind lerne, sich als denkendes Wesen zu beherrschen, zur rechten Zeit zu denken, seine Gedanken zu äußern, und nicht hemmungslos, sondern wohlabgewogen, sinnvoll und sittsam.

Bestimme ich darum die Aufgabe des Unterrichts, er habe Wissen zu vermitteln und Fertigkeiten anzueignen, so habe ich ihn in seiner ganzen Verantwortlichkeit nicht erfaßt. Ich brauche dann in der Tat wenig mehr an Hilfswissenschaften als eine Psychologie, eine gute pädagogische Psychologie, die auch die Lebenserscheinungen im weitesten Sinne berücksichtigt, um mich darüber zu belehren, wann und unter welchen Umständen solches Mitteilen von Wissen am besten vor sich geht; es wird nötig, die Entwicklung des Sprechens, der begrifflichen Entwicklung usf. zu kennen. Die Erziehungswissenschaft verweist demgegenüber zuerst darauf, daß es *die* Psychologie gar nicht gibt, und sodann darauf, daß die unterrichtliche Praxis sehr verschieden ausfällt je nachdem, welcher Psychologie einer folgt, d. h. welche er aus seinem Wesen heraus sucht und bejaht.

In aller Pädagogik liegt ein Trieb, zu herrschen. Dort, wo dieser Trieb sich selbst genießt und Lust erzeugt am Herrschen und Herrsein, stützt sich die Didaktik am besten auf materialistische, mechanistische und Assoziationspsychologie. Der Naturwissenschaftler will mit seiner Wissenschaft sich die Natur unterwerfen, sie seinem Zwecke dienstbar machen. Diesem Positivismus entspricht am reinsten der Herbartianismus und die ihm zugeordnete Assoziationspsychologie. Folgerichtig wurde bis zu ihrer Auflösung in den zwanziger Jahren dieses Jahrhunderts auf den dem Herbartianismus verschriebenen Lehrerseminaren auch die Psychologie Herbarts vorgetragen, obwohl sie seit 50 Jahren veraltet, „überwunden" war.

Nähert sich dieser Trieb dem wahren Dienen mit Hingabe an das, dem man dient, so will der Mensch helfen; dafür muß er in den Sinn des Schülerdaseins, in ihn als eine Ganzheit eindringen, um ihm von diesem Innern her dienen zu können, dann aber schließt er sich an biologische oder intuitive Richtungen an, also an biologische Psychologie, Struktur-, Entwicklungs- und Ganzheitspsychologie. Verlagert er seinen Standpunkt so weit, daß er nur Beihilfe zur Menschwerdung leisten will, so widmet er sich einseitiger intuitiven Richtungen und sucht Aufklärung und Hilfe bei den Richtungen der Ausdruckspsychologie.

Der erziehungswissenschaftlich Gebildete entnimmt je nach der unterrichtlichen Aufgabe und nach seiner Führerverpflichtung *allen* Systemen, was er verwerten kann; er bleibt auch Herr der ihm nur dienenden Wissenschaften. Denn seine Tätigkeit charakterisiert ganz besonders stark ein ständiges Sichten und Auswählen, die sich auf rein Menschliches wie auf Sachliches erstrecken. Er steht im Dienste von Dingen und von Menschen, und seine Kunst wird es ja, wie wir oben ausführlich gezeigt haben[78], diese in rechter Weise zueinanderzubringen, d. h. ihre Spannungen, die bald mehr von der menschlichen, bald stärker von der stofflichen Seite und aus der ganzen sozialen Sphäre kommen, weise zu nutzen. So wird er bei diesem Auswählen und Sichten stets nach zwei Seiten hin zu fragen haben:

a) Welchen Wert und Sinn hat dies oder das heute und welchen für dieses Kind oder diese Kindergruppe? Damit ist ihm geboten, sich fortwährend gegenüber der Konvention und Tradition offen und lebendig zu halten und sich selber und sein Tun ihnen gegenüber zu begrenzen.

b) Was darf ich lehren und lernen lassen, ohne das geistige Wachstum, das persönliche Leben dieser Menschenkinder oder dieses Schülers zu stören, zu verstören, gar zu verkümmern, aber ebenso sehr, um es nicht geistig zu verfälschen? Das bedeutet die Abgrenzung gegenüber allem Dogmatismus.

Im ersteren Falle trete ich schützend ein für das Kind, um sein Recht auf Gegenwart, auf das Heute als seine Welt, in der es antrat, und um sein Recht auf Zukunft zu verteidigen, in der es selber ein Mitarbeiter und Gestalter, wohl gar ein Schöpfer neuer Erfindungen und Bindungen sein wird und soll, kurz für das Recht der Jugend auf Eigenleben.

In meinem Bestreben, mich gegen allen Dogmatismus abzugrenzen, schütze ich der Jugend Recht auf geistige Entfaltung, ihrer „Bestimmung" zuzuleben, ihrer „Sendung" treu zu bleiben; ich achte eines jeden Persönlichkeit, weil ich weiß, daß ich anders mein Volk um seine besten Kräfte für seine zukünftige Erhaltung und Selbstdarstellung unter den Völkern der Welt bringe, seine Kraft verkümmern lasse.

Bin ich das erste Mal Beschützer, Vormund und Anwalt der jeweils jungen Generation, um ihr Recht auf Weltgestaltung und Lebensführung nach ihrer Art zu schirmen, so das andere Mal derselben Jugend Beschützer, Vormund und Anwalt, um in ihr durch sie selbst ein reines und nach Möglichkeit reicheres Bild meines Volkstums in seiner Vielseitigkeit werden zu lassen und ihr dafür jederzeit dienstbereit zur Verfügung zu stehen. Das ist mein „Stand" als Pädagoge vom Volke aus gesehen.

So heißt uns *unterrichten im erziehungswissenschaftlichen Sinne: mit Ehrfurcht vor dem Leben und unter der Idee der Erziehung zu Bewußtheiten, Kenntnissen und Fertigkeiten führen;* es ist eine bestimmende, begrenzende und nachhelfende Kunst im Dienste des Lebens oder der Bildung; es geschieht innerhalb der sozialen Sphäre in zwischenmenschlicher Gebundenheit.

Wir blicken mithin auf den Unterricht im ganzen Umfange seines sozialen und nationalen Zweckes, und wir verstehen erneut, daß auch aus der erziehungswissenschaftlichen Betrachtung weit weniger Richtlinien kommen, die das Me-

---

[78] Siehe oben S. 25 ff.

thodische des Unterrichts, seine technische Seite angehen, als Richtlinien, ja Normen, Gesetze für die Gestaltung der Schulwelt, innerhalb deren der Unterricht geleitet werden soll, um sich so zu vollziehen, daß dadurch nicht Leben verletzt und Geistiges verkümmert oder verfälscht werde und das ganze Volk Schaden an Körper und Seele erleide.

2. Grundurteile einer Führungslehre des Unterrichts

A. Alle Pädagogie ist Lebensdienst

Heißt das, der Unterricht ist ganz und gar einer biologischen oder sozialbiologischen Betrachtung zu unterwerfen? Hat die Erziehung einfach hinter die Entwicklung zurückzutreten und abzuwarten? Oder wie ist hier grundsätzlich zu unterscheiden?

a) Ohne Zwiefel hat alles Aufgabelernen in seiner vollen Strenge erst dann einzusetzen, planvoll und stetig einzuwirken, wenn im Kinde die seelischen Grundlagen entwickelt sind, die dafür jeweils in Anspruch zu nehmen sind. Aber das bedeutet keineswegs ein stetes Warten und Lauschen, sondern erfordert praktisch zweierlei: erstens ein planvoll stetiges, auch u. U. experimentierendes Sich-Einfühlen in die Schüler, um den Entwicklungsstand festzustellen, und zweitens ständige Rückgriffe, abtastende Versuche, nicht nur um den Entwicklungsstand zu finden, sondern um auch die letzten Grenzen der Intelligenz, bestimmter Fähigkeiten aufzusuchen.

b) Sollen alle positiven Kräfte im Schüler gepflegt werden? Bis in die Pubertät hinein, und auf die Allgemeinheit gesehen — ja. Daraus folgt für die Führung des Unterrichts, daß es darauf ankommt, eine möglichst reiche mannigfaltige Unterrichtswelt voller Reize der verschiedensten Art einzurichten. Die Grenze, die hier gesetzt wird, ist diese: die Unterrichtswelt darf nicht unübersichtlich werden! M. a. W. die Grenze jener Mannigfaltigkeit ist dann erreicht, wenn diese Welt von den *Kindern* der betr. Stufe nicht beherrscht werden kann. Der Lehrer darf gerade an dieser Stelle nicht an sich denken und an sein Vermögen, das selbstverständlich weiter greift. Er oder der Lehrköper der Schule muß vorsichtig abwägen, welche Mannigfaltigkeit an unterrichtlichen Aufgaben und praktischen Betätigungen gerade noch ertragen und getragen werden kann sowohl für die Schule als Ganzes wie für die einzelnen Gruppen. Die vorzügliche Versuchsschule in Magdeburg-Buckau war ein Beispiel dafür, wie weit eine große Volksschule sich ausdehnen kann, aber zugleich dafür, daß nahezu des Guten zuviel geboten wurde und wie es mindestens ohne stärksten Einsatz der Elternmitarbeit nicht bewältigt werden kann. Übergroße Schulgärten, Naturtheater, Landheim. eine Fülle von Werkstätten und Techniken sind gewiß etwas Schönes und Verlockendes, aber sie müssen pädagogisch abgewogen und gegeneinander abgestimmt sein, um nicht zu verwirren und dem Leben mehr zu schaden als zu dienen. Dasselbe gilt von manchem Gruppenraum, besonders nach der Methode Decroly oder nach älterer gesamt-

unterrichtlicher arbeitsschulischer Methode, der am Schlusse einer Arbeitsperiode oder des Schuljahres so voll an Gesammeltem, Angefertigtem und Arbeitsmitteln ist, daß er einem überfüllten Lagerraum, einem ungeordneten Atelier gleicht, in dem sich selbst der Eigentümer schwer zurechtfindet.
Wir erhalten danach folgende Stufen der Bildung:

1.—12./13. Lebensjahr: allseitige, harmonische Ausbildung;
13.—16./17.: Vorlehrzeit, vorberufliche Ausbildung;
16./17.—19./20.: Lehrzeit;
ab 20.: Gesellenzeit;
ab 25.: Meisterzeit.

Dort allerdings, wo sich frühzeitig eine ganz starke Sonderbegabung kundtut, wo man mit unbestreitbarem Recht vom „geborenen Musiker" oder Techniker redet, da muß die Schule ihren Unterricht so organisiert haben, daß solcher Schüler nicht mit ihn hindernden und quälenden Fächern, lediglich bürokratisch, zurückgehalten wird. Die Schule aber stelle solche Begabungen auch in *ihren* Dienst, damit die hervorragenden Leistungen dieser Schüler der Schule damit den Dank abstatten dafür, daß sie ihnen rechte Entwicklungshilfe gibt. Bei dieser Einschaltung hervorragender Begabung in die Schulwelt gewinnen also beide gleicherweise, und hinfort wird jede Verbitterung der Hochbegabten gegen die Schule verstummen, und an deren Stelle werden Hochachtung und Dankbarkeit gegen die Stätte treten, wo sie ihre ersten Leistungen erproben durften, wo sie die erste Gemeinde bildeten und mit Hilfe der positiven Kritik und unmittelbaren Unterstützung guter Freunde ihres Jugendschaffens in sich selber erkraften und aufwachsen konnten.

Die Beengung der harmonischen Ausbildung von der Mitte des 2. Lebensjahrzehnts an wird am stärksten bedingt durch die kulturelle Lage der Zeit; die Lebensnot nötigt dazu. Den Völkern unserer Zone wäre weit besser mit einem Nachwuchs gedient, der sich dann noch harmonisch allseitiger ausbilden könnte, und es würde ihnen keinerlei wirtschaftlicher Schade dadurch entstehen, weil sie alsdann die älteren Arbeiter um so viele Jahre länger in voller Arbeit halten könnten. Weil aber das körperliche und seelische Wachstum noch nicht beendet sind, sondern erst bei unseren Frauen um das 22., bei den Männern um das 25. Lebensjahr, so darf der Körper des Jugendlichen nicht über Gebühr beansprucht werden. Schon die Alten wußten, daß niemand in Olympia zum zweiten Male gesiegt habe, der vor dem 20. Lebensjahre den Preis errang. So darf auch dem Jugendlichen dieser Lebensstufe keine Schularbeit zugemutet werden, die ihn körperlich beeinträchtigt, und dies ist mit einer der stärksten Gründe dafür, daß die Oberstufenarbeit der höheren Schule ernsthaft verändert werden muß. Unseren Tagen wird das Bild jener Sekundaner und Primaner, die in Bänken eingespannt dasitzen, immer unerträglicher, wahrlich ganz und gar unzeitgemäß.

Damit ist keiner Verweichlichung das Wort geredet, sondern lediglich dem Schutze der Volksgesundheit. Aber in diesem Jahrzehnt seines Lebens soll bereits dem Jugendlichen auch die Arbeitswelt, wie sie ihn im späteren Leben erwartet, bekannt werden. Er muß lernen, daß ihm immer wieder der volle Einsatz sogar der Gesundheit, wer weiß wie oft noch später, zugemutet werden wird, und gerade der höhere Schüler, der Hochschüler, wird es lernen müssen, daß es für ihn keinen Achtstunden-Arbeitstag geben wird, sondern fortgesetzte Arbeitsbereitschaft in den leitenden Berufen und Stellungen, die er einnehmen soll. Es beginnt mithin schon in diesem Lebensjahrzehnt die Konzentration auf die individuell beste geistige Leistung und den Einsatz der *ganzen* Kraft für diese, auch auf Verzicht von viel Angenehmem und selbst von Gesundheit. Das wird zu allen Zeiten das Los derer sein, die bereit sind, mehr zu tun als andere für diese anderen, ohne des Dankes zu bedürfen.

Dieser Lebensdienst ist also kein blinder und kein verliebter Dienst, gar im Sinne eines Schwärmens für das Kind und für den Jugendlichen. Pädagogie ist sittlich-ernstes, verantwortungsvolles Dienen im Sinne jenes Führens unter der Idee der Erziehung. Darum ist im entscheidenden Falle, in letzter Sicht auf die Menschenkinder, die es zwei Jahrzehnte hindurch zu betreuen gilt, diese Idee das Höchste, die oberste Forderung, so daß unter Umständen der Einsatz des ganzen Lebens gefordert werden darf, ja muß; in diesem Sinne ist darum „das Leben der Güter Höchstes nicht". Leben ist in sich selber zu einem Höheren bestimmt, ist Kraft und Möglichkeit für etwas, das über dem Leben liegt, es erhöht und im allerletzten Sinne zu heiligen vermag.

Aus dem ersten Grundurteil folgt ebenfalls, daß die Individualdiagnostik aufs reichste ausgewertet und noch viel feiner ausgebaut werden muß, um immer besser dem Unterricht zu dienen.

B. *Pädagogie ist Hilfe zur Selbsthilfe*

Damit ist auch gesagt, daß der Unterricht niemals Selbstzweck ist, weder als Unterricht an sich noch gar als ein Unterricht, den dieser oder überhaupt ein Lehrer leitet. Der Zweck des Unterrichts liegt außerhalb seiner selbst wie außerhalb dessen, der ihn leitet, des Lehrers. Unterricht ist immer Veranstaltung um des anderen willen. Daß er, beruflich geleistet, jemandem ein Gehalt einbringt, ist nicht der Zweck des Unterrichts, sondern eine Begleiterscheinung, eine Folge, die notwendig ward, um jene Veranstaltungen um des andern willen innerhalb der Gesellschaft, wie sie sich entwickelt hat, sicherzustellen, sie überhaupt möglich zu machen. Jedermann weiß, daß der Unterricht fast wertlos wird, wo ein Mann ihn als seinen Broterwerb betrachtet, ihn rein als ein „Beamter" erteilt. Wer länger als vierzig Jahre für die Volksschule, für die Schule überhaupt, arbeitet und ungezählter Lehrer und Lehrerinnen hingebungsvolle Arbeit genauer kennt, wer in ihre Fürsorge für die jeweils ihnen zugewiesene Schule vertraulichste Einblicke tun durfte, der weiß, wie hohe finanzielle Opfer, Opfer, die in keinerlei Verhältnis zum Einkommen und zu den Verpflichtungen stehen, die solchen Lehrern auferlegt sind, jahraus, jahrein gebracht werden; er weiß, wie selten das einmal gedankt wird, wie eher das Gegenteil sich ereignete und die rauhe Hand der Öffentlichkeit zerstörte, was so voll Liebe und mit so viel Hingebung an das Kleinste aufgebaut und durch schwere Zeiten hindurch erhalten wurde. Der Völker Schulwesen wäre längst zusammengebrochen, wenn es nicht von diesen Menschen getragen würde, die es innerlich lieben und die immer und immer wieder nach noch so viel Enttäuschung zurückstreben zur Jugend, ihr in den Schulen treu und selbstvergessen zu leben.

Die besondere Tragödie des Berufsschulwesens stammte daher, daß anfangs für sie nicht ausgewählt wurde nach der Eignung, gerade diesen Jugendjahren rechter Lehrer zu sein, sondern daß einfach aufgerufen wurde mit der Lockung, es gibt soundso viel Gehalt mehr als in der Volksschule. Und doch bedarf kaum eine Jugend dringender als die der ersten Jahre nach der Entlassung aus der Volksschule ganz besonders vorsichtig ausgewählter, pädagogisch tüchtiger Lehrer und Lehrerinnen.

C. Aller Unterricht ist stufig

Wie bei allem Lernen, auch dem natürlichen, ist beim Unterricht die Tatsache der Stufen zu beachten. Dahin gehören altbekannte Schlagworte wie: Vom Bekannten zum Neuen! Vom Einfachen zum Verwickelteren! Vom Leichten zum Schwereren! Und nichts klingt selbstverständlicher! Allein sobald eindeutig gesagt werden soll, was das Leichtere oder Schwerere, das Einfachere oder das Verwickeltere ist, so befinden wir uns mitten im Kampfe der Anschauungen, der Theorien und der Wissenschaften. Es kann für die gesamte Volksschulzeit wohl mit größter Gewißheit gesagt werden, daß das Einfachere nur selten gleich ist dem, was die Wissenschaft als das Einfachere, als das „Elementare" hinstellt. Darum wird es selten richtig sein, etwa von der Zelle auszugehen, von der „1", vom Winkel, oder vom Punkt, von den Vokalen oder Konsonanten, usf. usf. Einfach bzw. leicht ist, was im ganzen Vorstellungskreis der betr. Lebensstufe am schnellsten die Energien aufregt und in Tätigkeit setzt, die die Aufgabe bewältigen sollen. Das kann aber sehr gut ein verwickelter Zusammenhang sein; ist er nur emotional anregend und reiche Kräfte auslösend, so bildet er in diesem Falle das Einfachere und Leichtere, um den Weg zum Verständnis zu führen[79]. *Vom Stoffe aus gesehen* teilt *Ernst Weber* in seiner „Didaktik" ein: Stoffangebot, Stofferwerb und Stoffverwertung. Auf die logische Seite gesehen stufte *F. W. Dörpfeld* am natürlichsten alles Unterrichten i. e. S. nach Anschauung (Einleitung + Anschauung) und Denken (Vergleichen + Zusammenfassen). *Otto Scheibner* stellte, ausgehend vom Arbeitsvorgang, folgende vier Arbeitsphasen heraus: Phase der Arbeitsmotivierung, der Arbeitsbereitschaft, des Arbeitsvollzuges und der Ablösung von der Arbeit.

Vom entwicklungspsychologischen Standpunkte her geurteilt gilt für die ganze Schulzeit eine Entwicklung, die von den peripheren zu den zentralen Vor-

---

[79] Zwei Beispiele s. Petersen, Jena-Plan I, 1930. S. 208 ff.

gängen im Bewußtsein führt. Wohl ist alles Lernen ein sensomotorisches, jene Entwicklungstendenz zeigt uns aber den Stufengang in der Ausbildung der Leistung, diese von der seelischen Seite her belichtet. Sämtliche Untersuchungen zur Psychologie des Kindes und des Jugendlichen belehren uns darüber, wie anfangs das Anschauliche überwiegt und erst später das Begriffliche; wie die Empfänglichkeit für Suggestion langsam einer kritischen Einstellung Platz macht. Aus einer Periode, in welcher das subjektive und affektbetonte Verhalten vorherrschen, führt die Entwicklung hinüber zu einer Stufe, auf welcher objektives Verhalten und Forschen mögliche Forderung wird.

D. Aller Unterricht ist formal zu überwachen und zu unterstützen

Zu überwachen ist, daß *richtig* gelernt werde: Aussprache, Lesen, Rechnen, Handhabung der Werkzeuge und Auswahl der Werkstoffe, materialgerechtes Arbeiten; daß die ästhetischen Gesetze in Gültigkeit bleiben in Heften und Büchern und Werkstücken, Sprechen und Singen, daß die sittlichen Normen des Gruppenlebens auch in der lernenden und unterrichteten Gruppe wirksam bleiben, die Vorschriften der Sitte geübt werden.

Die unterstützende Tätigkeit, in unlöslicher Verbindung mit jener formalen Überwachung, offenbart sich in allem, was *Einführung* genannt wird, ob es sich handelt um die Einführung in den Gebrauch von Lesekästen, Rechenmaschinen, allen Kunstmaterials, Entfaltungsmaterials, um Büchergebrauch, also schulische Arbeitsmittel und Lernmittel aller Art, der Werkzeuge, oder um die i. e. S. sog. *Einschulung* in besonderen Kursen und für enger begrenzte Aufgaben. Auch der formale Lernvorgang selbst kann eingeschult werden, um den Schülern zu zeigen, wie sie dies oder jenes anpacken sollen, um es bestens zu lernen; ferner Rezitation, Theaterspiel, Vortrag, Anlage eines Berichtes. Dabei gilt die allgemeine Regel: das Einschulen sei als Arten und Weisen von Lernen zu lehren, sonst gelangt man sofort zum Schema, wo es *nicht* herrschen darf; man dressiert vorschnell, ohne immer von neuem zu erwägen, wo Dressur allein berechtigt ist, nämlich wo sie der kürzeste Weg zu einem wichtigen Ziele ist, mit dessen Erreichung freieres Schaffen, eigenes Denken und Handeln, eine geistige Haltung erst möglich wird.

Sodann gehört hierher alles *Einprägen*; das Lehren und Belehren i. e. S.

E. Die elementaren Mittel der Pädagogie im Unterricht

a) Das Vorbild; dieses steht unbedingt voran, weil der Lehrer im Erzieher aufgehen muß und im Erziehen das Vorbildsein alles bedeutet.

b) Die Vortat. Muß ein Lehrer alles vortun, alles vormachen können? Nein. Freilich ein Volksschullehrer und überhaupt ein Lehrer wird sehr Vieles und sehr Mannigfaltiges verstehen und gut verstehen, es auch können müssen, aber er wird darum nicht alles selber machen, gar vorbildlich vormachen können[80]. Noch nie hat ein Lehrer alle Unterrichtsfächer gleich gut beherrscht. Zu fordern bleibt, daß er von einem Mittelgebiet ausstrahlt, in dem er ganz zu Hause ist. Doch darf dies Gebiet nicht alles so überwuchern, daß andere Stoffe und Techniken nicht zu ihrem Rechte kommen.

c) Die Frage, besser: das *Fragen*. Wir reden nicht vom Frageschematismus, wie er aus den alten Didaktiken und Methodiken bekannt ist und auf langen Seiten beschrieben und scholastisch auseinandergelegt wird. Die Kunst *pädagogischen* Fragens besteht darin, die Lehrerfragen in das bewegte, vielseitige Unterrichtsleben oder das Gespräch der Schüler richtig einzuordnen, daß sie wie in ihm und aus ihm geboren erscheinen. Solches Fragen ist dann Energien erregende Kraft, ein Funkenschlagen, ein Saugheber, die große Mitsucherin und als Sucherin zugleich Führerin zum nur undeutlich oder noch nicht ganz gesehenen und erfaßten Ziele.

d) Das lebendige Wort in den verschiedensten Graden: beim Vortrag, beim Vorlesen, im Gedicht, im Zeugnis-Ablegen, beim Vertreten einer Überzeugung, in der religiösen Verkündigung; aber auch das begeisternde, das bezwingende und mitreißende Wort. Alles im Dienste der Sache, niemals des eigenen Selbst. Es darf nicht „gesucht" sein, nicht verwandt werden, um „Stimmung" zu machen[81].

F. Die Pädagogie verlangt Offenheit und Antastbarkeit in allem Unterrichten,

und dies nach beiden Seiten: zum und vom Lehrer wie zum und vom Schüler. Darum seien, je nach Vermögen und entwickeltem Verständnis der Schüler, die Unterrichtswege, möglichst alles, was die Formen, die Gegenstände und Ziele des Unterrichts angeht, dem Schüler offen ausgebreitet. In diesen Dingen gebe es kein Amtsgeheimnis! Also kein methodisches Geheimnis, sondern ein weitgehendes, beiderseitiges Wissen um das, was **gemacht und gespielt wird und warum so und nicht anders**

Desgleichen beiderseitige Kritik, auch an der „Methode". Das ergibt die wahre pädagogische Antastbarkeit, von der wir schon gesagt haben, daß mit ihr die Neue Schule, die wahre Erziehungsschule, steht und fällt. Das Höchste ist erreicht, wenn auch der Kreis der Familien anwächst, die für die schulischen Angelegenheiten, wenn es um die Kinder geht, im schönsten Sinne antastbar sind und sich zu wirklich offener Aussprache stellen. Denn damit bekunden beide

---

[80] Daß selbst der Zeichenlehrer es nicht nötig hat, vorzumachen, und wie er nahezu ganz und gar zurücktreten kann, das zeigt aus vieljährigen Versuchen *Iver Sörensen*, Neun Jahre vorstellungsmäßiges Zeichnen in einer Kieler Volksschule. 1932; dasselbe s. Jena-Plan I, 1930, S. 98 f.
[81] Vgl. weiter m. „Ursprung der Pädagogik": Die Grundformen der Führung, S. 178—190.

Parteien, daß sie einander die höchste Achtung entgegenbringen, die Menschen einander bezeugen können.

G. Echte Führung geschieht aus einem wahnfreien Optimismus heraus

Nur so wird die Wirklichkeit der Menschen und der Dinge nicht verfehlt. Dieser Grundsatz verbürgt den ruhigen, nüchternen Blick auf die ganze Unterrichtswelt und verleiht zugleich ausreichend Schwungkraft und Fähigkeit zum Führen, das ohne Optimismus niemals gelang. Aber er verhütet Trockenheit und Dürre, Pedanterie und Griesgrämigkeit, Nörgelei und Bissigkeit, statt dessen schenkt er Frohsinn und Glaubenszuversicht, erhält die Liebe zur Jugend lebenslang frisch und leitet uns damit zu einem gesegneten und freudig getanen Lebenswerk.

3. Die Pädagogie des Unterrichts als Lebensdienst

In einer bitterernsten Schrift[82] hat mit vollem Recht der Direktor der Leipziger Orthopädischen Universitäts-Anstalt *Franz Schede* es offen ausgesprochen: die Schulen hätten die innere Abkehr der Jugend von der Schule dadurch selber verschuldet, daß sie die körperliche Erziehung aus der Hand gegeben hätten. Dem stimmt die ganze neuere Erziehungswissenschaft vollkommen zu und fügt noch an: — und dadurch, daß die Schule gemeint hat, „Turnen", ihre Turnstunden seien genug, oder man könne die Behebung der körperlichen Schäden durch Turnstunden ausgleichen, also mit Hilfe eines besonderen Unterrichtsfaches, während doch die Frage viel, viel weiter greift.

Auf das Ganze gesehen, ist zweierlei versäumt, eines nicht allgemein gewußt worden:

a) Bei der Gestaltung des Schullebens wie bei der Leitung des Unterrichts ist zu wenig beachtet worden, daß *Körper, Seele und Geist eine Einheit* sind. Es ist zu einer einseitigen, wie Franz Schede treffend sagt, zu einer „gespaltenen" Erziehung gekommen: „Körperliche und geistige Tätigkeit sind beim Kinde untrennbar, sie bedingen einander, erzeugen sich gegenseitig und müssen in einem ganz bestimmten Rhythmus miteinander verbunden sein." Der körperliche Befund unserer Schüler, so wie ihn die Schulärzte darstellen, ist in allen Ländern gleicher Zivilisation, und d. h. mit der nämlichen Klassen- und Lernschule, erschreckend. Berichte der dreißiger Jahre aus Belgien, aus Frankreich, der Schweiz und der Tschechoslowakei bestätigen es uns. Diese Schulformen

---

[82] Die Grundlagen der körperlichen Erziehung. 1935. In welchem Grade und wie im einzelnen die Universitätsschule in Jena mit dem Grundsatze „Ehrfurcht vor dem Leben" ernst gemacht hat, darüber belehrt die eingehende Schilderung ihrer Veranstaltungen zur Körperbildung, die *Herbert Sailer* im Jena-Plan-Sonderheft der „Deutschen Schule" Sept. 1935 gibt: „Körperbildung und Pflege der Innerlichkeit", sowie ebendort in der Lehrpraktischen Beilage „Lebensnaher Volksschulunterricht" der Bericht *Hildegard Borkenhagens:* „Die Schulreisen der Schulgemeinde der Universitätsschule in Jena".

fressen Volksgesundheit in einem Grade, den man bei der erreichten wissenschaftlichen Höhe dieser Völker und weil doch die Hygieniker und Ärzte seit so vielen Jahrzehnten ihre Stimme erheben, nicht für möglich halten sollte.
b) Sodann wurde nicht genügend beachtet, daß *das Schulkind kein kleiner Erwachsener* ist, *sondern ein Organismus durchaus eigener Art.* „Das Kind ist ein völlig anderer, höchst eigenartiger Organismus, der nach seinen besonderen Gesetzen lebt und behandelt werden muß." (Schede.) Und auf die Frage, worin denn diese Eigenart bestehe, erhalten wir die erste allgemeine Antwort: „Das Kind unterscheidet sich vom Erwachsenen nicht nur durch seine Kleinheit, sondern vor allem durch seine Reizbarkeit." D. h. das Kind ist in einem viel höheren Grade als der Erwachsene ansprechbar für Reize, sein Organismus ist in allen seinen Teilen wie als Ganzes reizbarer. Und dies hängt wiederum damit zusammen, daß das Kind ein wachsender Organismus ist, während der Erwachsene ein ausgewachsener Organismus ist[83]. Weil sich darum die Zellen des kindlichen Körpers in einem intensiveren Wachstum befinden, so genügen oft nur ganz geringe Reize schon, um eine große Wirkung auszulösen, genau so gut eine gute Wirkung wie eine große Schädigung oder auch einen mächtigen Sprung vorwärts, das bekannte und den Pädagogen immer wieder überraschende und erfreuende „auf einmal" etwas verstehen, etwas machen können. Und wegen der innigen Verbindung des Körperlichen mit dem Seelisch-Geistigen gilt das genau so gut für das seelisch-geistige Gebiet wie für das körperliche. In allen Schulen, die wirklich diesen Einsichten bereits voll Rechnung tragen, sind diese Erscheinungen so bekannt, daß wir geradezu mit solchen Sprüngen in der Entwicklung, im Lernen rechnen und darauf zählen dürfen. Nur müssen wir uns eine Gewißheit über die körperliche Pflege verschaffen, daß sie in guten Händen liegt, oder mithelfen, ein im Lernen in der Schule zurückbleibendes Kind in beste Pflege zu bringen, falls sich eine Krise in seiner Gesamtentwicklung bemerkbar macht. Alsdann kann der Lehrer solche Kinder mit voller Ruhe längere Zeit, wie man sagt, nichts tun oder nur wenig tun lassen. Ja, das ist sogar das einzig Richtige. Zu vermeiden sind insbesondere während solcher kritischen Entwicklungszeiten das Kind verletzende, es unnötig und im Grunde ja unberechtigt anstachelnde Worte. Eine stetige, bleibend freundschaftliche und gütige Überwachung seines allgemeinen Zustandes wie seiner Leistungen genügt vollauf. Wenn vor allem nämlich daheim „alles in Ordnung" ist, so handelt es sich um notwendige Ruhepausen, die man dem Schulkinde lassen soll; denn Körper und Seele bedingen einander gegenseitig. Ebenso lassen wir natürlich auch Schüler, die in einem Schaffensfieber sind (die bekannten „Arbeitswellen"), vorwärts

---

[83] Siehe *Petersen*, Schulleben und Unterricht usw. (Jena-Plan I). 1930. S. 10 ff.: „Der kindliche Arbeiter ist ein Wachsender!" Wertvollste reichhaltige Studien zur körper-seelischen Betrachtung des Schulanfängers sind: *Hans Hummel*, Das Problem der Schulreife im Rahmen der Biologie des Kindes. Archiv für Kinderheilkunde, Bd. 106, Heft 3, S. 129—155, 1935, und *Hildegard Hetzer*, Die seelischen Veränderungen des Kindes bei dem ersten Gestaltwandel. Körper-seelische Entwicklungstypologie des 5—7jährigen. 1936.

eilen und hemmen nicht über Gebühr. In beiden Fällen bleibt des Lehrers Aufgabe, solche Kinder fürsorglich zu beobachten, betreuend hinter ihnen zu stehen, dagegen sind Scheltworte, Nörgeln, gar die Eltern bestellen, um sie wegen des faulen Bengels zur Rede zu stellen, ganz überflüssige, sogar schädliche Dinge.

Mit allen schulmüden, verdrossenen, blassen Schülern, die seit 1924 der Universitätsschule in Jena zugeführt worden sind, sind wir stets so verfahren, daß wir sie zuerst wieder frische, rote Backen und gesunden Schlaf gewinnen ließen, und wenn die arbeitslosen Eltern nichts aufbringen konnten, dann galt es, Mittel zu beschaffen, um jene Kinder erst einmal wieder körperlich auf die Höhe zu bringen. Merken Kind und Elternhaus die Teilnahme am Ergehen, die andere Einstellung der Schule, so weicht der lähmende Druck in wenigen Wochen, und nun können auch unterrichtlich stärkere Ansprüche gestellt werden, und sie werden Widerhall finden, weil das Kind alsbald merkt, daß es nun, nachdem es aufgefrischt wurde, wieder ganz anders arbeiten *kann*. Heute wird jede Schule in solchen Fällen innigste Zusammenarbeit mit den Fürsorgestellen des Staates suchen müssen und wird auf volles Verständnis stoßen.

c) Nur kleineren Kreisen war es, etwas allgemeiner werdend seit 1925, bekannt, daß sich der *Wachstumsvorgang unserer Jugend*, wie derjenige der umliegenden Völker, *beschleunigt und verkürzt* hat! Der Reifungsvorgang ist um 2 — 2½ Jahre vorverlegt, und damit die gesamte Entwicklung beschleunigt und verkürzt[84]. Unser Schulkind muß demnach in rd. 13 Jahren heute körper-seelisch so viel in sich entfalten wie früher in 15 Jahren. Zugleich ist es aber nun jene zwei Jahre früher gereift, also auch im Besitze aller damit verbundenen Triebe und Energien. Wir müssen darum entschiedener und ungesäumt nach einem anderen Ausgleich von Unterricht und Körperpflege in den Schulen suchen. Und das heißt wiederum: es ist volksgesundheitlich gesehen unhaltbar, Schüler unter den bisherigen Bedingungen in den Schulstuben sitzen und lernen zu lassen.

Nun hängt mit dem Wachstum noch einiges andere zusammen, das zu den Besonderheiten des kindlichen Lebens gehört. Aber — um es gleich im voraus zu sagen — dies alles gehört zugleich zu den *großen Entwicklungshilfen*, zu den *großen dem Kinde von Natur mitgegebenen Lebenskräften*, Antriebskräften, Motoren, die gerade die Schönheit und den Reichtum kindlichen wie jugendlichen Lebens ausmachen.

---

[84] Vgl. die ernste und warnende Stimme *Ernst Walther Kochs*, Stadtmedizinalrat in Leipzig, in seiner vom Gesundheitsamt der Stadt Leipzig herausgegebenen kleinen Schrift: „Über die Veränderung menschlichen Wachstums im ersten Drittel des 20. Jahrhunderts. Ausmaß, Ursache und Folgen für den einzelnen und für den Staat." 1935. *Wilfrid Zeller*, Der erste Gestaltwandel des Kindes, 1936, und ders., Entwicklungsdiagnosen im Jugendalter, 1938; *Willy Hellpach*, Mensch und Volk der Großstadt, 1939, S. 54 ff., 61 ff.; *Hofmeier-Müller-Hördemann*, Körperl. u. geist. Erziehung der Kinder und Jugendlichen, 1939; *Wilfrid Zeller*, Der Weg zur Reife, 1939.

Da ist zuerst der *Bewegungsdrang.* Wie wunderbar ist so ein lebendiges, und das heißt dann immer, gesundes Kind, das um einen herum spielt im Zimmer, im Garten, auf der Straße, auf dem Spielplatz der Schulen! Das ist wie ein in Frühlingssonne herumhüpfender, zwitschernder, lustiger Vogel, der mit hellen Augen in die Welt hinein und zu uns hin schaut, voller Fragen und Gedanken, voller — Leben!

Und dann der *Tätigkeitsdrang,* eine biologische Grundtatsache, von der uns *Karl Groos* bezeugt hat, daß er ihm bei der Deutung der Spiele der Kinder die größte Schwierigkeit bereitet habe. Unerklärlich ist und bleibt dieser Drang vom Grunde des kindlichen Wesens her, eine Bildekraft voller Rätsel, und doch ist er es, durch den alle Werke der Menschen entstanden sind und immerfort entstehen; heilige Kraft, die es zu schützen und zu entfalten gilt als höchste Aufgabe der Schulen, die den Dienst am Volke ernst nehmen; und welche täte das nicht? Drittens der *Gesellungstrieb.* Wie drängt es das Kind zum Kinde! Es ist wie eine magische Gewalt, die sie zueinander hinzieht, ein Beweis mit dafür, daß wir Menschen von Ursprung her auf Gemeinschaft angelegt sind, daß wir voneinander her unser Leben gewinnen, daß der eine des andern bedarf, um aufzuleben, vor allem um geistig aufzuleben und überhaupt erst Mensch im volleren Sinne zu werden. Daher stammt der große Jammer des Einkind-Daseins und der in falscher Besorgnis von anderen Kindern Zurückgehaltenen. Kind braucht Kind zu seiner Menschwerdung. Nur in der Kindergemeinschaft kann es wahrhaft aufleben, echtes Leben führen und für das Leben in Selbständigkeit erkraften. Wir beobachten auch, wie dieses Zusammenleben mit den neuen Freunden und Freundinnen, dieses ganz neue und im Grunde so intensive Beanspruchtwerden von anderen Kindern, diese neuen Freundschaften und Gegnerschaften, die Schulneulinge mindestens so stark beschäftigen wie das Lernen, der Unterricht, daß es sie richtig „mitnimmt", wie die Sprache es so bezeichnend ausdrückt.

Andererseits hat die Entwicklung der „Freilufterziehung" Mediziner wie Pädagogen die Bedeutung der Kindergemeinschaft gerade auch für die *Gesundung* der kränklichen Kinder gelehrt. Praktische Körperschulung sowie praktische und theoretische Unterweisung genügten nicht, sondern erst da steigerten sich die Erfolge, als eine neue Einsicht hinzukam: „Man sah, daß die Unterweisung allein nicht ausreicht zu dauernder Gesundung, wenn nicht der Wille zum Gesundwerden in den Kindern selbst geweckt wird. Im Zusammenhange damit zeigte sich, daß dieser Wille am ehesten wach wird, *wenn man die Kinder in Gruppen zusammenfaßt* und auf diese Weise die erziehlichen Werte des Gemeinschaftslebens in den Gesundungsprozeß einbezieht[85].

Viertens und zuletzt nenne ich den *Lerntrieb,* oder des Kindes wunderbare

---

[85] Eine Fülle von Material zu dieser Frage enthält: „Das Kindererholungsheim als Erziehungsstätte." o. V. Berlin 1940. Siehe bes. S. 5—14; 55—77.

Fähigkeit, natürlich zu lernen, eine Fähigkeit, die der Mensch bisher mit Hilfe der Schulen mehr und mehr verlernt, um sie gegen keineswegs bessere Lernwege einzutauschen. Von Anfang an besitzt jedes normale Menschenkind einen starken natürlichen Bildungsdrang.

Überschauen wir alles Gesagte und fragen wir nun nach dem, was, *mit einem kurzen Wort gesagt,* auf dem Grunde des Seelischen als das erste gilt, als das, was alle diese Triebe und Kräfte am stärksten bedingt, sie antreibt und ablaufen läßt, so erhalten wir auch darauf von allen Wissenschaften, die in Frage kommen, die gleiche Antwort: den ersten Platz, den Vorrang unter allem im Seelischen hat das *Gefühlsleben* des Kindes, das mag auch noch beim Erwachsenen vielfach nicht anders sein, allein beim Kinde gilt es ganz besonders stark. Mit den Fremdwörtern „Affektivität" und „Emotionalität" wird dieser Erstrang der Gefühlsseite im Seelischen wissenschaftlich bezeichnet. Jede Psychologie belehrt aber darüber, wie Gefühle die Tendenz besitzen, sofort alles andere zu überfluten und mit fortzureißen, sich stets über den ganzen seelischen Bereich zu erstrecken. Und nun kehrt alljährlich in abertausend Orten jener Tag wieder, an dem 20, nein 30, 35, 40, wohl gar noch mehr solcher Kinder quellenden Lebens voll in Schulstuben kommen, in einem engen Raume versammelt: hungernd nach Bewegung, weil ihr wachsender Körper sie noch nötiger braucht als das tägliche Brot; denn das Brot schmeckt nicht, wenn der Körper zu wenig Bewegung und ungenügend frische, reine Luft erhielt; voller Tätigkeitsdrang, zu gestalten, zu schaffen, ordentlich etwas zu *tun,* neues, nie geahntes Werk zu tun, zu werden wie die Großen; voller Freude, mit so vielen Kindern beisammen zu sein, mit denen man so viel sprechen, spaßen und spielen kann; in der Vollkraft des natürlichen Bildungsdranges, die große geheime Kunst des Schreibens und Lesens und alles dessen, was die Schule lehrt, beherrschen zu lernen. Was soll man da mit ihnen machen?

Es gibt wirklich nur zwei Wege: entweder man sorgt dafür, daß sie so bald als möglich lernen, still und artig zu sein, ruhig auf den Plätzen auszuharren, bis Aufstehen und Hinausgehen erlaubt werden, den Mund zu halten, bis man gefragt wird, und was des Bekannten noch mehr ist, um sie ganz den Schranken formaler Disziplin zu unterwerfen.

Oder man sucht den Schulraum so zu gestalten und darin nun — das ist das Entscheidende! ein Schul*leben* zu entwickeln derart, daß alle jene vier Grundkräfte, jene natürlichen Antriebskräfte und Motoren, soweit wie nur irgend möglich ausgenutzt werden, und daß ganz besonders auch die Kräfte des kindlichen Gefühlslebens, das Gemüt des Kindes, in reichster Tätigkeit bleiben können, ja daß sie alle gerade denjenigen Aufgaben dienstbar gemacht werden, welche eine Schule zu erfüllen hat. Dieser zweite Weg ist das ganz und gar Natürliche, eben weil er selbstverständlich ist. Sollte er weniger begangen sein, so erklärt sich das aus dem bekannten Schicksal alles Guten, das so nahe liegt und darum gern übersehen wird.

4. Von der Planlegung des Unterrichts

Es könnte die Meinung auftauchen, das Beste wäre nun, die Aufgaben des Unterrichts mitten aus dem Schulleben selber aufsteigen zu lassen, die besten „Gelegenheiten" zu erspähen und zu nutzen und somit alles schlechthin dem pädagogischen Genius zu überlassen. Abgesehen davon, daß in einem Stande, der nach Hunderttausenden zählen muß, um die der Schule gesetzten Aufgaben zu bewältigen, das Genie nicht vorherrschen kann, ergeben sich selbst für dieses unausweichliche Nötigungen, seine Arbeit zu planen und in gewisse feste Ordnungen zu legen. Die Jenaer Universitätsschule konnte im ersten Versuche ab Ostern 1924 tatsächlich mit einem Höchstmaß von Freiheit arbeiten und einmal, ohne irgend jemand und irgend etwas Schaden zuzufügen, die Probe machen, wieweit ein sich, soweit als möglich, selbst überlassenes Schulleben seine vom Staate gestellten Aufgaben ordnen und erledigen werde. Der im Frühjahr 1925 veröffentlichte eingehende Jahresbericht[86] zeigt, wie aus der Arbeit der einen Gruppe, die es damals nur gab, frei heraus doch alsbald ein Arbeitsplan entstand. Es war die sich selbst regelnde und ordnende Arbeitsgemeinschaft der Schüler um ihren Lehrer, die dazu führte. In der dritten Woche bildete sich ein deutlich erkennbarer „Arbeitsrhythmus" heraus, den die bis dahin ganz freien Arbeitsformen der Schule entwickelt hatten und der nun in einem „Arbeitsplan" in Form des „Wochenarbeitsplanes" festgelegt wurde[87].

Die genaue Analyse dieses einmaligen Versuches ergab, für alle Pädagogik wichtig, daß sich auch im einfachsten und freiesten Schulleben etwa *vier äußere und drei innere Nötigungen ergeben*, die Arbeit in einen festen Rahmen zu bringen:

Da sind erstens für die einzelnen Schuljahre verschiedene Wochenstundenzahlen vorgeschrieben, die zu einer bestimmten Ordnung nötigen; sodann muß der Unterricht räumlich dann und wann verlagert werden, auf den Turnplatz, in den Schulgarten, er muß sinnvoll, hygienisch richtig durch eine oder mehrere Freizeiten unterbrochen werden — nur die einklassige Schule hat in diesem zweiten Punkte weitgehendste Freiheit, jede andere muß sich „verständigen". Drittens erfordern manche pädagogischen Situationen eine besondere Herrichtung des Raumes, z. B. für den Kreis, für die Bastelstunde, dann wieder für die Gruppenarbeit. Es ist entschieden zweckmäßiger, nicht mitten während des Gruppenunterrichts zum Kreis umräumen zu lassen, sondern zu Beginn, sei es am Morgen, sei es nach der Freizeit, so daß in deren ersterem oder letzterem Teile einige Schüler den Raum entsprechend herrichten, ihn außerdem u. a. auch mit dem notwendigen Anschauungsmaterial wie Karten, Anschauungsbilder u. dgl., je nach dem was gebraucht werden wird, auszurüsten. Schließlich müssen Eltern-

---

[86] Siehe *Petersen-Wolff*, Eine Grundschule usw. S. 55 ff.
[87] In meinem Schulversuch zu Nashville (Tenn.), 1928, war die vierte Woche (genauer die 14.—18. Tage) der Beginn der Arbeit nach dem festen wöchentlichen Arbeitsplan. Vom 15. Tage an hing er farbig dargestellt im Schulraum aus.

haus und Lehrer ganz einfach wissen, wann die Schule beginnt und wann die Kinder der einzelnen Jahrgänge oder Gruppen nach Hause gehen; der Schulweg muß kontrolliert werden können.

Hinzu kommen drei aus der inneren Arbeit unmittelbar hervorgehende weitere Nötigungen: Da ist zunächst die Ordnung und Verteilung der Arbeit, der individuellen wie der Tischgruppenarbeiten, nach dem vorhandenen Arbeitsmaterial. Es können wiederum einfach nicht alle zugleich an allem arbeiten: alle an den Tafelflächen der Wand und seien es noch so breite und lange; am Rechenmaterial, in den Lesebüchern usw. Eine Schule müßte sonst so reich sein, daß sie für alle Kinder Stücke bereitstellt. Das wäre bei normaler Schülerzahl bestimmt stets eine Verschwendung und außerdem nicht einmal erwünscht; denn bei richtiger Beschränkung — also nicht zuviel und nicht zuwenig — bleibt ein wertvoller Spielraum für soziale Erziehung, um zu lernen, aufeinander zu warten, sich auszuhelfen u. dgl. m.

Es muß auch geordnet sein, wann *alle* Schüler der Gruppe, oder verschiedene Tischgruppen etwas zusammen, *zu gleicher Zeit* tun können oder auf Anordnung tun sollen, z. B. gilt das für den Gesang, den Lesekreis, Vorlesen, Rechenübungen usw. Es ist wiederum nicht nur unmöglich, sondern schlechthin falsch, alles dem „Erlebnis" oder dem „Getriebensein durch die Stunde" zu überlassen. Es bleibt ja dem Gruppenleiter ständig unbenommen, die festgesetzte Ordnung zu unterbrechen, wenn etwas ganz Besonderes zu einer sofortigen gemeinsamen Besprechung oder zum Übergang zu einer anderen Arbeitsform zwingt. Das kann sein, wenn ein „Fall" vorliegt: sehr grober Verstoß gegen die gute Sitte; ein Unglück mit dem Aquarium; ein Besucher, den es Wichtiges zu fragen gilt, solange er noch da sein kann. Oder ein Schüler hat etwas besonders Wichtiges mitgebracht; da wäre es töricht, unter Umständen etwa bis nach der Pause zu warten, vor allem wenn kleinere Schüler das Mitgebrachte schon gesehen haben oder ihnen erzählt ist, was ihnen bevorsteht; in solchem Falle wäre es ein unpädagogischer Erwachsenenstandpunkt, die Kleinen warten zu lehren. Ein Lehrspaziergang kann des Wetters wegen oder weil er sonst seinen Zweck verfehlen würde, so gelegt sein, daß er für einen streng an den Gruppenraum gebundenen Unterricht eintritt. Da wäre es nun wieder pedantisch, bei der Rückkehr in den Raum den Plan einzuhalten, jetzt erst Gruppenunterricht oder den Kurs laufen zu lassen, anstatt sich sofort in den Kreis zu setzen, um das Gesehene und Beobachtete zu klären und vorläufig festzuhalten.

Drittens läßt die Unterrichtsgegenständlichkeit bessere, beste und weniger gute Zeiten für ihre Bewältigung erkennen. Wir müssen die Schularbeit sinnvoll den Arbeitsrhythmen des Tages, der Woche und des Jahres einfügen. Es ist unpädagogisch, darum nicht zu wissen und nicht danach zu handeln[88].

Den allgemeinsten Sinn einer Planlegung des Unterrichts entnehmen wir dem Worte selber: es gilt die gesamte aufzubringende körperliche, seelische

---

[88] Siehe unten S. 108 ff.

und geistige Arbeit in eine „Ebene" zu bringen; das Höckerichte und Ungestalte aus ihr zu entfernen. Der überlieferte Stundenplan hat die Form des schematischen Taktierens, enthält zu viel kalte Metrik. Es ist kein Zufall, daß alle neueren Versuche von dem Unterrichts- und Arbeits*rhythmus* sprechen und ihn in seinem *Bewegungs*ablauf über den Tag, die Woche hin, soweit wie nur irgend möglich zu gliedern suchen. Denn wie sich Takt und Rhythmus voneinander unterscheiden, so auch überlieferte und neue Schule, Stundenplan und Wochenarbeitsplan.

5. Die Überwindung des alten „Stundenplanes" und der „Fächer" — Die Arten und die Ordnung der pädagogischen Situationen im wirklichen Schulleben

Oben ist eingehend aufgezeigt worden, welches die verschiedenen „Grundformen der Übernahme" der Spannungen aus den Lebenssphären der Wirklichkeit sind, in denen und mit deren Hilfe der Mensch diese Spannungen zu bewältigen vermag. Jetzt stehen wir vor der ganz bestimmt-sachlichen Frage: Welches sind denn nun im einzelnen die Formen, und zwar die besten Formen, damit der Mensch *im Verein mit anderen* sinnvoll tätig werde, d. h. in unserm Falle, damit er erfolgreich im Sinne und nach der Absicht pädagogisch geleiteten Schullebens und Schulunterrichts die darinnen enthaltenen Spannungen aushalte und zu seinem Besten verarbeite? Das ist die Frage nach der ganz konkreten Gestalt, also auch nach der beherrschbaren Form pädagogischer Situationen, nach *dem* Teile zum mindesten, der unter die Herrschaft eines Menschen gebracht werden kann. Ich kann dann nämlich beste Veranstaltungen treffen für echte pädagogische Situationen, diese bis in alle Einzelheiten durchdenken, planen und besser und schlichter einrichten und leiten. Es handelt sich um Versuche einer Rationalisierung mit Hilfe des wissenschaftlichen, hier des erziehungswissenschaftlichen Denkens und Forschens, genau wie im Bereiche der Medizin, der Landwirtschaft usw. Der Verstand soll mir helfen, vorausnehmend solche Situationen zu ordnen, zu deuten und nach der jeweiligen Bestform zu verwirklichen. Habe ich erst solche Formen erprobt, so kann ich sie auch immer besser ausgestalten, ihnen immer angemesseneren Situationscharakter geben, und es beginnt das innere Wachstum von allen Seiten her, eine stete Bereicherung der pädagogischen Kunst.

In diesem Kapitel haben wir es an erster Stelle mit den Grundformen zu tun, in denen der Mensch *nach außen* tätig wird *im Verein mit andern*: Gespräch-Unterhaltung, Spiel, Arbeit, Feier. Sie werden in die Schule übernommen und dort ausgenutzt. Allein, wie soll das geschehen?

A. Gespräch-Unterhaltung

1. Die Grundform ist der *Kreis*. Warum? Die in der Kreisrunde versammelten Menschen sind einander voll zugewandt, jeder dem andern ganz ausgeliefert.

Darum ist nun auch die beste Form des Kreises wiederum diejenige, welche die Schüler mit dem Lehrer vereint, ohne daß etwas zwischen ihnen steht: keine Tische, nicht einmal ein in der Mitte aufgestellter Tisch. Dennoch wird es nicht selten notwendig werden, den Kreis zu verändern, wenn etwa mitgeschrieben werden muß, was besprochen wird, oder wenn etwas Gemeinsames im Mittelpunkte der Unterhaltung steht, das anschaulich, zur Besichtigung und Betastung frei, vor allen aufgestellt werden muß, also am besten in der Mitte und wiederum am besten frei auf dem Erdboden, sofern es angängig ist. Sollen die Augen aller bzw. eines Teiles der Gruppe auf die Tafel oder eine Karte gerichtet sein, so entsteht der Halbkreis oder eine halbkreisähnliche Form („Hufeisen"). Der Kreis konzentriert nicht nur stark auf den Gegenstand des Gesprächs, sondern gleich stark auf die Haltung eines jeden einzelnen. Man muß sich ganz und gar anders in der Gewalt haben, weil man vom Fuß bis zum Scheitel in allem gesehen und mithin auch beurteilt wird. Darum ist der Kreis eine so stark züchtende Form und ist seine Pflege, vor allem auch seine technische Pflege, die Durchformung zum jeweils besten Kreis etwas, an dem jeder wahre Lehrer unermüdlich und mit Eifer und Freude arbeiten wird[89].

Weiter macht der Kreis jeden einzelnen wunderbar frei vor dem andern und bereit, sich ihm zu öffnen. Die das innere Sich-Aufschließen hemmenden Gegenstände, wie Tisch u. dgl., sind beiseite gestellt, geschickt, d. h. mit günstigster Raumausnutzung, die es immer sorgfältig zu erproben gilt, an einer Seite, in einer Hälfte der Schulwohnstube aufgereiht, wohl gar, wenn es im Schulhause sich unschwer machen läßt, überhaupt hinausgeschafft in einen Nebenraum, auf den Flur, und so bietet der Raum einen ganz neuen Anblick, alles wirkt befreiender, öffnender; etwas Wohltuendes hat es stets, wenn es heißt: „nachher sitzen wir im Kreis zusammen"; „morgen beginnen wir im Kreise"; „wir wollen zum Kreis umräumen". Menschliche Saiten werden angeschlagen in jedem einzelnen, und so entsteht jene Bereitschaft, sich als ganzer Mensch dem andern zu zeigen, zu stellen, aufzunehmen, darzubieten, *gesellig und gelehrig* zu sein. Darum sind auch den Kreis ablehnende Haltung und Äußerungen kaum festzustellen. In sechzehn Jahren sind in Jena nur zwei- bis dreimal solche Stimmen laut geworden, und zwar aus der Untergruppe; in zwei Fällen handelte es sich um einseitig intellektuell und streberisch gerichtete Jungen. Andererseits wäre es falsch, zu meinen, im Kreise seien nun so gut wie alle Hemmungen beseitigt, und jedes Kind öffne sich, um *aktiv* redend, darstellend etwas von sich aus frei zu bieten. Selbst bei offenbar stärkster innerer Teilnahme und bei ersichtlicher Freude am Kreis ist damit noch nicht eine große Schüchternheit überwunden. Ein überzüchtet-intellektueller, zugleich stark linkischer und schüchterner Junge wagte sich schließlich nach eineinhalb Schuljahren im Kreis vor, ein Junge verwandten Typs desgleichen, und

---

[89] Siehe unten S. 159 ff. Einzelheiten zur Leitung von Kreisen, und S. 176 ff., Führung im Berichtkreis.

zwar brach hier das Eis, als die anwesende Mutter ihn ermunterte, doch sein Flötenliedchen und sein Gedicht im Kreise aufzusagen, mit denen er sich bis dahin nicht hervorgewagt hatte. Gehemmte Kinder geringerer Begabung kommen erst im *dritten* Schuljahre frei heraus, wenn sie also in der Gruppe zu den „Alten" gehören und sie diese Würde der Ältesten auch persönlich hebt und kräftigt. In einem einzigen, daher besonders einprägsamen Falle erzählte ein hochbegabtes und tüchtiges Mädchen zum ersten Male im ersten Kreise nach Pfingsten ihres dritten Schuljahres. Bis dahin hatte sie mit allen Anzeichen hohen Interesses nur still teilgenommen und aufgenommen. Allein auch diese Feststellungen bestätigen schließlich die befreiende Wirkung des Kreises. Sie beziehen sich zudem nur auf die Beteiligung durch die Rede, den Einzelvortrag. Gleichzeitig wird aber im Kreise auch dramatisiert, wird zu den Liedern oft von kleineren Gruppen im Takt marschiert, bisweilen zur Flöte oder zum Gongschlag; es treten Kinder heraus, dies und das zu zeigen oder es mimisch oder graphisch zu veranschaulichen. Alles dies zusammengenommen hilft, die Schüler körperlich-seelisch frei und gelöst zu machen, und dient ihrer charakterlichen wie sozialen Entfaltung.

2. Wie erreiche ich andere ähnlich innerlich auflockernde, aber doch der Form nach gehaltene und leicht leitbare Ordnungen einer größeren, ja großen Schülerzahl zum bildenden Gespräch, zur belehrenden Unterhaltung? Man setze die Schüler an Tische, die im Quadrat oder im Rechteck stehen; besser wäre ein Fünfeck, doch zumeist schwieriger aufzubauen mit den viereckigen Tischen. Die danach beste Form ist das Rechteck mit Seitenlängen, die ungefähr im Verhältnis 2 : 3 zueinander stehen. Des Lehrers Platz ist stets auf der Schmalseite des Rechtecks, ziemlich in der Mitte. Während er im Kreise eine große Fülle von Möglichkeiten besitzt, seinen Platz zu verlegen, bald bei dieser, bald bei jener Schülergruppe, oder diesen oder jenen zu sich zu nehmen, ohne daß es stark „auffällt" und man die Absicht merkt, ist jedoch für den Kreisleiter — was der Lehrer immer zu sein hat, und zwar als wohldistanzierter Leiter des Gesprächs, *über* dem er zu stehen hat — die Platzverlagerung in dieser zweiten sog. Kreisform weit schwieriger, weil sie nun meistens „ostentativ" wirkt. Diese Form bindet ganz anders, macht alle an ihren Plätzen fester, die erstere hält alle beweglicher. Wie leicht kann man im Kreise erlauben, daß ein Teil beim gemeinsamen Singen aufsteht und in der Kreismitte herumgeht, dabei Instrumente schlagend, leicht taktierend und rhythmisierend, oder einige dramatisieren lassen, u. v. m. Bei der Blockform ergeben sich alsdann schon ernste Schwierigkeiten.

Wegen der stark bindenden Kraft nennen wir diese Form treffend den „Block". Sie eignet sich besonders gut dann, wenn eine Gemeinschaft tief in einen Stoff eindringen will, wenn über Stoffliches hin menschliche Werte vermittelt oder allgemein menschliche Beziehungen gewonnen werden sollen. Die Arm- und Handbewegungen erfolgen aus der Ruhelage heraus. Brust und Kopf als Sitz des Seelischen und Geistigen sind einander zugewandt. Kein

Wunder, daß der „Hörblock" also im Hörsaal, beim Vortrag, bei einer Lichtbilddarbietung, bei bestimmten Demonstrationen mit Erläuterungen u. dgl. seinen Platz behauptet. Daß die überlieferte Schule ihn fast ganz allein verwandte, enthüllt deutlich ihren einseitigen Lernschulcharakter und die Überbetonung des aufnehmenden Verhaltens; aber es wäre falsch, darum diesen Block schlechthin zu verwerfen. Immer wieder gilt es, das *Gute* im Alten zu erkennen und festzuhalten, ihm den rechten Ort, d. i. sein bestes Wirkungsfeld, zu geben.

3. Es gibt aber auch den Kreis als an die Kinder ausgelieferte Bildungsform, d. h. als Form, die wesentlich sie selber zu halten und zu gestalten haben. Das *Frühstück* einer Jena-Plan-Schule ist eine pädagogische Situation. Es kann in den beiden soeben geschilderten Formen eingenommen werden, je nachdem, ob es zum Frühstück noch Getränke gibt oder nicht. Freilich wird auch der Lehrer zugegen sein, ja er wird vor allem in den ersten Schuljahren, und während der Übergangszeit, belehrend helfen müssen dadurch, daß er *vortut*, wie man wirklich schön und anständig und gemütlich, gewürzt mit guter Unterhaltung und guter Lektüre, ein Frühstück einnimmt. Aber mehr und mehr wird er zurücktreten können. Die Schule eröffnet den Schülern dann hier ein Übungsfeld zur Angewöhnung guter Sitte, hoffentlich fürs ganze Leben. Wir kennen überreiche Beispiele dafür, wie Kinder von hier aus in das Elternhaus eingewirkt haben, der Mutter in der Wohnküche unter den allerbescheidensten Verhältnissen „beibrachten", auf den Tisch ein paar Blumen zu stellen, den Tisch so oder so zu richten, und auf einmal hatte der so bescheidene Raum ein neues Gesicht, und ein wenig Leuchten kam in diese Küche und *mehr Freude in die Familie.* Es gäbe ein langes Kapitel zu schreiben über alles, was aus den *Schul*wohnstuben in die *Familien*wohnstuben der Elternschaft solcher Schulen hineinwandern kann und diese heller, liebevoller macht, die Menschen den Alltag anders sehen lehrt, sie zueinander gütiger stimmt.

Die Kreisformen dienen aber auch bei mancher *Feier* und sind dann bei der von den Kindern selbständig gestalteten Feier (der 4. Form s. u.) ebenfalls den Schülern zur Durchgestaltung freigegeben, damit sie sich üben in seiner Beherrschung aus eigener Kraft.

4. Gelegenheitsformen ergeben sich zum Zwecke eines Gesprächs bei der Arbeit oder einer Besichtigung im Schulgarten, auf Lehrspaziergängen außerhalb des Schulgebäudes. Dann ist es zumeist der „*Haufe*", zu dem man aus der Reihe oder aus der über die Museumsräume, eine Wiese u. dgl. zerstreuten, gelockerten Schar eng zusammentritt, um einer Erklärung zu lauschen, etwas aus der Nähe zu besehen. Neben dem Haufen bildet sich für die Belehrung im Freien u. U. auch noch eine noch losere Form: die lagernde Gruppe.

B. Spiel

1. Soll die Schulwohnstube *Spielraum*charakter annehmen, dann ist das beste Vorbild der Kindergartenraum im echten Sinne *Fröbels*, so wie ihn *Käte*

Heintze vorbildlich im Friedrich-Fröbel-Haus in Schweina einrichtete. Doch mit einer Einschränkung: die Lehrerin ist keine Kindergärtnerin. Wenn also dort gefordert und mit dem schönsten Erfolge auch durchgeführt ward, daß jede Kindergärtnerin im Raume ihren eigenen Platz für eigene Arbeiten hat, während die Kleinen um sie herum spielen und beschäftigt sind, so wird dieses Bild kaum jemals in einer Schulwohnstube Wirklichkeit werden, so verlockend es auch ist. Jedenfalls haben alle in Jena angestellten Versuche, so weit zu kommen, ihr Ziel verfehlt, andernorts mag es anders gehen. Nach meinen Erfahrungen bleibt die unmittelbar leitende, still und unmerklich regelnde, dabei um so stärker aber beobachtende und die Schüler charakterologisch allseitig prüfende Tätigkeit des Lehrers unumgänglich nötig. Es muß ferner bedacht werden, daß wir ja in den Schulen diese Form für Spielen nur in einem sehr bescheidenen Umfange freigeben können. Regelmäßig gaben wir sie nur wöchentlich einmal für die Zeit einer Blockstunde, also für 100 Minuten frei, als freie Spiel- und Bastelstunde, und dies nur in der Untergruppe.

2. Die „Lernspiele" für Unterrichtszwecke. Die Raumgestaltung muß dem betr. Spiel angepaßt sein, ob es von kleineren Gruppen oder von größeren oder von der ganzen Gruppe gespielt werden soll, und nach dem Zweck, den der Lehrer damit verfolgt. So ist hier die straffere Leitung notwendig. Räumlich wird sich der Lehrer mit Schülern um die zum Block zusammengestellten Tische setzen oder in einem Halbkreis vor die Tafelfläche, wenn es sich um ein Spiel handelt, bei dem die Tafel gebraucht wird, im beherrschbaren Haufen, wenn er mit den Schulanfängern ein Kegelspiel benutzt, um sie in die Geheimnisse der Zahlen einzuführen, sie zu- und abzählen und vervielfachen zu lassen, im Spiel. Immer ist es spielendes *Lernen*; Spiel im höheren Ernst, den die Mitspielenden keineswegs immer voll erfassen, da sie gern in das Spiel ganz hineingehen. Aber es ist dieser Ernst, der die ganze Haltung des das Spiel leitenden oder überwachenden Lehrers bestimmt. Er schimmert auch durch seine gütigsten Blicke, durch seine vor Freude über den Eifer und die Erfolge seiner Schüler strahlenden Augen. Die Kleinen wie die Großen mögen sich „an das Spiel verlieren"; der Lehrer wird es nimmer tun dürfen. Es ist aber dieses Sich-an-das-Spiel-Verlieren-Können, das dessen pädagogischen Wert ausmacht. Gerade weil der Schüler, eingefangen vom Spiel, als ganzes Lebewesen hineingeht, nimmt er um so tiefer und fester auf, lernt er also um so besser; die notwendige, nur so übermäßig einseitig gepriesene Aufmerksamkeit beansprucht ihn ganz und schafft so für alles Lernen günstigste Voraussetzungen[90].

3. Zu den bildenden *Zweckspielen* gehören das Pausenspiel, die Turnspiele jeder Art. Sie alle sind didaktisch wie pädagogisch klar und straff aufzubauen, vorauszudenken und zu leiten.

---

[90] Siehe unten Kap. VI, Pädagogik der Arbeitsmittel S. 182 ff., bes. 187 ff.

4. Als *Schau-Spiele* nimmt die Schule seit langem schon die verschiedensten Formen des Theaters auf von der improvisierten Dramatisierung übers Kasperletheater bis zur durchgepflegten großen „Aufführung", Sprechchöre usf.

C. Arbeit

I. *Gruppenarbeit*, d. i. die Stammgruppe arbeitend nach dem „gruppenunterrichtlichen Verfahren"[91]. Jede auf Grund ihrer Altersreihe zusammenlebende Stammgruppe verteilt sich über den ganzen Raum an die ein- bis zwei- und viersitzigen Tische und arbeitet in Tischgruppen vereint. Wir geben diese Ordnung frei und haben als Lehrer dann nur den winzigen Rest an unzweckmäßig oder vereinzelt auch wirklich schädlichen Gruppenbildungen innerhalb des Raumes aufzulösen oder besonders zu überwachen, aber sie sind sichtbar geworden und so deutlich herausgestellt, daß sie keinen ernstlichen Schaden anrichten können[91a].

In der Untergruppe ist Gruppenarbeit vom ersten Schultage an die Form der Erarbeitung des Lesens, Schreibens und Rechnens samt Malen und Zeichnen, in den Mittel- und Obergruppen Form für alle Gemeinschaftsarbeit, die sich an Lebenseinheiten aus der Natur oder an Kulturgebiete anschließt; in der Obergruppe außerdem für das manuelle Arbeiten, wenn in der Mittelgruppe die Elementargrammatik des Technischen gelehrt worden ist.

Bei der Raumgestaltung ist darauf zu achten, daß die Tische gut über den Raum hin verteilt sind, im rechten Abstand voneinander, nach der günstigsten Stellung zum Sonnenlicht. Nicht diejenigen Stellen des Raumes zu dicht besetzen, zu denen sich alle hinbewegen müssen, also in der Nähe des Arbeitsmittelschrankes, der Tür, der Wandtafelflächen, einer von allen benötigten Wandkarte u. dgl. m.!

II. *Kurse*. 1. Einführungskurse, z. B. für das erste Schuljahr einmal oder während des ersten Halbjahres zweimal wöchentlich eine Stunde, um die Schulneulinge in das Verhalten im Schulraume, in die Anfänge des Lesens, Schreibens und Rechnens an Hand verschiedenartigster Arbeitsmittel, mit Hilfe von Lernspielen usw. einzuführen, sie den rechten Gebrauch zu lehren, ihnen Arbeitsanweisungen zu geben, um in der Gruppenarbeit über das hinaus zu kommen, was sie aus der Arbeitsgemeinschaft und besonders von den ihnen zugeordneten „Helfern" lernen, übernehmen, absehen, erfragen und gewiesen erhalten[92]. Gleichen Charakter tragen die Kurse zur Einführung in die Elementargrammatik des manuellen Arbeitens, der Anfänge eines fremdsprachlichen Unterrichts, in den Gebrauch des Atlasses, der Nachschlagewerke u. dgl. m.

---

[91] Siehe Jena-Plan III. S. 67—144; seine Vorteile s. u. S. 136 f., sowie S. 176 ff. Führung im Berichtkreis.
[91a] S. auch oben S. 65 f.
[92] Siehe die Beschreibung dieser Lernform im Jena-Plan III. S. 21—40.

2. **Niveaukurse**[93]. Vom 3. Schuljahre an werden sämtliche Schüler einer Schule ihrer *Begabung* entsprechend auf so viele Niveaugruppen verteilt, als an der Schule Lehrkräfte zur Verfügung stehen, und zwar nur für Rechnen und deutsche Sprachlehre, drei bzw. zwei Wochenstunden zu 55—57 Minuten, die in jedem Jahr für sämtliche Schüler zur selben Tageszeit liegen müssen. Die Niveaukurse gewährleisten das beste Lernen auch dadurch, daß ihre Schülerzahlen bestimmt kleiner sind als die der Stammgruppen solcher Schulen, jeder Lehrer mithin weniger Schüler zu betreuen hat und diese besser fördern *kann*, weil sie nach der Intelligenz geordnet sind. Jede Schule mit etwas größerem Lehrkörper — schon bei 4—5 Lehrkräften ist es möglich — kann die allerschlechtesten Rechner z. B. in einer besonderen kleineren Fördergruppe unter einem besonders dafür geeigneten Lehrer vereinen und so sie nachdrücklichst fördern lassen.

3. **Einschulungskurse.** Sie werden nötig, wenn die Schüler des 4. Schuljahrs in die Mittelgruppe eintreten und nun diese und jene Techniken für die Durchführung der jetzt anders gearteten Gruppenarbeit erlernen müssen, wie: Berichte anfertigen, Tabellen anlegen, Landkarten, besonders auch die Nebenkarten richtig benutzen, und in neue Techniken eingeführt werden: Gebrauch von Tusche, Feder, chinesischer Tusche, Anlegen von Schmuckleisten, Verwendung von Zierschrift. Dabei spielen wiederum eine besondere, ja die allergrößte Rolle das freie Hineinleben und die Mitarbeit der älteren Kameraden, das Absehen, aus der Zusammenarbeit unmittelbar ablernen, wie etwas gemacht wird. Darum sind es in der Regel nur wenige Kinder, die längere Zeit hindurch so eingeschult werden müssen; die meisten scheiden schon nach den ersten Wochen aus, ja einige Helle lernen es von selbst oder aus dem, was sie bei Kameraden sehen, hören oder erfragen. Durchschnittlich wird nicht die Hälfte der Neueintretenden auch nur ein ganzes halbes Jahr lang besonders eingeschult werden. April 1935 traten in die Mittelgruppe der Universitätsschule 12 Schüler neu über. Davon mußten 4 Schwachbegabte 1½ Monate lang stets zu Beginn einer jeden Gruppenarbeit aufgesucht und mit ihnen die Arbeit durchgesprochen werden, zwei von ihnen waren aus anderen Schulen der Stadt gekommen. Von den vier warteten drei richtiggehend jedesmal auf die Gruppenleiterin, einer zeichnete wenigstens Kanten. Aber alle vier gingen dann im November beim neuen Arbeitsgebiet selbständig vor und brauchten ebenfalls nur die Kontrolle der Lehrerin. Dieses war ein durchaus typischer Vorgang. Beim Eintritt in die Obergruppe wird es auch noch solche Einschulungskurse auf kurze Zeit geben können, etwa zur Einschulung in den Gebrauch von Spezialwörterbüchern und anderen Nachschlagewerken für vermehrten Literaturgebrauch und intensivere Formen ihrer Benutzung.

4. **Sonderkurse** für Englisch, Kochkursus, Gymnastik im Sinne von „Fach"-

---

[93] Siehe unten S. 173 ff. Die Führung im Niveaukurs.

kursen, sodann in der Obergruppe in regelmäßiger Wiederkehr für Deutsche Literatur, Geschichte, Anthropologie u. dgl. m.

5. Wahlkurse. An größeren Schulen werden solche Wahlkurse bestimmt mindestens alle zweiten Semester regelmäßige Erscheinungen werden. Sie dienen dazu, *besondere* Interessen und Begabungen zu fördern. Die Schüler mehrerer Obergruppen oder auch aus den Mittelgruppen, vielleicht die reiferen Schüler dieser Mittelgruppen, treten zu den vom Lehrkörper erteilbaren Wahlkursen frei zusammen, aber verpflichtet für die angesetzte Dauer solchen Kurses. Das können sein besondere Kurse für Biologie, dramatische Kurse, Eisentechniken, Sprechchor, Weberei, Samariterkursus u. dgl. m.

Die Raumgestaltung und die Anordnung der Schüler werden im Niveaukursus in ihrer Ausgangsform der Gruppenarbeit gleichen, aber der Lehrer kann mehrere Abteilungen bilden, und diese besonders vornehmen; etwa a) vor der Tafel im Halbkreis; b) an einem aus Tischen gebildeten Block innerhalb des Raumes etwas abseits von den übrigen, in der freien Tischgruppenform arbeitenden Kameraden; und c) u. U. auch einmal in einem locker gebildeten Haufen um sich herum; etwa um Kopfrechnen zu üben, werden 8—10 Schüler für 5—6 Minuten zusammengenommen; der Lehrer übt mit ihnen oder sie üben halblaut untereinander, sich wechselseitig Aufgaben stellend.

Der Einführungskursus wie der Einschulungskursus benutzt oftmals die Form der Lernspiele und ordnet die Schüler entsprechend im Raum um den Lehrer. Sonderkurse ebenso wie Wahlkurse werden je nach dem Gegenstand Kreisformen (für Geschichte, Literatur) oder Gruppenarbeitsform (für Kochen, Menschenkunde, Englisch) annehmen, dabei wird der *Anfangs*unterricht in einer Fremdsprache den Typus des Einschulungskursus tragen und aus ihm nach und nach zum gruppenunterrichtlichen Verfahren übergehen. In allen Kursen herrscht eine strengere Führung durch den Lehrer, so daß die Kurse fast immer in der ersten Zeit nach der Umstellung einer Schule auf den Arbeitsplan einer Gruppenunterrichtsschule (Jena-Plan) die bisher geübte Methode einhalten und hier die Umwandlung oft zuletzt erfolgt, in der Regel als Wirkung der im Gruppenunterricht und Kreis frei gewordenen Energien. Alles i. e. S. Methodische wird besonders fortentwickelt werden über die Arbeit in den Kursen der Neuen Schule. Darum besteht nun aber auch gerade beim Übergang von der Lernschularbeit zur neuen Schulform keinerlei Befürchtung zu Recht, daß die „Leistungen" zurückgehen könnten; sie sind durch diese Kurse schon während der Umstellung unbedingt sichergestellt.

D. Feier

Zu unterscheiden sind folgende vier Arten:

1. Die vom Lehrer gebotene Feier, z. B. die Morgenfeier oder gemeinsame Wochenschlußfeiern, in denen die Lehrer abwechselnd in freier Rede zu den Schülern sprechen oder ihren Vortrag umrahmen mit von ihnen selber

gebotener Musik und Gedichten, bzw. von Schülern gebotenen Beiträgen, die sie dazu ausgesucht und bestimmt haben. Die Schüler betätigen sich gemeinsam in den Liedern zum Eingang und zum Schluß oder was sonst an gemeinsamem Gesang eingestreut werden mag, im übrigen sind sie aufnehmend, innerlich mit- und verarbeitend tätig.

2. Die vom Lehrer geleitete Feier: Dahin gehören die Advents- und Weihnachtsspiele, größere dramatische Aufführungen. Die daran teilnehmende Schülerschar zerfällt in die beiden Gruppen der Mitwirkenden und der Zuhörer, diese äußerlich mittätig dort, wo wiederum Gemeinsames gesungen oder gesprochen wird.

3. Die vom Lehrer durchgeformte Feier, etwa die Aufnahmefeier der Schulanfänger nach Ostern jeden Jahres. Diese Feier soll ihrem Sinne und der pädagogischen Absicht nach eine Feier der Schüler für die Schulanfänger sein. Obwohl reiche Erfahrungen aus den Jahr für Jahr miterlebten und mitgestalteten Feiern vorhanden sind, wird es doch alljährlich der Lehrer Aufgabe, das, was die einzelnen Gruppen ersinnen und bieten möchten, zu sichten, bei der Einübung wie bei der endgültigen Aufstellung des Programmes mitzuwirken. Aber es muß alles so getan werden, daß die Initiative der Schüler erhalten bleibt, die Feier wesentlich als *ihr* Werk erscheint[94].

4. Die von den Schülern selbständig gestaltete Feier. Dazu rechnen die Geburtstagsfeiern; eine Feier für die sich verabschiedende Lehrkraft, für Gruppenkameraden, die abgehen auf andere Schulen, an einen anderen Ort, zu Ehren eines Gastes, der der Schule als Laienhilfskraft Schönes bot, und was sonst an solchen Anlässen in einer wachen und lebensvollen Schulgemeinde vorkommen mag.

Alle Feiern haben einen erhebenden Sinn, es geht um ein gemeinsames, alle Teilnehmer läuterndes Erleben.

Für alle Arten gelten jeweils die gleichen Aufbaugesetze, damit eine Feier den wahren Sinn erfülle. a) Die Schule wird sich davor zu hüten haben, Feiern anderen Kreisen fortzunehmen. Sie beachte z. B., daß der 1. Mai in den politischen Raum hineingehört, das Erntedankfest in den bäuerlichen Feierkreis, Weihnacht in die Familie. Wo nur möglich, gehe die Schulgemeinde zusammen mit der bäuerlichen oder politischen Gemeinschaft, als ihr Teil eingeordnet. Denn *jede Feier gehört an ihren Ort,* d. i. zeitlich, wie räumlich nach der „Lokalität" (etwa ins Freie, in einen Saal). b) Aber sie hat auch *je einen bestimmten seelisch-geistigen Ort*; denn sie muß auf das Auffassungsvermögen der Teilnehmer gut abgestimmt sein; natürlich schön ist etwas, wenn das Gebotene, das Vermögen derer, die darbieten, und das der Teilnehmer im Einklang stehen. Dann wird ein Spiel usf. wahrhaft von der Gemeinschaft getragen, ergreift, reißt mit und wirkt nachhaltig fort. c) Das Gebotene jedoch bekunde Reinheit

---

[94] Siehe unten S. 167 ff., über die Feier der Aufnahme der Schulneulinge.

seiner Idee; es sei brauchtums- wie volkstumsmäßig und ästhetisch echt. Im Stil klar und rein, bleibe alles natürlich, meide das Gefühlselige, jedes Übermaß schmückender Beiwörter, geschwollene Rede; doch ist für eine innere Steigerung Sorge zu tragen. Dann wird das Höchste erwartet werden dürfen: wahre Gemeinschaft der Feiernden: der Spieler und der Zuschauer, der Redenden und der Lauschenden[95].

Zusammenfassung

Was hat der Lehrer nun in der Hand? Was haben wir ihm damit gegeben? Einen Reichtum an beweglichen, handlichen, übersehbaren, abwechslungsreichen, ständig in sich und aus sich selber weitertreibenden, belebenden Bildungsformen. Der Lehrer kann jetzt mit ihnen in der wunderbarsten Weise, ganz seinem pädagogischen Geschick, seiner Intuition, seiner Organisationsgabe entsprechend, schalten und walten. Welche unausschöpfbare Fülle immer neuer Gestaltungsmöglichkeiten jahraus, jahrein! Vor allem, welche Erlösung von den starren, die Unternehmungslust lähmenden, geistig ermüdenden, nur so wenig voneinander unterschiedenen „Stunden" und vom „Stundenplan" zugleich! Nun gibt es keine Stunden mehr und keine Fächer im alten Sinne. Der Lehrer ist erlöst von diesem lastenden Schematismus, diesem Joch, an das er sich gewöhnte, weil er sich gewöhnen mußte, mit dem er deswegen sich äußerlich, manchmal auch innerlich, schließlich abfand.

Aber — wie findet sich der Lehrer hindurch? Ist nicht die Schularbeit ganz beträchtlich erschwert? Wer findet da noch hindurch? Wird nicht alles Willkür? Gibt es Maße und Richtlinien, die die Willkür verhüten?

In den voraufgehenden Abschnitten ist immer und immer wieder so eindringlich wie nur möglich von den gegebenen Beschränkungen die Rede gewesen. Die in der Schulwirklichkeit vorhandenen Begrenzungen und Schranken wurden aufgezeigt, und auf dies alles sei jenen Fragen gegenüber zuerst hingewiesen; es beweist zugleich, daß diesen Sorgen ihr voller Ernst zugebilligt wird, daß sie von einem Pädagogen gestellt und von einem Pädagogen beantwortet werden *müssen*.

Jedes Leben, in dessen Ablauf ordnender Sinn und Gestaltungswille, feste Absicht und planende Vorausschau eingreifen, gewinnt natürliche Gliederung. Auch diese Fülle an formenreichen pädagogischen Situationen schwingt sich in sich selber zurecht und enthüllt die ihr innewohnenden Ordnungselemente, wenn man sich dem Schulleben mit wachen Augen und hellem Verstande anvertraut. Zudem ist eine *Ausgangsform* für ein so geordnetes Schulleben samt Unterricht gewonnen. Sie ist in allen Schularten von der Einklassigen bis zur Volksmittelschule mit zehn Jahrgängen durchgeprobt und erhärtet, so daß für den Anfang gesorgt ist, daß keinerlei Chaos und keinerlei schulbehördliche

---

[95] Vgl. oben S. 36.

Besorgnis, es werde überhaupt nicht gehen, mehr gerechtfertigt sind. Zugleich ist diese Ausgangsform so wenig Dogma, daß sie — wie vielfach erwiesen — den Landschaften, den Menschen, den örtlichen Anforderungen usw. — alle Möglichkeiten eigener und auch ganz neuer Schulleben-Formung offen läßt.

6. Wochenarbeitsplan, nicht — Stundenplan! — Der Jena-Plan als Ausgangsform und Rahmen für die neue Führungsschule

Wir brauchen eine viel höhere Ansicht von der Volksschule, als sie noch üblich ist; wir müssen ihre Funktion innerhalb der Volksgemeinschaft neu und bedeutsamer sehen und Ernst damit machen, daß die alltägliche Arbeit in den Schulen, alles, was dort an Kleinem und Kleinstem getrieben werden muß, dieser Funktion auch tatsächlich gerecht wird. Das bedeutet: 1. das *Schulleben* grundsätzlich ändern und dann 2. *die alten, ewig wichtigen Lernaufgaben anders und neu* in dieses Schulleben *einordnen,* damit sie genau so gesichert bleiben wie bisher, möglichst aber noch besser bewältigt werden.

Jede Volksschule muß eine echte Zelle der Volksgemeinschaft sein, in kind- und jugendgemäßer Form das völkisch-staatliche Leben erfassen und verarbeiten, das sie durchflutet, leben und tätig sein „in Gegenwart". Aber woher nimmt sie ihr Leben? Als vollblütige Zelle lebt sie aus der Landschaft und ihren Menschen, aus der „lebendigen Kultur", Sitte und Sittlichkeit, Arbeit und Geschichte der Menschen ihres Standortes. Mit allen Schulen ihres Volkes hat sie gemeinsam den Auftrag, die Grundfertigkeiten erlernen zu lassen, die das Volk verbindende Hochsprache, ein bestimmtes gemeinsames Liedgut und Geschichtswissen, saubere politische Haltung zu pflegen. Daneben bleibt aber noch ein sehr großer Zeitraum allwöchentlich, die Schule *ihr* Leben führen zu lassen; denn jene großen, allen gemeinsamen Aufgaben werden selber erst lebensvoll und damit werthaft für das Leben der Schüler, wirksam darin, wenn sie in die „lebendige Kultur" eingeordnet sind: Rechnen verbunden mit der Berufsarbeit der Menschen dort, Geschichte mit der Heimat, politische Haltung mit den politischen Ereignissen und ihren Erlebnisformen am Orte usf.

Eine funktionsgerechte Schule muß darum eine Form entwickeln, innerhalb deren dieses Leben so gebunden wird, daß es die menschlichen Energien von Lehrer und Schüler im Sinne einer fruchtbaren geistigen Gemeinschaft steigert und sie zugleich für jene besonderen Aufgaben einer Schule in Dienst setzt. Die vom Staate gebotene Hilfe kann nie über die niederste Form solcher Gemeinschaft hinausgehen; denn er kann nur die allgemeine Organisation bestimmen; alles weitere bleibt Sache des von ihm beauftragten Pädagogen. Dieser steht damit in der erziehungswissenschaftlichen Verantwortung zwischen Staat und Volk und hat die Sozialform Schule so zu gestalten und zu nutzen, daß sie echte Arbeits- und Schaffensformen enthält und zugleich ein ehrliches, ungekünsteltes Gemeinschaftsleben, in welchem die Kräfte des Gemütes, die Innerlichkeit, die sittlichen und geistigen Anlagen der Kinder natürlich aneinander, und also organisch, sich entfalten und wachsen können. Diese Forderungen lassen sich nicht erfüllen nur mit Hilfe verbesserter Unterrichtsmethoden, durch Verschiebung in den Stoffplänen, durch das altbeliebte und recht bequeme Unterscheiden von „Kern und Kurs" u. dgl. Es muß wirklich Ernst damit gemacht werden, eine *neue* Ordnung des Schullebens und des Unterrichts zu suchen. Man mußte das *Ganze* überdenken, in den Versuch hineinnehmen und sehen, was sich alsdann bei gewissenhafter Überwachung und Prüfung ergab.

Dieser Weg konnte in Jena gegangen werden. Es ist dort der deutschen Schulwelt, und wer sonst davon lernen will, eine Neuordnung der Schule erarbeitet worden, welche jene hohen Forderungen weitgehend erfüllt und ihnen in den gewöhnlichen Verhältnissen der Jena-Plan-Schulen rings im Lande sogar oftmals noch besser gerecht wird als in der Universitätsschule zu Jena.

Jena-Plan
Schularbeit und Schulleben in ihrem Wochenrhythmus
(6-Tage-Woche)

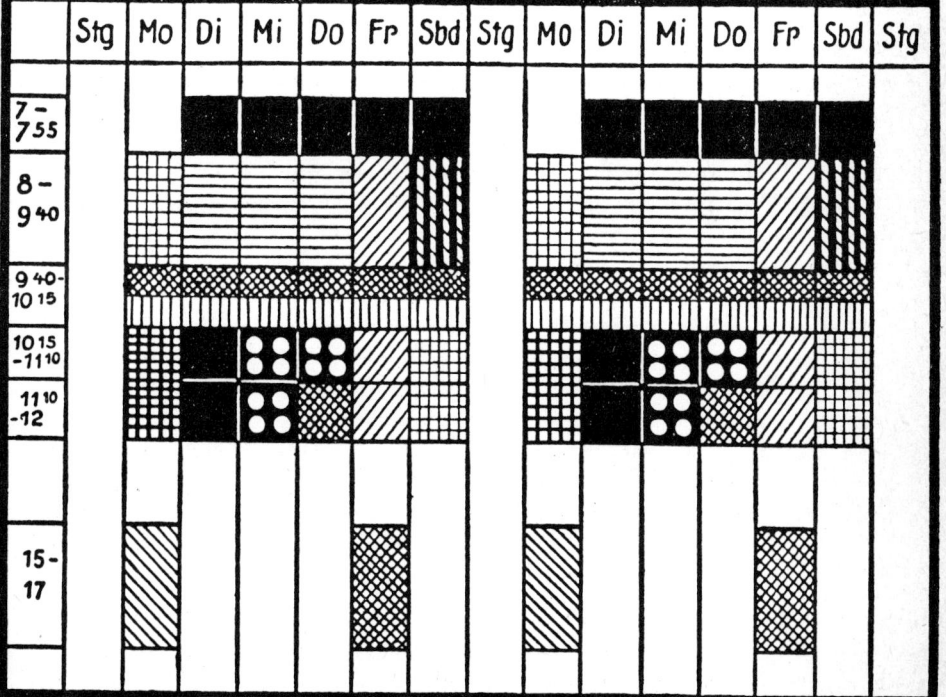

Was schließlich dastand, war mithin kein Dogma, sondern eine *Ausgangsform*, ein *Rahmen*, mit dem der Pädagoge beginnen kann, wenn er eine Schule der Volksgemeinschaft will, aber sich unnötige Umwege, Schwierigkeiten und Finden von hundertmal Gefundenem ersparen möchte. So kann ihm der Jenaer „Wochenarbeitsplan" zum Ausgang werden für reichgesegnete eigene neue Weiterarbeit in seinem Bezirke und ihn zu Einsichten und Erfolgen führen, die uns bislang verschlossen blieben. Auf welchem anderen Wege kämen wir auch sonst von dem ewigen „Versuchen" los, aus der „Versuchsschulepoche" heraus in die ruhige Aufbauarbeit an einem unserer Zeit gemäßen Schulwesen, weg vom individualistischen steten Neuanfangen zum Schaffen im höheren Zuge der Kontinuität unserer Volkskultur auf dem Gebiete des Pädagogischen?

Die alten und berechtigten Anforderungen an Lernen und Wissen, die der sog. „Lernschule" das Gepräge gaben und die unsagbar mühselige Tätigkeit des vergangenen „Jahrhunderts der Didaktik und Methodik" veranlaßten, sind von Anfang an mit in den Jenaer Versuch hineingenommen worden. Ja, er sollte als gescheitert gelten, wenn es nicht gelänge, die elementaren Fertigkeiten und das Grundwissen zu sichern, die Grundschulziele zu erreichen sowie die Anschlüsse an die verschiedenen höheren Schulformen, die Anerkennung der Handwerker und industriellen Betriebe (in Jena die Aufnahmeprüfungen im Zeißwerk). Die Bewältigung aller dieser Forderungen ist gewährleistet durch die Kursformen, so wie sie im Jenaer Wochenarbeitsplan angeordnet und in sich wiederum, dem Inhalte, der Bestimmung und der Altersstufe entsprechend, abgestuft sind. Sie beanspruchen kaum mehr als ein Drittel der gesamten Wochenstundenzahl, und dies beginnend mit der Mittelgruppenzeit, 10. bis 12. Lebensjahr. Ihre Anordnung selbst aber entspricht dem an Schülern festgestellten Tagesarbeitsrhythmus. Der gleiche Lebensrhythmus (wie er ja in Leben und Arbeit aller Erwachsenen da ist und sich in deren Wochenarbeitsleistung ausspricht) soll auch mitsprechen bei der Verteilung von Lehrstoff und Tätigkeitsform durch die ganze Woche hindurch. Es kann nicht gut im Schema verdeutlicht dargestellt werden, wie auch der Jahreszeitenrhythmus diese Verteilung bestimmt. Allein damit ist bereits sichtlich gebrochen mit dem rationalistischen, mechanistischen Lehrplan, der das Leben dem Gedanken unterordnet und zufrieden ist, wenn der Betrieb innerhalb seines Schemas funktioniert, unbekümmert darum, daß sich ihm die lebendige Jugendkraft doch entzieht und hinterher dieser Schule offen die Feindschaft erklärt. Soll man nun heute diese bekämpfte Schule weiterhin in sich zusammenbrechen lassen, notdürftig an ihr herumflicken, sie „entlasten", damit das alte Schiff nicht ganz im Wogengang der Zeit auseinanderfällt und untergeht, *oder*

Wäre es nicht wirklich an der Zeit, statt dessen Lebensstätten unserer Jugend zu schaffen, ganz und gar erfüllt mit den Triebkräften ihrer Landschaft, ihres Menschenschlages, ihrer Lehrer und der Gegenwart? Was ist dann die

Folge? Nun erscheinen Unterricht und Methode, Fach und Bildungsgut wieder eingeordnet in die Kräfte des *Lebens* und der *Erziehung,* aus denen sie durch einen isolierenden Denkakt herausgelöst, lebensfern, bildungsarm und starr geworden waren. Aber sie sind nicht nur einfach eingefügt, sondern selber ver-

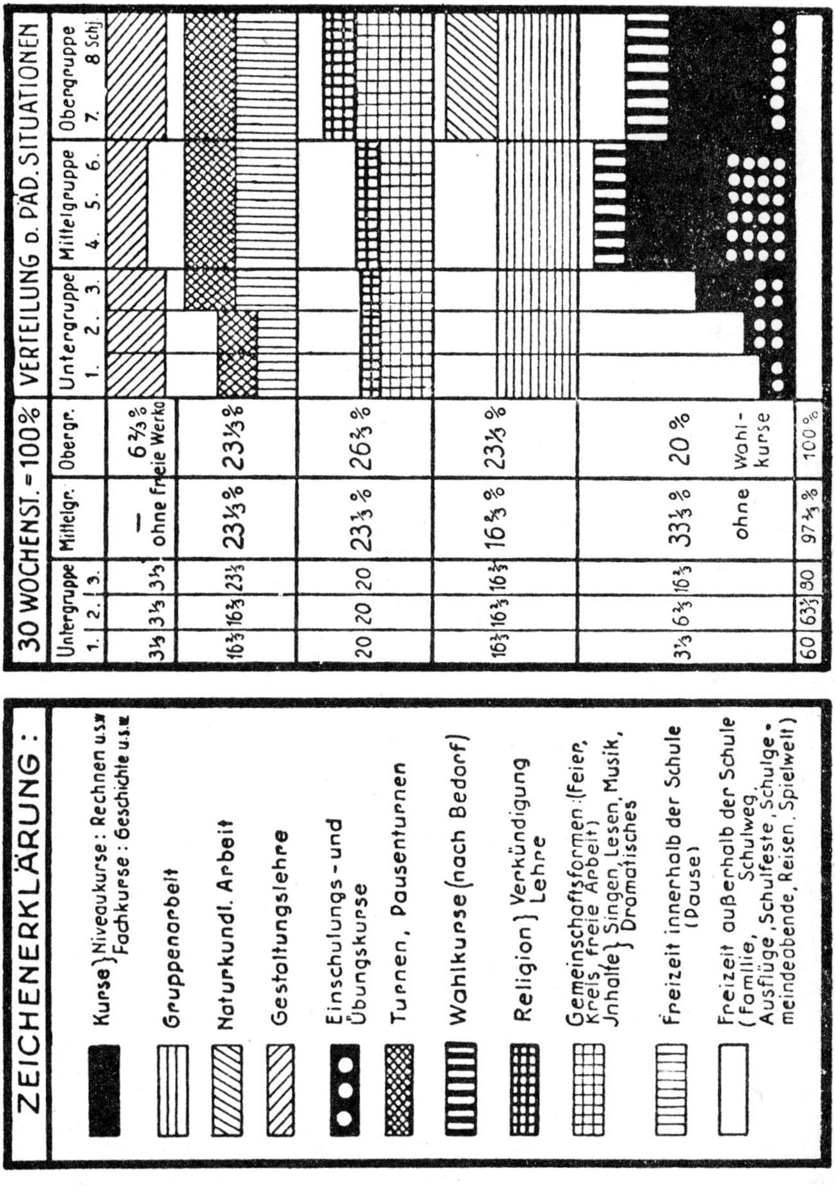

30 WOCHENST. = 100%				VERTEILUNG d. PÄD. SITUATIONEN			
Untergruppe 1. 2. 3.	Mittelgr.	Obergr.		Untergruppe 1. 2. 3.	Mittelgruppe 4. 5. 6.	Obergruppe 7. 8 Schj	
3⅓ 3⅓ 3⅓	—	6⅔ % ohne Freie Werka	Kurse } Niveaukurse: Rechnen usw. / Fachkurse: Geschichte usw.				
16⅔ 16⅔ 23⅓	23⅓ %	23⅓ %	Gruppenarbeit				
			Naturkundl. Arbeit				
			Gestaltungslehre				
20 20 20	23⅓ %	26⅔ %	Einschulungs- und Übungskurse				
16⅔ 16⅔ 16⅔	16⅔ %	23⅓ %	Turnen, Pausenturnen				
			Wahlkurse (nach Bedarf)				
			Religion } Verkündigung / Lehre				
			Gemeinschaftsformen: (Feier, Kreis, freie Arbeit) Inhalte } Singen, Lesen, Musik, Dramatisches				
3⅓ 6⅔ 16⅔	33⅓ %	20 %	Freizeit innerhalb der Schule (Pause)				
	ohne	Wahl-kurse	Freizeit außerhalb der Schule (Familie, Schulweg, Ausflüge, Schulfeste, Schulgemeindeabende, Reisen, Spielwelt)				
60 63⅓ 90	97⅓ %	100 %					

ZEICHENERKLÄRUNG

Wochenarbeitsplan der Mittelgruppe. — Sommer 1946

Zeit	Montag	Dienstag	Mittwoch	Donnerstag	Freitag	Sonnabend
7—8		Rechnen	Sprachlehre	Rechnen	Sprachlehre	Singen
8—9^{40}	Feier / Kreis	Gruppenarbeit	Gruppenarbeit	Gruppenarbeit	Bericht- und Lesekreis	Freie Arbeit
9^{40}—10^{20}	Pause: Frühstück / Pausenspiel					
10^{20}—11^{05}	Tierkunde	Zeichnen	Schriftkurs	Heimatkunde (4. Schulj.)	Rechnen	Wochenschluß-Kreis
11^{05}—12^{00}	Sprachlehre	Englisch	Erzählkreis	Englisch	Englisch	
14^{30}	Nadelarbeit			Werkarbeit		
16^{30}—	Nadelarbeit			Werkarbeit		
16^{30}—17^{30}	Gymnastik (Mä.) Turnen (Ju)			Wahlkurs: Blockflöte		

Wochenarbeitsplan der Obergruppe. — Sommer 1946

Zeit	Montag	Dienstag	Mittwoch	Donnerstag	Freitag	Sonnabend
7—8	Feier / Kreis	Rechnen	Sprachlehre	Rechnen	Sprachlehre	Singen
8—9^{40}		Gruppenarbeit			Naturkundliche Arbeit	Gesellschaftliche Gegenwartskde.
9^{40}—10^{20}	Pause: Frühstück / Pausenspiel					
10^{20}—11^{05}	Zeichnen	Raumlehre II Freie Arbeit[4]	Physik	Raumlehre I Mathematik[2]	Rechnen Mathematik	Wochenschluß-Kreis
11^{05}—12^{00}	Sprachlehre	Englisch	Chemie[1]	Englisch	Englisch	
14^{30}	Russisch	Werkarbeit		bis 15^{30} Russisch	Nadelarbeit	
16^{30}	Russisch[3]	Werkarbeit		Turnen (Ju.)	Nadelarbeit	
16^{30}—17^{30}		Wahlkurs Blockflöte			Gymnastik (Mä.)	

Anmerkungen: 1, 2, 3 = Wahlkurse;
4 = Einschulungs-, Übungs- und Wiederholungskurs für den Rest der Gruppe.

ändert worden. Genau so stark wie das Leben und Arbeiten in einer Jenaer „Schulwohnstube" von dem Verhalten und Beschäftigtwerden einer „Klasse" abweicht, unterscheiden sich das „Unterrichtsleben" dort, der Unterricht hier oder hebt sich das „gruppenunterrichtliche Verfahren", wie es jetzt hat eingehend beschrieben und in seiner Rhythmik erfaßt werden können, ab von allem Gesamtunterricht und arbeitsteiligen Verfahren. Wohl erscheint es auf den ersten Blick oftmals ähnlich, allein im Grunde ist alles wesentlich anders, weil die das Lehren und Lernen, Bildung und Erziehung wirklich tragenden Kräfte andere sind, nämlich 1. das reich aktivierte und bewegte Gruppenleben, in sich wiederum geschichtet nach jener Urform menschlicher Arbeits- und Lehrordnung: Lehrling, Geselle, Meister, und um den Lehrer als den Führer wie ein echtes Gefolge aufgebaut, sowie 2. die „Schulgemeinde", in welcher auch die Elternschaft tätig mitwirkt und die damit eine der wertvollsten, ja die unentbehrlichste Verbindung der Schule mit der Gemeinde, mit dem Volke darstellt.

Wie sehen wir demnach fortan die Schularbeit, und wie stellen wir sie im Plane dar, anschaulich und geordnet, um den Anforderungen des Staates wie des Elternhauses, aber auch den Forderungen sinnvoll verlaufender Arbeitsabläufe gerecht zu werden? Unsere Praxis führt zum

Wochenarbeitsplan, nicht Stundenplan!

Zu veranschaulichen sind 1. das Verhältnis des Schullebens zum Gesamtleben, zur Umwelt der Schüler, und 2. die Arbeitenfolge und Lebensordnung innerhalb der Schule.

Zu 1. Um das Verhältnis des Schullebens zur Umwelt und damit die rechte Einordnung der Schularbeit in die Bildungs- und Erziehungsarbeit am Schüler überhaupt soweit wie nur möglich sichtbar zu machen, stelle man die von der Schule beanspruchten Wochenstunden von *zwei* Wochen hinein in einen Rahmen, der also über zwei volle Wochen von Sonntag zu Sonntag führt. Am deutlichsten würde die Darstellung sprechen, wenn man dabei auch die ganze Tageszeit von 24 Stunden, also die Zeit von 15 vollen Tagen, wiedergäbe. Auf diese Tage wäre dann die „Schulzeit" zu projizieren (vgl. den angefügten Wochenarbeitsplan Tafel I. S. 109).

Nun erscheint der Wochenarbeitsplan in die Lebensgemeinschaft der Familien und Erzieher hineingelegt. Er ruht so organisch wie nur möglich auf den Erziehungswelten, aus denen die Schüler kommen, um soviel wie möglich auch im gleichen Rhythmus des Lebens wie der Arbeit mitzuschwingen. Der weiß gelassene Raum gibt nicht nur die Freizeit außerhalb der Schule am Sonntag wieder, sondern schlechthin alle Tagesstunden, in denen das Kind nicht von der Schule beansprucht wird. Er bezeichnet also sein Leben in der Familie, Nachbarschaft und Verwandtschaft, sein Leben in der Spielgemeinschaft des Dorfes, des Hofes, der Straße. Für den Erzieher folgt schon auf den ersten Blick aus dieser Zeichnung, daß er von seiner eigenen Tätigkeit sehr bescheiden zu denken hat. Es gibt verschiedene Versuche, zu errechnen, welchen prozentualen Anteil wohl die Tätigkeit des Lehrers, der Schule, an den bildenden und erziehenden Einflüssen habe, die auf unsere Schüler einwirken; dabei ist an die überlieferte, lebensfremde Lernschule mit Vorherrschaft der abstrakten Methoden zu denken. Der Hamburger Adolf Hedler hat einmal ausgerechnet, daß der Einfluß dieser Schule nur 1:96 betrage; der Schweizer Ferrière berechnete ihn auf 1:108 und der Belgier A. Lecensier auf 2% im Verhältnis zur Familie[96].

Jede Schularbeit bringt sich um diejenigen Erfolge, die sie immer noch haben kann, wenn sie nicht die miterziehenden Mächte für sich gewinnt, sie sich mindestens wohlgesinnt macht. Sie muß an das „volle Leben" anschließen, sich selber mitten hineinstellen und auch dessen Kräfte der Erziehung und Bildung in die Schularbeit und in das Schulleben hinübernehmen. Jede Schule hat sich nach allen Kräften darum zu kümmern, was die Schüler daheim, auf der Straße, besonders den Schulwegen und wo sonst treiben. Der in regelmäßigen Abständen und stets bei Bedarf erfolgende Besuch im Elternhause ist ebenso notwendig wie die Kenntnis des Schulweges eines jeden Schülers seiner Gruppe durch den Gruppenleiter. Neben den Hausbesuchen helfen die Gruppenelternabende, die Eltern- und Mütterabende, die verschiedenen Ausstellungen von Schülerarbeiten, gemeinsame Feste und Feiern, gemeinsame Wanderungen und Sommerreisen, das Bild von den erziehenden Einflüssen im Familienleben und in der Spielzeit des Kindes zu klären und das pädagogische Handeln von der Schule aus zweckmäßiger zu gestalten.

Zu 2. Alles dieses hat bereits starken Einfluß auf die Gestaltung der Arbeitenfolge und der Lebensordnung innerhalb der Schule. Jede öffentliche Schule, die den Familiengeist bejaht, wird als ganz selbstverständlich die große Bedeutung des *Sonntages* für das Familienleben beachten, als des Tages, an dem wir noch die Familien geeint sehen dürfen, wo alle sich einmal doch wirklich im „Schoße der Familie" zusammenfinden sollen. Und diese Schule beachtet auch die Bedeutung des Sonntagabends, an dem um Eltern und Kindern Heimfreude und die Stille und der Frieden des wahren Familiengeistes sein sollten. Bei volkserzieherischem Nachdenken folgt daraus, daß die Montagfrühstunde auszufallen hat, damit nicht um der Schule willen die berechtigten sonntäglichen Veranstaltungen der Familien beeinträchtigt werden; jede Schule hat in den sechs Wochentagen Stunden genug zur Verfügung, um ihre Forderungen unterzubringen.

Ebenso selbstverständlich sollte es sein, in den Montag hinein so viel, wie verantwortet werden kann, von den Stimmungen des Sonntags und seinen Erlebnissen, also in den Wochenanfang, zu nehmen. Immer werden darum die Montagmorgenstunden der geeignetste Ort für eine gemeinsame Feier sein, für ein Zusammensitzen im „Kreise". An diesen Tag gehören Aussprachen und Berichte über die beiden voraufgegangenen Tage und die Ordnung der Gedanken aller um tiefere Fragen des Menschen.

---

[96] Vgl. *Adolf Ferrière*, Die Erziehung in der Schule, 1927. S. 10.

Ähnlich wird man die Arbeitswoche ausklingen lassen, hinein in die Freizeit des Sonntags. An diesen letzten Schulwochentag gehört ferner ein „Freies Arbeiten", d. h. die Schüler arbeiten in einer bestimmten Zeit dieses letzten Wochenschultages nach Wahl und Bedürfnis oder nach Verabredung und Auftrag des Gruppenleiters an Aufgaben, die sie während der Woche nicht ganz fertigstellen konnten, die aber, um die Schüler zur inneren wie äußeren Ordnung in ihrem Planen und Arbeiten zu erziehen, gern noch innerhalb der Woche abgeschlossen, mindestens zu einer gewissen Abrundung gebracht werden sollten. Es kann sich aber auch um ein Gebiet handeln, in dem Schüler besonders große Lücken aufweisen, in dem sie nun aufholen, nachkommen oder schneller vorwärtskommen möchten; es mag Krankheit oder anderes schuld an einem Zurückbleiben sein. Für alle solche Fälle sollte es in der Schule selber eine Zeit geben, wo die Haltung von Schülern und Gruppenleiter sehr ähnlich jener Situation im Elternhause ist, wenn am Nachmittage die Kinder von der Mutter angehalten werden, ihre Schularbeiten zu erledigen und nun die Mutter, oder wer sonst im Hause Zeit und Beruf hat, hier und da aushilft, berät, anspornt, wo sich auch ältere Geschwister, in der Gruppe nun die Freunde und Kameraden, des Kindes annehmen.

Keine Woche ohne „Wochenschlußfeier", sei es in den einzelnen Gruppen, sei es eine Feier der ganzen Schulgemeinde, und zwar in einer letzten, *allen* Gruppenkameraden gemeinsamen Wochenstunde. Dazu gehört, daß jede Schulwohnstube am Ende der Woche in bester Ordnung und aufgeräumt verlassen wird. Erst wenn geordnet ist, dann beginne diese Feier. Es muß im schönsten Falle vorher alles zum Heimgehen so geordnet sein, daß am Ende der Feier ohne Aufenthalt alle die Schule nach der allgemeinen Verabschiedung verlassen und hinter sich ein Schulhaus in gutem Zustande lassen. Und das muß deswegen zur guten Gewohnheit werden, weil keines Menschen Arbeit viel taugt, wenn er vor seiner Arbeitsstätte keine Achtung hat, sie nicht liebt und so schön und sauber wie nur möglich hält. Diese Raumpflege gehört mit zu den starken Bindungen an die Schule, auf die weit mehr Wert gelegt werden muß, als gemeinhin geschieht.

Daraus ergibt sich allgemein, daß auf ein „Freies Arbeiten" ein Beisammensein im Kreise zu folgen hätte und daß *diesem* Kreise mindestens eine Aufgabe ganz eindeutig zufällt, nämlich: auf das Werk der Woche zurückzublicken, die Leistung der eigenen Gruppe zu überschauen, Höhe- wie Tiefpunkte noch einmal an sich vorüberziehen zu lassen. Dabei hat es sich sehr bewährt, dann und wann die Arbeiten allesamt vor der Gruppe inmitten des Kreises aufgebaut auszustellen, zu besichtigen und zu beurteilen: wo stehen wir? Wie weit sind wir in den Kursen oder in der Gruppenarbeit gekommen? Was leistet unsere Gruppe in den Werkräumen? u. dgl. m. Danach wird man sich zu innerlicheren Betrachtungen hinwenden, um etwas Schönes zu hören, vorgesprochen oder vorgelesen, miteinander zu singen und würdig die Woche abzuschließen. Die Inhalte der Feiern fließen, sooft es angebracht ist, aus dem Jahreskreis.

Schön wäre es, wenn an diesen Wochenschlußfeiern die Eltern, mindestens doch recht viele, teilnehmen, ja auch mitwirken würden. An einer größeren Stadtschule nahmen so in der Tat regelmäßig über 100 Eltern, manchmal hart an 200 teil, warteten danach vor der Schule auf ihre Kinder und gingen mit ihnen heim. Schöner kann kaum die Schule den Familien dienen, als indem sie, wie hier in Finsterwalde, am Wochenschluß Eltern, Lehrer und Kinder in gemeinsamer Feier verbindet und dabei die Schüler unmittelbar den Eltern übergibt, eine echte Schule des Volkes und Pflegestätte der Volksgemeinschaft.

Bei der Schulwoche von sechs Tagen wurde versuchsweise der ganze Montag so aufgebaut, daß die erste Blockstunde zur Hälfte einer alle Gruppen vereinenden Feier diente, die andere Hälfte der Vertiefung des Gebotenen in den Gruppen, und außerdem, um notwendige Fragen für die kommende Wochenarbeit im voraus zu besprechen und zu klären. Die zweite Blockstunde war damals ganz der religiösen Unterweisung gewidmet[97].

Der Nachteil dieser Tageseinteilung liegt jedoch darin, daß die Schüler dann am Montag überreichlich aufnehmende Tätigkeit zu leisten haben. Deswegen verteilten wir diese beiden pädagogischen Situationen zweckmäßiger auf Montag und Sonnabend und ließen nach der Freizeit am Montag stärker schulisch bestimmte, die Eigentätigkeit der Schüler mehr herausfordernde Arbeit folgen (Kurs- und Gruppenarbeit). Die Wochenanfangsfeier kann eine Dauer von einer Stunde annehmen, wofern sie gut gegliedert ist oder der die Feier haltende Lehrer zu begeistern, mitzureißen versteht. Im Durchschnitt wird sie 30—40 Minuten währen und dann 50—60 Minuten Zeit lassen zur Vertiefung oder erläuternden wie ergänzenden Besprechung in den Gruppen. Vielfach, ganz besonders in Untergruppen, werden gruppeneigene Fragen und Aufgaben behandelt werden müssen. Was im Vorblick auf die Wochenarbeit im Interesse eines geordneten Schullebens bereinigt oder neu geordnet werden muß, wäre nach der Feier in jedem Gruppenraum zu erledigen.

Zwischen jenen beiden pädagogischen Situationen, die den Charakter ausgesprochener Gemeinschaftsformen und der Feier tragen, liegt dann die eigentliche Schularbeit eingeschlossen. Wiederum handelt es sich nicht darum, irgendwelche „Stunden" unterzubringen, sondern darum, für die Aufeinanderfolge von pädagogischen Situationen den sinnvollsten Rhythmus zu finden und sie selber aufeinander abzustimmen. Das Ziel muß sein, zugleich die bekannten Arbeitskurven des Tages wie der Woche zu beachten, ferner die psychologischen Bedingungen der Arbeit, die in Untersuchungen über die Aufmerksamkeit, Konzentration und Ermüdung bei Schulkindern gewonnen sind, zum Teil aber erst gewonnen werden müssen, wenn wir jetzt die Arbeit der Schüler als Ganzes unter neue Arbeitsbedingungen und ganz neue Umwelteinflüsse setzen. Hier erwächst der Psychologie des Schulkindes eine große wichtige Aufgabe, die erst geleistet werden kann, wenn neue Schulen reichlicher vorhanden sind.

---

[97] Vgl. zur Gestaltung der religiösen Unterweisung im einzelnen den Jena-Plan III, 1934, S. 144—151.

Ständig zu Beginn des Morgens legen wir vom Dienstag an — nach dem Morgensingen, an das auch eine kurze Frühgymnastik anschließen könnte — jene Niveaukurse für Rechnen und Sprachlehre, auf welche die Kinder nach ihrer fachlichen Begabung vom 3.—8. Schuljahre an verteilt sind. Sie liegen jahraus, jahrein in den gleichen Tageszeiten. Desgleichen liegen gegen den *Ausgang* des Vormittags Kurse, die aber alle, im Unterschied zu den erstgenannten, innerhalb der Stammgruppen eingerichtet sind, erwachsen aus den besonderen Aufgaben oder vorübergehenden Nötigungen aus der eigenen Arbeit der betreffenden Gruppe heraus; es seien das Einführungskurse für die zu Ostern neu in die Gruppe Eingetretenen bzw. nur für diejenigen von ihnen, welche sich langsamer hineinfinden oder aus anderen Schulen kamen, es seien Übungskurse für solche Glieder der Gruppe, welche in diesem oder jenem Punkte besondere Übung brauchen, es seien endlich Kurse zur Einprägung und Wiederholung, die für die ganze Gruppe angesetzt sind, usw.

Die große Mitte zwischen diesen Kursen hält der Gruppenunterricht, der zum größeren Teile von der Kultur, zum kleineren von der Natur her bestimmt ist, wenigstens dürfte das die Regel sein und wahrscheinlich auch noch so lange bleiben, bis mit den Forderungen, die Schulen an den Rand der Städte zu verlegen u. ä., Ernst gemacht ist. *Landschulen* freilich können sich alsbald von dieser Überbetonung kultureller Stoffe frei machen, wofern nur die Lehrer dafür vorbereitet wären; an guten Hilfsmitteln besteht bereits keinerlei Mangel[98].

Mitten durch die Vormittagsarbeit geht die Freizeit innerhalb der Schule, die wiederum eine selbständige pädagogische Situation eigenen Gepräges ist. Sie wird — leicht wandelbar nach Jahreszeiten und Wetter — 40 bis 50 Minuten dauern und gliedert sich etwa so:

1. 15 Minuten Körperschule;
2. 10 Minuten gemeinsames, in Ruhe und guter Haltung, in der Regel im Gruppenraum eingenommenes Frühstück, um zu guter Essenshaltung zu erziehen und Umgangsformen beim Essen zu bilden;
3. 15 Minuten freies Pausenspiel. Antreten zum ruhigen Hineingehen.

Auf die Nachmittage verteile sich die freie Werkarbeit, diese oder jene fremdsprachliche Stunde, Spiel und Sport sowie Wahlkurse. Man lege etwa auf den Montagnachmittag im ersten Teile die einschulende Werkarbeit für die Mittelgruppe und anschließend die Werkarbeit für die Obergruppenkinder, außerdem für Obergruppenschüler vorher einen freiwilligen Kursus in deutscher Kurzschrift. Der Dienstagnachmittag sei ganz den *Wahl*kursen gewidmet, zu denen also die Schüler freiwillig und aus starkem Interesse kommen. Der Donnerstag kann zeitweilig für die Dauer eines Viertel- oder Halbjahres von 11 Uhr ab bis rd. 4 Uhr nachmittags ein echter Mädchenmittag und -nachmittag sein. Anschließend an den Rechenniveaukursus, währenddessen u. U. bereits

---

[98] *Adolf Reichwein*, Schaffendes Schulvolk, 1937; Petersen, Jena-Plan III, 1934, S. 348—368.

einige dafür bestimmte Mädchen verabredungsgemäß Einkäufe besorgen oder in der Küche gewisse Vorbereitungen treffen können, haben nun die Mittelgruppenmädchen Nadelarbeit unter Leitung einer Mutter und einer Lehrerin, die Mädchen der Obergruppe einen Kochkursus. Sie arbeiten ab 11.15 Uhr gemeinsam an der Mahlzeitbereitung, essen und räumen auf, sitzen darauf gemütlich beisammen im Gruppenraum oder unter den Bäumen des Schulhofes mit einer Handarbeit erzählend und plaudernd, unter ihnen die Lehrerin. Danach ist für alle Mädchen der Mittel- wie der Obergruppe Spiel- und Sportnachmittag. Der Freitagnachmittag ist bei solcher Einteilung dann den Jungen zugewiesen. Nun haben sie sog. Freie Werkarbeit, zu der aber Schüler beiderlei Geschlechts aus der ganzen Schule kommen dürfen, und anschließend Sport und Spiele der Jungen auf den Sportwiesen.

Wahlkurse am Dienstagnachmittag etwa, in denen u. a. Musik und Gesang, aber auch dramatische Kunst gepflegt werden kann, sind zugleich eine Vorbereitung für Feiern in und außerhalb der Schule. So blickt diese absichtsvoll ständig über ihre engeren Grenzen hinaus auf das Leben, das der Jugend harrt außerhalb der Schule, und sie fühlt sich zu diesem Dienste verpflichtet als etwas ganz und gar Selbstverständliches.

7. Das Verhältnis von Form und Inhalt pädagogischer Situationen — Die Anwendung pädagogischer Situationen auf die Bildungsstoffe

Bei der Aufstellung unseres Wochenarbeitsplanes geht es nicht mehr darum, wie diese und jene „Fächer" unterzubringen und zu verteilen sind, sondern darum: wie bringen wir die Schüler zu gewinnbringender *tätiger Begegnung mit den großen Wirklichkeiten, aus denen und in denen wir leben.* Sie sollen nicht nur arbeiten, sondern auch in diesen leben. Denn Religion, Menschenleben und Natur sind in der Tat „reale Lebenssphären, in welche er" (der Mensch) „mit seiner gesamten Existenz — nach Leib, Seele, Geist — *hineingepflanzt* ist. Er *lebt* von ihnen, wie die Pflanze vom Erdboden, von Luft und Licht lebt"; wir gehen also aus von einem „durch die Natur der Dinge und die Natur des Geistes *Gegebenen*[99]".

Aus diesen Wirklichkeiten greift der Pädagoge „organische Einheiten" heraus, wie der heute zumeist gebrauchte Ausdruck lautet, um anzuzeigen, daß 1. in sich sinnvoll verbundene Teile gewählt werden sollen und daß sie 2. in der echten Verbundenheit mit der Wirklichkeit, aus der sie um einer Bearbeitung, einer Betrachtung willen herausgelöst sind, so innig wie nur möglich *auch während* der Beschäftigung mit ihnen gehalten werden sollen. Es sei das ein Wort Jesu oder eines seiner Gleichnisse, das Verkehrswesen einer Stadt oder Landschaft, deren Handel und Gewerbe, geschichtliche Ereignisse in ihrer ganzen politischen Bezogenheit, das ganze Vaterland oder eines seiner Gebiete. In

---

[99] *Fr. W. Dörpfeld*, siehe oben S. 26 f.

keinem Falle wird auf eine fachlich-spezialistische Beschäftigung ausgegangen, sondern 3. auf die darin vorhandenen *Lebens*beziehungen, d. h. die Beziehungen zum Lebenskreise des Schülers als Glied seines Volkes. Mithin steht in *letzter* Instanz die Beziehung auf die *lebenswichtige Bedeutung für das Volk der Gegenwart* und *seine Aufgaben hier und jetzt.* Es ist die Frage, ob etwas in Schulen überhaupt einen Platz verdient, das nicht diese unmittelbare Beziehung auf das politische Leben der Gegenwart besitzt. Für die Zeit der zehnjährigen Volksschule muß ich diese Beziehung unbedingt als oberste Norm aller Auswahl fordern; hier hat kein Fach, kein Gegenstand *um seiner selbst willen* Platz und Recht; solche Betrachtungen müssen einer anderen, müssen der Forschungswelt vorbehalten bleiben.

Zur Bearbeitung dieser Einheiten sind ganz bestimmte Fertigkeiten nötig. Diese sind insgesamt diejenigen, welche von der Sprache herkommen: Reden, Lesen, Schreiben, Rechtschreiben, Singen, dazu die technisch-künstlerischen Fertigkeiten und das Rechnen.

Beide Gruppen, die jener Einheiten und die der Fertigkeiten, verhalten sich wie Acker und Ackergerät. Sie müssen in der besten Weise füreinander vorgerichtet werden, um zu jener innigsten Berührung zu kommen, die über Saat zur Ernte führt. Ich muß den Acker vorher graben und zurichten, desgleichen die Geräte instandsetzen, sie schärfen, ölen, überholen, um mir den Erfolg der entscheidungsvollen Arbeit im voraus zu sichern. Dabei wird es nötig werden können, Tischler und Schmiede, Mechaniker und Kaufmann mitzunutzen, alles, bevor die eigentliche Arbeit einsetzt. Wie hier im Bilde, so wird in der Schulwelt die Schulung aller Fertigkeiten sorgfältig und für sich zu überlegen sein, um den vollen und erfolgreichen Einsatz zu sichern. Das heißt, auch sie müssen in die jeweils besten Lebenskreise eingeordnet werden, um am schnellsten und am vollkommensten, dabei mit dem größten erzieherischen Gewinn, angeeignet zu werden.

So wird man für die ersten drei Schuljahre Lesen, Schreiben, Rechnen, Basteln und Malen in die Lebensform und Bildungsform der Gruppenarbeit hineingeben, auf daß sie in der innigsten Verschmolzenheit miteinander und zugleich in der stärksten Gemeinschaftsarbeit dreier Jahrgänge erworben werden. Danach aber werden sie in die strafferen, stärker auswählenden Formen der Kurse übergehen, um konzentrierter erlernt zu werden zur Verwendung in der Gruppenarbeit, die sich nun von der Mittelgruppe an inhaltlich mit jenen Ausschnitten aus der unmittelbaren Wirklichkeit selber füllt und steigend mehr erfüllt. Und wo ist diese in der Untergruppe? Die Wirklichkeit selbst wird in der Untergruppe in den Formen der Kreise und Feiern, der Spaziergänge, Wanderungen und Ausflüge, stärker über die unmittelbare Anschauung und das eigene Erleben geleitet, zum Inhalte solcher pädagogischen Situationen.

Das „Fach" aber, so wie es im Laufe des 19. Jahrhunderts im Zeitalter des Positivismus die Wirklichkeit aufspaltete und in Schichten auseinanderlegte, besitzt eine nennenswerte Berechtigung erst auf den höheren Stufen des Schulwesens, dort, wo es heißt, Schüler auf ein Fachstudium einzustellen und vorzuschulen. Wo aber diese vorberufliche Ausbildung nicht verlangt wird, wo es sich nicht um ausgesprochene Fachschulen handelt, dort hat fachliche Betrachtungsweise keinen anderen Wert und keine andere Bedeutung zu beanspruchen als die eines Mittels der Betrachtung, das zur vollen Verfügung des Lehrers steht und sich vollständig den Anforderungen der Wirklichkeit unterzuordnen hat; sie ist nichts weiter als ein Arbeitsgerät neben andern. Ihre Anwendung wird in dem Umfange erfolgen, als sie selber zur Verfügung gestellt werden *kann*, sei es die chemische oder physikalische, die geschichtliche oder geologische Betrachtungsweise. Am deutlichsten kennzeichnen wir ihren Stand, wenn wir sie auf *dieselbe Linie* stellen mit Modellieren, Zeichnen, Rechnen, Schreiben. Der Lehrer halte sie streng in ein und derselben Ordnung mit diesen formunterrichtlichen Fächern und mache sie nach Vermögen dienstbar. Damit entgeht er der Knechtschaft dieser Fächer, verliert nach und nach auch die eigene Verliebtheit in dieses oder jenes Fach und wird frei für die Mannigfaltigkeit des Wirklichen in Natur und Menschenwelt.

Bezeichnend für diese Knechtschaft ist u. a. die Tatsache, daß bei der Umstellung auf den neuen Unterricht in unserem Sinne übermäßig zuerst der Ruf nach — Büchern ertönt. Das kann nicht wundernehmen und ist für die Übergangszeit unvermeidlich, und so muß auch ihr geholfen werden, eben durch den Nachweis von Büchern. Außerdem wird es unmöglich sein, von den Büchern je ganz loszukommen. Aber unbedingt werden sie erheblich zurückgedrängt werden, sobald, reichlicher als heute schon vorhanden, aufgezeigt worden ist, wie reich die Welt um uns schon im einfachsten Dorfe ist und Bearbeitungsmöglichkeiten enthält, für die eine Mindestzahl von Schriften nötig ist. Die Kunst wird wachsen, aus den Wirklichkeiten selber heraus leben und schaffen[100].

In einer „von der Natur her" bestimmten Gruppenarbeit möge die Gruppe sich zur Bearbeitung einen Teil des Flußtales oder einen Waldrand, die Mooräcker und -wiesen gewählt haben. Dann wird nicht nur — selbstverständlich —

---

[100] Als Beispiel dafür, wie auch eine Stadtschule mit einem Minimum an Büchern auskommen kann, diene das Arbeitsgebiet „Der deutsche Bauer", das im S.-S. 1935 12 Wochen lang, jede Woche in drei Blockstunden à 100 Minuten, die Mittelgruppe der Universitätsschule in Jena bearbeitete. Die 29 Schüler hatten an Arbeitsbüchern zur Verfügung nur: *Cornel Schmitt*, Das Getreide, und: Die Wiese; aus den Arbeitsbüchern für die Dorfschule von *Löw* und *Abel*: Vom Wetter, und: Von der Nahrung der Pflanzen; einen landwirtschaftlichen Kalender für 1935; 3—4 Kalender des Kreises Königsberg/Nm.; eine Art landwirtschaftliches Lexikon, das ein Bauer für die Gruppe zusammengestellt hatte; einzelne Bilder und Aufsätze aus Zeitungen und Zeitschriften; Deutsche Ernte in Sitte, Brauch und Sage von *G. Nowottnik*; 1000 Jahre deutscher Kultur, Quellenlesebuch; *Meier Helmbrecht*; Das Land der Deutschen von *E. Diesel*; Das Bäuerliche Tagewerk. Die Schüler erwarben sich ihre Kenntnisse wesentlich

dieses Stück der Natur begangen, an Ort und Stelle studiert und vielseitig aufgenommen, sondern an ihm setzen daheim im Schulgebäude *alle Arbeitsformen* an, die dieser Schule zur Verfügung stehen. Jeder Lehrer überlegt sich also immer zuerst, wie weit er solche Einheit jeweils bearbeiten lassen *kann*. In den wandelbarsten Formen von Gemeinschaftsarbeit, Tischgruppen und Einzelarbeit wird über ein Semester hin oder länger in dieses Stück der Naturwirklichkeit eingedrungen, um zu einer Art von Ganzheitsschau zu gelangen, die aller Einzelnen Mühe vereint und aller Leistung, echte *Mannschaftsarbeit,* darstellt. Es wäre aber dieser Wirklichkeit Unrecht getan, wenn nicht zugleich neben dieser Arbeit an ihren Erscheinungen „das naive zutrauensvolle, gleichsam persönlich-unmittelbare Verhältnis" zur Natur gewahrt und gekräftigt würde, wie es Nietzsche so eindringlich schon 1872 um der „Zukunft unserer Bildungsanstalten" willen forderte. Zum jungen Menschen „müssen der Wald und der Fels, der Sturm, der Geier, die einzelne Blume, der Schmetterling, die Wiese, die Bergeshalde in ihren eigenen Zungen reden, in ihnen muß er gleichsam sich wie in zahllosen auseinandergeworfenen Reflexen und Spiegelungen, in einem bunten Strudel wechselnder Erscheinungen wiedererkennen; so wird er unbewußt das metaphysische Einssein aller Dinge an dem großen Gleichnis der Natur nachempfinden und zugleich an ihrer ewigen Beharrlichkeit und Notwendigkeit sich selbst beruhigen". Statt des „klugen Berechnens und Überlistens der Natur" erhält man ihm so „das instinktiv wahre und einzige Verständnis der Natur"[101]. Darum wird also in diesen von der Natur her bestimmten Gruppenunterricht das Lied gehören, die zeichnerische, malende, allseitig manuelle Aufnahme der Natur, daß sich der Schüler anschauend hinein vertiefe und aus der vollen Anschauung heraus erst einmal gestalte, was ihm das Herz bewegte, und so gestalte, wie es ihn drängt, seinem Naturerlebnis Ausdruck zu verleihen. Es ist alljährlich ein neues Wunder, was an künstlerischen Leistungen dann Taubnessel, Purpurklee, Rotklee, Gerste, Hafer usf. anregen, wieviel in Farbe und Kohle, in Linolschnitt und Holzschnitt vom Wesen der Pflanze erfaßt wird, wie das Typische und wahrhaft Malerische an Pappel, Birke, Trauerweide aufgenommen und dargestellt werden, wie Silhouetten aus der Landschaft abgehoben, beste malerische Wirkungen ihrer Teile erkannt sind. Wer es zu einer Art Regel erhebt, die Schüler zunächst in jenen Ausschnitt aus der Natur so vordringen zu lassen, daß sie die im Innerlichsten aufgenommenen Eindrücke zuerst darstellen, der verschafft sich zugleich einen reichen Hintergrund für alles Spätere, wenn es nun in das Botanische und Chemische, das Geologische oder Vorgeschichtliche, und was sonst noch alles, hineingehen sollte.

---

durch Besichtigungen und Erfragen, auf Spaziergängen und Wanderungen allein oder mit der Lehrerin, um Bauernhof, Dörfer, Felder und Feldarbeit zu besehen und sich von den Menschen an Ort und Stelle Auskunft zu holen. Die Gruppe wählte sich gewisse Felder, um dort von Zeit zu Zeit den Stand der Saaten und die Arten der Landarbeit zu beobachten, und kam so in den Stand, eine sehr sorgfältige und umfangreiche Bearbeitung dieses Themas durchzuführen.
[101] a. a. O. 4. Vortrag.

Der neue Reichtum und die Schönheit solchen Lehrerlebens, solcher Unterrichtsführung, lassen sich kaum besser schildern als durch den Versuch, anzudeuten, wie sich neues Unterrichten mit der Natur auseinandersetzt, indem es die Kinder an sie bindet, während diese zugleich Waffen des Verstandes und Fertigkeiten erwerben, sie zu beherrschen.

Aber jene verschiedenen Arten pädagogischer Situationen, die wir oben beschrieben, geben dem Lehrer noch weitere Vorteile. Sie sind auch ihrerseits Arbeitsgeräten, Werkzeugen zu vergleichen, mit denen man einen Gegenstand angeht, ihn zu bearbeiten. Ich kann nämlich eine und dieselbe „organische Einheit" in verschiedene pädagogische Situationen hineinsetzen. Sie kann gruppenunterrichtlich bearbeitet werden, aber auch in einer der Kursformen, als Wahlkurs, als Pflichtkurs für die ganze Gruppe, als Gegenstand der Morgenfeier, des Wochenschlußkreises usf. Der Lehrer hat mithin einen Reichtum von Arbeitsformen an der Hand, um ganz verschieden gründlich, Zeit und Lage entsprechend, alles und jedes, das seine Zeit von ihm fordert, von den Schülern bearbeiten zu lassen. Dabei geht er ja von selber wiederum mit *seinem* Können und Wollen ganz verschieden stark in die einzelnen Situationen hinein, setzt sich selber jeweils andersartig ein. Spricht er in einer Morgenfeier mit der vollen Kraft des lebendigen Wortes, so ist er in der Gruppenarbeit der pflegende Hüter und mitschaffende Kamerad seiner arbeitenden Schar; nähert sich seine Haltung im Wahlkurse dem gruppenunterrichtlichen Verfahren, so in einem Übungs- und Einprägungskurse dem des guten Methodikers. In jeder Situation aber bleibt der Lehrer wie „Hüter der Ordnung" so die „Quelle des Wissens", und beides macht ihn zur „Autorität in Funktion".

Damit gebietet der Lehrer hinfort auch über die Zeit. *Der Kampf der Fächer um die Stundenzahl ist beendet!* Einmal dadurch, daß dem Fach, wie gezeigt, eine völlig andere Stellung schlechthin gegeben ist, sodann, weil es der pädagogischen Situation unterworfen wird, die der Lehrer in seinem Wochenarbeitsplan den verschiedenen Bildungsstoffen zuweist. Um ein Beispiel zu nehmen: ich kann die Zeit des ersten Weltkrieges und der Nachkriegszeit zum Gegenstande eines Gruppenunterrichtes der Obergruppe machen und diesen ein Semester, ja drei Vierteljahre lang ausdehnen, ganz nach dem Arbeitsinteresse und der damit verbundenen Ergiebigkeit in dieser Gruppe und in diesem Jahre. Dann stehen für diese Einheit mindestens drei Blockstunden die Woche, zusammen 300 Minuten, rd. ein halbes Jahr lang zur Verfügung. Ein andermal kann ich denselben Stoff ein Halbjahr lang Gegenstand eines Geschichtskurses sein lassen, der wöchentlich eine einzige Blockstunde von 100 Minuten beansprucht; darin wird unter stärkerer Leitung des Lehrers konzentrierter gearbeitet. Drittens wäre es möglich, denselben Gegenstand in einen Wiederholungs- und Einprägungskurs zu tun, um den für jeden Schüler, der ins Leben geht, unbedingt wissensnotwendigen Teil aus diesem folgenschweren Geschehen zu befestigen. Dann würde auf ein Vierteljahr hin die Zeit von wöchentlich

50 Minuten ausreichen. Aber nichts hindert, aus diesem Gegenstande für Monate den Stoff der Morgenfeiern zu Beginn oder zum Schlusse der Arbeitswoche zu wählen. Nun reden zu den Schülern abwechselnd die Lehrer der Schule über untereinander wohlverteilte Schritte und Stufen dieses Geschehens, unterstützt von Gedichten, Liedern und Chören, und hinterher setzt in den einzelnen Gruppen eine vertiefende Betrachtung des Gehörten ein, wobei Niederschriften gemacht werden können, das wichtige Mindestwissen herausgeholt und von Woche zu Woche befestigt werden kann. Von diesem Beispiele aus möge sich jeder weiter ausmalen, welche Erleichterung diese Planlegung von Schularbeit bedeutet und welche wohltuende Abwechslung sie für den Lehrer selber, also welchen rein persönlichen Gewinn sie ihm bringt, der wiederum seiner ganzen Berufstätigkeit zugute kommt.

Das Entscheidende aber ist: *die Last der Fächer ist abgelegt*. An die Stelle der Fächerung tritt die arbeits- und lebensrhythmisch abgestimmte Ordnung der pädagogischen Situationen. Der Fetzenstundenplan ist zur Ruhe gegangen mitsamt den „Stunden", und der „Kampf der Fächer" hat ausgetobt. In größeren Schulsystemen wird weniger das fachliche Wissen als der persönliche Einsatz geistiger Kraft, wie sie sich in einem Lehrkörper vereint, gewertet und danach der Wochenarbeitsplan des nächsten Semesters entworfen. So rückt auch hier der Stoff an die zweite, der Mensch an die erste Stelle und wird Herr der Mächte, die seinem Verstande entsprangen und gedroht haben, ihn zu ihrem Sklaven zu machen.

IV. Kapitel
Die Führung im Unterricht

1. Teil: Die pädagogische Haltung

1. Vorgedanken zur pädagogischen Haltung im Unterricht

Wir haben es mit dem Unterricht der Schulen zu tun. Ihn erkannten wir oben als eine soziale Veranstaltung für Bildungszwecke, deren erzieherische Bedeutung an und für sich allein genommen nur gering sein kann. Allem Unterricht geht es um absichtsvolles, planvolles Bewußtmachen; um ein Klar-Machen, Belehren, Aufklären, Zeigen, Verständlich-Machen. Es kommt darauf an: die *richtige* Verwendung und die richtige Anwendung, den rechten Gebrauch und die rechte Verwertung, das richtige Verständnis zu lehren u. dgl. m. Daß die **Feder** recht gewählt, gehalten und gebraucht werde, Buchstaben richtig ausgesprochen, verbunden, gelesen, geschrieben werden; Werkzeuge richtig gewählt und angesetzt, Arbeitsmittel und Lernmittel aller Art richtig gebraucht werden usw. Dies alles macht es so begreiflich, daß immer wieder viele dazu neigen, die **technische** Seite im Lehrerberufe als das Kennzeichnende herauszuheben. Wo steckt denn in der Führung, Leitung, Steuerung des Unterrichts das Pädagogische? Das, was den Lehrerberuf erhöht und den Lehrer zum Erzieher macht? Vielleicht darin, daß der Lehrer solche Dinge lehrt und beibringt mit pädagogischem „Geschick"?

Wer so spricht, der gerät allzuleicht in die Gefahr, daß das, was er ganz recht als pädagogisch erkannte und hervorheben wollte, doch gleichgesetzt wird mit technischem oder methodischem Geschick. Der Mensch kann auch Tiere unterrichten und belehren, ja Tiere lernen sogar, andere Tiere beim gemeinsamen Lernen zu berichtigen oder zu mahnen, werden etwas wie Helfer des Dresseurs. Unser Begriff des Pädagogischen darf auf keinen Fall dort mitangewandt werden, wo wir es mit Dressur zu tun haben und wo wir gern das „Geschick" des Dresseurs bewundern und anerkennen. Auch jenes „Bewußtmachen" in allem Unterricht darf nur vergleichsweise dort angenommen werden, wo wir Tiere unterrichten; denn kein Tier wird je in den Stand kommen, zu dem Unterricht, den es genießt, Stellung zu nehmen, um sein Können, seine Fortschritte oder Rückschritte zu wissen, gar eine allgemeine Hebung seiner intellektuellen Kräfte festzustellen.

Nun ist das Bewußtmachen als *das* Merkmal allen Unterrichtens erst seit kurzem erkannt[102]; es ist niemals *das* Problem der Didaktik gewesen, obwohl doch aller Unterricht sich darum drehte. Was jahrhundertelang ohne Herzklopfen frisch, froh und naiv angefaßt wurde, konnte wohl auch erst dann in Frage gestellt werden, als die *Verantwortung* voll und ganz erkannt wurde, die ein Mensch auf sich nimmt, der sich entfaltende, aufwachsende Menschenkinder zur Reife der Jugendzeit führen will und sich dabei der „Ehrfurcht vor dem Leben" und der „Idee der Erziehung" unterstellt. Denn damit wird das Bewußt*werden* in seiner innigen Beziehung zur pädagogischen Aufgabe erfaßt, also auch die *Gefahr*, die es haben kann, zu verfrühen, nicht nur zu verfehlen, also schon: mit etwas zu früh zu kommen. Die gewisse Anpassung an die Entwicklung des Bewußtwerdens, die Achtung vor dem, was „phasenspezifisch" genannt wird, das Bemühen, rein vom pädagogischen Tun her im Rahmen „pädagogischer Tatsachenforschung" in den Gang der Entwicklung einzudringen — dies alles ist ein Beweis für die segensreiche Wendung, die der Pädagogie immer mehr reinen Dienstcharakter geben wird.

Allein, muß denn der Diener selber verstummen, *lediglich* dienendes Organ werden? Was soll der Lehrer da mit seiner „werterfüllten Persönlichkeit" anfangen? Darf er die nicht einsetzen? So wird hier gern anschließend gefragt. Man meint damit, was doch selbstverständlich nicht ist und außer Frage steht, ob der Lehrer in seiner persönlichen Art und Wertigkeit aus dem Unterricht fortgedacht werden könne; denn das wird nimmer der Fall sein, und, anstatt nur davon zu sprechen, daß die „persönliche Note" nie fehlen solle, gehen

---

[102] Siehe *Petersen*, Ursprung der Pädagogik, § 13.

wir viel weiter und fordern von jedem: *Sei, der du bist!* Wage, ganz der Mensch zu sein, der du bist!

Die Frage, um die es uns hier geht, ist eine andere: wann soll der Lehrer und wann darf er überhaupt mit seinen eigenen Werturteilen eingreifen; *sich seinen Schülern als Norm und Maßstab hinstellen, gar aufdrängen?*

Für den Bereich der Sitte und des Sittlichen ist oben unter den Vorordnungen des Unterrichts alles Nötige gesagt. Selbstverständlich soll und muß jeder in der religiösen Verkündigung als Bekennender und Gläubiger hinter seinen Worten stehen. Für das weite Reich des Schönen, des Musischen gilt zweierlei: jeder gebe hinein, was er kann, und nach dem, was er liebt, was ihm liegt, auch wofür er begeistert ist, selber schwärmt. D. h. er gebe reich hinein an Liedgut und Gedichten, besten Erzählungen und Chören, an Musik und Bewegungskunst, soweit er es vermag. Im Politischen ist stets zu bedenken, daß es der Politiker ist, der dem Pädagogen diesen Bereich innerhalb der Staatsschule vorbereiten und umgrenzen wird. Daher das große Glück für ein Volk, wenn dieser Machtbezirk geklärt ist und die pädagogische Arbeit nicht seine zerreißende Wirkung bis in den Unterricht hinein verspürt, ja mancher Unterricht im Kern zersetzt und vernichtet wird. Aber auch in arger Zeit gibt es für den Pädagogen eine eindeutige Losung: er diene nur dem, was dem *ganzen* Volke frommt; handle in allem Unterricht „politisch", d. h. nach dem Sinne dieses altgriechischen Wortes: auf das Volk ausgerichtet, gewissenhaft und streng auf das zu achten, was in seiner Schulstube die Kindergemeinschaft als eine Zelle des Volkskörpers *eint*, sie zu einer starken und gesunden Zelle entfaltet. Die Liebe zum Volke, als eine Klassen und Parteien überwindende Liebe zum Volke, ist es ganz allein, die ein Volk zusammenhält; sie ist darum jeden Lehrers oberste Norm für sein Handeln und Reden in der Schule. Ohne Menschen, auch ohne Schulen, die diese Liebe festigen und als selbstverständlich tagaus, tagein ihre Schüler leben und erleben lassen, fällt jedes Volk schließlich auseinander. Denn „Volk ist die oberste schöpfungsgemäße Ordnung der geistigen Gemeinschaften, deren Glieder auf dem Grunde einer gemeinsamen *Natur* und *Sprache* und einer gemeinsamen *Kulturarbeit* vieler Geschlechter in Vergangenheit und Gegenwart stehen; sie umspannen die auf diesem Grunde entstandenen *idealen Güter und Werte* mit allen Liebeskräften ihres Blutes, ihres Gemütes, ihrer Innerlichkeit und erwerben sie in ihrem Leben und Handeln täglich neu, um sie dem zukünftigen Geschlechte zur Arbeit daran zu überliefern[103]".

Des Lehrers Weltanschauung wird der tragende Hintergrund der Lehrtätigkeit sein, in ihr und durch sie selber weiter reifen, da sie zum Ausreifen ein volles Menschenleben braucht. Weltanschauung sollte nicht gelehrt werden; denn alsdann verliert sie ihr Bestes, die gläubige Kraft, das Unausprech-

---

[103] Über die erziehungswissenschaftlichen Begründungen s. m. Allgem. Erziehungswissenschaft I. 1924. S. 244—246.

liche, die Tiefe und wird, zur Oberfläche heraufgetragen, selber oberflächlich, vom Grunde losgelöst, entwurzelt, grundlos und zerflattert. Es ergeht der Weltanschauung genau so wie der Religion und der Philosophie, als sie zu Lehrgegenständen, zu Unterrichtsfächern erniedrigt waren. Religion wurde zum Geschwätz von Gott, entartete ins Dogmatische und Formalistische hinein. Philosophie, die Lehre wird, geht in die Irre; denn sie, die der Seinserhellung dienen sollte, darum „in der Schwebe" bleiben muß, wird festgelegt und starr. So treten an die Stelle einer wirklichkeitserfüllten Anschauung Buchwissen aus dritter und vierter Hand; an die Stelle einer selber erworbenen Lebenserfahrung nachgesprochene Lehren; eines lebendigen Glaubens tote Formeln; eines in sich selber bewegten Wissens blutleere Begriffe, systematisch geordnet. Niemand gewinnt damit gläubige Jünger, höchstens Eiferer; und er muß mit einem Schilde streiten, aus dessen Mitte das Kleinod entwendet ist.

So ist es die Liebe zum Volke, zum Mitmenschen und zu Gott, die verbieten und es verhüten sollte, daß die geistigsten Beziehungen Mensch zu Mensch zerredet und in Unwerte, ja Widerwerte verwandelt werden. Zurückhaltung wird Gebot und Maßhalten Pflicht; ihre Beachtung steigert die Wirkung der Persönlichkeit. Aus der Grenze strömt die höhere Kraft, jede Grenzverletzung im Geistigen vernichtet dessen Wirkungsmöglichkeiten; hier ist wenig viel, Schweigen Gold und die machtvollste Beredsamkeit.

Das ist die Weise, sich pädagogisch mit seiner vollen Persönlichkeit einzusetzen; denn um den *rechten* Einsatz geht es uns, so wie ihn der schlichte Arbeitstag verlangt. Anders dort, wo der Lehrer herausgefordert wird, wo es gilt, sich offen und ganz einzusetzen. Allein das ist nicht in jeder Stunde, nicht jeden Tag der Fall. Es gehört aber zum Lehrersein und Erziehersein, daß einer als Mensch auch nach seiner menschlich-allzumenschlichen Seite weniger verborgen bleiben kann, als ein Angehöriger anderer Stände und Berufe. Darum soll er es auch nicht, aber er muß wissen um sich und um die Art und Weise des Einsatzes seines innerlichsten Seins, damit er dennoch reich in seinem Allerinnersten bleiben kann, nicht veräußerliche und geistig-menschlich verarme. Eine Unterrichtsführung in dieser Haltung ist ehrfürchtig allem Lebendigen gegenüber. Unser Pädagoge lernt willig von den Wissenschaften vom Menschen, vom Leben und von der Seele und versenkt sich in die Rhythmik und Entwicklungsstufen alles Lebendigen und Seelischen, von daher sich mitbestimmen zu lassen. Und vor seinem Auge erhebt sich, von hier aus gesehen, eine „ideale, vom Kinde her gesteuerte Pädagogik"[104].

Erziehungswissenschaftlich geschult, weiß er ferner um die Erziehung als eine Funktion der Wirklichkeit, welche im Menschen Vergeistigung und Freiheit wirkt, den Menschen erst zum Menschen macht, weiß um sie als eine unbewußt-organische Gemeinschaftsfunktion. Schule ich daher im Unterricht

---

[104] *Elsa Köhler,* Entwicklungsgemäßer Schaffensunterricht. 1932. S. 39.

den Intellekt, kläre ich auf und leite meinen Unterricht so, daß er biopsychologisch bestens und vorsichtig den Schüler bildet, so rühre ich damit kaum an das Geistige im eigentlichen Sinne. Ja, es besteht die Gefahr, daß ich es sogar vernachlässige, verdränge, verfälsche, wie die Geschichte der überlieferten Schule so deutlich wie nur möglich beweist; denn sie wollte Erziehungsschule sein und gelangte zu einem Ergebnis, das alle erschüttert. Sie erkannte nicht und weigerte sich, allen Mahnungen zum Trotz anzuerkennen, daß der Unterricht rein als solcher kein besonders gut geeigneter Ort ist, erzieherische Wirkungen zu erreichen; er müßte denn *anders eingebettet* sein.

Was nun ermöglicht innerhalb des didaktischen Dreiecks von Lehrer — Stoff — Schüler pädagogisches Handeln im Vollsinne?

Es liegt nicht darin, *daß* ich belehre, etwas klarmache; nicht in dem, *was* ich klarmache, und mit dieser Zurückweisung des Stofflichen wird auch alle einseitige Kulturpädagogik in ihre Schranken gewiesen[105]; nicht darin, *wie* ich es mache, damit wird der Vorrang irgendwelcher Unterrichtsmethode für erzieherische Wirkungen abgelehnt; jede Methode kann, ja wird unweigerlich auf die Dauer zur Routine, zum bloßen Gerät; also macht es mein „Geschick" nicht.

Bin ich pädagogisch tätig in jenem didaktischen Dreieck, so darf ich also nicht in die Richtung auf den Stoff blicken, sondern muß durch den Stoff hindurch, besser noch *unmittelbar auf den Schüler* sehen, auf ihn als diesen so und so bestimmten kleinen deutschen Menschen, der da vor mir steht oder sitzt, *mir anvertraut* und ausgeliefert, so daß wir beide einander *Schicksal* geworden sind. Nun gelange ich zum letzten und zum allein wahren Verständnis des viel genannten „Vom-Kinde-her". Nicht ich, der Lehrer, bin die Hauptsache, nein, ich bin als Lehrer überhaupt erst begründet von diesen meinen Schülern her; sie geben mir mein Recht, sie setzen mich in meinen „Stand" als Lehrer, und so werde ich einzig und allein durch sie zum — Erzieher. Ich bin von ihnen her, was ich bin und was ich sein soll. Alle hohe, alte Rede vom Lehrer als „an Gottes Statt", als an der Eltern Statt, erhält wieder ihren Sinn; wir fangen damit an, höher von unserem Stande zu denken und den Sinn eines Berufes als dessen, wozu ich berufen sein soll, zu erfassen *und* zu erfüllen. Darin liegt die Wandlung zum Erzieherstand beschlossen.

Wer das begreift, der wird fähig, in den Wandel einzugehen. Er will *sich* fortan als um der Schüler willen, und er sieht all sein Wissen und Können, seine schönsten Methoden und stolzesten Erfindungen als Dienstgerät, das er alles an seine Schüler hingibt. Sein Leben im Berufe wird wundersam erfüllter; in aller äußeren Schwere des Lebens rinnen doch für ihn alltäglich geheimnisvoll steigende Quellen beglückender Kraft für Berufsarbeit und Lebensführung.

---

[105] *Heinz Döpp-Vorwald*, Erziehender Unterricht und menschliche Existenz. 1932. S. 61 ff. zeigt vortrefflich, welche pädagogische Haltung zum Stoffe erziehende Wirkung haben kann.

2. Vom „erteilten" Klassenunterricht zum geleiteten „Unterrichtsleben"

In der Obergruppe war Gruppenarbeit gewesen, geleitet von einer begnadeten Pädagogin. Die Gruppe bot ein bewegtes Bild arbeitender, einander helfender Tischgruppen und Einzelarbeiter, unter ihnen die Lehrerin in dieser unausschöpflich reichen abwechslungsvollen Tätigkeit, wie sie zum ersten Male *Willi Schneider* eingehend analysiert hat[106]. Eine junge, wie sich später ergab, ausgezeichnete Lehrerin hatte zum ersten Male in einer Gruppenarbeit hospitiert und antwortete auf die Frage, wie es denn gewesen sei: „Ach, die Kinder arbeiteten die ganze Zeit". Aus dieser Antwort klang ihre Enttäuschung darüber, daß sie „nichts gesehen" hätte. Was bedeutet jene Antwort? Wie ist sie überhaupt zu erklären? Denn was wollen wir eigentlich mehr als daß die Kinder arbeiten? Und, was wollte s i e sehen?

Wir müssen uns in eine Lage versetzen, die allen denen wohlbekannt ist, die viel an Schulen ringsum hospitieren, sich vom Schulleiter einen Hospitierplan geben lassen und nun an die betreffenden Lehrer verwiesen sind. Da geschieht es wiederholt, daß ein Lehrer, in dessen „Stunde" man eigentlich mitgehen sollte, einem erklärt: „Kommen Sie lieber zu mir in die übernächste Stunde; jetzt arbeiten die Kinder". Dann weiß der Hospitant aus seinen reichen Erfahrungen heraus, wie es liegt, was gemeint ist, nämlich: in dieser Stunde werden die Schüler etwas einschreiben, Verbesserungen in Heften fertigstellen, still rechnen u. ä. m.; der Lehrer aber wird herumgehen, nachsehen, ob auch alle „arbeiten", ob sie es richtig machen, oder es kann auch so sein, daß er in dieser seiner Stunde auf dem Katheder sitzen, Hefte nachsehen, sein „gesehen" unter Verbesserungen anhaken wird und nur leicht die Schüler überwacht; denn diese — „arbeiten" ja. Dann hat er selber nicht viel zu tun. Der Besucher aber denkt bei sich: es ist nett von ihm, mir das vorher zu sagen, da kann ich zu einem anderen gehen, wo es mehr zu sehen gibt, oder lieber einen Spaziergang in der frischen Luft machen, meine Post abholen und mir die Stadt ansehen; denn — in dieser Stunde arbeiten ja die Schüler. Und dann ist nichts los in der alten Schule!

Also, wann ist etwas los? Wann lohnt sich der Besuch einer Stunde? Die erste Bedingung dafür ist, daß der *Lehrer* tätig ist, und zwar in einer ganz besonderen Art und Weise; wenn *er* arbeitet und die Klasse bearbeitet, nämlich mit seinen Fragekünsten oder allgemein mit seiner Redekunst. Und was sieht man dann? Worauf ist zu achten? Auf seinen „Aufbau" der Stunde, den „Gang" seines Unterrichts, die Methode, auf logische Dinge. Denn alles andere wird hiervon abhängen: das, *was* die Kinder lernen, *daß* überhaupt gelernt wird, und vor allen Dingen die „Beteiligung" der Schüler. Ja, des Lehrers

---

[106] Unterrichtsführung im gruppenunterrichtlichen Verfahren (Jena-Plan). Aus der Tätigkeit des Lehrers in der Gruppenarbeit einer Obergruppe der Schule nach dem Jena-Plan. Weimar (Böhlau) 1937.

Kunst wird dann am höchsten gepriesen, wenn es ihm gelang, so zu unterrichten, daß sich so gut wie alle, gar alle Schüler beteiligten[107]. Um diese Beteiligung geht es im höchsten Grade. Die Schüler müssen an dem teilnehmen, was ihnen geboten wird, dem Wege folgen, den sie vom Lehrer geführt gehen sollen.

Das Entscheidende ist der so oder so unterrichtende Lehrer; der Schwerpunkt aller Tätigkeit im Schulraume liegt im Lehrer. Der Besucher will von seinem Kollegen für sich als Lehrer, d. h. als Methodiker, lernen, um es ebenso zu machen oder danach seine bisherige Tätigkeit als Unterrichtender abzuändern. Er achtete auf die Fragepyramiden oder Frageellipsen, die Stoffverbindungen, die Übergänge, die Kniffe, die angeknüpften Beziehungen, die anregenden, die Teilnahme steigernden Momente im Ablauf der Stunde. Er will in seiner eigenen Lehrtätigkeit wachsen, vollkommener werden. Ja, gut mitgeschrieben, ist es durchaus möglich, nun in der eigenen Klasse, vorausgesetzt, daß sich Jahrgang und Fach decken, dieselbe Stunde zu geben, fast wörtlich eine Unmenge zu übernehmen und seinen Schülern vorzusetzen. Das ist Unterricht in der reinen Belehrungsschule, der Lern- (und wie man wieder erkennt), besser gesagt der *Lehrerschule*. Denn es ist der Lehrer, der den Unterricht trägt, nicht die Schüler; diese nehmen — nur — teil.

Wir stehen vor einem Stück bestens bekannten Unterrichts, in dem die Methode das A und das O ist, eines Unterrichts, der seine Berechtigung hat und der niemals ganz zu entbehren sein wird. Die ganze überlieferte Methodik wird ja auch keineswegs mit einem Male über Bord zu werfen sein, sie kann z. B. innerhalb der „Kurse" einen neuen Aufschwung nehmen, da ihr aus den übrigen Arbeitsformen eine Fülle neuer Einsichten in die Schülertätigkeit zufließt, die noch gar nicht „methodisch" nennenswert ausgewertet sind. Wiederum ist es die unselige Einseitigkeit, die mit dem Übergewicht des Rationalen im Leben der letzten Epoche zusammenhängt, welche den „Unterricht" derart dünn und kraftlos gemacht hat, daß er sich im Methodischen verlief. Dieser Einseitigkeit gegenüber gilt es folgende volle Wendung zu machen:

Aller Unterricht *baut auf der Tätigkeit der Schüler auf*, und aus dem Lehrer als Unterrichtendem wird *der Führer tätiger, arbeitender Kinder*. Und nun werden die wichtigsten Fragen: wie arbeiten Kinder? wie gruppieren sie sich bei der Arbeit, helfen, fördern einander? wie lernen Kinder, überhaupt und voneinander? wie geht in der Wirklichkeit des Lebens das Sich-Bilden vor sich? und zuletzt: wie führen wir arbeitende, tätige Kinder im Unterricht unserer Schulen?

Es leuchtet von selbst ein, daß sich damit erst neues Unterrichten entwickelt, wenn man es noch so nennen will. Denn die innere Bewegung der Schularbeit (von dem veränderten äußeren Bilde solcher Schülergruppe gar nicht zu

---

[107] Siehe unten S. 210 f.

reden) ist derart anders, daß wir es vorgezogen haben, von einem „Unterrichtsleben" zu sprechen, um einigermaßen in Worten auszudrücken, was wir sehen und erleben. Es ist „Unterricht in Bewegung", *bewegter Unterricht*. Es ist, als wenn die vom Unterricht im alten Sinne überhaupt nicht beanspruchten Kräfte jetzt aufbrechen und damit das gewohnte Unterrichtsbild so völlig verändern. Insbesondere ist es aber immer jene Freigabe der sozialen und sittlichen Beziehungen und der mit ihnen neu eingestellten Antriebskräfte, die nun auch dem Lern- und Bildungsvorgang dienstbar gemacht werden. Insofern ist es berechtigt, von einem neuen Leben des Unterrichts zu sprechen und alle diese, in einer neuen Schule auch zahlenmäßig jede pädagogische Situation beherrschenden Tätigkeitsformen zusammenzufassen als Unterrichtsleben und dieses dem Unterricht i. e. Sinne, womit Fortbildungen des überlieferten Schulunterrichts gemeint sind, entgegenzusetzen.

Geht also der Lehrer in diesen bewegten Unterricht führend hinein, dann muß er um die *inneren* Verhältnisse wissen, die solches Unterrichtsleben bedingen und zustande kommen lassen. Das Erste ist dies: er muß derart führen, eingreifen, bestimmen, lenken und zulassen, daß sich die *Lebensgesetze* voll und mit ganzer Macht entfalten können. Als das geschah, da war es ja, daß nun in dieser so lebendurchwirkten natürlichen Schulwelt von selbst die Urformen des Sich-Bildens, des Lernens und Lehrens erschienen und einfach abgelesen werden konnten. Und mit ihnen kamen ebenso von selbst die Schulklasse, der alte Stundenplan, Stunde und Pause usf. notwendig in Fluß, und alles suchte nach neuen Formen, die wiederum nur der Wirklichkeit abgelauscht zu werden brauchten.

In jener oben genannten Fragegruppe waren die entscheidenden Fragen: Welches sind die besten Gruppen für Zusammenleben und Arbeit? und die andere davon nicht zu trennende Frage: Wie arbeiten Schüler, wenn man sie an den schulischen Aufgaben so anders arbeiten läßt als in der überlieferten Schule mit jenem Übermaß an „aufgegebener" Arbeit, an Schularbeiten? Über all dieses war in der Literatur nichts zu finden. Schulärzte, Hygieniker und Psychologen konnten eben nur jene gebundene, methodisch geleitete Schularbeit und deren Wirkung auf Schüler untersuchen, daran ihre Beobachtungen über die Sehschärfe, die körperliche Haltung, Aufmerksamkeit, Ermüdung, Interesse usw. machen. Auch die Soziologie schwieg sich aus. *Hans Lorenz Stoltenberg* bekannte, daß sie vom seelischen Leben der Schülergruppen, gar davon wie sie sich gruppierten, nichts wisse[108]. Seit langem sehen wir nun, daß aus den Jena-Plan-Schulen eine ganz *neue Psychologie und Soziologie des Schülers und der Schularbeit* hervorgehen wird, ja, daß deren Anfänge bereits vorliegen. Es gibt keinen besseren Beweis dafür, daß mit diesem Unterrichtsleben ein neuer Bereich der

---

[108] Im Vorwort zu seiner Übersetzung der Soziologie *Ch. A. Ellwoods*, Das seelische Leben der menschlichen Gesellschaft, 1927. Im Jena-Plan I 1930, S. 8 bis 40 sind diese soziologischen Fragen beantwortet.

Wirklichkeit erschlossen ist, als diese Tatsache. Sie erforderte eine eigene wissenschaftliche Untersuchung und entwickelte aus sich heraus auch eine besondere Methode zur Erforschung dieser Welt[109].

Dreierlei Vorteile des Altersgruppensystems laufen mithin zusammen: es sind stets wirklich ihrer seelisch-körperlichen Entwicklung nach innerlich zusammengehörende Schüler vereint; es sind die Lebensgesetze und die Bedingungen für einen natürlichen Ablauf der Arbeit beachtet, und nun drittens, für die unterrichtlichen Aufgaben besonders entscheidend: es sind sämtliche Grundformen der Bildung in einem wohlabgewogenen Wechsel aufgenommen und verwertet.

Danach bleibt selbstverständlich auch für die Führung im Unterricht an erster Stelle das Gebot der „Ehrfurcht vor dem Leben". Der Schutz des dem Lehrer anvertrauten Lebens steht überall voran. Also freie Bewegung und reine Luft sichern, zu jeder Tageszeit und in jeder Unterrichtsform! In jeder Stunde müssen die Bedingungen eines gesunden Wachstums vorhanden sein. *Den Schulalltag gesund machen!* (Franz Schede)[110]. Nur die aufgespaltene fachwissenschaftliche Betrachtungsweise hat — einmal von der Psychologie her — den falschen Eindruck einer vom Körperlichen getrennt arbeitenden Seele entstehen lassen, sogar eine rein psychische Konstitutionsforschung hervorbringen und Untersuchungen der „Intelligenz als solcher" vornehmen lassen können und danach Intelligenztests und psychische Profile aufgestellt. Uns ist wieder „der Leib die Erscheinung der Seele, die Seele der Sinn des lebendigen Leibes" (Ludwig Klages) und das Seelische Gestalt und Leib. Seitdem wissen wir auch, wie stark der *Bewegungs*trieb und der Bildungs- oder Lerntrieb Hand in Hand gehen. Darum sollen wir nicht nur der inneren, ihm mitgegebenen Forderung des Kindes, sich frei zu bewegen, um gesund und natürlich und harmonisch wachsen zu können, entgegenkommen, sondern genau so gut dem anderen gleich starken angeborenen Drange, zu lernen, und zwar *in Gemeinschaft seinesgleichen lernen zu wollen*. Daß es diesen Trieb in der Tat gibt, auch für die Schulaufgaben, das haben allzu viele Tausende von Schulkindern aller Schulen, Landschaften und Stände uns gelehrt, als daß daran noch gezweifelt werden dürfte; wir können sogar stark schulunlustig gewordene Schüler zurückgewinnen, in ihnen wieder die Lust zum Lernen wecken und sie dann zu guten Leistungen bringen. Dies alles kann nur geschehen, wenn der Lehrer während des Unterrichts ständig dem einzelnen nachgeht und ihn gerade auch vom Standpunkt seiner Gesundheit her beobachtet, prüft und betreut. Seine größte Sorge ist immer die, daß nur nicht die Quellen verstopft werden möchten, aus denen alle

---

[109] Siehe die Literatur in: *Elsa Köhler,* Aktivitätspädagogik, 1936, S. 422 f. — Vgl. die Literatur zur Jenaischen „Pädagogischen Tatsachenforschung".
[110] a. a. O. S. 136: „Die Schule füllt einen großen Teil des kindlichen Alltags aus. Wird sie so eingerichtet, daß sie den Lebensgesetzen des kindlichen Organismus entspricht, so wird sich das Kind seiner Schule verbunden fühlen, und sie wird ihm zur Heimat werden. Es wird gern in die Schule gehen."

fruchttragende Tätigkeit seiner Schüler stammt. Je mehr er lernen kann, diese Kraftzuflüsse zu erkennen und recht zu schützen, um so mehr wird er dann die Früchte des Unterrichts reifen sehen. Es ist hier wie beim Gärtner, der stets wieder an die Pflege und die beste nachhelfende Ernährung des Wurzelbereiches denkt, aus dem die Säfte heraufsteigen und alles am Stamm lebt. So dient der Lehrer weise pflegend den Lebenskräften seiner Schüler in jeder Unterrichtsform. Sobald das geschieht, entsteht das, was den Besuchern stets am meisten auffällt: ein natürlicher, sehr schlichter organischer Fluß in allem, was dort getrieben wird. Der Strom des Lebens rollt nach seinen irrationalen Gesetzen dahin, und jedermann achtet, schützt und fördert in seiner Weise dieses Leben der Schulgemeinde.

Alles organische Lebendige bewegt sich aber nicht nur, sondern bewegt sich stets in bestimmbarer, fester Richtung zielvoll. Darum ist in ihm eine *Stetigkeit*, eben des Zieles, der Bewegtheit selber vorhanden, die bei längerem Verweilen und Beobachten erkennbar wird. Dazu kommt nun drittens als Merkmal alles sich organisch entwickelnden Lebens: Eingeschlossensein in ein relativ einheitliches Ganzes, innerhalb dessen alle einzelnen in echter Gliedschaft stehen und tätig sind[111].

Dies alles begründet *die innere Dynamik des Schullebens* und den *einheitlichen zielfesten Zug allen Unterrichtslebens*. Alle Glieder der Gruppe blicken fest auf das Ziel, auf die Arbeit, die sie sich vorgenommen haben. Immer sind die Arbeitsaufgaben der Schule dabei in ihrer Fülle und Mannigfaltigkeit im Mittelpunkt des Ganzen; um sie kreisen aller Gedanken so oft gerade auch dann, wenn keine Schule ist, so daß von da her die Vorstellungen von der „Hausarbeit" sich wandeln und daß diese vor allem zu etwas fast ganz Selbstverständlichem wird und nicht mehr den von der Lernschule her bekannten Charakter des Aufgezwungenen besitzt.

Das gibt aber allem Unterrichtsleben zugleich einen *realistischen* Zug, die Echtheit, das Ungekünstelte, die Unmöglichkeit, etwas zu „machen" und „vorzuführen". Lektionen liegen da bald im Nebel der Vergangenheit als unwiederbringbare Erinnerungen an längst verflossene Zeiten der Schulgeschichte. Und weil alle, der Lehrer wie alle Erwachsenen, die dort mitarbeiten, stets *zur Sache* reden, so können sie tagaus, tagein so viele tausend Worte sparen. Das Wort ist von seinem Thron gestiegen; Tun und Handeln, auch das handelnde Wort, haben den Vorrang erhalten. Es ist jetzt ein Zusammenleben und Zusammenarbeiten gesichert und geordnet, in dem es um von allen angestrebte, jedem nach dem Maße seiner Gaben auch bekannte, ja vertraute Ziele geht, alles ein Beweis für ein gesundes Arbeits- und Gemeinschaftsleben.

Und in diesem Leben schwingt der Lehrer, voll an seine Anforderungen hingegeben, mit, er hemmt nicht widersinnig, sondern empfindet sich wohltuend in den Fluß des Lebens, den Rhythmus der Arbeit eingeordnet. Darum

---

[111] *Felix Krueger*, Über Entwicklungspsychologie. 1915. S. 167 f.

verschwindet in diesem Unterrichtsleben jenes für die Lehrerschule so typische taktierende Eingreifen, dieses von Denkanstoß zu Denkanstoß, von Anregung zu Anregung, von Frage zur Antwort und wieder zur Frage Weiterdrängen der Klasse. Alsbald sieht er sich als den, der seiner überlegenen Reife wegen von Natur führt, inmitten der arbeitenden Schar. Er tritt in einer natürlichen, selbstverständlichen Haltung als Führer mitten unter diese arbeitende Schülerschar, die in gemeinsamer Arbeit vorwärts schreitet, ein Führer von Natur, weil er den Blick fester und klarer auf das jeweilig gemeinsam angestrebte Ziel richten kann. Er denkt vor, greift zurück, arbeitet bei diesem Schüler, bei jener Tischgruppe selber mit an der jeweils rechten Stelle, berät, lenkt, warnt und ist in all seiner eigenen Tätigkeit und Bewegtheit doch zugleich der ruhende Pol in dem Zuge dieser tätigen Schülergruppen.

In einem Schul- und Unterrichtsleben, das so reich an bildenden und erziehenden Möglichkeiten ist, kommt es zu einer anderen, zu einer einfacheren Lösung der Fragen der *Disziplin* und der *Zucht* aus sich selber. Die Gruppe macht den Lehrer zum Führer, dadurch daß sie ihn in seinen „Stand" hebt als Führer der Gruppe. Ganz unbestritten ist des Erwachsenen Vorrangstellung in so arbeitenden und geleiteten Gruppen. Denn der Lehrer steht da mit seinen Forderungen und in einer Haltung, die keinen sittlichen Widerspruch herausfordern, sondern er ist „Autorität in Funktion". Und diese lehnt die menschliche Natur nirgends ab; schon spielende Kinder fügen sich den Anordnungen der heraustretenden Spielführer, freilich nur solange, als diese sich im Rahmen der Spielgesetze mit Anweisung, Befehl und Strafe an sie wenden. Und sein Vorbild wirkt auf die Schüler ein; es bilden sich immer größere Kreise derer, die fest zu ihm stehen und ihn stützen, ohne daß er sie bestellt oder besonders nimmt. So wächst aus dem Leben selber um den Lehrer herum die Zahl der führenden Kinder, die tatkräftig und außerordentlich wirksam von sich aus Sitte und Brauch der Schulgemeinde erfassen und sie durch Wort und Tat erhalten und weitergeben.

Das ist gewissermaßen der laute Dank dafür, daß dieses Unterrichtsleben *die sozialen Grundgesetze für arbeitende Schülerscharen* berücksichtigt, ja sich voll auswirken läßt. Alle Führung im Unterricht muß wissen, daß es keinen besseren Rat geben kann als den, die Schüler sich in ihren Stammgruppen für die unterrichtlichen Aufgaben frei *gruppieren* zu lassen. Doch unter der einen Bedingung wieder, daß alle Tischgruppen der ganzen Gruppe verantwortlich sind und von dieser wie vom Lehrer umgestaltet, ja ganz aufgelöst werden, sobald sie jenem „Gesetz der Gruppe"[112] nicht gehorchen.

Alle eigenen Erfahrungen sowie die Beobachtungen an sehr vielen Schulen mit anderen Grundsätzen der Gruppenbildung haben gelehrt, daß es das Allerbeste ist, die Gruppenbildung unter der genannten Bedingung freizugeben. Alsdann beschränken sich die Eingriffe der Gruppe und des Lehrers auf

---

[112] Siehe oben S. 71 ff.

jenes Minimum, das keine Macht der Erde wird beseitigen können, solange wir Menschen sind, wie wir nun einmal sind. Zugleich hilft diese Art der Gruppenbildung mit, die natürliche Ordnung im Raume zu sichern; denn durch sie werden viele unnötige Reibungsflächen von vornherein ausgeschaltet, während das Ziel: gute Arbeitshaltung und Leistung, von selbst gefördert wird.

Interessant ist, daß auch wir, wie die Soziologen, haben feststellen können, daß die beliebtesten Tischgruppen die Dreier- und die Zweiergruppen sind und daß die Dreiergruppe die fruchtbarste ist. Selten erreicht eine Tischgruppe die Zahl 5 oder 6, und dann ist sie zumeist eine verkappte Zweier- und Dreiergruppe bzw. zwei Dreiergruppen, in denen sich zwei Führer die Wage halten, dieses natürlich unbewußt für die Schüler selber und nur dem pädagogisch geschulten Beobachter erkenntlich. In den Tischgruppen bildet keineswegs der Arbeitsstoff ausschließlich das verbindende Moment, weit eher sind es rein menschliche Beziehungen zwischen den Kindern, die zur Bildung dieser Gruppen führen. Es können also in einer Dreiergruppe alle drei Schüler je etwas Verschiedenes arbeiten. Häufig sind Kinder verschiedenen Alters vereint, auch Knaben und Mädchen mischen sich oft ungezwungen. In den Obergruppen überwiegen reine Mädchen- und reine Knabentischgruppen, aber sie sind durchaus nicht die einzigen dort. Auf jeden Fall wird auch hieran ersichtlich, wie sich das so schwere Problem der *Koedukation* und Koinstruktion in Jenagruppen einfacher löst. Dort, wo in einer zehnklassigen Volksschule — wie sie der Jena-Plan stets forderte — mehr als eine Jugendlichengruppe gebildet werden kann, wird gewiß immer je eine reine Mädchengruppe und eine reine Knabengruppe eingerichtet werden, wie es z. B. in Rahden (Westfalen) geschah.

Jede Tischgruppe ist nun wieder ein kleiner Verband zu gegenseitiger Hilfe, zur Schülerhilfe, wie sie bereits der Schulanfänger erlebte vom ersten Schultage an und wie sie ständig gepflegt und verfeinert entwickelt wird. Zwei und drei Begabte stacheln sich gegenseitig an; dort hilft der Klügere dem nicht so Begabten, hier ein Älterer dem Jüngeren, wogegen dieser bei Anfertigung von Skizzen und Schmuckleisten führt. Dort arbeiten einige Tischgruppen je am gleichen Gegenstande, hier sitzen zwei Freunde beisammen, von denen aber jeder etwas anderes gewählt hat, allein ein jeder ist an des Freundes Arbeit mitinteressiert, nimmt am Fortgang teil und — lernt zugleich des Freundes Arbeit gründlich kennen. Aber die gegenseitige Hilfe geht weit über die einzelne Tischgruppe hinaus. Jeder kennt der anderen Arbeitsgebiete und derzeitige Interessen, also weist er den, der sie verwerten kann, auf Arbeitsmittel, Angaben usw. hin, die er bei seiner Aufgabe gefunden hat, aber selber nicht gebrauchen kann. Wunderbar dieses Sichhelfen durch die große Gruppengemeinschaft hin; es ist wirklich ein auf Gemeinschaft gegründeter Verband vieler Tischgruppen, der so entsteht! Und der Lehrer kennt noch viel gründlicher eines jeglichen, wie aller Tischgruppen Arbeitsgebiete, Arbeitsziele und den täglich erreichten Stand. Er geht von Gruppe zu Gruppe, von Schüler zu Schüler, nimmt

Einsicht in die Arbeit, bringt von sich aus Anregungen oder Mittel, verbessert, beantwortet die Fragen. Und wenn in der „Gruppenarbeit" eine Arbeit im Ablauf des Trimesters oder Semesters (für das die unter einem Titel vereinte „organische Einheit" gewählt ist, an welcher also alle in dieser betreffenden Stammgruppe arbeiten) zu einer gewissen Abgeschlossenheit gelangt ist, dann muß sie der ganzen Stammgruppe im sog. „Berichtkreise" geboten werden. Jede wird so etwas für *alle* Wertvolles. Und ist der erste Bericht gehalten, so folgen alsbald die anderen über das Semester hin, bis ein pädagogisch ausreichender Abschluß erreicht ist und sich aus der laufenden Arbeit eine neue entwickelt hat. In der Regel weiß eine Stammgruppe, während sie noch das alte Thema abschließt, wozu sie übergehen wird, und beginnt schon mit den Vorbereitungen zu der neuen Arbeit.

Wir stellen *sechs* Vorzüge dieses besonderen „gruppenunterrichtlichen Verfahrens" fest, die zugleich den pädagogischen Wert eines „Unterrichtlebens" voll offenbaren:

1. Im „Gruppenunterricht" wird im weitesten Maße dem einzelnen Schüler Gerechtigkeit widerfahren, ohne daß dieses „Unterrichtsleben" individualisierend wirkte oder andrerseits drohte, in einen „pädagogischen Soziologismus" zu verfallen. Der einzelne Schüler wird gewiß stark angesprochen, und das soll er ja auch, allein niemals isoliert, sondern stets in seiner vollen realen Gliedschaft innerhalb der Stammgruppe wie seiner Tisch- oder Arbeitsgruppe. Er ist in jedem Falle in dieser Bindung an die gemeinsame Aufgabe vom Lehrer wie von der Gruppe gefordert, und was sein individuelles Sein und Können ausmacht, das hat in seiner Eigenart nur Wert als für die Gruppe, als Vermögen, einem Gemeinsamen zu dienen, zum besten Gelingen eines gemeinsamen Werkes beizutragen.

2. Dies Verfahren bietet dem „schweigenden Denken" größten Spielraum. Es kann wirklich „aus der Ruhe heraus" geschaffen werden, alles sich viel besser klären und absetzen. Die Psychologie des Denkens, besonders des produktiven Denkens, weiß um den Wert dieser Ruhe und Muße für Arbeit und Schaffen. In Schulen, welche nach dem Jena-Plan arbeiten, ist der wohl höchste Prozentsatz an Sicherheit dafür gewährleistet, daß die „fruchtbaren Momente" geistiger Tätigkeit, die Wellen und Höhepunkte des Denkens ausgenutzt werden.

3. Die Schüler gewinnen auf diese Weise ein viel innigeres Verhältnis zum Stoff; denn alles Stoffliche tritt in einer anderen Verbundenheit mit dem Schülerleben und der jugendlichen Arbeit an sie heran und dringt so tiefer und fester in sie hinein.

4. Das wertvolle, viel zu wenig beachtete „nebenhergehende Lernen", das, was ich das „Zwischenlernen" nenne, spielt eine große Rolle. Unter Zwischenlernen soll verstanden werden alles, was während der Arbeit an einem Teilgebiet mitgelesen, mitbesprochen, erörtert wird, was Anregungen für wei-

teres Nachdenken und nebenhergehende Arbeiten daheim wie in der Schule selbst liefert. Aus guten Proben wissen wir um die große Bedeutung dieses Lernens.

5. Der Lehrer kann im gruppenunterrichtlichen Verfahren den Kindern besser helfen, viel gründlicher eines jeden Eigenart, Begabung, Arbeitstempo und vor allem die wirkliche Gesinnung, die sich hinter der Arbeit und so hinter dem Kerl, dem Mädchen verbirgt, dabei kennenlernen. Er kommt ja wirklich an alle heran und in Tuchfühlung mit einem jeden. Deswegen gelangt nun auch die echte Bedeutung des zielgerichteten Gesprächs, der belehrenden Unterhaltung und der ermahnenden Rede unter vier Augen wie im kleinen Kreise Tag für Tag zu ihrem Recht und zur vollen Auswirkung. Der Lehrer kommt ganz anders in die Lage, am Aufbau des Menschenkindes körperlich, sittlich, geistig mitzuwirken.

6. Vor allen Dingen entdecken wir ein Freiwerden der menschlichen Beziehungen, des „Zwischenmenschlichen", d. i. menschlicher Beziehungen zum Kameraden, zur Gruppe, zum Lehrer. Alles ist ein Tätigsein inmitten einer lebenerfüllten echten Menschengemeinschaft, und so besteht während des Gruppenunterrichts tatsächlich etwas wie eine Erziehungswirklichkeit, in der weit mehr die unbewußte als die bewußte Erziehung wirksam ist[113].

3. Unterricht und Kulturgut

Die Führung im Unterricht steht weitgehend in einem besonderen Dienstverhältnis zu der Kunstwelt der Kultur, welche der Mensch zwischen der Natur und sich errichtet hat und um derentwillen Schulen dieses Umfanges erst nötig geworden sind. Diese Kunstwelt wird auch in ihrer gesamten Gegenständlichkeit ganz und gar von der Seele des Menschen getragen und hat in der Außenwelt, in der Natur, nur äußerliche Stützen und Anhaltspunkte. Wo ein Volk verschwunden ist, dort kann die von ihm errichtete Kunstwelt nur so weit und so weit *richtig* wiedererkannt und weitergegeben werden, als es den Nachlebenden, denen, die sie ausgruben, möglich ist, sich in die Seele und den Geist des von der Erde verschwundenen Volkes zurück- und hineinzuversetzen. Unter den lebenden Völkern, die ihre eigene Kunstwelt lebensnotwendig brauchen, muß sie immer von neuem in jedes einzelne Menschenkind, das ihnen zuwächst, hineingebaut werden. Worauf wird sie nun in den Menschen errichtet? Auf welchen seelischen Bezirk, welches seelische Vermögen? Sie ruht und erhält sich in dem, was man die Dispositionen der Seele nennt, vor allem im *Gedächtnis*. Mit Gedächtnis bezeichnen wir ganz allgemein die Tatsache, daß Erlebtes, Wahrgenommenes nicht immer verschwindet, sondern irgendwie reproduziert, wieder hervorgeholt werden kann. Darum wird auch von „Spuren" gesprochen, die jenes Erlebte, Wahrgenommene hinterlassen habe. Man hat sogar (Richard

---

[113] Siehe Jena-Plan III, 1934. S. 91 f.

Semon) von der Mneme, d. i. Gedächtnis, als einer Eigenschaft der organischen Materie gesprochen. Gehen wir nun daran, uns diese Tatsache klarzumachen, so bleiben wir in Analogien stecken, reden in Bildern. Lerne ich etwa Technisches, z. B. das Rudern, die richtige sportmäßige Haltung der Arme, der Hände, des ganzen Körpers am Riemen und das Sitzen und Schwingen auf der Ruderbank, so stelle ich nach Ablauf eines Semesters unschwer fest: a) die Muskel*masse* hat sich geändert; b) die Muskel*struktur* ist für die Tätigkeit Rudern geeigneter geworden, und c) ich kann experimentell nachweisen, freilich nicht sehen, daß sich chemische Vorgänge abgespielt haben. Allein auf der seelischen Seite im Bewußtsein ist keine dauernde Änderung nachzuweisen, keine „Spur". Den Nachweis einer Änderung kann ich nur dadurch erbringen, daß ich die faktischen Kenntnisse und Erkenntnisse auskrame. Ansehen kann mir niemand meine innere Bereicherung, so wie man dem Körper den durchtrainierten Körper oder Körperteil ansehen kann.

Wenn trotzdem jene Bilder gebraucht werden, selbst wenn es sich um ein Lernen handelt, das das Bewußtsein bereichert und ändert, so hängt dies damit zusammen, daß im Lernprozeß überall dieselben drei Stufen durchlaufen werden, also auch dort, wo davon nachher keinerlei äußerlich sichtbaren Veränderungen vorhanden sind.

A. Da ist zunächst das Inhaltliche des Lernvorganges. Das, *was* gelernt werden soll, einerlei wiederum ob ich einen Hammer führe, den Tennisschläger halte, lesen lerne oder englisch, es muß stets *deutlich,* *klar* und *kräftig* genug herausgestellt werden, um in seinen Einzelheiten, Beziehungen und Zusammenhängen erst einmal erkannt zu werden. Dann erst werden *Wiederholungen,* und zwar die richtigen, möglich. Dieses Stadium ist äußerst wichtig, geradezu das Wichtigste; denn es darf ja auf keinen Fall etwas Falsches oder auch nur Ungenaues eingeübt werden.

B. Das, was gelernt werden soll, wird *in neuen Lernvorgängen* eingeübt, d. h. der Lernvorgang als solcher wird gleichsam wichtiger als das Was. Das Inhaltliche erscheint nun, übersteigert gesprochen, wie etwas, an dem das Lernen als solches geübt werden soll. Das Ziel dieser zweiten Stufe bildet es, eine *feste,* innige Beziehung zwischen den Teilen des zu Lernenden, zwischen dem, das zuerst deutlich, klar und kräftig auseinander gezogen und für sich hingestellt wurde, zu bewirken.

C. Zuletzt geht es um die Bildung der *Disposition,* des Vermögens eines Habitus. Was ist damit gebildet? Eine in sich wachsende und schließlich endgültige *Sicherheit,* eine Art Garantie dafür, daß, wenn ein Teil des Lernvorganges auftritt, der nächste und die nächsten folgen werden, und daß Fertigkeiten, Geschicklichkeiten *immer* auf dem Wege und in der Art ausgeübt werden, in der sie am meisten geübt worden sind. Wer z. B. das Geigenspiel erlernt hat und nun eine Reihe von Jahren hindurch keine Geige mehr in die Hand bekam, der wird sofort wieder eine Geige genau so anfassen und anlegen,

den Bogen genau so über die Saiten führen, wie er es erlernte, und er wird eine
früher eingeübte Weise spielen. Läßt man acht Mann in einem Achter Platz
nehmen, so wird der Fachmann schon beim ersten Ergreifen und Anfassen der
Riemen feststellen, wer diesen Sport ausgeübt hat, wer noch nicht. Genau so im
Schreiben, in Algebra, in fremden Sprachen usf., immer vorausgesetzt, daß es
wirklich einmal erlernt war.

Jene drei Stufen des Lernens sind zu einem guten Teil erkennbar in den
Lern*kurven*, gleichgültig, ob Mensch oder Tier beobachtet wird. Alle Kurven
zeigen ebenfalls ein Dreifaches:
A. Sie steigen gewöhnlich zuerst steil an. B. Sie steigen danach nur sehr
allmählich, aber sie steigen noch an, und nun C. werden sie fast ganz hori-
zontal, jedenfalls ist eine Steigung kaum noch bemerkbar; das betreffende
Menschenkind hat *sein* Maximum an dieser Stelle und für dieses Lernen erreicht.

Daraus folgen zugleich drei wichtige unterrichtliche Aufgaben: Es gilt, *die
erste Zeit auszunutzen;* es ist auch der Einprägungswert aller ersten Wiederholungen bedeutend größer als der aller späteren. Brauche ich beispielsweise
fünfzehn Wiederholungen, so sind die ersten 5—6 unvergleichlich wichtiger als
die letzten 5—6 oder die der Mitte. Es geht deswegen darum, den Anstieg der
Kurve geschickt zu nutzen, die ersten noch frischen Antriebskräfte der Seele,
die ersten Tage und Wochen, die Periode der Neuheit u. dgl. m.

Die i. e. S. didaktische *Kunst* wird sich ganz besonders dem zweiten Teile zuwenden müssen, um über den „toten Punkt" hinwegzuhelfen.

Nicht genug aber kann der dritte und letzte Teil beachtet und zur Beher-
zigung allgemein empfohlen werden. Denn dieser Kurventeil sagt dem Pädagogen, daß es für *alles*, was Schüler lernen sollen oder lernen wollen, *zwei
Maxima rein individueller Art* gibt:

a) das Maximum dessen, *was* einer lernen kann, und

b) das Maximum dessen, *wie* es einer lernen kann.

Einer kann überhaupt nicht lernen, auf der Geige zu spielen oder Mathematik,
und einer kann *nie* lernen, *gut* auf der Geige zu spielen oder Mathematik wertvoll zu beherrschen, sondern nur für die Zwecke eines Examens.
Um die Feststellung dieser Begabungshöhe und Begabungsart muß sich jeder
Lehrer, der wertvoll arbeiten will, ernstlich mühen; er muß demnach Individualdiagnostik in des Wortes vollster Bedeutung treiben. Immer leichter und
schneller wird er dann herausfinden, wie stark die Sonderbegabung seiner Schüler und wie hoch die allgemeine Intelligenz ist, und dementsprechend wird er
fördern, Aufgaben stellen und alles dosieren. *Ernst Meumann* hat einmal sehr
treffend die Intelligenzhöhe mit der Höhenlage einer Landschaft verglichen.
Gleicht sie einem Flachland bzw. einem Hochland, so sind eben *alle* Akte entsprechend tief oder hoch, und in der Tat finden wir Kinder hoher allgemeiner
Intelligenz auf allen Gebieten etwas erreichen, das den Durchschnitt übersteigt.

Die Ausbildung der individualdiagnostischen Kunst verhilft dem Lehrer zur Erkenntnis der individuellen *Grenzen* bei allem Lernen. Alsbald weiß er: dies und das hat für diesen Schüler oder jenen überhaupt keinen Zweck; dies und das hat keinen Sinn, mit diesem oder jenem Schüler noch weiter zu treiben. Auch mit der Anerkennung dieser Grenzen fällt das alte Dogma von der allgemeinen Bildung wie das von der formalen Bildung, als wenn ein irgendwie und auf irgendeinem Gebiete formal Ausgebildeter, etwa im Lateinischen oder in der Mathematik, damit schlechthin für alle Gebiete formal ausgebildet sei[114].

4. Leistungen als Bildungs- und Erziehungsmittel; Leistungskultur, nicht Leistungskult!

„Leistungen" sind in unseren Schulen zu etwas geworden, das das Verhältnis Lehrer : Schüler vergiftet. Sie sind zu *den* Maßstäben für das Können wie für die menschliche Persönlichkeit der Schüler geworden, zu etwas Meßbarem, in Zahlen Ausdrückbarem, an denen errechnet werden kann, wie ein Schüler steht, wer und was er ist, versteht und kann. Die „objektive" Leistung dieser Art liegt dem ganzen Zensuren-, Prüfungs- und Versetzungssystem der Schulen zugrunde. Und infolge dieser Verbindung mußte die Leistung herabgewürdigt werden und schließlich mit in das ausgeklügelte System der Strafen einrücken, das in den Schulen entwickelt worden ist[115].

Nun müssen Leistungen sein und gefordert werden. Ganz unbedingt müssen wir objektiv feststellbare, selbst auch meßbare Leistungen von jeder Schularbeit erwarten. Das ist so selbstverständlich, daß das nervöse, vordringliche Suchen nach *diesen* Leistungen in Schulen Neuer Erziehung, wie man es bei jedem Schulmann feststellen kann, nur bezeugt, wie die Leistungsforderung zu einem Krampf, zu einer Krankheit geworden ist. Ein solcher kann schon auf nichts anderes mehr sehen; ja vom Wesentlichen sieht er dann in der Regel nichts, und unter Neuem versteht er das Alte in neuer Aufmachung.

Leistungen sind andererseits nun auch etwas, das dem Menschen voll entspricht, und zwar von früh auf ihn anspricht. Welches Kind, welcher Mensch möchte nicht gerne etwas leisten, viel leisten, viel können, viel verstehen? Wir dürfen mit leistungswilligen Schülern rechnen. Die pädagogische Voraussetzung, die Grundlage für unsere Arbeit und Hilfstätigkeit, deren einzige, aber auch sichere Hoffnung bildet gerade die Leistungs*bereitschaft*, ja der Leistungshunger

---

[114] Siehe unten S. 197 ff.
[115] Vgl. *Ad. Matthias*, Praktische Pädagogik, 5. Aufl. 1918. S. 220 Anm. wo *Richard Richter* zitiert wird: „Wir haben Zwangs- und Gewaltmittel, die unsern Vorfahren nicht entfernt so zu Gebote standen; wir haben unser Prüfungs-, Versetzungs- und Berechtigungswesen und andererseits die Dimission: das sind unsre Stöcke, mit denen wir auskommen können." Richtig stellt *Kurt Riedel*, Eigengesetzliche Bildungslehre, 1931, S. 241, fest: Das übliche Zensurengeben muß bildungswissenschaftlich zum Gebiet der Strafe gerechnet werden. Vgl. auch m. Allgemeine Erziehungswissenschaft. I. 1924. S. 203 ff.

von Kindern und Jugendlichen. Diese Bereitschaft ist dem Menschen von der Geburt an mitgegeben, wenn er als normal geboren bezeichnet werden kann. Ihm eignet nicht nur jener allbekannte Tätigkeitsdrang, sondern damit ist auf das allerinnigste das Streben nach Leistungen verbunden, sonst wäre es nichts weiter als ein allgemeines, ziellos gerichtetes, ein vagierendes Tätigsein. Nein, das Kind will von früh auf tätig sein, „um — zu"; d. h. um zu werden wie, zu können wie, zu verstehen wie usw. usw.

Wir müssen und dürfen hier reden von echter Tätigkeit aus sich heraus, um ein „strukturell bedingtes" Tätigsein, d. h. durch die eigene Anlage und den jeweiligen Entwicklungsstand bedingt. Also ist es mehr als nur Reaktion, als reizbedingtes Antworten eines Wesens. Denn die Aktion ist gewiß auch eine Antwort auf einen Reiz, allein dieser Reiz ist nicht *verantwortlich* dafür, daß es zur Tätigkeit kommt. Kleine Kinder sind Wochen und Monate lang den Reizen ausgesetzt, welche von der menschlichen Sprache ausgehen, allein sie werden erst dann spezifisch tätig, d. h. begeben sich auf den Weg, der zur Ausbildung der Sprache führt, wenn die entsprechende strukturelle Reifung, die innere Eigenentwicklung soweit ist, und dann wird ein Kind *von selbst* tätig, genau so, wie es sich eines Tages von selbst aufrichtet. In all diesen Fällen wird ein Reiz gewiß Anlaß zur Tätigkeit, allein er trägt nicht dafür die nämliche Verantwortung wie für eine reine Reaktion.

Mit solchem angeborenen Drang zur Selbsttätigkeit dürfen wir nach aller seelenkundlichen Forschung der letzten Jahrzehnte bestimmt rechnen. Die Funktionen sind danach so geladen, daß sie zielfest tätig werden und zu der ihnen gemäßen Leistung hinstreben; sie wollen etwas leisten. Es wäre darum auch ganz falsch, zu glauben, dies führe nur zu einem reinen Funktionalismus, zu einem Kult der Funktionen, der auf Kosten der echten, der objektiven Leistung gehe. Ganz abgesehen davon, daß ja in jeder Schule immer, dem Sinne der Schule entsprechend, bestimmte soziale und nationale Aufgaben *gesetzt* sind, auf die jene Funktionen ausgerichtet werden dadurch, daß die Reizwelt der Schule von diesen Aufgaben her bestimmt und erfüllt ist. Allein unser Blick auf die Jugend beginnt sich allmählich zu ändern, seitdem darangegangen wird, das menschliche Leben nach Charakterentwicklung und Arbeitsleistung in seinem *ganzen* Ablauf zu sehen. Wir gewinnen eine „tiefere" Einsicht in die Natur des Kindes, weil wir die Kindheit endlich im Ganzen des Lebensablaufes sehen lernen, ihren Anteil und ihre Bedeutung für ein Lebensganzes. Und da stellen wir fest, „daß bis weit in die Pubertät hinauf und oft genug noch über sie hinaus *funktionale Betätigung* und noch *nicht planmäßige Leistung* das eigentliche Lebenselement des jungen Menschen ist. Materialbearbeitung zum bestimmten Ergebnis als vorherrschende Betätigungsform wird erst im Laufe eines weit in das Leben hineinreichenden Entwicklungsprozesses selbstverständlich" (Bühler). Dies „probeweise und funktionale Leben" ist freilich nach Anlage, Begabung und Umwelteinflüssen und Möglichkeiten sehr verschieden lange ausgedehnt, offenbart sich aber u. a. im starken Berufswechsel Jugendlicher und auch älterer Arbeiter wie Studierender.

Innerhalb des Hauses, der Kinderfamilie, der Kindergruppen im Hof, auf der Straße und dann in den Schulen vermehrt jedes Kind seine Kenntnis von Leistungen, d. i. davon, was einer kann und nicht kann. Die Zahl, die Arten und die Wertigkeit dieser Leistungen wachsen lebenslang für jedermann, zugleich damit das Wissen darum, daß man nicht alle, ja nur eine kleine Auswahl von Leistungen selber erlernen und verwerten kann. Dem Kinde scheint noch keine Schranke gesetzt, und wo sie erscheint, kann es sie in seiner Einbildung überfliegen, kann es sich mit später, „wenn ich groß bin", vertrösten. So liegen innerhalb der natürlichen Gemeinschaften für jedermann von Kind auf unzählige Antriebe, seine Tätigkeit in bestimmte Bahnen zu lenken, auf bestimmte Leistungen hin. An derselben Stelle aber liegt auch der natürliche Wettbewerb, der Wetteifer mit Gleichaltrigen, mit dem Erwachsenen schlechthin, der im Besitz des angestaunten Könnens ist.

Die Unterrichtsführung muß daher an beides anknüpfen. Sie muß

A. immer und überall an den angelegten Tätigkeitsdrang anschließen, sich damit den natürlichen und bedeutendsten Bundesgenossen sichern; und

B. die Gruppengemeinschaft sich so gestalten lassen, daß darin ein gesunder Wettbewerb gepflegt, wirksam gemacht und erhalten wird, sowie eine kräftig wirksame, recht angesetzte Menge von Leistungsreizen, je nach Art, Zahl und Wertigkeit der entwickelten jugendlichen Kraft angepaßt.

Es liegt auf der Hand, daß manche Teile dieser Aufgabe bereits unter die Führung des Unterrichts, mithin zur rechten Vorbereitung gehören, allein das ganz und gar Entscheidende obliegt der Führung *im* Unterricht. Diese steht hier vor den allerfeinsten und schönsten Aufgaben und enthüllt bei rechter Haltung an dieser Stelle das eigentümlich Neue aller Überlieferung von Unterricht gegenüber. Diese Aufgaben können bislang nur bruchstückhaft beschrieben werden; sie müssen daher an Beispielen aus festgehaltener Praxis erhellt werden (s. Kap. V).

Zu A. Des Erwachsenen Tätigkeitstrieb ist in festere Bahnen geleitet, ist nach bestimmten Gegenständen und Zielen ausgerichtet worden. Ja, die ganze Lehrertätigkeit als solche ist fest aufs Ziel eingestellt, das er kennt, das ihm gesetzt, vorgeschrieben ist, von ihm bejaht und im eifernden Drange des guten Pädagogen angestrebt wird. Er weiß auch um die Leistungen selbst, kann sie alle selber vollbringen, wenigstens helfen, auf sie auszurichten, zu ihnen hinzuleiten. Von alledem weiß und kann das Kind nichts, höchstens einiges in einem sehr unklaren Wissen ganz allgemeiner Art. Darum ist es wiederum dem Pädagogen so schwer, der doch so oft erhobenen, seit Jahrhunderten selbstverständlichen Forderung zu genügen, *an die Tätigkeit des Kindes anzuknüpfen.* Er muß nämlich in einer besonderen Weise auf sich selber verzichten können, sich unterordnen, richtiger vielmehr, sich dem kindlichen Wegesuchen und Tätigsein einfügen, einreihen, beifügen, zuordnen als die immer regelnde, fördernde, anspornende, mittragende und mittreibende Kraft. Darin liegen jenes Feine und Hohe des Berufes beschlossen, diese Einordnung richtig vorzunehmen. Es gilt also von *jedem* Erzieher: er muß mit höchstmöglicher Feinfühligkeit seine Methoden den Wachstums- und Entwicklungsstufen des K i n d e s , dem Gesetz, das im Menschen waltet, anpassen.

Da sind es nun zwei Tatsachen, die den kindlichen Tätigkeitsdrang, verglichen mit dem des Erwachsenen, kennzeichnen und abheben: die *Wachheit der Sinne* und der viel größere *Bewegungshunger*. Mit der Wachheit der Sinne ist nur wiederholt auf den Vorrang der funktionalen Betätigung hingewiesen. Erst gesättigtere Sinne und Funktionen beginnen einzuschlummern oder doch leichter und schneller satt zu werden. Das Kind aber begehrt noch sehnlichst nach dem Neuen, sieht, hört, ertastet viel, viel mehr als der Erwachsene rings um sich herum und eben auch an dem, was ihm gerade aufgegeben, im Schulraume an Reizen gegeben ist. Seine Neugierde ist mithin noch näher dem echten, tiefen Sich-Wundern, das aller Philosophie Anfang sein soll. Welcher methodische Fehltritt daher, dem Kinde regelgebundene Wege beim Anschauen, beim denkenden Erarbeiten usf. zu weisen und die wachen Sinne für Arbeiten und Aufnehmen in den Schulen matt und stumpf zu machen! Da ist es kein Wunder, daß Kinder außerhalb der Schule wer weiß wie geschickt, klug, wissend, kenntnisreich sein können, aber in den Schulstuben „dumm", wie ein Allerweltswort voller Gedankenlosigkeit lautet. Das Salz ist in der Tat dumm gemacht, und nun: womit soll man's salzen? Verbunden mit dem angeborenen Tätigkeitsdrang ist also eine Wachheit der Sinne, die wir in den Schulen spielen lassen müssen, und die pädagogische Aufgabe wird es, diesem Spiele der Sinne zu lauschen, mithineinzugehen und die großen Gelegenheiten zu packen, wenn sich mitten innerhalb der Gemeinschaftskräfte jedes Spiel der Sinne in die schulischen Formen von Arbeiten und Leistung von selber einreiht. Wach sind auch genau so die Denkfähigkeit, das ganze schauende Vermögen, die Einfühlungskraft in Menschen und in das gesamte künstlerische Schaffen und künstlerisch Gestaltete. So ist das Kind zugleich *wirklichkeitsnäher* als der Erwachsene; das Kind will gerade die Welt kennenlernen, wie sie wirklich ist, nach allen Seiten, mit allen ihm angeborenen Funktionen sie aufnehmen, sie in sich hineinzuholen.

Dazu kommt der stärkere *Bewegungstrieb*. Das hängt damit zusammen, daß das Kind, unser Schüler, noch ungebrochenere Lebenseinheit ist, daß die Lebensäußerungen in alles und alles mithineingehen. Deswegen ist es eine vordringliche Aufgabe unserer Tage, weit mehr als bisher geschehen, *die Gesamtheit der Lebensäußerungen* des Kindes in allen schulischen Aufgaben zu beachten, nein, mitaufzunehmen. Der Unterricht muß immer mehr sich auch auf Bewegung aufbauen und dabei zu einer *rhythmischen* Bildung werden. Dieses Bewegungsprinzip, hier und da erkannt und vereinzelt mit schönstem Erfolge angewandt, wird in unserer Zeit, die endlich wieder dem Körperseelischen Verständnis entgegenbringt, ja wie kaum eine frühere in ihrem allgemeinen Wollen die Einheit von Körper, Seele und Geist verficht, eine Blüte erleben können[116].

Macht der Lehrer ernst mit diesem Standpunkte, dann wird er tagaus, tagein darauf halten, daß jede pädagogische Situation, die nicht von *seiner* Tätigkeit beherrscht wird (durch Vortrag, Verkündigung, Vorspiel u. dgl.), von den Schülern tätig *begonnen* wird. Sie dürfen gar nichts anderes kennen, als daß sie in jedem Kurs, jeder Gruppenarbeit usw. sofort im Raume alsbald nach Betreten sich zur Arbeit ordnen, alles vorbereiten und nun ohne Aufforderung anfangen. Es muß zur täglich geübten Regel werden, daß kein Lehrer mit seiner Tätigkeit, seinem Herumgehen zur Hilfeleistung, zur Durchsicht usf. beginnt, bevor nicht der letzte Schüler begonnen hat zu arbeiten. Voraussetzung ist dafür, daß jeder Schüler täglich beim Betreten des Schulraumes *weiß*, was er zu tun hat. Und darin liegt wiederum das Geheimnis recht geleiteten neuen Unterrichts, daß es jeder wirklich weiß und daß auch der Langsamere immer von neuem dahin geführt wird, es zu wissen. Sofort ändert sich das ganze Gesicht des Unterrichts. Nun wartet der Lehrer an einer überschauenden Stelle, bis alle an der Arbeit sind, und läßt dafür einen Spielraum von 3—4 Minuten. Dann erst setzt er sich in Bewegung, steuert zunächst auf solchen Schüler oder eine Gruppe los, die anscheinend noch nicht in Arbeit sind, um zu sehen, wie hier zu helfen ist, baldigst zum Arbeitsbeginn zu kommen. Nun erst setzt er sich seinem Plane entsprechend selber ein[117]. Endlich ist somit dieses traurige Kapitel geschlossen, daß jede Klasse wartet, bis der Lehrer das Zeichen zum Anfang gibt, sagt, was getan werden muß, und daß die Klasse nichts tut, wenn er nicht da ist oder das Zimmer verläßt.

Zu B. Hierher gehört zunächst alles, was dazu dient, innerhalb der Gruppen das gegenseitige Sich-Helfen zu entwickeln: daß Schüler im Arbeitskreis vor der Tafel einander helfen, aufeinander achten, ob jeder Kamerad verstanden hat, worum es ging; daß sie im Kreise bei der Gesprächsleitung aufeinander warten lernen; daß sie lernen, nicht sofort auf das Negative, das den andern Herabsetzende loszusteuern, sondern daß es Gesetz und Regel wird, immer zuerst auf das Gute und Anerkennenswerte zu achten und dieses herauszuheben. Das System von „Helfern" und „Paten" hat sich bestens bewährt und geholfen, die Gemeinschaft als Ganzes zu bereichern. Wie steigt der Wunsch, zur höheren Leistung zu kommen, wenn man sich mit einem guten Kameraden messen kann! Und alles erscheint so viel erreichbarer, wenn der nur ein oder zwei Jahre ältere Helfer einführt, vorschreibt, anleitet; ihn fragen, macht alles leichter, weil es

---

[116] Vgl. *Else Müller,* Über rhythmische Erziehung, in „Gymnastik", 1927. S. 114 ff.; *Erika Bebie-Wintsch,* Das Bewegungsprinzip in Unterricht und Erziehung, Zürich (Heilpäd. Seminar), 1933, und: Die Bewegung als Unterrichtshilfe in Rechnen und Geometrie, 1937. Dasselbe Prinzip begründet den genialen „Absehunterricht nach dem Jenaer Verfahren" für Gehörleidende von *Karl Brauckmann,* 2. Aufl. 1936.
[117] Vgl. *Willi Schneider,* a. a. O. über die „Vorbereitung" des Lehrers.

auch kindgemäßer beantwortet wird, die Sprache kindtümlicher, also die Auskunft kindnäher ist. Kameradschaftliches Helfen erlangt seine volle Ehre in unsern Schulstuben, und wir verstehen und billigen Comenius[118], der das stärkste Zuchtmittel angewendet wissen wollte, wenn ein Schüler einem Kameraden *beim Lernen* die Hilfeleistung verweigere; das rechnete er unter die schweren sittlichen Vergehen in einer Schule!

Für alles, was den Wettbewerb anfeuern soll, ist das beste Vorbild der edle Sport, das anständige Spiel und die anständig und ehrlich beachtete Spielregel. Dies alles bedeutet zugleich eine wichtige Lebenserziehung schlechthin.

Mit dem Voraufgehenden haben wir von dem Wege gesprochen, den der Lehrer gehen und beachten soll, *um zu Leistungen zu führen*. Welche Forderungen sind nun an die Leistung als solche zu stellen? Denn ohne Zweifel strömen aus diesen Forderungen Richtlinien für die Tätigkeit des Lehrers.

Die Leistung sei sachlich, ordentlich und ehrlich. Sachlich heißt um der Sache willen getan, an die Sache hingegeben und von der Sache her bestimmt. Solches *sachliche* Arbeiten ist nicht möglich, wenn nicht angemessene Muße, Ruhe zum Eingehen in die Sache dem Schüler gegönnt wird. Wir müssen die Liebe zur Sache entwickeln, die Fähigkeit, sich auf lange Zeit mit einer Sache zu befassen, sie von vielen Seiten anzusehen und anzupacken; Schüler und Sache müssen weitgehend miteinander eins werden wollen. Nur dann pflegen wir die Kunst, aus der Sache zu lesen und von daher die Worte zu gewinnen, die dem, was in der Sache liegt, voll entsprechen; wir vermeiden es aber, die Kunst zu lehren, wie man über die Sache Worte macht oder um die Sache herumredet. Vielleicht ist es am deutlichsten, wenn wir sagen, es gilt, die Maßstäbe für die technisch-künstlerischen Leistungen auf das kulturelle Gebiet und dessen Leistungen zu übertragen, also auch so ausgetragen, bis zum letzten fertiggestellt und ausgereift, wie es ein Linolschnitt, ein gedrehter Holzleuchter, eine getriebene Messingschale sein müssen.

Die Leistung sei *ordentlich*, besagt, daß sie in der äußeren Form gut angelegt, gut gehalten sei, *ehrlich* aber, daß sie das eigene Können des Schülers enthalte, weder nachgeahmt noch nachgemacht sei, sondern Ergebnis eigenen Gestaltens bis ins Letzte. Hier gilt es, Vertrauen zum Schüler zu haben, Ehrlichkeit vorauszusetzen, vor allem ihn selber und sein Werk ernst zu nehmen. Eine Leistung, welche diese drei Forderungen erfüllt, wäre als *gewissenhafte* Leistung zu bezeichnen, als ein Beweis dafür, daß solcher Schüler der *echten Pflichtarbeit* entgegenreift.

Unsere Ausführungen haben sich länger bei dem Vorgang der Entstehung von Leistungen aufgehalten als bei der Leistung selber. Des Lehrers Blick strebt nicht mehr in erster Linie hin zur objektiven Leistung, sondern verfolgt, liebevoll mitgehend, deren Werdegang. So kommt es zu einer *Kultur der Leistung* und

---

[118] Große Unterrichtslehre, Kap. 26.

wird jeder Leistungskult vermieden. Leistung erscheint jetzt nicht mehr so einseitig und schlechthin als *das* Unterrichtsziel. Die Leistung bleibt natürlich Unterrichtsziel, aber wir gelangen jetzt zu diesem Ziele dadurch, daß wir *die Leistung zu einem Erziehungsmittel machen* und dieses Mittel in die feinste Pflege nehmen, es sorgfältig kultivieren. Das hat hochbedeutsame pädagogische Folgen.

Der Lehrer kommt in eine ganz andere Stellung und Haltung seinen Schülern gegenüber. Er stellt nicht fortwährend Leistungen fest, womöglich um sie einzutragen, in Noten festzuhalten und als Noten, Zensuren, weiterzugeben, den Schüler daran zahlenmäßig einzureihen und zu bewerten. Die Leistung wird nicht mehr mißbraucht, zu einem Zucht-, ja Disziplinmittel gemacht und so erniedrigt. Der Lehrer fragt nicht zuerst, ob der Schüler dies oder das kann, ist, versteht, sondern *was* er kann, ist und versteht und *wie* er schafft. Und er läßt die erkundete Art, als Eigen-Art mit Eigenrecht, bestehen, sucht nur, sie in sich selber zu steigern; denn es gibt zuletzt nur die individuelle Leistung, auch dort, wo die Mannschaftsleistung gefordert wird, ist sie begründet in der einzeln geschulten Leistung, die voraufgehen mußte.

Dadurch, daß der Lehrer ferner mithineingeht in alle einzelnen Leistungen seiner Schüler, berät, anstachelt, aushilft usf., wird er vom Schüler als derjenige erlebt, welcher des Schülers Leistungen sich steigern und erhöhen, sie wertiger werden läßt. Ihm dankt jeder Schüler diese Steigerung. Welche Wandlung der Schulwelt, wenn jeder Schüler sich mit den Gefühlen der Dankbarkeit und Kameradschaft seinen Lehrern gegenüber erfüllt! Welche Wandlung in der sozialen Geltung der Lehrerschaft als Ganzes, wenn sie sich so in den Dienst heranwachsender Jugend stellt! Den Lehrer interessiert nun an erster Stelle das Leisten, die Art und Weise des Zustandekommens von Leistungen, dann erst diese selbst. Aber wie anders interessiert ihn jetzt auch diese, wo er so genau um ihre Entstehung weiß! Darum: wie liebevoll reden solche Lehrer von den Schülerarbeiten, wie verteidigen sie sie und sind fähig geworden, ihre verborgensten Schönheiten und den ganzen Reichtum dem Betrachter zu enthüllen! Warum? weil sie eben die Geschichte aller dieser Arbeiten kennen, selber dabei waren, in ihnen sich auch selber wiederentdecken, sich dessen entsinnen, wie sie an diesen Sätzen, diesen Bildern, diesen Schmuckleisten, diesen Karten mitwirkten, berieten, freudig blickend dabei standen, wie jedes entstand. Teile aus des Lehrers eigener Lebensgeschichte, sein eigenstes Erleben liegt immer irgendwie nun mit in diesen Schülerarbeiten. Sie sind in wunderbarer Weise auf ein großes Stück hin eins geworden. Er half die kindliche Leistung zu veredeln und liebt sie darum wie ein Gärtner die Bäumchen, an denen seine selbstgesteckten Pfropfreiser sitzen. Mag auch der Besucher noch nichts so sehr daran zu bewundern haben; jener sieht schon die Blüten und Früchte strahlenden Auges voraus und trägt eine Freude im Herzen, die ihn beglückt, auch wenn er selber niemals eine dieser Früchte wird genießen können.

Aber nicht minder groß sind der Gewinn und die Wandlung ganz auf den *Schüler* gesehen. Jeder Schüler erlebt bei einem so geleiteten Unterricht stets das Positive seines Leistens, und dieses stärker, öfter und nachhaltiger als das Versagen. Er erlebt sein Wachsen, den Fortschritt. Denn der so den Unterricht führende Lehrer wird stets das Positive betonen, von da ausgehen, um die Leistung zu sichern. Standen sonst immer der Mangel voran, die „Fehler" und die Schlechtigkeit, so nunmehr das an jedem Wertvolle und Gute. Jeder Schüler erlebt mithin an erster Stelle das Werthaltige, die Steigerung seiner eigenen Werthaltigkeit; und — kann es anders zu einem gesunden Werterleben kommen? Nur so wird ein Menschenkind gehoben, gelangt es zur inneren Ordnung, zu einem Aufbau, und zwar zu seinem, seiner Art gemäßen Aufbau der geistigen wie der körperlichen Kräfte. Er sieht, daß man seine Leistung will, sie bejaht, und das heißt immer, daß man ihn selber, ihn, diesen kleinen Menschen, bejaht und will, auch ihn braucht. So begegnen sich Schüler und Lehrer auf der höchsten menschlichen Ebene, und Pädagogie wird abermals hoher Lebensdienst dadurch, daß sie Menschentum, es auch anerkennend in dem Kleinsten und noch in der bescheidensten Leistung, würdigt.

V. Kapitel

Die Führung im Unterricht

2. Teil. Anweisungen aus der Praxis für die Praxis

1. Der Grundsatz der situationsgemäßen Leitung

Oberste Forderung an den Lehrer wird es, sich in den Sinn einer jeden pädagogischen Situation zu vertiefen, um durch seine Führung ihr zur besten Sinnerfüllung zu verhelfen. Jede pädagogische Situation besitzt eine andere Struktur, einen anderen inneren Aufbau, und wer diesen verstört, gar zerstört, der kommt um den Ertrag, zum mindesten um den vollen Ertrag, der allein die pädagogische Arbeit rechtfertigt. Aus dem Wissen um diesen Sinn stammen dann auch die Haltung, Sprache und Gebärde, der Grad des Einsatzes bzw. der Zurückhaltung der eigenen Persönlichkeit, die Zulassung von Helfern wie deren rechter Einbau, auch die Einstellung der Laienhelfer. Von diesen umfassenden Betrachtungen her wird schon ersichtlich, wie sich diese Erkenntnis schließlich im Kleinsten und scheinbar Äußerlichsten widerspiegeln muß, daß vom Sinne her tatsächlich jede Kleinigkeit zur Wichtigkeit wird. Es ist auch eine durch alle Jahre hin immer von neuem gemachte Erfahrung, erstaunlich und betrübend, feststellen zu müssen, wie ungewöhnlich selten sich rechter pädagogischer Takt findet und wie es verlernt worden ist, pädagogische Situationen bis in ihre letzten Feinheiten hinein zu gestalten. Das kann freilich nicht wundernehmen, wenn wir bedenken, daß die Jahrzehnte seit Ausgang des 19. Jahrhunderts mehr und mehr die Eintönigkeit der methodisch erteilten „Stunden" pflegten und daß in ihnen dem redenden Lehrer die schweigende, nur auf Befehl und nach Aufforderung eingreifende, d. h. mitredende, antwortende Schülerschaft gegenüberstand. Äußerst selten ist ein pädagogisches Fingerspitzengefühl, und so viele Mißerfolge rühren unzweifelhaft davon her, daß es um den „pädagogischen Takt" schlecht bestellt ist.

Von der Seite des Taktes aus hat *Karl Volkmar Stoy* bei der Eröffnung des ersten Pädagogiums im Sommersemester 1884 die Aufgaben meisterhaft geschildert. Takt war ihm ein „Hauptzug des pädagogischen Ideals, ... den derjenige, welcher den Idealen nähergekommen ist, in ganz lebendiger, weithin sichtbarer Weise immer an sich tragen wird", und „wer dasjenige übt, was in der pädagogischen Situation als zweckmäßig sich erweist, der empfängt von jedem Unbefangenen die Anerkennung des Taktvollen[119]". Es ist aber mehr zu beachten als dieses „besondere Geschick im Verkehr", das Stoy rühmte. Denn der Lehrer hat weitergreifende Aufgaben; er muß vorbedenken eine Fülle rein äußerlicher Dinge, tatsächlich oft sehr kleinlicher Art, wie Kreide, Karte, Sitzordnungen, Zimmereinrichtung, Raumbenutzung, Zeiteinteilung, Ordnung der Bewegung von Schülermassen und vieles derartige mehr. Es ist durchaus nicht übertrieben, wenn vom Lehrer verlangt werden muß, daß er in sich Fähigkeiten wecke und ausbilde, die ihn dem Strategen und Regisseur verwandt machen. Und es ist besonders der Mangel an der Ausbildung dieser Fähigkeiten, der beklagt werden muß. Allzusehr ist im intellektualistischen Zeitalter diese Seite des rein Praktischen unterschätzt worden. Wo findet sich in der tausendbändigen überlieferten Literatur eine einzige Lehrprobe, ein Musterbeispiel, eine Schilderung dieser Aufgaben, obwohl sie doch das ganze Leben eines Schulmeisters hindurch ihm gestellt sind und erfüllt werden müssen? Was geschieht in der neueren Lehrerbildung, um diese Fähigkeiten zu entwickeln, wenn von dem abgesehen wird, was der Lehrer in der Jugendbewegung Gelegenheit hatte, kennenzulernen und in den Schulstuben genau so nötig braucht? Dinge, die eben im Bereiche jenes nüchtern Praktischen liegen, wie man eine Zusammenkunft, eine Feierstunde usf. richtig gestaltet, und das heißt immer: sinngemäß, strukturrein, situationsgemäß, aus dem Sinne der Sache heraus geschaut und gestaltet.

Einige Beispiele werden die Forderungen erläutern können, die aus dem Grundsatz der situationsgemäßen Leitung folgen.

Wer als Richtmaß für die Gestaltung der Schulstube die „Schulwohnstube" nimmt, der will ihr also, soweit das eben möglich ist, als Wesenszug, als das, worauf der Sinn des Raumes nun abzielt, ausgerichtet ist, Wohnstubencharakter geben. Infolgedessen war es falsch, wenn in Vanløse bei Kopenhagen Hobelbänke und Werkzeuge aller Art mithineingenommen wurden. Das werkliche

---

[119] Aus den Akten der „Erziehungswissenschaftlichen Universitäts-Anstalt zu Jena" veröffentlicht in: *Johannes Soldt*, Karl Volkmar Stoy und die Johann-Friedrichs-Schule zu Jena. 1935. S. 73—75.

Arbeiten, womöglich während innerlich ganz anders aufgebauter Schularbeiten, zerstört den Wohnstubencharakter, wie es bereits die Tatsache an sich tut, daß die Hobelbank in der Wohnstube steht[120].

In dem sehr großen, aber noch zu beherrschenden Raume, der der Gruppe nach dem Jena-Plan an der Demonstration-School des Peabody College in Nashville (Tenn.) S. S. 1928 eingeräumt war, ging es an, in dem leicht abgetrennten, aber doch von der Lehrerin beherrschbaren hinteren Teile des Raumes eine Tonkiste und einiges Bastelgerät geschickt unterzubringen, mit dem die Schüler auch im Gruppenunterricht arbeiten durften. Aber ohne Zweifel war damit die Grenze des Tragbaren erreicht.

Die große Bedeutung der richtigen Raumgröße erleben wir in Jena selber, seitdem wir den Schulsaal, in der Größe von etwas mehr als zwei der alten Klassenzimmer, leider als Schulwohnstube benutzen müssen. Ein Schulraum muß so groß bzw. so gut mit Schülern gefüllt sein, daß er pädagogisch übersichtlich und beherrschbar wird. Ganz ohne Zweifel gibt es hier fast bis an den letzten Quadratmeter festzustellende Grenzen für die beste Schulwohnstube, sobald die reichere Praxis sich mit diesen Fragen befassen wird.

Immer dort, wo die seelischen wie die körperlichen Kräfte des Lehrers, aber ebensogut die der Schüler nicht ausreichen, um die ihnen rein räumlich gestellten Aufgaben zu meistern, folgt unvermeidlich ein Versagen, mindestens ein Absinken auf seiten der Leistung wie des Benehmens. Sicher ist aber wiederum auch, daß jeder *Lehrer* imstande ist, seine Fähigkeiten auf diesem Gebiete auszubilden, und was zunächst unerfüllbar scheint, das hat schließlich doch geschafft, und zwar hervorragend geleistet werden können. Dennoch wird bei der Einrichtung von Schulstuben jenes mittlere Maß errechnet werden müssen, um dem großen Durchschnitt zu genügen.

Die Geschichte Schnepfenthals berichtet[121], daß Salzmann am 15. Juni jeden Jahres das „Geburtsfest aller Zöglinge" feierte. Und der Verfasser der Festschrift von 1934 fügt hinzu: „Salzmann sagt sehr richtig, daß die Eltern ihre Kinder nach Schnepfenthal gäben, um sie ‚zu mit mancherlei Kenntnissen versehenen Jünglingen bilden zu lassen'. Wollte man aber jedes Zöglings Geburtstag einzeln feiern, ginge der siebente Teil des Jahres für ernste Arbeit verloren." Aus diesen beiden Sätzen spricht einmal die Unkenntnis vom bildenden Wert einer Feier, auch einer Geburtstagsfeier, sodann aber scheint doch aus der Rechnung hervorzugehen, daß für eine Geburtstagsfeier ein ganzer Tag angesetzt werden müßte. Als wenn es nicht ein Leichtes gewesen wäre, und in einer Schule auch völlig ausreichend und voll dem Sinne dieser Feier in ihren Räumen entsprechend wäre, den Ehrentag des Geburtstagskindes in einer kurzen und deswegen noch lange nicht eindruckslosen Feier zu

---

[120] Siehe oben S. 55 f.
[121] *Johannes Ludolf Müller*, Die Erziehungsanstalt Schnepfenthal 1784—1934. 1934. S. 81.

begehen; ferner diesen Vorgang auch für bildende Aufgaben auszunutzen, ohne wiederum den Sinn der Feier zu verstören, zudem die Feier auf den Kreis der Gruppenkameraden, in Schnepfenthal der Klassenkameraden, zu beschränken. Aber der Haupteinwand gegen solches Geburtstagsfest für alle Schüler muß daher genommen werden, daß nun der *Sinn* des Geburtstages zerstört ist, einmal weil vermutlich nur ganz ausnahmsweise am 15. Juni einer der Schüler wirklich Geburtstag hatte und weil es außerdem unbedingt zu einem Geburtstage gehört, daß eben einer (höchstens ein paar) innerhalb seiner vertrauten Gemeinschaft gefeiert wird. Jenes Geburtstagsfest für alle nimmt dieser Feier dadurch allen Sinn, daß weder ein Geburtstagskind da ist, noch eine es feiernde Gemeinde, da ja nun sich alle in die *Rolle* eines versetzt finden, der Geburtstag hat.

Darum hat es bereits ernste Bedenken, die Geburtstagsfeiern eines Monats in den Schulen zusammenzulegen, was gewiß verständlich ist, wenn der Gruppenleiter den bildenden und erziehenden Wert einer *größer* angelegten Geburtstagsfeier in der Schule auswerten will. Mindestens sollte aber dann verhütet werden, daß keinem Geburtstage vorgegriffen wird. Dem Elternhause gehört unbedingt der Vortritt und der Schule dann nur die Nachfeier. Das Elternhaus bleibt der rechte Ort, die Familie der natürliche, der gegebene Träger jeder Geburtstagsfeier. Wo sie versagt, dort tritt dann die Schule ein, um — das ist ja unserer Feiern letzter Sinn und die pädagogische Absicht — den Familien diese Feier wiederzugeben, über die Kinder vermittelt. Denn immer wieder wird es noch berichtet, daß ein Schüler zum ersten Male in der Schule eine Feier seines Geburtstages erlebte, und ebenso wird immer von neuem festgestellt, wie, über die Schule geleitet, schlichtes und doch erhebendes Feiern von Geburtstagen wieder in die Familien einzieht und ohne Zweifel die Familienbeziehungen stärker und innerlicher werden läßt. Bei größeren Stammgruppen hat sich in Jena als Regel entwickelt, einen Geburtstag zu Beginn eines Wochenkreises zu feiern und höchstens die zusammenzufassen, die in dieselbe Woche fallen; beliebt ist dafür besonders der Wochenschlußkreis. Dauer der Feier je nach der Fülle der Darbietungen 10 bis 20 Minuten. Jede Feier muß durchaus ernsten Charakter tragen; es darf nicht so sein, daß in der Schule „Geburtstag gespielt" wird[122].

---

[122] Meinem Tagebuch über den Versuch in Nashville 1928 entnehme ich: „Wir regen Geburtstagsfeiern an. Lehrerin fragt, wer hat nächste Woche Geburtstag? Elisabeth Zerfoos meldet sich. Vorbereitungen aller Art, u. a. von Mitschülern angefertigte, z. T. sehr schöne Geschenke. Am 11. Juli steigt der Geburtstag. Zwei Tische werden durch ein Tischtuch vereint; Geburtstagskind im Mittelpunkt; seine Geschenke erst im Kreis ausgepackt. — Mittags ist die Mutter über die Geschenke verwundert — es stellt sich heraus, Elisabeth hat im September Geburtstag! Wie zu erklären? Elisabeth hat in der voraufgehenden Woche an einer Geburtstagsfeier teilgenommen. Als sich nun die Lehrerin für eine Geburtstagsfeier in der Schule interessiert zeigt, meldet sich Elisabeth, indem sie etwa denken mochte: ‚Es ist doch fein, Geburtstag zu haben!' Es verbinden sich der

Eine strukturwirre Feier zur Aufnahme der Schulneulinge verrät folgendes Programm: 1. Lied des Schulchors. 2. Ansprache des zukünftigen Lehrers der Kleinen. 3. Erledigung schriftlicher Dinge durch den Schulleiter (Kontrolle der Anwesenden usw.). 4. Leitspruch des Gärtners (ein Gedicht, für die Mütter bestimmt). 5. Spiel (Frühlingsspiel mit Blumen, Schulbüchern, Elfen, Vögeln, Zwergen und Zuckertüten). Die Punkte 3 und 4 gehören nicht hinein.

Einen argen Mißbrauch von „Weihnachten" stellt es dar, wenn dieses fast in einem solchen Ausmaße als Unterrichtsstoff (!), man kann nur sagen, „ausgeschlachtet" wird, wie nach folgendem Vorschlage[123]: Der ganze „Stoff" Weihnachten werde in drei Abteilungen zerlegt, jede wiederum in drei bis vier Unterabteilungen. 1. Lieber, lieber Nikolaus! a) St. Niklas auf der Fahrt. b) Niklas kommt ins Haus! c) Der Nikolaus war da. 2. Unser Weihnachtsgebäck: a) wenn die Mutter backen will, b) wenn die Mutter das Mehl wiegt, c) wir helfen beim Backen. 3. Oh, du fröhliche Weihnachtszeit! a) die Weihnachtswünsche, b) der Weihnachtsbaum, c) der Weihnachtsschmuck, d) die Weihnachtsfeier. Ferner müsse in jeder Unterabteilung nach der allgemeinen „Umwelterfassung" daran kommen: A. Rechnen. Material dafür: die fleißigen Zwerge sammeln Nüsse, binden Ruten, geben dem Niklas 2, 3, 4 Nüsse; das Christkind sucht Weihnachtsbäume aus. B. Sprechübung: Was die bösen Kinder tun: sie sind unartig, faul, frech. Was die guten Kinder tun. Welche Kinder werden ins schwarze, welche ins weiße Buch eingeschrieben? usw.

An allererster Stelle wird immer die Forderung stehen, daß sich eine jede Schule als das erkenne, was sie ist und was sie höchstens sein kann. Eine Großstadtschule ist keine Bauernschule und keine Arbeiterschule, und es ist reine dumme Phrase, wenn gesagt wird, sie sei im *Sommer* Bauern-, im *Winter* Arbeiterschule, und ferner das ganze Jahr hindurch Soldatenschule[124]. Durch die Aneinanderreihung von so großen Worten wird nichts anderes erreicht als die Gefahr, die Schule der Großstadt um *ihren* Sinn, damit um gerade das zu bringen, was *sie* ihrem Volke zu leisten hat. Es ist klar, daß sie ihre Bestimmung zuerst *von der Stadt her* zu sehen und zu gewinnen hat, und daß sie von dieser bitterernsten und schweren Aufgabe aus sich dann die große, in der Tat schwierige Aufgabe überlegt, wie es möglich gemacht werden kann, dem Stadtkind richtige Vorstellungen von der Arbeit des Landmannes zu übermitteln und ihm überhaupt die rechte demokratische Gesinnung und Haltung allen Mitmenschen gegenüber zur anderen Natur werden zu lassen.

Um dieser maßvollen Aufgabe zu dienen, wird es gut sein, auf einem Schul-

---

Gedanke an die Teilnahme an einer Geburtagsfeier, die noch in bester und sehr affektbetonter Erinnerung ist, mit dem anderen — Geburtstag haben, und ferner, man spielt doch auch Hochzeit, warum da nicht auch Geburtstag? So vermengten sich Wirklichkeit und Fantasiewelt, Ernst und Spiel im Köpfchen dieses begabten und wohlerzogenen Kindes."

[123] Neue Deutsche Schule, 1936, S. 530.
[124] Zum Folgenden vgl. „Neue Bahnen", 1934. Heft 11, S. 337 ff.

felde ernstlich landwirtschaftliche Arbeit auszuführen und mit einem Dorfe als „Patendorf", besser „Freundschaftsdorf", in einer engeren Beziehung zu stehen. Es bedroht aber die eigentliche Aufgabe einer Großstadtschule während der acht Schuljahre, wenn sie den wichtigen Auftrag, der ihr aus der Stadt her gesetzt wird, romantisch verdreht. Je unverhüllter, je echter und dabei je härter die Stadtschule *ihre* bodenständige Aufgabe sieht und anfaßt, um so mehr wird sie dem Volke von heute dienen. Die Landschule, die Bauernschule sein kann und soll, hat Jahrzehnte hindurch, ja, an zwei ganze Generationen hindurch, sich von der Stadt bestimmen lassen und wurde ihrer eigensten Aufgabe untreu. Eine Stadtschule gewinnt heute nicht dadurch, daß sie nun, umgekehrt, aus ihrer Aufgabe herausspringt, einen rein intellektuellen Sprung zu tun versucht, der sie durch und durch mit unwirklichem Leben und Handeln erfüllen müßte, gelänge es je, diese Umkehrung ganz durchzuführen.

Derselbe Bericht, eine Fundgrube für die Frage, die uns in diesem Abschnitte beschäftigt, belehrt uns ferner darüber, wie der Versuch mißlingt, ein „Schullager" durchzuführen, weil nämlich das Richtmaß des Lagers nicht auf ein Zusammenleben von Lehrern und Schülern übertragbar ist, das *schulische* Aufgaben zu bewältigen hat. Mit Recht wurde immerhin die Überlegenheit des Landheims als Grundlage für ein Schullager erkannt.

Ein Musterbeispiel völlig unpädagogischer Vermengung von sich innerlich ausschließenden pädagogischen Situationen ist die einfach groteske Schilderung der Ordnung eines Morgenappells[125]: Die Oberklassen vom 5. Schuljahre an marschieren im Gleichschritt auf und treten in Linie an. Danach nimmt der Appell folgenden Verlauf: Der deutsche Gruß; gemeinsamer Gesang eines Choralverses; Gebet oder Spruch; Hissen der Fahne; Schlußlied, ein Vers eines politischen oder soldatischen Liedes; Mitteilungen; u. U. Kritik des leitenden Lehrers am Verhalten der Kinder während des Appells. „Während des Appells bleiben alle in Haltung stehen..." „Dann und wann erhält der Appell noch ein praktisches Anhängsel: Durchsicht der Hände oder Hälse oder Schuhe nach ihrer Sauberkeit, Prüfung der Ordnung in der Kleidung, im Haar; ein andermal Verkündigung neuer Anordnungen, Erinnerung an alte, Verlesen eines Teiles der Schulordnung, gegen den gesündigt wurde. Mitteilungen über Schulgartendienst und Sonderdienste, öffentliches Loben und Tadeln bis zum anprangernden (!) Herausstellen oder Ausschluß aus der Appellgemeinschaft."
Ärger können kaum mindestens drei in sich strukturell ganz verschiedene pädagogische Situationen miteinander vermengt werden, als es hier vorgeschlagen wurde, nämlich die religiöse, die politische und die disziplinierende Situation. Was der politischen gebührt, z. B. in Haltung zu stehen während der Flaggenparade, widerspricht ganz und gar der religiösen. Für Gebet und Choral ist die militärische stramme Haltung wahrlich nicht die rechte und diejenige, welche innerlich dazu gehört. Beide aber vertragen sich nicht mit

---

[125] a. a. O. S. 340 f.

dem „praktischen Anhängsel"; denn beiden wird dadurch jede Feierlichkeit und der tiefe Sinn getrübt, den sie besitzen. Nicht nur die Kinder, welche mit einer öffentlichen, sie vor Hunderten von Kameraden bloßstellenden körperlichen Untersuchung oder mit einem anprangernden Herausstellen rechnen müssen, werden in eine sittlich widernatürliche Haltung gezwungen und können überhaupt nicht offen sein für die Wirkungen des Religiösen bzw. des Politischen, sondern auch in allen übrigen werden einander widerstrebende, sie hin und her ziehende Gefühle geweckt und die ganze Feier hindurch wachgehalten, ohne an die zu denken, welche Freunde der besonders betroffenen Kameraden sind. Die Lehrer aber erniedrigten sich damit zu Handlangern einer Parteipolitik und traten in den Dienst gegenerzieherischer Mächte.

Erst als die Einsicht in das, was pädagogische Wirklichkeit ist, wieder erwachte und den Pädagogen zurückrief aus den idealisierten Bereichen und Illusionen, die seine Schule ihm tatsächlich verödet und lebensfremd gemacht hatten, konnte mithin auch der Bereich der religiösen Wirklichkeit innerhalb der Schulen die ihm gemäße Situation der „religiösen Verkündigung" erhalten, eine Stunde, in der das Wagnis unternommen werden kann, zu Schülern von der Wirklichkeit Gott zu reden. Und in demselben Augenblick mußten alle Abschweifungen in das Kulturelle, in das Religionsgeschichtliche und Psychologische als Abwege und Sinnverkehrungen dieser Wirklichkeit erkannt und für diese Stunde hinausgewiesen werden.

2. Begriffe und Bestimmungen zur Führungslehre des Unterrichts im Anschluß an die Praxis des Jena-Plans

Jede Einrichtung verfügt über ihre eigenen Begriffe, aus denen dann wiederum abgelesen werden kann, was sie will, welchen Sinn sie ihren Veranstaltungen, Ordnungen und den Menschen gibt, die sie beansprucht. So gehören zur Schule als Unterrichtsanstalt u. a. Klasse, Schulklasse, Pensum, Lehrplan, Stundenplan. Setzt die Führungsschule an deren Stelle Gruppe, Schulwohnstube, Umkreise zu bearbeitender Wirklichkeiten, Richtlinien, Wochenarbeitsplan, so geschieht dies aus einem anderen Schulgeiste und einem anderen Erziehungswillen heraus. Die Veränderungen in der Begriffswelt, die damit innerlich bedingt nötig werden, sollen an einem Beispiele durchgeführt werden, das auch den nachfolgenden praktischen Kapiteln zugrunde liegt. Diese sind ebenfalls der Schulwirklichkeit einer Jena-Plan-Schule entnommen, und so sind zu deren vollerem Verständnis diese Begriffsbestimmungen mithin erforderlich.

Eine voll verwirklichte Jena-Plan-Schule umfaßt *zehn Jahrgänge;* sie ist eine zehn- oder neunjährige Schule, die zur Untersekundareife führt und danach die Schüler auf die dreijährige Oberstufe derjenigen höheren Schule schickt, für die sie sich innerhalb der zehnjährigen Volksschule vorbereitet haben. Die Praxis müßte ergeben, ob es in größeren Stadtgemeinden zweckvoller ist, die Schüler bereits nach dem 6. bzw. langsamer reifende erst nach dem 7. Schuljahr in Kursen zur höheren Schule zusammenzufassen. Aber auch dann setzt die Jenaische Pädagogik voraus, daß bei der Aufnahme in diese Kurse die Kenntnisse etwa im Englischen, mindestens im Umfange einer ersten Klasse der Deutschen Aufbauschule, mitgebracht werden, ja, die Aufnahme wird davon abhängig gemacht, daß der Schüler seine Begabung für fremde Sprachen bereits nachgewiesen hat.

Die zehnjährige Jena-Plan-Schule hat demnach vier „Stammgruppen": Unter-, Mittel-, Ober- und Jugendlichengruppe, und sie wäre der vorherrschende Typus in allen kleineren Städten und Landgemeinden, hält also die Kinder des Ortes und der Landschaft für zehn Jahre beieinander, ja, bei genügender Schülerzahl in einer Jugendlichengruppe II bis zum Abitur.

Hans A. sei Schüler einer solchen Schule. Er besuche die Untergruppe und habe in ihr 38 Mitschüler; sie sind genauer gesprochen seine *Gruppenkameraden*.

Er arbeitet an einem Vierertisch mit zwei Freunden in einer kleineren Gruppe zusammen, in einer „Tischgruppe". An seinem Tische sitzt ferner ein Gruppenkamerad, der für sich arbeitet; es könnten an einem Sechsertische aber auch noch drei andere zusammenarbeitende Kameraden mit Hans und seinem Freunde zusammensitzen. In beiden Fällen bilden sie dann eine *„Tischgemeinschaft"* miteinander.

Die Kameraden, mit denen jeder eng zusammenarbeitet oder mit denen ein Schüler um seiner eigenen Arbeit willen zusammensitzen will, weil sie ihm menschlich zusagen und dadurch die eigene Arbeit fördern, das sind seine *Arbeitskameraden* oder *Mitarbeiter*. Die übrigen, die am selben Tische, in der Tischgemeinschaft also, mit ihm sitzen, nennen wir seine *Nebenschüler,* und diejenigen, die am nächsten hinter oder an den Tischen neben Hans sitzen, das sind seine *Nachbarn*. Hans hat meistens 2—3 Nachbarn im Rücken und je einen Nachbar links und rechts, also im ganzen 4—5 Nachbarn, zudem also 2 Arbeitskameraden und 1 Nebenschüler. Da er ein ruhiger, selbstsicherer Junge ist, so kann er inmitten eines so reichen und wichtigen Stammes von Gruppenkameraden arbeiten. Joachim dagegen hat von dem Lehrer und der Gruppe einen Platz an einem Tische an der Wand erhalten und dadurch weniger Möglichkeiten, zu Kameraden Beziehungen herzustellen, da er noch dazu neigt, zu „stören". Es sind auch deswegen in seiner Nähe solche Kameraden, die ihn erziehen helfen. Ja, gerade an seinem Tische haben bei ihm aus eigenem Entschluß zwei tüchtige Mädchen Platz genommen, beide aus dem dritten Schuljahre, die ihm prachtvoll helfen, sich einzuleben, und schon zu Beginn des ersten Schuljahres aus Joachim einen rechten Gruppenkameraden machen wollen. Lehrer wie Gruppe überlegen sich also ständig dieses Ineinandergreifen von Arbeitskameraden, Nebenschülern und Nachbarn. Die rechte Nachbarschaft ist genau so bedeutsam wie die recht gebildete Tischgruppe oder Tischgemeinschaft. Es ist Führeraufgabe, hier die rechte Überschau zu gewinnen und alles ständig zu überprüfen.

Jeder Schulneuling, der also aus anderen Schulen mit anderer Ordnung der Schülerschaft kommt, oder jeder Schulanfänger hat außerdem noch einen vom Lehrer und von der Gruppe ihm gesetzten *„Helfer"*. Für die Schulanfänger werden sie in der Aufnahmefeier feierlich eingeführt und ganz besonders stark aneinander gebunden[126]. In anderen Fällen und sobald eine gute Überlieferung in der Schule vorhanden ist, treten die Helfer frei zu den Schulneulingen und nehmen sich ihrer an; es gilt das dann als eine selbstverständlich zu übende kameradschaftliche Pflicht. Diese Pflicht zum Helfen erstreckt sich aber auf jeden in der Gruppe, der Hilfe braucht. So ist auch sehr häufig in einer echten Tischgruppe bei genauerer Betrachtung einer der Arbeitskameraden ebenfalls ein Helfer.

Zwischen den Schülern wie zwischen Lehrer und Schülern bestehen die allerverschiedensten *Beziehungen* (Kontakte). Beziehung ist das allgemeinste Wort und bedeutet, daß überhaupt eine Verbindung zwischen Personen da ist, ihr Zusammensein und Zusammenkommen. Im Falle einer klarer erkennbaren und beschreibbaren *sachlichen* Beziehung sagen wir auch *Berührung*. Kann festgestellt werden, daß es zu einer starken beeinflussenden *menschlichen* Beziehung kam, so soll dafür *Begegnung* gesagt werden.

Unterricht im pädagogischen Sinne wurde schon bestimmt als jene Summe von absichtsvollen und sinnhaften Veranstaltungen, die mit Ehrfurcht vor dem Leben und unter der Idee der Erziehung zu Fertigkeiten, Kenntnissen und Bewußtheiten *führen*, *„Unterrichtsleben"* als die Welt problemhafter, Kinder und Jugendliche auf natürliche Weise zum Lernen anreizender Situationen.

In der Gruppenarbeit ist zu unterscheiden der *Eingang* in die Gruppenarbeit, das ist der tägliche Beginn der Gruppenarbeit, von der *Einleitung* in die Gruppenarbeit, die die ersten Wochen eines Trimesters oder Semesters umfaßt, während das neue Gruppenarbeitsthema einsetzt, daneben steht die Einführung oder besser die *Einschulung* in die Gruppenarbeit; diese wird in der Untergruppe nötig für alle Schulanfänger und erfolgt durch deren Helfer sowie im Einführungskurs, den die Lehrerin wöchentlich einmal (höchstens und dann nur im Anfange des Schuljahres auch zweimal wöchentlich) dem allein im Schulraume befindlichen ersten Schuljahre erteilt.

In der eingreifenden und leitenden Tätigkeit des Lehrers (die z. T. auch so von den Schülern ausgeübt werden kann) unterscheide man die allgemeine *Arbeitsanweisung* von der *Arbeitsmittelanweisung* und die noch allgemeinere *Arbeitsanregung* und *Arbeitsaufforderung*.

Außerdem erfolgen Belehrungen über die *Schulsitte,* auch in Form von Mahnungen, vermittels vereinbarter Zeichen, die wertvoller sind als Mahnworte. Desgleichen Anweisungen, die *Ordnung* betr.; Ordnung geht immer auf

---

[126] Siehe unten S. 167 ff. die Schilderung der Aufnahmefeier vom 26. April 1935.

die äußeren Dinge im Raume, auf die Sachen des Schülers u. ä. Davon ist zu unterscheiden, was zu Sitte, Brauch, Benehmen, Sittlichkeit usf., kurz alles, was zum „*Umgang*" gehört, wie das ausgezeichnete Wort aus der Herbart-Stoyschen Schulwelt lautet. Ferner erfolgen *technische Anweisungen*, Beratungen, Hinweise und, wenn es sich um längere belehrende Darlegungen handelt, technische *Unterweisungen*.

Der Leiter der Gruppen übt die *Aufsicht* (Kontrolle) des Verhaltens und der Arbeit aus. Er geht in Unterhaltungen ein, in Gespräche belehrender, kontrollierender, prüfender usw. Art, in sachliche Aussprache. Neben *seiner* Tätigkeit geht also ständig einher ein innerer *Helferdienst*, den die Gruppe den Kameraden stellt, gesetzt oder freiwillig. Es besteht mithin in jeder Gruppe bei Lehrer und Schülern ständige *Hilfsbereitschaft*, und dies alles hat die bedeutsamsten „Rückwirkungen". Denn daraus setzen sich für den Lehrer wie für die Gruppe selbst alle Erfahrungen und Erlebnisse zusammen, die zu einem immer feineren Benehmen und zu einem immer sinnvolleren Arbeiten in der Gruppe wie von da aus dann in der ganzen Schulgemeinde hinleiten. Alles Arbeiten der Schüler soll mindestens *zielgerichtet* sein, im stärksten Falle ist es zielfest oder zielsicher oder zielstark, oft aber auch zielschwach, ziellos, gar wahllos, schwankend, unbestimmt. Die *Arbeitshaltung* kann sein straff, locker, gelockert, natürlich, nervös, ungeordnet usf.

Der Schüler gewinnt als Ergebnis seines Tuns Einsichten, Erkenntnisse, Fähigkeiten, Fertigkeiten, Bewußtheiten, ein anderes besseres Verhalten, Umgangsformen, Benehmen, eine Haltung, einen gesunden, gut sich haltenden Körper, eine reine und feste Gesinnung usf.

Dahin gelangt er über Fremdkritik, Selbstkritik, Selbsterkenntnis, Erfahrungen an Sachen und Menschen, Erlebnisse. Besonders wichtig sind dafür jene Freigabe des „Zwischenmenschlichen" und die weitgehende Möglichkeit des „Zwischenlernens".

Auf dem Wege zur Selbständigkeit im Verhalten wie im Tun kommt es Schritt für Schritt zu *„Ablösungen"*: Ablösungen vom Material, von Mitschülern, besonders vom Helfer, aber auch vom Lehrer. Ganz besonders wichtig ist es, daß jeder Gruppenleiter unermüdlich diesen Weg der Ablösungen bei den einzelnen Kindern verfolgt. Denn das ist der uns sichtbar werdende Weg des Schülers zur Selbständigkeit in der Arbeit, im Verhalten, im Charakter. Dieses Studium bildet zugleich die hervorragendste Quelle für jeden Lehrer, um in einem höheren Sinne „methodisch" zu wachsen und niemals zu verholzen.

3. Anweisung zur Leitung frei vergesellschafteter Schüler

A. Die verschiedenen Verbände und deren beste Leitung

1. Die Reihe. Die Jenaer Versuche zeigten die große Bedeutung der kleineren Tische für Gruppenbildungen, die arbeitsfähig sind und zugleich erzieherisch wirken. In den „Tischgruppen" entwickelt sich echte Verantwortlichkeit für den anderen, ein Wir im strengeren sozialethischen Sinne. Ganz anders in der Reihe; sie weiß wenig von dieser Verantwortlichkeit. Man denke nur an Reihen vor Läden, vor Schaltern, wo selbst Menschen, die „sonst" so etwas nicht tun würden und gesellschaftlich wohlerzogen sind, egoistische Züge offenbaren, sich sehr unerzogen benehmen und bereit sind, sich kleine Vorteile herauszunehmen. In der Reihe ist der andere nur der Nächste nach uns („der Nächste ist dran!") oder vor uns, in der Gruppe dagegen ist jeder Glied, und so entsteht hier die Gliedschaft und damit die ethisch wertvolle Gruppenverantwortlichkeit.

Als sich, wie es die Regel ist, die zunächst einander fremden und an die neue Einrichtung und den Raum nicht gewöhnten Kinder am Ende der zweiten, Anfang der dritten Woche zu jenen Tischgruppen ordneten, da kam es, ich weiß nicht mehr durch welchen Zufall, am 10. Tage des Schulversuchs nach dem Jena-Plan in Nashville (Tenn.) zu einer Anordnung der Tische in *Reihen*, wahrscheinlich einfach die Folge der gründlichen Reinmacherei am Tage vorher, bei der sie so zusammengestellt worden waren. Sofort zeigte es sich, daß die vorteilhaften und erfreulichen Anfänge freier Gruppenbildung und deren gute Wirkung auf das Verhalten und die Arbeitslust der Kinder verlorenzugehen drohten. Da (sehr verfrüht) die Lehrerin eine recht verwickelte Art des Frühstücks vor ein paar Tagen neu eingeführt hatte, statt zu warten, bis die ganze Schar von 33 Kindern sich in den Raum und die neuen Verhältnisse hineingefunden hätte, so zeigte sich besonders beim Frühstücken die unheilvolle Anordnung der Tische in Reihen. Zu den etwa zehn verschiedenen Akten, die jedes Kind neu lernen und für sein Frühstück in der Gemeinschaft ausüben mußte, gehörte auch das Händewaschen zu Beginn des Lunch. Die kleinen, gewiß beachtlichen Werte des Waschens, die bereits erreicht waren, gingen mit einem Male verloren. Bei Förderung der Tischgemeinschaften in Form kleinerer Gruppen hätte man Tischgruppe neben Tischgruppe gehabt. Ohne viel Wortemachen hätte man bald eine stille, aber sehr deutliche Selbstbeurteilung der einzelnen Tische in puncto Sauberkeit, Schnelligkeit, Wartenkönnen, Ruhe usw. geweckt, nur gelegentlich unterstützt durch die Lehrerin mit einem kurzen, aber bedeutungsvollen: „Dieser Tisch war heute der beste". Vor allem wäre das Hervorheben einzelner ungeschickter Kinder unnötig gewesen. Immer hätte man die Gruppe, zu der solches Kind gehörte, als ganze mitverantwortlich gefunden und die stille Miterziehung durch diese gekräftigt. Als auf meinen Rat die Lehrerin am nächsten Tage anders verfuhr, trat sofort die vorgesehene Wirkung ein und erhielt sich.

2. Der Haufe. Im Haufen stehen die Kinder beim Chorsingen. Es gehört zur Urerfahrung der Lehrerwelt, daß es schwer ist, den Haufen in Ordnung zu halten. Ebenso, daß der Haufe im Moment seiner Leistungsanspannung alle Augen auf den Dirigenten gerichtet halten muß. Dann hat dieser volle Macht. Nun wirken alle wie einer unter fester Leitung. Für den Dirigenten

ist eine Stellung nötig, die ihm vollständige Überschau gestattet. Falsch ist es also, wenn sich ein Lehrer mit dem Rücken zu den Schülern hin oder auch nur halb ihnen abgewandt oder sich auf einen niederen Sitz unter die im Haufen um ihn versammelten Kinder setzt. Es muß zu Unruhe, gegenseitigem Sichstoßen, Drängeln u. dgl. kommen. Besser ist es, die Kinder um sich herum hocken oder sich lagern zu lassen. Damit ist nicht gesagt, daß vom Lehrer ausgehende Haufenbildung innerhalb der Schulräume nur beim Singen veranlaßt werden sollte. Das Niederhocken im Schulraume sollte aber vermieden werden, da es stets unhygienisch ist.

Anders ist es draußen im Freien. Im Haufen lagert man zum Genießen von Essen und Trinken, Lied und Schwank, bei Ansprache und Verschwörung. Ist drinnen der Dirigent sein rechter Leiter, wie für die Reihe der Polizist, so ist es im lagernden Haufen der Führer mit natürlicher Führerbegabung. Der beste Erzähler, der beste Redner und Sänger, der Mensch der guten und lustigen Einfälle, sie beherrschen diesen Haufen.

3. Die freie Arbeitsgruppe besitzt wiederum eine ganz andere innere Haltung. Sie ist stark bestimmt durch den Gegenstand, um den man sich schart, ob Ton, Näharbeit, Holzarbeit, Lesen! In ihrer Haltung wird sie schweigsam sein oder leicht plaudernde Gruppe, die nur darauf hält, daß sie nicht andere, ähnlich arbeitende Gruppen stört, und die gelegentlich selber eine Mahnung braucht. Handelt es sich um Handarbeiten irgendwelcher Art, so fehlt es am Führer im eigentlichen Sinne, weil gerade der, welcher sich für die Arbeit am besten eignet, selber am stärksten in den Gegenstand vertieft ist, darum als Führer entfällt. Im Werkraum wird es folglich immer stärker auf den Lehrer ankommen und darauf, daß er ihn unterstützende Schüler findet. Ein Verlaß auf die Tischgruppen selber ist nicht ganz möglich; letzte Überwachung ist nötig. Daß sie aber in leichtester Form und ohne die „Freiheit" zu stören, möglich ist, das ist eine in Jena 25 Jahre lang gemachte, festgewordene Erfahrung. In Lese- und Rechengruppen dagegen führt in der Regel das pädagogisch am besten begabte Kind.

4. Die stete freie Tischgruppe besitzt immer einen Führer. Nur in der Sechsergruppe scheint ein Doppelführertum vorzuliegen, zwei sich nicht ganz ausgleichende Führer. Allein sie ist, wie gesagt, sehr selten und scheint also eine in sich nicht voll ausgeglichene Gruppe zu sein. Man wird auch so sagen dürfen: Schüler sind nicht imstande, ihre Macht, ihren Geltungsbereich über mehr als zwei Mitschüler wertvoll und auf gewisse Dauer hin zu erstrecken. Rein auf die quantitative Zusammensetzung gesehen zeigte gerade die Dreiergruppe alle Vorteile dieser Gruppierung und weit weniger deren Nachteile. Der „Dritte" wirkte im Sinne des Übergangs, der Versöhnung, als Ergänzung der seelischen Einheit, die in dem Leben der Gruppe wohnt.

5. Die befohlene, *angeordnete Gruppe*, d. h. diejenige, die durch den „Befehl", den „Auftrag" zusammengehalten wird, er sei von der ganzen Gruppe oder

vom Lehrer ausgegangen, z. B.: „Geht zum Spielplatz!" — „Holt dies!" — „Sucht dies heraus!" — „Räumt hinter uns auf, während wir zum Spielplatz gehen oder zum Turnsaal!" Führer in solcher Gruppe ist meistens der am stärksten Pflichtbewußte, d. h. derjenige, in welchem der Befehl, der Auftrag am längsten nachwirkt und ethische Bindung bewirkt. So wird hier die gute Leistung ein deutlicher Beweis für allgemeine Reife oder für Anhänglichkeit an den Befehlenden sein, dem zuliebe man es tut, und darum besitzt man auch ein längeres Gedächtnis.

6. *Die Clique, die Bande, die Masse* bleiben unsere schlimmsten Feinde. Während die Bande und die Masse am leichtesten zu zerstören sind, wenn man nur den rechten Zeitpunkt abpaßt und überhaupt nichts in Hitze tut, was überall schlecht ist, so ist die Clique außerordentlich schwer zu brechen.

Immer und immer wieder hocken etwa diese beiden Mädchen zusammen, obwohl wir deutlich sehen, daß diese Freundschaft die beiden nicht innerlich fördert; immer von neuem finden sich jene vier Jungen; Leiter und Gruppe mögen versuchen, was sie wollen. Einziges Mittel von der Schule aus gesehen: sie bei Verschiebungen geschickt auseinander zu bringen, wenn es sich irgendwie verantworten läßt und Reifenunterschiede stark genug hervortreten, um eine Trennung zu rechtfertigen. Allerdings beobachteten wir wiederholt auch dies: zwei solcher „inniger" Freundinnen wachsen natürlich auseinander. So war es z. B. im 5. Schuljahre zweier Unzertrennlicher, nachdem die eine von ihnen während der sechs Wochen Sommerferien eine ganz starke persönliche Wandlung durchgemacht hatte und verändert wiederkehrte.

7. Der Kreis bedarf einer besonders eingehenden Behandlung. In sämtlichen neuen Schulen ist er von Anfang an aufgetreten; er gehört für den Besucher oft zum festen Merkmal Neuer Erziehung. Seine erste Bestimmung war die, der Aussprache über allgemeine Fragen des Verhaltens sowie über alle interessierende Dinge aus der Umwelt und die Kinder bewegende Erlebnisse und Beobachtungen zu dienen. Betont wurde die große Bedeutung, die es habe, sich in die Augen zu sehen, sich ansehen zu können — der am stärksten empfundene äußere Gegensatz zur alten Schule. Damit wurde überall bekundet, daß der Kreis die Innerlichkeit hebe, das Aufeinander-Bezogensein von Menschen kräftige. Ferner diente er bestimmten Formen des Gesamtunterrichts, etwa im Sinne *Berthold Ottos*, oder dem um eine gemeinsame Lektüre geeinten Unterricht, der gemeinsamen Besprechung, dem Vortrag sodann und dessen kritischer Betrachtung. Anfangs war in Jena der Kreis die ständige Ausgangsform des Gruppenunterrichts, und zwar in allen Gruppen.

Ein fester Stil für die Umordnung des Mobiliars muß in solchem Falle entwickelt und planvoll eingeübt werden. In der Unter- und Mittelgruppe dient der Kreis für die ersten zehn Minuten auch als „Lesekreis", d. h. jenes planmäßige Lesen als Übung des Lesens, bei dem jeder „dran kommt", wird in diese Zeit verlegt. Für jeden Tag werden 3—4 Schüler bestimmt, die etwas, das von ihnen vorbereitet ist, im Kreise vorlesen sollen. Länger als höchstens 5 Minuten war Aufmerksamkeit bei den Untergruppenschülern nicht zu erwarten, und die Psychologie der Aufmerksamkeit hat uns recht gegeben. Darauf erfolgt vor allem am Montag die Frage des Lehrers an die Schüler, ob sie besondere Erlebnisse oder dergleichen vorzubringen haben. Alles kommt darauf an, daß der Leiter sich hier nicht in Einzelheiten verliert, sondern auf Konzentration der Gedanken hält, wie das überhaupt die nicht genug einzuschärfende Pflicht des Kreisleiters ist. Beispiel: Im Kreis soll beraten werden, wie man nachmittags die nötigen Einkäufe zu einem Fest für die Eltern am besten besorge, welche und wo. Schon ist die Aussprache in Gang, als ein Kind dazwischen einwirft: „Ich kann nicht mitgehen, weil ich heute nachmittag in den Zirkus gehe". — „Ach, du gehst in den Zirkus?" sagte die Lehrerin, und sofort sind alle auf lange Zeit im Zirkus. Hier lieferte die Lehrerin ein Beispiel, wie man es in den Anfängen neuer Schulen und bei Neulingen oft erleben konnte und wie es nicht sein soll.

Ebenso falsch ist es, den Kreis zur absichtlichen „Nachbereitung" sozialethischer Dinge zu machen. Für Zusammenfassungen im Stofflichen oder zur gemeinsamen nachträglichen Klärung von Erlebnissen auf Spaziergängen, nach Reisen ist er das Gegebene, aber nicht für jene Nachbereitung. Denn mit der ersten Sekunde, wo die Kinder merken, was geschehen soll, daß er oder sie jetzt auf das „von vorhin" zurückkommt, daß etwas beginnen soll, was wir früher schon die „Moralpauke" nannten, und sei es noch so freundlich vorgetragen und gut gemeint — mit demselben Augenblick macht sich eine Bedrückung fühlbar und damit die Tendenz, dem Unangenehmen auszuweichen, bei älteren Schülern manchmal eine Bockigkeit. Stets sind knappe, laute, klare und deutliche Feststellungen durch den Lehrer sofort im Augenblick des Vorfalls vorzuziehen, und dann auf den guten Willen für das nächste Mal bauen, und — „Du weißt Bescheid, ich weiß Bescheid, und beiden macht's Vergnügen". Und darauf kommt es doch an. Frohsinn und Humor sind die besten Waffen und Bundesgenossen des Lehrers. Und im Konventionellen, in guter Sitte soll der Lehrer doch wahrhaftig ruhig bestimmen, genau so wie in jeder guten Familie Mutter oder Vater sagen: „Dies oder das ist nun einmal so bei uns!" Da zugleich auch der Kodex des Zusammenlebens Gegenstand freier Aussprache und Beurteilung durch die Schülergesamtheit ist, so kann durch die Konvention bedingte Verkrampfung nicht aufkommen. Wir verweisen auf die Vor-Ordnungen![127]

Im Mittelpunkt des Kreises stehen stoffliche Dinge, sobald die freie Aussprache erledigt ist, was, wie gesagt, in straffer, gerader Gedankenführung zu geschehen hat, und ohne das so oft beliebte Hinhalten und „Nöhlen" durch den Leiter, ein Verhalten, das mit großer Regelmäßigkeit einige redegewandte oder zum Vordrängen neigende Kinder veranlaßt, noch einen Schwatz vorzu-

---

[127] Siehe oben S. 64 ff.

bringen. Ja, als einmal Geschichten vom Brennen imponierten, konnte ein Junge alsbald drei sich inhaltlich steigernde Geschichten erzählen, von denen die beiden letzten ziemlich wahrscheinlich Erfindungen für den Augenblick waren. Ergibt sich aus den freien Berichten nach dem Lesekreis ein Stoffgebiet, das weiterer Klärung bedarf und einem starken Interesse bei der Mehrheit begegnet (das, was alle interessiert, gehört ja doch zu mehr als 90% in den Bereich der Fabel), so hat der Leiter zu entscheiden[128], ob er in der Lage ist, diese Frage sofort zur Klärung zu bringen, ob es ratsam ist, aus didaktischen wie pädagogischen Gründen, oder ob sie zurückgestellt werden soll, dann bis zu welchem Termine und in welcher Form die Vorbereitung der eingehenderen Bearbeitung vor sich gehen soll sowie durch wen. Kommt es nicht zu einem gehaltvollen Gelegenheitsunterricht oder gewachsenen Unterricht, so lenkt der Leiter sofort hinüber zu dem, was seit Tagen im Mittelpunkt steht, das mag ein Buch, eine Geschichte sein, das kann ein Thema sein, das in Berichten aller Art von der Gruppe gemeinsam bearbeitet wird. Je nach der Ergiebigkeit des oder der Berichte, nach dem Interesse, dem das Buch, die Geschichte begegnet, wird sich die Zeit bestimmen, die auf den Kreis zu verwenden ist. Er wird bei uns angesetzt für die ganze Periode, also für 100 Minuten. Wird er abgebrochen, dann vollzieht sich der Übergang so, daß zuerst der für den Gruppenunterricht vorgesehene Zustand des Zimmers in Ruhe und Ordnung wiederhergestellt, darauf in den Gruppen oder an der Tafel im Sinne des gemeinsam Besprochenen weitergearbeitet wird, malend, schreibend, zeichnend, rechnend, lesend oder wie sonst ein Kind durch den Stoff angeregt worden ist; mithin eine vertiefende, weiterleitende Tätigkeit. Es ist aber auch möglich, daß sich nichts dergleichen für den betreffenden Tag ergab, was der unmittelbaren Vertiefung wert gefunden ward, alsdann wird in den freien Arbeitsformen des Gruppenunterrichts weitergearbeitet.

Zur Beherrschung aller dieser Formen ist es unbedingt nötig, daß der Lehrer die allgemeinen Gesetze und Erscheinungen des massenpsychologischen Verhaltens kennt und sie unermüdlich in der lebendigen Wirklichkeit seiner Zeit studiert, dazu die Gesetzmäßigkeit im Ablauf des emotionalen Lebens, die Psychologie der Aufmerksamkeit, der Ermüdung und nicht zuletzt der Unterhaltung; alles dieses differenziert auf die Lebensalter und Geschlechter, daß er sich ferner an die Mitarbeit im Felde der pädagogischen Charakterologie mache, deren Entwicklung dringendstes Bedürfnis in allen neuen Schulen ist.

B. Die Kunst des Lehrers, nicht selber Unruhe und Unordnung zu stiften

In allererster Linie muß der Lehrer *die Kunst entwickeln, nicht selber zukünftige Unruhe oder Unordnung zu verursachen,* d. h. er muß die Folgen seines Tuns, seiner Anordnungen und Anregungen möglichst weit voraussehen können. Aus meinen Sammlungen führe ich folgende Beispiele an. Sehr häufig

---

[128] Über Gesprächsanleitung usw. vgl. „Kleinen Jena-Plan" 1946 S. 55 f., 1949 S. 35.

findet sich folgender Fehler: Der Leiter fordert im Kreise oder vor der, nicht in ruhigen Arbeitsformen befindlichen Gruppe, ganz allgemein an alle gewandt, zu irgend etwas auf mit Fragen wie: „Wer von euch möchte...?" oder „Wer will einmal...?" obwohl ernsthafte Wahl und Entscheidung durch die Gruppe nicht in Frage kommen und der Leiter doch entscheidet. Ganz töricht in folgender Form: der Leiter sitzt im Kreise mit einem Buche Erzählungen oder Gedichte in der Hand und stellt die geradezu dumme Frage: „Was wollt ihr denn hören oder was soll ich euch vorlesen?" Kennen die Schüler die Erzählung oder das Gedichtbuch etwa, so wird ein allgemeines Raten beginnen und Vorschlagen, auf jeden Fall wirkt es auflockernd. Aber nicht minder häufig hörte ich diese Fragerei, wenn es sich um ein ganz unbekanntes Buch handelte und der Herr Lehrer also nur Zeit vertrödeln mußte, weil er sich nicht — vorbereitet hatte! Dieses Verhalten in immer neuen Variationen ist ein ganz häßlicher Zug, auch dann, wenn es sich um ein nur halb bewußtes Gefrage handelt. Der Leiter habe sich stets vorbereitet und wisse ganz genau, was er bringen will, wenn die Reihe an ihn kommt. Die gute Rückwirkung auf seine Gruppe, die an solches sichere, klare Handeln ihres Gruppenleiters gewöhnt ist, jedesmal, sobald er *seine* Leistung einschaltet, ist noch nirgends ausgeblieben.

Man soll niemals zweierlei anordnen oder gleichzeitig ausführen lassen, was nicht ausgeführt werden kann, ohne naturgemäß Störungen und Unordnung zu veranlassen, z. B. Milchflaschen bzw. Bücher wegschaffen und gleichzeitig Stühle zum Kreis mitnehmen lassen.

Sobald etwas Neues eingeübt werden soll, das die äußere Ordnung anbetrifft, so ist es notwendig, daß sich der Lehrer vorher genau überlegt, welche Handlungen es einzuüben gilt, wie viele, und in welcher Reihenfolge, etwa wenn nun als etwas Neues in der Gruppe umgeräumt werden muß für das gemeinsame Frühstück, von Gruppenarbeit oder Kreis zum Kurs, oder als Neuerung eingeführt wird, daß die Kinder nach dem Frühstück selber das Geschirr reinigen. Immer ist die ruhige Oberleitung des Lehrers nötig, der vor allem in den ersten, der Einübung dienenden Tagen auch für ein Tempo sorgt, das die neuen Tätigkeiten sich langsam in der technisch besten Reihenfolge und in psychologischer Gesetzmäßigkeit festigen läßt. Hier wird vom Lehrer geradezu strategisches Können erwartet.

Die Kinder haben Holzkisten aller Größen mitgebracht, und eine Gruppe von Jungen beginnt, dem früheren Plane gemäß im Hintergrunde des großen Gruppenraumes allein, „Laden" zu spielen; nach fast einer Stunde stellt die Lehrerin fest, daß eigentlich nicht viel dabei herausgekommen ist, die Kinder haben Zeit „vertrödelt". Ganz recht vom Standpunkte des Erwachsenen aus; aber diese Schüler haben kein Zeitbewußtsein im Sinne des Erwachsenen, sie haben nach ihrer Auffassung nicht getrödelt, sie verstehen den Vorwurf nicht, wie die Gesichter der durch den Tadel überraschten Kinder bezeugen. Die Schuld liegt allein bei der Lehrerin.

Am Schlusse von Besprechungen im Kreise, hart vor Schulschluß, sagt der Leiter: „Wir haben noch 3 Minuten, wir wollen noch schnell dies und das besprechen." Die Kinder sehen im Geiste aber schon die Mütter draußen warten oder denken an etwas anderes, das sie für die Zeit nach Schulschluß erwartet; ganz gewiß kann jetzt „noch schnell" nichts mehr geschehen, das Wert hätte. Oder: „Räumt ganz schnell auf und still; wir wollen dann in den Park gehen!" Ja, wenn frühmorgens die Kinderschar auf den Spaziergang eingestellt worden wäre — aber jetzt, wo die Mitteilung überraschend kommt, wie soll da „still" aufgeräumt werden können von — Kindern?
Hierher gehört auch das oben erwähnte Beispiel vom Zirkus.
Wie etwas scheinbar recht Äußerliches Kinder anreizen wird, sich eben wie Kinder im Gruppenraum zu benehmen, das lehrte einmal die Anordnung der Tische zu einem in der Mitte offenen, rings herum geschlossenen Viereck. Selbstverständlich setzt sich da sofort der „Lockreiz des Objektes" in Kraft, und was ein rechter Junge ist und ein unternehmendes Mädchen, muß hinein, unten durch oder drüber weg. Es ist zu schön, nun in einem eingehegten Viereck, einem „Ring", in der Mitte wie ein Gefangener zu stehen, oder was sonst kindliche Phantasie dabei genießen mag.
Ganz besonders ernst ist die Frage, wie es mit der Einsammlung und der Verwaltung von *Geld* gehandhabt werden soll. Alle meine, für mich vollkommen ausreichenden Erfahrungen belehren mich, daß die Verantwortlichkeit ganz in die Hand des Lehrers gelegt werden muß, sofern es sich um Kinder der Untergruppe handelt, in der Mittelgruppe unter Umständen leichte Mitarbeit von besonders zuverlässigen Schülern, und nur in der Obergruppe kann es gestattet werden, die Sammlung und Verwaltung so einem Schüler zu übertragen, daß der Leiter die oberste nachprüfende Instanz bleibt, diese Prüfung *aber* auch unbedingt allwöchentlich vornimmt. Dem Geld wohnt eine ungemein demoralisierende Tendenz inne; es weckt Instinkte, die gemeinschaftszerstörend sind, das lehrt nicht nur die wirtschaftliche Welt in erschreckendster Weise, sondern eben auch die kleine Schulwelt. Und wenn es hundertmal „gut gegangen" ist, wir Lehrer haben um jenen einen zu sorgen, der der Versuchung erliegt, und die Versuchung bleibt allzu groß.

C. Grundregeln der Kunst, sich frei bewegende und arbeitende und sich frei fühlende Kinder zu leiten

1. Pünktlich sein! Immer selber alle Regeln des Zusammenlebens und der Arbeitsordnung einhalten!
2. Immer ruhig, fest, bestimmt und klar sein; wissen, was man will; dazu froh und heiter, nicht gekünstelt.
3. Sich natürlich geben! Mut zu sich selber haben! Sei, der du bist!
4. Überall sein mit Auge und Ohr; darum immer Übersicht und überschauenden Platz haben, vor allem so lange, bis die Gruppe in ihren Tischgruppen

oder im Kreise geordnet ist, also zu Beginn eines jeden Kurses, Kreises und Gruppenunterrichts. Der Lehrer setzt sich erst dann in Bewegung, wenn alle arbeiten.

5. Niemals Schüler „ausweichen" lassen! z. B. wenn sie etwas als Pflicht übernommen haben, dies oder das zu tun, mitzubringen oder zu berichten versprochen haben. Auf Erfüllung bestehen, stets im Einvernehmen mit der Gruppe, d. h. nicht darauf bestehen, weil man der Lehrer ist, sondern weil man in Funktion der Gruppe handelt, jeder sich von ihr beauftragt fühlt. Darum auch sich stets wieder von ihr diesen Auftrag übertragen lassen! Die Einordnung des Lehrerwillens und der Lehrereinsicht ist an sich eines der denkbar stärksten erzichlichen Mittel und in allen neuen Schulen mit den schönsten Erfolgen geübt worden. Derjenige Lehrer, der diese Einordnung, voll und ganz ernst genommen, zu vollziehen vermag, hat die innere Umstellung vom Lehrer der alten Schule zum Führer im Sinne Neuer Erziehung vollzogen. Und zugleich wächst ihm damit eine ganz neue sittliche Führerkraft zu.

6. Bedenke, daß der innere wie äußere Verfall einer Gruppe stets mit „Kleinigkeiten" beginnt! Lege darum Kleinigkeiten eine größere Bedeutung bei. Halte dich nicht für zu gut dafür oder doch für „modern"! Es gibt in der Behandlung von Menschengruppen ewig gültige Gesetze, deren Unkenntnis und Nichtbeachtung auflockernd, ja zerstörend auf das Zusammenleben einwirken.

7. Das Wort hat eine ganz geringe disziplinierende Macht in der neuen Schule, die ja keine Strafen dahinter setzt. Nichts ist darum hier schneller verbraucht als Worte. Besser sind Signale, die mit den Kindern vereinbart werden: ein Schlag gegen den Gong; Anschlagen eines Tones auf dem Klavier, Finger auf den Mund legen u. dgl. m.; sie haben etwas länger dauernde Wirkung. Weit wichtiger ist aber das sofortige Mittun, das Vortun und Mitausführen von Angeordnetem; d. h. jede dafür geeignete Anordnung sofort selber mitausführen, dabei nach Möglichkeit an einer Stelle im Raum beginnen, welche eine Übersicht über die ganze Gruppe gestattet, also irgendwo am Rande sich selber einsetzen. Dann nicht in die Mitte hineingehen! Dadurch wird sofort begriffen: „Ach, das meint er, das sollen wir tun!" Arbeitet der Lehrer sofort mit, fix, fröhlich, eifrig, so festigt er auch immer bei den Kindern die richtige Handhabung: „so oder so macht man es" — er kann leise Ratschläge, Befehle, Hilfen an die nächst ihm Mitarbeitenden erteilen, so daß die Tätigkeit wie unter heilvoller Ansteckung ausgeführt wird. Also: wo nur möglich selber sofort mittun, und zwar von der Peripherie aus, um stets Übersicht zu behalten. Leiser Appell an die Besten, mit denen man sich bald auch ohne Worte schon durch den Blick verständigen kann, ist hundertmal wertvoller als unteroffiziersmäßig anzuordnen und kommandieren wollen.

Desgleichen soll man nicht Kinder, die „nicht hören wollen", anrufen, gar mehrmals, besser ist es allemal, selber hinzugehen oder ein geeignetes Kind hinzusenden.

8. Die bildende Unterhaltung. Die „Diskussion". — Vielfach erlebt man, daß sich Lehrer in eine Unterhaltung mit den Schülern einlassen, die zu nichts führt. Keineswegs wird es nun Mittel geben, dies unbedingt zu vermeiden; denn niemand kann ja im voraus die Gedankenentwicklung festlegen oder sie so streng im Zügel halten, daß sie nicht doch zu abwegigen Betrachtungen führt oder sich festfährt. Außerdem ist eine sich festfahrende Unterhaltung keineswegs immer ohne bildenden Wert; jede Erörterung metaphysischer oder religiöser Angelegenheiten führt ja in Tiefen, in denen sich die Begriffe verwirren und überkreuzen. Darum sagt der indische Lehrer sehr treffend, wenn er seine Schüler die letzten Fragen des Menschen erörtern lasse, so lasse er sie „ertrinken". Allein es wäre verkehrt zu glauben, man könne die Gespräche in der Schule mit seinen Schülern durch den Hinweis auf diese Dialektik des Grundes hinreichend entschuldigen, wenn sie sich verlaufen. Es gibt im Gegenteil Grundregeln, die es wohl zu überdenken und ernsthaft einzuhalten gilt, wenn man sich der bildenden Unterhaltung bedient und in Diskussionen eintreten will. Dazu gehört vor allem dieses:

Worüber kann es überhaupt nur zu einer fruchtbaren Unterhaltung mit dem andern kommen? Es müssen dafür folgende drei Voraussetzungen gesichert sein: 1. die Tatsachen, allgemein den Gegenstand, über den man sich unterhalten wird, muß jeder Teilnehmer irgendwie nennenswert gut kennen; 2. er muß ferner dazu eine Stellung einnehmen oder gewillt sein, eine Stellung einzunehmen; 3. und das zuletzt Entscheidende, er muß gewillt sein, dazu eine solche Stellung und Haltung einzunehmen, daß er mit mir um dieser *Sache* willen, um sie kennenzulernen, zu klären, zu verstehen, vereint arbeiten *will*, d. h. sich vermittelst der Rede mit mir um den Gegenstand bemühen will. *Nur* wenn diese sachliche Einstellung vorhanden ist, kann eine Erörterung Wert haben. Also: hat der Gesprächsteilnehmer der Sache gegenüber eine Glaubenshaltung, ich aber eine solche der „freien Erörterung", so kann ich mit ihm nicht diskutieren. Denn er wird keinerlei *Auseinander*legung (kein Diskutieren!), kein Auseinanderschneiden einer Sache dulden, ja innerlich ertragen können, die für ihn ein festes Ganzes, ein unauflösbares Gefüge bildet. Wir müssen vielmehr miteinander über zweierlei völlig einig sein: im Interesse an der *Sache* und im gleichen *theoretischen* Interesse an der Sache. Das ist z. B. der Grund dafür, daß allem Gesamtunterricht gegenüber unser Gruppenunterricht die Schüler zu allererst zu Trägern der Arbeit macht und dann erst, wenn alle Gruppenkameraden irgendwie sachliche Vorkenntnisse und theoretisches Interesse an dem Gegenstand besitzen können, sie im „Berichtkreise" zusammenfaßt[129]. Vor allen Dingen gilt diese Regel für jeden Kreis als Form bildender Unterhaltung, für das sog. freie Unterrichtsgespräch, und sie begründet im höchsten Maße unsere Forderung an die religiöse Unterweisung[130],

---
[129] Siehe unten S. 176 ff.
[130] Siehe oben S. 36 ff.

in der es um ein Verkündigen und Bekennen gehen muß, weil keinerlei Tatsachen von der Art zur Diskussion stehen, wie sie aus der kulturellen oder natürlichen Wirklichkeit gegeben sind, ja überhaupt nichts zur Diskussion stehen soll. Religionsphilosophische Erörterungen gehören nicht in diese Stunden hinein.

9. Ein besonderes Problem bildet das der „Ablösung". Ich verstehe darunter u. a. die Frage, wie lange und wie intensiv soll sich der Lehrer jeweils mit einer Gruppe von Kindern oder mit einem Schüler beschäftigen und die andern sich selbst überlassen? Wenn man sich mit einem einzelnen Kinde oder mit einer Tischgruppe beschäftigt, so ist es unbedingt nötig, jene „Weite der Aufmerksamkeit" entwickelt zu haben, die bestimmt zu den psychischen Eigentümlichkeiten des Lehrerberufs schlechthin gehört, also: — tätig sein, hingegeben dem Augenblick und der Aufgabe, die man an diesen Kindern zu erfüllen hat, und zugleich sich doch „in Perspektive" halten, frei zum Eingreifen, wo es und sobald es nötig erscheint. Der Leiter unterbreche alsbald jedes Helfen und Mitarbeiten in einer Gruppe oder bei einem einzelnen, wenn sich Unruhe einstellt, mit einem: „Leider muß ich dorthin; sobald ich frei bin, komme ich zurück", oder: „Ihr seht, ich muß jetzt erst zu jenen hin"; oder: „Diese brauchen mich erst, sie sind zu laut", oder: „Diese wissen nicht, was sie tun sollen". Das hilft vor allen Dingen, in den Kindern das Gefühl für die richtigere Arbeitshaltung im Schulraume zu festigen. Ebenso wird ein Lehrer, der von der ersten Minute des ersten Schultages an sich so verhält, sehr bald erleben, daß seine Gruppe sich schnell an gute Arbeitshaltung gewöhnt und daß er nur in seltenen Fällen später zu seinem ersten Verhalten zurückkehren muß.

10. Im gruppenunterrichtlichen Verfahren ist darauf zu halten, daß der Lehrer zu den Schülern kommt, die Arbeiten zu prüfen, zu beraten, abzunehmen usw. und daß dies die *Hauptregel* ist, sonst besteht die Gefahr — besonders in Unter- und Mittelgruppen —, daß Schüler „in Scharen" den sitzenden Lehrer umstehen, manche unnötig lange dastehen, einige mitunter gleichzeitig Wartende anstoßen und stören; zudem ist dem Lehrer der Überblick über den ganzen Raum sehr erschwert, wohl ganz versperrt. Man lasse daher nie mehr als einen auf einmal herantreten, etwas zu fragen oder zu zeigen, und belehre die Gruppe über die Bedeutung jener Hauptregel.

11. Möglichst nie etwas auf sich beziehen, in jenen altbekannten Formen: „*Ich* bin froh, wenn ihr ruhig seid", oder: „*Ich* möchte hören, was ihr erlebt habt", oder „*Ich* möchte gern, daß ihr dies oder das tätet". Stets danach suchen, die Beziehung zum „Wir" der Gruppe herzustellen, damit nichts getan werde auf den Lehrer hin, um seinetwillen. Niemals wird es sich ganz vermeiden lassen, daß es doch geschieht, und es wäre auch fast traurig, wenn es nicht geschähe, aber es darf nicht durch Redewendungen oder falsche Handlungsweisen des Lehrers erzeugt sein, sondern es muß ein freier Akt der

betreffenden Kinder sein. So seien auch für den Lehrer mitgebrachte Blumengeschenke von ihm, im allgemeinen und dann laut bekundet, als Ehrung und Schmuck für die Gruppe an diese überliefert[131].

4. Führung in einer vom Lehrer durchgeformten Feier zur Aufnahme der Schulanfänger nach Ostern

Die erste pädagogische Situation, in die unsere Schulanfänger hineingestellt werden, ist eine Feier ihnen zu Ehren. Sie werden durch diese Feier sofort in die ganze große Schulgemeinschaft hineingenommen, von ihr umgeben und vielseitig menschlich wie geistig erfaßt. Der erste Träger dieser Feier ist die Untergruppe selber, in die jene Kleinen eintreten sollen, allein es stellen sich mit in den Dienst dieser Aufgabe so viele Gruppen, wie nur beitragen können, bzw. innerlich dazu jeweils imstande sind. Auf alle Fälle bildet die ganze innere Schulgemeinde den Rahmen für die Festlichkeit in ihrem ersten und auch noch im zweiten Teile, d. h. im Schulsaal und nachfolgend um den „Tütenbaum". Ja, es sollen so viele Eltern, wie Zeit haben, daran teilnehmen, mindestens doch Vertreter der in die Schule eintretenden Kleinen.

Die Aufnahmefeier erfüllt demnach erst dann ihren Sinn, wenn sie vier Aufgaben geleistet hat: Hilfeleistung zur Eingliederung der Schulanfänger; Herstellung fester Bindungen zwischen Schulanfängern und Untergruppenkameraden, die sich vom ersten Schultage an dann auch pädagogisch, nach Seiten des Unterrichts wie der Zucht, segensreich auswirken; die neu hinzutretenden Eltern einzubürgern. Neben dieser Eingemeindung, dieser Einbürgerung der Schulanfänger und ihrer Familien soll die *ganze* Schule eine Vertiefung und Kräftigung ihres Gemeinschaftslebens erfahren dadurch, daß sie sich als Ganzes erlebt, ihren Sinngehalt, wenn auch der Mehrheit unbewußt, anschaulich darstellt und so innerlich bereichert an die eigentliche Schularbeit zurückkehrt. Neben diesen vier Momenten gehen andere einher, die in die Bereiche des Zwischenmenschlichen und des Zwischenlernens hineingehören, da nämlich schon an diesem ersten Tage in der Regel auch menschliche Beziehungen zwischen den Kleinen und den „Großen" entstehen und da manche Ereignisse und Sachen bereits des Schulanfängers Einstellung zum Lernen und Sichbenehmen in der Schule bestimmen.

Die Vorbereitungen müssen naturgemäß bereits in der Zeit vor den großen Ferien beginnen. Und diese Maßnahme ist wohldurchdachte pädagogische Planung. In jeder einzigen Schule sinkt die Leistungskurve gegen Ende des Schuljahres, besonders stark in den letzten Schulwochen des Jahres. Es ist darum zweckmäßig, in diese Zeit eine interessebetonte Aufgabe zu legen, die wert-

---

[131] Weiteres siehe im „Kleinen Jena-Plan": „Pflege und Ordnung der menschlichen Beziehungen", 14. Aufl., 1946, S. 49 ff., seit 15. Aufl., 1949, S. 31 ff.; ferner: „Der Umkreis sozialethischer Gegenstandsbildung", 14. Aufl., S. 61 ff,; 15. und ff. Aufl. S. 38 ff., (1949) S. 31 ff., 38 ff.

volle Schülerkräfte fesselt und Fähigkeiten aufruft, die nicht im gewöhnlichen Schulalltag beansprucht werden. Wie sich im einzelnen zeigen wird, handelt es sich dabei um eine stärkere Betonung und Ausnutzung der gestalterischen Fähigkeiten der Schüler nach der Seite der manuellen, gesanglichen, künstlerischen und dramatischen Seite. Es wird mithin im Laufe der Jahre entwickeltes und gepflegtes Können in Dienst genommen.

Wir betrachten zuerst die *Vorbereitungsarbeiten in den einzelnen Gruppen* zu der Aufnahmefeier vom 26. April 1935, also des alten Schuljahres.

Die Obergruppe begann in der letzten Märzhälfte im Werkkurs mit der Herstellung der Zuckertüten aus roten, gelben, blauen, grauen und graubraunen Kartons. Es haben 13 Obergruppen- und 3 Mittelgruppenkinder diese Tüten angefertigt. Die übrigen Obergruppenschüler malten Einladungskarten, die nach altem Brauch den Schulanfängern stets am Ostersonntag zugingen; die Mittelgruppenmädchen und zwei Jungen der Obergruppe machten kleine Heftchen mit einem bunten Bild auf dem Deckel, einige davon mit Buntpapierkanten. 18 Obergruppenkinder schrieben und malten außerdem noch Fibeln, die sehr beliebt sind und alljährlich beste Dienste getan haben; dreizehn dieser Lesefibeln konnten gebilligt und infolgedessen auch eingebunden werden.

Für die Feier 1935 setzte sich die Mittelgruppe besonders stark ein; es waren vor allem die Kinder des vierten Schuljahres, die aus der Untergruppe herüberkamen, noch lebhafte Erinnerungen an die von ihnen in der Untergruppe miterlebten drei Aufnahmefeiern hatten und sich begeistert einsetzten und die Kameraden mitzogen. Dabei hatten sie außerdem schon teilgenommen an den Vorbereitungen der Untergruppe während der letzten Märzwochen. Das Gemeinschaftsempfinden dieser Gruppe war so stark, daß sie keine Preisgabe der Geheimnisse zuließ, um die von der Untergruppe geplanten Überraschungen nicht zu beeinträchtigen. Da die Feier selbst Freitag, den 26. April, stattfand, so waren im April 1935 noch sieben Schultage frei[132], an denen neben den Schulaufgaben die im März begonnenen Vorbereitungen weitergeführt und in den ab 1. April unter neuer Leitung gebildeten Gruppen noch Eigenes, Neues hinzugefügt werden konnte. Vor allem war die letzte Hand an die verschiedenartigen Arbeiten zu legen, die noch zu tun waren bis zur Stunde, wo die Schulanfänger mit ihren Eltern erscheinen würden.

Die damalige Leiterin der Mittelgruppe, Fräulein *Hildegard Borkenhagen,* berichtet im besonderen noch über die Tätigkeit ihrer Gruppe u. a.: „16 Kinder malten Wochenarbeitspläne für die Kleinen. Wir lernen das Lied: „Es ließ sich ein Schneider ein' Faltrock schneiden" und spielen es. Die Rollen von Ingrid als Schneider, Brigitta als Lieschen, Gerhard als Bauer werden mit Zustimmung der Gruppe gleich fest behalten, aber andere Kinder, außer den

---

[132] Die Osterferien fielen auf den 5. bis 23. April. Die Schülerzahl betrug am 1. April 92; es wurden 16 Schulneulinge aufgenommen. Mittel- und Obergruppe hatten je eine neue Leitung erhalten.

eigentlichen Spielern, üben singen auch mit. Ich schlage vor, als Stegreifspiel „Der kleine Muck" zu bieten, lese es vor; es war vielen unbekannt, fast alle haben großen Spaß beim Zuhören. Zum Schluß fällt das Urteil: das ist so ähnlich wie „Zwerg Nase", das kennen wir besser; wir wollen doch lieber „Zwerg Nase" spielen. Kläre bringt am nächsten Tag ihr Märchenbuch mit. Ich lese vor. Wir räumen einen großen Kreis im Gruppenraum. Jeder möchte mitspielen, nur Leander nicht, ich schlug ihm eine Rolle vor. Aus den zahlreichen Meldungen werden nun von der Gruppe und der Lehrerin die Spieler i. e. S. ausgewählt. Vor den Osterferien konnte das Märchen zwei- bis dreimal gespielt werden. Daß jedesmal die Rolle ein bißchen anders wurde, machte ihnen Spaß. Edzard erzählt sehr gewandt den Zwischentext. Nach den Osterferien wird noch zweimal mit Kostümen im Schulsaal geübt.

Außer den schon erwähnten Arbeiten trug die Obergruppe noch zum gemeinsamen Singen bei und stellte am voraufgehenden Nachmittag für die Vorbereitungen zur Aufnahme mehr Helfer, als verwendet werden konnten. 2 Jungen schrieben Namensschilder, 4 Mädchen suchten Blumen und schmückten den Raum, 6 halfen beim Anputzen des Tütenbaumes und Einpacken der Tüten. Am gleichen Nachmittage stellte auch die Mittelgruppe eine Hilfsmannschaft: 6 davon schlossen sich unter der Führung einer Mutter den Blumensuchern an, die übrigen halfen im Werkraume mit, um die Geschenkhefte und Fibeln sauber zu machen, Schnüre zum Aufhängen der Tüten zu flechten und ausgeblasene Eier mit Kreppapierstreifen zu bekleben als Leuchter für den Gabentisch im Raume der Untergruppe. An diesem Tage trat die Untergruppe zurück; sie hatte am nächsten Morgen vor Beginn der Feier ihren Raum herzurichten und die letzten Aufbauten und Anordnungen für den letzten Teil der Feier zu treffen, der sich ausschließlich in der Untergruppe und eben als ihre eigenste Gemeinschaftsfeier darstellt.

In der Untergruppe selber begannen die Vorbereitungen bereits am 22. März. Die ersten Besprechungen dienten dazu, den Sinn der Feier und die Aufgaben zu klären, die die ganze Gruppe den neuen Kameraden gegenüber habe. Damit ergibt sich jährlich eine ungekünstelte Situation, die sittlichen Grundlagen, unsere „gute Sitte" und die Ordnungsgesetze des Schullebens zu behandeln, die nichts mit einer Moralstunde oder dgl. zu tun hat, sondern aus einer völlig lebenswahren Aufgabe herauswächst, die diesen Schülern nun tatsächlich gestellt ist. Am 26. März wurde die Verteilung der neuen Kameraden auf die älteren vorgenommen, die ihnen als „Helfer" beistehen, sie vor allem aber am ersten Schultag als Begleiter empfangen und während der Feier sinnentsprechend führen sollten. Die Feier hat ja u. a. auch den Zweck, zwischen den Schulanfängern und bestimmten Schülern der Gruppe erste starke Bindungen herzustellen. Im März begann man ebenfalls die Struwelpeterspiele zu üben, ausgeblasene Eier bunt anzumalen, Namensschilder und Bilder für die ersten Geschenkhefte zu Geburtstagen im voraus und auf Vorrat anzufertigen.

Wie stark gemeinschaftsbildenden Charakter diese Feier besitzt, das zeigte sich auch in jenem Jahre: alle Kinder, die in den Ferien in Jena blieben, wollten während der freien Tage, wo es nur nötig sei, helfen, konnten jedoch nicht alle angestellt werden. 7 Kinder hatten in den Ferien Bilder und Schildchen für die Neuen gemalt, ein Junge von ihm ausgedachte kleine Pappständer für die Eier angemalt, mehr als 20 an der Zahl. Aus allen Gruppen wurde berichtet, wie sich Schüler von den Ostergeschenken Teile, oft wirklich schönste Stücke, für die Neuen aufgespart, also richtige „Opfer" gebracht hatten.

Am Freitagmorgen mußte nun die Untergruppe ihre Schulwohnstube schmücken und den Geschenktisch decken, an den die Neulinge von ihren Begleitern zum Niedersitzen vor ihren Geschenken geführt werden sollten, während sich der Begleiter jedesmal hinter dem Stuhle aufstellt, dahinter die übrigen Gruppenkameraden, die Eltern und andere Teilnehmer. Da es sich aber um eine Feier handelt, die sich auf die ganze Schulgemeinde erstrecken soll, so halfen 5 Kinder aus der Ober- und Mittelgruppe mit. Sie waren die „Verbindungsmänner", die Zeugen, die nun in ihren Gruppen nach Augenschein berichten konnten, wie die Feier in ihrem letzten Teile gestaltet war. Da in allen Gruppen bereits die Mehrheit durch die Universitätsschule gegangen ist, so taucht jenes erste Erleben, jene erste pädagogische Situation sicherlich in aller dieser Schüler Gedächtnis wieder auf, und sie werden gute Vermittler des sittlichen Gehaltes an diejenigen Mitschüler, welche aus anderen Schulen gekommen sind.

Aber auch die *Eltern* sind in das, was die Schule beabsichtigt, vorher eingeführt worden. Am 10. März wurde an einem Elternnachmittag 40 Minuten lang über Fragen des Schullebens und der besonderen Lern- und Lehrform gesprochen, und die Leiterin, Frl. *Elisabeth Apelt,* erklärte unsere Sitte mit dem Tütenbaum. Wir wollen nicht mit dieser ortsüblichen Sitte brechen, wohl aber sie aus pädagogischen Gründen von gewissen Mängeln befreien dadurch, daß wir die Tüten in der Schule herstellen und füllen, so daß keinerlei Ungerechtigkeit noch Zurücksetzung ärmerer Kinder oder solcher Kinder zu befürchten sei, deren Eltern glaubten, grundsätzlich derartige Sitten ablehnen zu müssen. Demgegenüber konnte auf die sittliche Bedeutung und den großen erzieherischen Wert guten Brauchtums hingewiesen werden, daß es also nur darum gehe, Abwege und Unarten aus solchen Bräuchen zu verbannen. Mit dieser Erörterung verband sich dann die Aufforderung, nach freiem Ermessen beizutragen, daß es nicht an allerlei Geschenken fehle, die Tüten zu füllen. Und Jahr für Jahr würde es jede Schule, die so verfährt, erleben, welcher Reichtum feinster Gaben und zurückhaltend vornehmen Helfens wie Gebens sich in *allen* Elternkreisen offenbart.

Diese Zusammenkunft, für einen Teil der Eltern die erste ernste Begegnung mit der Schule, führt mithin zugleich hinein in den Kern des Schullebens, in dieses: Einer für alle und alle für einen! *und* — daß es sich um ein stilles, um ein wie selbstverständliches Helfen und Sicheinschalten, ohne Gepränge und ohne Lohn zu erwarten, handeln werde, wenn der Schulgeist recht verstanden sich im Tun und Handeln von Eltern, Lehrern und Schülern erfüllen solle. Dieses reiche und wunderbare Helfen und Sicheinsetzen für die Schulaufgaben enthüllt jenes „Umsorgen" und „Besorgtsein", in dem sich in der Tat feinstes und echtestes Menschsein bekundet. Sind doch immer die feinsten Schüler wie Eltern in unseren Schulgemeinden jene stillen, bedachtsamen Naturen, die scheinbar mehr durch das Auge leben und bestimmt werden als durch Überlegung und Verstand, so daß bei ihnen das Herz sofort dem erschauten Notstande oder dem instinktiv abgelesenen Wunsche folgt und handelt, schlicht und selbstverständlich. Und das Vorbild dieser Naturen kann nicht hoch genug eingeschätzt werden, da immer das Vortun und Vorleben mächtiger sind als alles andere, was, von Mensch auf Mensch überspringend, den einen durch den anderen, auch in seinem Wesen, bestimmt.

Mit diesen Gedanken rühren wir nun aber an den letzten und tiefsten Sinn der Feier überhaupt, an den Sinngehalt, den auch jede Aufnahmefeier so reich offenbart, daß sie, pädagogisch wohl durchdacht und recht eingeführt, alsdann aus der Schule gar nicht mehr fortzudenken ist.

Dieser letzte Sinn weist über alles Sozialethische hinaus, auf das wir bisher fast allein aufmerksam machten. Und wenn wir an Feier und Feiern denken, so taucht doch in der Regel das Bild der Feierstunde auf, für die alles Voraufgehende bestimmt ist, und die innere Haltung der Menschen in solcher Stunde, die den Höhepunkt darstellt als das, dem alles Schaffen und Mühen in den Tagen und Wochen vorher dienen sollte[133]. Feiern und mitfeiern kann nur derjenige, der wirklich *teil*nimmt, d. h. wer sich wirklich als Glied der feiernden Gemeinschaft weiß und empfindet, auch will und selber bejaht. Und zum Feiern gehört das Schweigen, das Schweigenkönnen. Fein und richtig sagt *Kurt Riedel*: „Dies Teilnehmen ist ein Vernehmen in Andacht", und: „Die bildende Kraft der Feier" liegt „in der Verehrung der Menschlichkeit, der menschlichen Verbundenheit"; feiern kann nur, was Menschenantlitz trägt.

Von hier aus wird verständlich, worauf die Führung sich einzustellen hat: daß nämlich wirklich auch teilgenommen werden *kann*. Dazu bedarf es aber mindestens zweierlei: ich muß wissen, worum es geht, und ich muß innerlich die Feier bejahen. Zum Verständnis leitet aber wiederum nichts besser an als das Mitwirken an den Vorbereitungen, das tätige Miterleben des Anstiegs und des Aufstiegs zur Feierstunde. Denn dabei schaltet sich das erklärende und vertiefende Wort von selber ein und haftet besser. Das Beste aber wird verstanden als erschaut inmitten des Helfens und Fürsorgens selber. Dadurch erwacht eben das Sinnverständnis und ermöglicht jene innere Bereitschaft zur Feier. Inmitten des Tuns und Helfens an allen diesen kleinen Dingen wird der innerste seelische

---

[133] *Kurt Riedel*, Eigengesetzliche Bildungslehre. 1931. S. 227 ff.; *Philipp Hördt*, Grundformen volkhafter Bildung. 1932. S. 108 ff.

Bereich der Schüler angesprochen. Denn alles und jedes, was hier getan wird, ist ja Werk der Liebe, ist echtes Schenken, Sichhingeben und Sicheinsetzen für eine Stunde, in der nichts wie Freude und Schönes und beglückendes Zusammensein vieler Menschen sein soll. Diese Gefühle der Vorfreude und die Vorausnahme der Feierstunde während der Arbeit, sie öffnen den Schülern den Mund zur Frage nach dem Sinn, wozu dies und das getan werden soll. Und in jede Antwort geht es mit hinein: damit die neuen Kameraden es bei uns fein und schön finden und gern zu uns kommen und daß es *so* schön wird, daß sie und ihre Eltern es nie vergessen, wie dieser erste Schultag gewesen ist. Solche und ähnliche Gedanken umkreisen ständig jede kleinste und unscheinbarste Arbeit, und so wird alles seelisch durchdrungen mit diesem Liebesdenken und Gutseinwollen, insonderheit die Schüler selber.

Philipp Hördt weist vor allem hin auf die auflockernde, bereitmachende Wirkung, bereit, um Neues aufzunehmen. Denn Feier ist ihrem Wesen nach „Entspannung, Stillewerden und zugleich ein Öffnen für die Brunnen der Tiefe, das Ergriffensein". Damit ist deutlich gesagt, daß alle befohlene, erzwungene Feier das Gegenteil bewirkt und ein Gegen-den-Zwang-Aufstehen und Sichwehren im Gefolge hat, also gerade das Gegenteil dessen bewirkt, was der Anreger bezweckte. Was aber heißt es nun, die echte Feier lockere den Menschen auf, und welchen *pädagogischen Wert* hat denn dieses Aufgelockertwerden?

In der freien, der innerlich frei machenden Stimmung und Haltung ist jeder Mensch ganz besonders aufgeschlossen, *gut zu sein,* denn dann enthüllt sich der innerste Kern des Menschseins, die Güte, so daß bekanntlich in dieser feierlichen Stunde auch sehr karge und kargende Naturen freigebig werden an guten Handlungen, Worten sowie an guten Werken. Die Stimmung des Gezwungenen, des widerwillig Feiernden ist stets brummig, ja bissig, gereizt, spöttelnd und ausfallend, sobald er angesprochen wird.

Echt war darum allein solche Feier, auch eine Aufnahmefeier, wenn sie in der Schulgemeinde Züge der Güte, jenes einfachen, natürlichen Zueinandergutseins und Füreinandereintretens enthüllte, also das gute Grundwesen der teilnehmenden Menschenkinder beanspruchte und sich zu äußern, zu handeln, sich auszusprechen nötigte. Und es ist die gewaltige Fülle solcher gütigen Äußerungen mit Auge und Hand, mit Tat und Wort, die wir festgehalten haben, die wir alljährlich feststellen, um derentwillen die Aufnahmefeier ein fester Bestandteil der Schule geworden ist und einen so hohen erzieherischen Wert in sich birgt. Es ist aber auch wahr, was *Nietzsche* einmal gesagt hat: „Man muß lieben lernen, gütig sein lernen, *und dies von Jugend auf;* wenn Erziehung und Zufall uns keine Gelegenheit zur Übung dieser Empfindung geben, so wird unsere Seele trocken und selbst zu einem Verständnis jener zarten Empfindungen liebevoller Menschen ungeeignet[134]".

---

[134] Menschliches, Allzumenschliches I. 9. Hauptst. Aphor. 601. Hervorh. v. Verf.

5. Von der Führung in Niveaukursen

Der Auswertung liegt das im Jena-Plan III veröffentlichte Protokoll eines Rechenniveaukurses vom 1. März 1934 zugrunde[135]. In diesem neuen Zusammenhange geht es um das, was der Lehrer zu tun hat bzw. die Lehrerin damals — vorbildlich und typisch für unsere Forderungen an diese Kurse — geleistet hat.

Solche Niveaukurse[136] können an allen Schulen eingerichtet werden, auch dort, wo man den Jena-Plan als Ganzes nicht übernehmen kann, und ihre Vorteile sind, rein unterrichtlich gesehen, außerordentlich groß: sie vereinigen eine stärker homogene Schülerschaft, da sie die Schüler nach ihrer Begabung für Rechnen bzw. Sprachlehre ordnen; an jeder Schule haben diese Kurse bestimmt weit weniger Schüler, als im Klassenverbande vorhanden sind; wählt man ferner für sie, wie es 25jährige Erfahrungen empfehlen, die Frühstunde, so hat der Lehrer stets frische und arbeitslustige Schüler vor sich. Ist jedoch der Wochenarbeitsplan im Sinne des Jena-Plans durchgeführt, so kommt noch hinzu, daß sich die Schüler in einer neuen Arbeitshaltung, eben in einer ganz besonderen pädagogischen Situation befinden, und dieser Wechsel wirkt auf die Arbeitseinstellung und -haltung sehr stark ein, vor allem weil ja *dieses* Arbeiten unter strafferer Zielsetzung und Leitung durch den Lehrer nicht in jeder einzigen Wochenstunde wiederkehrt. Daraus erklären sich alle, die sie einführten, ihre besseren Erfolge, das schnellere Fortschreiten und die erhöhte Arbeitslust.

Es ist nun natürlich, daß sich die allgemein an einer Schule geübte Haltung von Schüler und Lehrer zueinander in unseren Niveaukursen widerspiegelt. Wenngleich also zu Beginn der Umstellung einer ganzen Schule auf die neue Form sich gerade in diesen Kreisen die bisher erprobte Arbeits-, Lehr- und Lernform sicherlich am längsten erhält, auch deswegen erhalten muß, weil soundso viele der älteren Schüler in den oberen Jahrgängen kaum noch innerlich ganz umgestellt werden können, so hat sich doch wiederum allerorten gezeigt, daß sich im Laufe schon des ersten Jahres der neue Schulgeist durchsetzt. Seine Wirkung zeigt jenes Protokoll deutlich.

Die gesamte Aufnahme erfaßte alle 73 Minuten dieses Kursus. Die Tätigkeit der Lehrerin gliederte sich zeitlich so: in den ersten 23 Minuten wandte sie sich den schwächsten Schülern zu, die z. T. nur einzeln gefördert werden konnten; darauf arbeitete sie mit einer „Abteilung" von 8.24 bis 9.01, also 38 Minuten, an der Tafel und gab danach einigen Kindern, die sich an sie wandten, Hilfen, und war für solche Schüler zum Schluß noch 11 Minuten frei von 9.02 bis 9.13. Damit entfielen auf die 3. Abteilung ihres Kurses an diesem Morgen 38, auf Hilfeleistung an einzelne Kinder 35 Minuten.

---

[135] a. a. O. S. 60—63, unwesentlich gekürzt. Für die Arbeit des Durchzählens der Ur-Niederschrift wie auch derjenigen des nachfolgenden analysierten „Berichtkreises" danke ich den Herren Herbert Brückner, Herbert Sailer und Dr. W. Schneider.
[136] Vgl. oben S. 104.

Worin bestand nun die Tätigkeit der Lehrerin, wie äußerte sie sich aufs einzelne gesehen?

Sie hat in diesen 73 Minuten 398 Worte laut gesprochen mit 608 Silben, darunter waren 12 Fragen, deren Länge im Durchschnitt 6 Worte beträgt. Es wurden ferner festgestellt 4 geflüsterte Antworten sowie 4 von der Lehrerin erteilte Leisezeichen. Ihre sprachlichen Äußerungen enthalten kurze Anweisungen, Erklärungen, Feststellungen, Urteile, Kritik und achtmal eine Aufgabenstellung. Hinzu kommen 5 Eingriffe während des Rechnens der 3. Abteilung vor der Tafel, um formale Ordnung zu schaffen (Grundsatz der formalen Überwachung), um die Namen zweier Schüler festzuhalten, die einen Auftrag in Verbindung mit dem Rechnen dieser Abteilung übernahmen, und um Aufgaben anzustreichen und anzuschreiben. Desgleichen unterstrich sie eine Aufgabe im Buche des einen schwachen Schülers und schrieb ihm 4—5 Worte ins Heft.

Das Bild wäre unvollständig, wenn nicht kurz die Tätigkeit der Schüler während dieser 73 Minuten geschildert würde. Die 1. und 2. Abteilung waren so gut eingeschult, daß sie die ganze Zeit hindurch zu arbeiten imstande waren und nur zwei Schüler Fragen an die Lehrerin zu richten genötigt wurden. Die Schüler, die damals eingehende Hilfe der Lehrerin brauchten, waren ein gelähmtes Mädchen und ein Junge, dessen rechnerische Fähigkeiten infolge einer Gehirngrippe geschwächt waren; beide sind instand gesetzt worden, allein fortzuarbeiten. Die 3. Abteilung rechnete schriftlich, durchsetzt mit Rechnen im Kopf. Während der Zeit, in welcher die Lehrerin unter ihnen war, erfolgten aus dieser Abteilung dreimal Vorschläge zur Arbeit frei aus ihr selber heraus und zweimal auf Anordnung der Lehrerin; die Frage eines Schülers führte eine Aussprache der ganzen Abteilung über eine Rechenaufgabe, die abwegig zu werden drohte, zur Aufgabe zurück; fünfmal erfolgten Erklärungen und Verbesserungen durch die Schüler selbst, zweimal Hilfeleistungen: ein Kind holte schon zu Anfang des Kurses ein Tellerchen für die kranke Kameradin, ein Junge nahm der Lehrerin das Anschreiben ab; dazu kamen dreimal Äußerungen zum Thema allgemeiner Art, wie: „Ich habe es anders gemacht"; zweimal, „Ich habe es nicht verstanden". Die Abteilung erklärte sich Zinsrechnungsaufgaben vor der Tafel an im ganzen vier Aufgaben. Von diesen mußte die erste auf den nächsten Kurs zurückgestellt werden, weil zwei Kinder vorerst auf zwei Banken als notwendig zum Weiterarbeiten erkannte Auskünfte einholen sollten. Um die drei anderen kam es alle drei Male zu wirklicher Aussprache, einem echten bildenden Gespräch, und in dieser Aussprache gingen die Schüler einmal drei verschiedene Rechenwege durch und ein andermal zwei Wege, ungerechnet zwei Aufgaben, die im Kopf gerechnet wurden, sowie eine dritte, die im Kopf angefangen, dann aber schriftlich zu Ende geführt werden mußte.

Die Führung, wie sie hier erfolgt ist, vermeidet gewisse Lehrerfehler, die viel gerügt werden und scheinbar sehr schwer auszurotten sind, wie auch jedes Schulpraktikum erneut bestätigt. Es scheint manchem Lehrer unmöglich geworden zu sein, die Schüler wirklich ausreden zu lassen; bestimmt nun außerdem noch sein Sprechtempo die Unterhaltung, so wird es niemals zu einem wirklichen, zu einem bildenden Gespräch kommen. Unsere Niederschrift zeigt deutlich, daß die Lehrerin die Zügel allerorten fest in der Hand hat, daß sie wirklich führt, aber es ist jede Starre beseitigt; die Gedanken der Schüler können, sachlich gebunden, frei steigen und damit wertvoll das Gespräch tragen und weiterführen.

Andere viel gerügte Fehler sind folgende: der Lehrer weist der Frage eine viel zu große Rolle zu, fragt zuviel, er gibt zu wortreiche Anweisungen oder zu unbestimmte, und er redet auch um disziplinarer Dinge willen zuviel; macht zu viele Worte. Wenn die Jena-Plan-Schule sich eine „Schule des Schweigens und der Stille" nennt, so bedeutet das u. a., daß sie an die Stelle des Lehrergeredes die Tat, das Vortun, das einfache Richtigstellen durch Tun ohne Worte setzt oder das Zeichen und das Zeigen, das Hinweisen ohne Worte; daß sie ferner alle Anweisungen, Fragen, Befehle und Erklärungen in der kürzesten und sachlichsten Form gegeben wissen möchte. Es bedarf keiner weiteren Worte darüber, daß sie keine nörgelnden und die Schüler herabsetzenden Äußerungen im Lehrermunde duldet, so wenig wie es je eine andere Schule tut, die Wert darauf legt, geachtet zu werden und achtunggebietend im Volksganzen zu stehen.

Wichtig wird nun, daß als Folge dieser Zurückhaltung, die also eine bestimmte, pädagogisch sehr wohl überlegte und durchgeprobte Form einer in Wahrheit sehr starken und gebietenden Leitung durch den Lehrer ist, die Gabe der „Findigkeit" der Schüler freier heraustritt. Sie sollen alle Wege durchlaufen, die sie an eine Aufgabe anlegen können. Worin besteht der pädagogische Wert eines solchen Vorgehens? Wir erhalten dadurch die Aufgaben den Schülern *durchsichtig* — hier die des Rechnens, aber dasselbe hat für jedes Gebiet in sinngemäßer Abwandlung zu gelten! Sie lernen, durch sie hindurch- und in sie hineinzusehen. Die Aufgaben bleiben etwas Bewegliches, etwas, das man in Gedanken, in seinem Denken, mit dem eingeborenen rechnerischen usw. Können hin und her bewegen kann. Es wäre aber ganz und gar falsch, ja wider Sinn und Aufgabe einer Führung im Unterricht, ließe nun der Lehrer diese Wege jedesmal einfach nebeneinander stehen. Sondern hier setzt die leitende und befehlende Tätigkeit des Lehrers ein; *er* hat nunmehr auf den besten, auf den vielleicht allein üblichen und für den weiteren Aufbau des Rechenganges allein verwertbaren und fruchtbaren Weg hinzuweisen und zu erklären: „Man rechnet, wir rechnen so; dies ist die richtige Formel, die bei uns übliche Schreibweise, der beste und sicherste Weg" u. dgl. m. D. h. dies gilt nur für alle die Fälle, wo es diesen einen oder den allgemein anerkannten besten Weg gibt! Jedermann weiß, daß es daneben noch in vielen Fällen eine Fülle von Möglichkeiten gibt, anders vorzugehen, und vor allen Dingen, jeder sollte immer wissen, daß es doch gerade diese nicht ausgeschöpften Möglichkeiten sind, aus denen sich der sog. Fortschritt herleitet, die innere Fortbewegung im Methodischen und damit die Erarbeitung anderer neuer Ergebnisse der Forschung. Und um dieses höheren Zieles willen gelte unsere Forderung, die Aufgaben, an denen wir unsere Schüler arbeiten lassen, durchsichtig zu halten und in sich beweglich. Und das gilt nun besonders für den *Gruppenunterricht*. Dieses Kernstück des Jena-Plans erhält seinen tiefsten Sinn und seine letzte Berechtigung gerade daher, daß im Gruppenunterricht die Schüler um ein umfangreicheres Stoffgebiet gelagerte Aufgaben und während seiner Bearbeitung aufsteigende Fragen wie Bearbeitungsmöglichkeiten herausfinden und also, *durch die innere Bewegtheit der Sache selber getrieben*, daran arbeiten sollen.

6. Führung im Berichtkreise

Die i. e. S. als Gruppenunterricht bezeichnete pädagogische Situation ist außerordentlich reich an Aufgaben für einen Lehrer, und sie umschließt in sich selber auf die ganze Zeitdauer, d. h. ihren Ablauf über ein Semester oder ein Trimester hin, wiederum in sich klarer umrissene Teilsituationen, organische Wegstücke des Ganzen. Anders sind die Wochen der Einführung in die neue Aufgabe, ganz anders die letzten, die Semesterarbeit abschließenden Wochen. Die Lehrertätigkeit während der im Fluß befindlichen Gruppenarbeit hat *Willi Schneider* in einer eigenen Arbeit eingehend beschrieben und peinlich genau analysiert[137]. Damit ist zum ersten Male überhaupt auch der weitesten Öffentlichkeit zu zeigen möglich geworden, wie abwechslungsreich und wie verantwortungsvoll die Tätigkeit eines Lehrers ist. Gerade die nüchtern beschreibende Form enthüllt dem Pädagogen und jedermann, was lehren heißt, was in öffentlichen Schulen Lehrersein bedeutet.

Uns soll der von ihm nur teilweise mitberücksichtigte „Berichtskreis" näher beschäftigen. Wir stellen uns damit in eine neue pädagogische Situation hinein. Dieser Kreis selbst bildet einen unabtrennbaren Teil der Gruppenarbeit, und sein Platz innerhalb dieser muß vorher erkannt sein.

In jeder Gruppenarbeit, und überall, wo das sog. gruppenunterrichtliche Verfahren angewandt wird, was natürlich auch im fremdsprachlichen Unterricht, sobald es sich um fortgeschrittene Schüler handelt, möglich ist und beste Erfolge zeitigt, sind die „Tischgruppen"[138] *wirklich die Träger der Arbeit*. Das unterscheidet ihn von allem Gesamtunterricht, der in gewissen Formen[139] auf die Schüler, auch auf in „Abteilungen" zusammengefaßte Schüler, vorher besprochene Teilaufgaben, Unterthemen eines größeren Ganzen verteilt, diese in der Regel als „Hausarbeiten" vorbereiten und dann in der Klasse vortragen läßt. Dagegen sind im gruppenunterrichtlichen Verfahren jene Tischgruppen tatsächlich diejenigen, welche die Arbeit aufnehmen, durchführen, in sich weitertreiben, über sie berichten, sie in der ganzen Gruppe auswerten und aus einer Trimester- oder

---

[137] Siehe oben S. 121 Anm.
[138] Siehe oben S. 158.
[139] Vgl. z. B. *Erich Augenreich*, Offene Fenster, 1935, bes. S. 73, 85, 125 f.

Semesterarbeit dann das Ergebnis ziehen, einprägen und als Wiederholungsstoff festhalten.

Wir haben es dort mit dem zu tun, was als „Mannschaftsarbeit" bezeichnet wird. Darum betonen wir die große Bedeutung der Einführung, der „Übernahme"[140] des gemeinsamen Arbeitsgegenstandes. Es müssen in diesen ersten Tagen und Wochen, wo das neue Thema umsichtig abgewogen und abgetastet wird, so starke sachliche Bindungen sichtbar und spürbar werden, daß die Arbeit auf eine so lange Zeit hin möglich wird. Gelingt das, dann steht nun die Gruppe als Ganzes zu der Arbeit und trägt sie wirklich und im vollen Ernst. Es ist ja der tiefere Sinn der Gruppenarbeit, die Schüler zu einer selbständigen Gemeinschaftsarbeit anzuleiten, dieses „einer für alle, alle für einen" ernsthaft zu tun, auch im Rahmen von „Schularbeiten" zu tun! Aus diesem selben Grunde erfolgt die Bildung echter soziologischer Gruppen nach den Gesetzen, die in diesen Jugendjahren von innen heraus die Bildung von Schülergruppen bedingen[141]; denn es dürfen hierfür nicht vom Lehrer gemachte, angeordnete, für Zeit und rein zweckhaft gebildete Abteilungen sein, die dies oder das übernehmen, sondern Tischgruppen, die nun imstande sind, innerlich, aus menschlichen Bindungen heraus, mindestens ein Semester lang zusammenzustehen und Arbeitsleistungen werthafter Natur hervorzubringen. Es wird also viel mehr verlangt, als in jenen Gesamtunterrichtsformen Schülern zugewiesen ist, etwa bis morgen oder bis zur nächsten Gesamtunterrichtsstunde am Montag dies und das zu beobachten, zu besuchen, zu erfragen und das Betreffende niederzuschreiben, um es in der Klasse vorzulesen und zu vertreten.

Im „Berichtskreis" ist es also sinnentsprechend eine Tischgruppe, u. U. ein einzelner Schüler aber ebensooft eine in sich sachlich zusammenpassende Vereinigung von Tischgruppen, die ihrer Stammgruppe vorträgt, d. h. über das bisher zum gemeinsamen Thema Geleistete berichtet, ihre Aufgaben und deren Ergebnisse vertritt und das, was Allgemeingut zu werden verdient, an die ganze Gruppe übermittelt, damit es von allen eingeprägt und also i. e. S. nun gelernt werde, zum Bildungsgut, zum Teil einer wertvollen und nützlichen Allgemeinbildung werde.

Der unserer Analyse zugrunde liegende Berichtkreis vom 3. März 1934 schließt sich an den soeben erläuterten Niveaukurs an[142]. Er dauerte nach einer Übergangszeit von 3 bis 4 Minuten, während deren der Gruppenraum nach dem Kurs umgeräumt und die Tische und Stühle für die Form eines Berichtkreises gestellt werden müssen, an diesem Tage 78 Minuten. Es berichtete eine Vereinigung von Tischgruppen, Gegenstand bildete Italien[143].

---

[140] Siehe oben S. 32, 39 ff.
[141] Vgl. Jena-Plan I. S. 8—40.
[142] Leiterin war ebenfalls Frl. Borkenhagen.
[143] Der Jena-Plan III enthält im Anhang auf 11 Tabellen genaue Übersichten über die Arbeitsgebiete usw. 1925—1934.

Der ganze Vormittag zeigte folgenden Arbeitsablauf:

8.00— 9.13: *Rechenniveaukurs,* oberste Abteilung, Dauer 73 Minuten.
9.14— 9.17: Umräumen zum Berichtkreis; *Raumgestaltung,* Aufhängen von Landkarten u. dgl. m. Umstellung vom Kurs auf den Kreis.
9.17—10.35: *Berichtkreis der Obergruppe.* Dauer 78 Minuten.
9.17— 9.44: I. 1. Dreierbericht. Aus dieser Dreiergruppe berichtete Herta allgemein über Italien, Ursel bediente die Karte, und Jutta sollte ergänzen;
9.44—10.17: II. 2. Dreierbericht.
    9.44— 9.56: Käthi über Neapel und Umgebung,
    9.56—10.04: Irmgard über Venedig,
    10.04—10.13: Lehrerin und Gruppe gemeinsam: italienische Städte,
    10.13—10.17: Gerda über Schwefelgewinnung und Stadtleben auf Sizilien;
10.18—10.28: III. Hannas Bericht über die italienische Sprache;
10.28—10.35: IV. Christels Bericht über Rom (wird bei Beginn der Freizeit abgebrochen).
10.36—11.22: *Freizeit.* 1. Zehnminutenturnen; 2. Gemeinsames Frühstück; 3. Freies Pausenspiel und Tummeln.
11.22—12.15: *Fortsetzung des Berichtkreises* unter Leitung eines Laienhelfers, einer Mutter, die Italien von ihren Reisen her sehr gut kannte und den Schülern beste Auskünfte geben konnte zu den Fragen, die vorher aufgetaucht waren und die nun, wo sie tiefer in den Stoff eingedrungen waren, aufstiegen. Gefragt wurde nach den Gegenden, die sie besucht habe, im besonderen genaue Beschreibung der Besteigung des Vesuvs, Besuch von Pompeji, die Fahrt nach Sizilien, Ätna, Palermo, Bauten der Hohenstaufenkaiser dort, der Sarazenen, von Marmorsteinbrüchen, Schwefelbergwerk und der Bevölkerung. Alles war unterstützt von einer großen Zahl Bilder, die das Erzählte anschaulich zu machen suchten.
12.15—13.00: *Sonderkurse* und *Freies Arbeiten.*
Die Schüler, die am Kurs im *Französischen* teilnahmen, begaben sich in den Raum der Untergruppe, diejenigen, die zum *Schulchor* gehörten, in die Mittelgruppe zum Singen. Im Raume der Obergruppe blieben noch 12 Kinder zurück. Von diesen setzten 5 Knaben die Besprechung mit der Mutter über Italien fort. Die Lehrerin teilte einigen Sprachlehrhefte aus, kontrollierte die Aufgaben der gelähmten Schülerin aus dem Rechenkurs, sah die Notizen, Vorarbeiten anderer Jungen für ihre Gruppenarbeit durch und besprach mit einem neu in die Gruppe Eingetretenen in einschulender Form die Anlage einer neuen Arbeit; darauf begab sie sich zur Chorgruppe, um ein neues Lied mitzulernen.

Worin bestand die Tätigkeit der Lehrerin während des Berichtkreises vor Beginn der Freizeit? Wir unterscheiden technisch und inhaltlich bedingte Eingriffe von seiten der Lehrerin.

---

[144] Vgl. die Protokollauszüge über diesen Kursus in: Jena-Plan III, 63—66.

Die Schüler einer Jena-Plan-Schule sind so eingeschult, daß sie von selber zu arbeiten beginnen und nicht auf eine Aufforderung des Lehrers warten. Darum gibt sie auch diesmal nicht das Zeichen zum Beginn des Berichtes, sondern nur, wo es nötig wird, zum Abschluß eines einzelnen Themas, über das berichtet wurde, sodann für den Schluß des ganzen Kreises. Aber es geht auf sie die ganze Anlage des Planes zur Berichterstattung zurück. Sie hat alle berichtenden Gruppen so weit verhört, daß sie ihr Auftreten vor der Gruppe verantworten kann, d. h. daß es nun auch einen wertvollen belehrenden, unterrichtenden Charakter haben werde, was gesagt und gezeigt wird, und daß es der Form nach wie in der Reihenfolge sinnvoll und passend ist. Ebenso bleibt ihr wie jedem Lehrer während eines Kreises die große Aufgabe, für den reibungslosen Ablauf der Arbeit zu sorgen; selbst wenn sie sich dabei, um Vorschläge hier und da zu erhalten, einmal an die Gruppe wendet, so entscheidet sie danach autoritativ.

Auf das Inhaltliche gesehen, so geschieht jeder Eingriff unter voller Achtung des kindlichen Berichtes und ohne die darin geleistete Arbeit zu entwerten, auch dann, wenn sie selber ergänzend, verbessernd und weiterführend eingreift. Heute ist eben nicht Tag und Stunde des Lehrers, sondern der Schüler! Nicht er soll zeigen, was er alles weiß und kann, sondern jene Schülergruppen sollen ihre Leistung vortragen und verantworten. Aber die Lesung der Niederschrift zeigt noch eine weitere Aufgabe des Lehrers während aller solcher Berichtkreise: er muß dafür sorgen und muß durch sein Verhalten die Schüler so schulen, daß sie sich auf das Wissenswerte einstellen, daß sie unbedingt beim Thema bleiben und sich in einer sachlichen Haltung geben.

Die inhaltlich bedingten Eingriffe der Lehrerin zeigen folgende Gliederung:
I. Der Klärung der Schülerberichte dienen:
   a) Erklärung eines vom Kinde erwähnten, aber nicht selber geklärten Begriffes (12 mal);
   b) Eingreifen, um ein Mißverständnis zu verhüten (1 mal);
   c) Berichtigung eines Sachverhaltes (2 mal);
   d) Erklärung eines von einem Kinde nicht verstandenen Begriffs (1 mal);
   e) Klärung durch Erinnern an Bekanntes, und einmal durch eine Zeichnung (3 mal);
   f) Unterstreichung eines im Zusammenhang wichtigen Gedankens (1 mal);
   g) Abrundung eines Bildes durch nähere Angaben (1 mal);
   h) Erklärungen auf Anfrage aus der Gruppe (3 mal);
   i) Aufforderung zu einer abschließenden Ergänzung (1 mal);
II. Ergänzung des Schülerberichtes:
   a) Abrundung eines Bildes durch nähere Angaben (2 mal);
   b) Anführen eines Sachverhaltes, der vom Schüler nicht erwähnt wurde (1 mal);
   c) Erweiterung eines zu kurzen und unvollständigen Berichtes (1 mal);
   d) Übernahme des Berichtes durch die Lehrerin, wo der Schüler nicht fähig war (1 mal).
III. Beurteilung eines Schülerberichtes:
   Tadelnde Feststellung zu geringer Leistung (1 mal).

Zusammengefaßt, genau ausgezählt und zerlegt, ergibt sich folgende Tabelle:
  I. 6 technisch bedingte Eingriffe.
 II. 33 inhaltlich bedingte Eingriffe:
     28 mal zur Klärung der Schülerberichte.
     4 mal zur Ergänzung der Schülerberichte,
     1 mal zur Bewertung eines Berichtes.
III. 2 technisch-inhaltlich bedingte Eingriffe, um etwas allgemein Wissenswertes (vom Charakter des „Mindestwissens") herauszustellen.
 IV. 1 mal eine graphische Darstellung, um ein Schleppnetz zu veranschaulichen (vgl. W. Schneider, a. a. O.).

Das sind in Summa 42mal, wenn wir jeden Eingriff auf seine eigentümliche Art und seinen Sinn streng prüfen und danach, jeden für sich besonders, werten und auszählen. Zählen wir aus, wie oft die Lehrerin allgemein *Anlaß* nahm, um einzugreifen, ohne ihre Tätigkeit während dieser Zeit nach dem Anlaß weiter zu zerlegen, so erhalten wir nur 14mal in diesen 78 Minuten!

Die Untersuchung der festgestellten *Schüleraktivität* vervollständigt natürlich erst das Bild und führt zum letzten Vergleich, um zu zeigen, ob die Führung der Lehrerin dem obersten Ziele aller Pädagogik des Gruppenunterrichts nahe gekommen ist: die Schüler zu selbständiger Arbeit und zu einem guten Mannschaftsgeist heranzubilden.

Zunächst zeigen beide hier angezogenen Protokolle, daß die Obergruppenschüler von 8.00 bis 10.36 Uhr aushalten, ohne zu ermüden und ohne im Interesse an der Sache nachzulassen. Wir haben aus nichts den Eindruck, daß sie nicht imstande gewesen seien, den ganzen Bericht über Rom anzuhören, wenn nicht die Freizeit dazwischengekommen wäre. Die Gründe dafür sind dieselben, die wir seit Jahr und Tag an denselben Erscheinungen erkennen: an erster Stelle die Tatsache der biologischen Freiheit, d. h. daß den Schülern Bewegungsfreiheit gegeben ist, daß sie als *wachsende* Arbeiter nicht in unnatürlichen Fesseln, Haltungen, Sitzplätzen u. dgl. m. gehalten werden. Sodann die große Verschiedenheit der beiden aufeinanderfolgenden pädagogischen Situationen, die sich nach Arbeitsgegenstand wie Arbeitshaltung grundsätzlich unterscheiden und somit eine seelische Umschaltung bedeuten, also eine die geistige wie die körperliche Leistung begünstigende Wirkung ausüben. Hinzu kommt außerdem der in diesem Italienstoff an sich liegende Anreiz, obwohl man diesen Anreiz in der Überzahl der Fälle feststellen würde. Denn das gehört nun wieder zu demjenigen, was dem Gruppenunterricht seine große Überlegenheit über andere Formen des Unterrichts gibt: er stellt die Schüler vor solche Berichte immer erst dann, wenn in der ganzen Gruppe ein „Hintergrund" gebildet ist, wenn also so gut wie jeder Schüler zum mindesten mit einigen stofflichen Vorkenntnissen oder sich mit einem aus seiner besonderen Arbeit strömenden Interesse für das vom Kameraden Gebotene zum Berichtkreise rüstet und an ihm teilnimmt.

Die Tätigkeit der Schüler konnte ebenfalls recht gut festgehalten werden. 8 Schülerinnen waren an diesem Morgen an den Berichten beteiligt. Außer den Berichtern wurden namentlich festgehalten 9 beteiligte Schüler, auf die 45 Beteiligungen entfallen (14-, 10-, 4-, 4-, 4-, 3-, 3-, 2- und 1mal); auf nicht namentlich erfaßte, also x Schüler kommen weitere 30 Beteiligungen; das sind im ganzen 75mal. Die Obergruppe zählte an diesem Tage 31 Schüler, davon wurden namentlich als aktiv festgestellt 17 (8 Berichter, 9 weitere) dazu x, worunter mindestens 2 weitere fallen und sicherlich keines der mit Namen aufgeführten Kinder, da dann die Protokollantin eben diese ihr geläufigen Namen mitgeschrieben hätte.

Fassen wir den Begriff „Beteiligung" in dem gleichen weiten Sinne wie soeben, also ohne im einzelnen zu zerlegen, worin sie besteht, und suchen wir nun solche Beteiligungen der Lehrerin auszuzählen, so erhalten wir 29mal, nämlich 24mal zur Klärung der Schülerberichte und 5mal zu ihrer Ergänzung. Mithin stehen den 29 Beteiligungen der Lehrerin gegenüber 75 Schülerbeteiligungen, nicht gerechnet die 8 Berichter!

Ohne Zweifel sind wir berechtigt zu sagen, daß die Gruppe diesen Kreis wesentlich getragen hat, daß die Schüler bestens ineinander gearbeitet haben, und dies in Form und Haltung einer gut arbeitenden Gemeinschaft. Die Lehrerin aber hat in keinem Stück sich an einer unrichtigen Stelle ausgeschaltet, hat nirgends ihre besonderen Aufgaben versäumt. Es besteht auch nicht der geringste Zweifel darüber, daß *sie* es gewesen ist, die diesen Arbeitszug hineingebracht hat, daß es ihre geistige Leistung ist, vor der wir stehen. Und dennoch! Sie beherrscht das Maß der Zurückhaltung, das nötig ist, um in diesem Kreise die Schüler, insbesondere die berichtenden Schüler, vorherrschen zu lassen. Sie handelt von der ersten bis zur letzten Minute situationsgemäß, und die verhaltene, weise zurückgehaltene Kraft sitzt dennoch im Mittelpunkt dieses Unterrichtslebens. Alle Fäden sind in ihrer Hand, trotzdem ist keinem Schüler das Gefühl des freien Schaffens und Mitwirkens genommen, dies aber darum nicht, weil sich die Lehrerin menschlich unter sie gestellt hat und nicht über sie wie eine Regentin und Kommandantin. Sie lebt mit ihnen wie die reifere und klügere Kameradin, die ihnen zum Führer bestimmt ist für diesen Teil ihrer Schuljahre. Das ganze Geheimnis entschleiert sich uns darum erst, wenn wir an die Bedeutung dieser menschlichen Einordnung des Erwachsenen unter seinen Schülern denken und wissen, daß nur aus dem Verzicht und aus der Hingabe seines Selbst an die anvertrauten Menschen und an die einem mit ihnen gemeinsam gestellten Lebensaufgaben die Kraft der wahren Führung und damit die andere Menschen befruchtende Wirkung herauswachsen.

VI. Kapitel
Pädagogik der Arbeitsmittel

Arbeitsmittel ist
ein Gegenstand, der mit eindeutiger didaktischer Absicht geladen ist, hergestellt,
damit sich das Kind frei und selbständig dadurch bilden kann.

Die Schule hatte in ihren Räumen zur Unterstützung des Unterrichts immer allerlei Hilfsmittel. Das Mittelalter gebrauchte den Tubus, das Astrolabium u. dgl. m., der Schulmethodus des Herzogs Ernst, 1642, forderte Bleiwaagen und Zirkel usw., dazu kamen noch Magnete, Sanduhren, gewiß wenig verglichen mit der Fülle, über die heute auch eine bescheiden ausgestattete Schule verfügt. Die Schulen besitzen darin sog. *Lehr-* und *Lernmittel*. Und als die Lernmittelfreiheit eingeführt wurde, mußte auch juristisch genauer festgelegt werden, was an Mitteln denn frei zu liefern sei. „Lernmittel, wie Lehrbücher, Hefte, Schreib-, Zeichen- und Nadelarbeitsgerät, Turnkleidung usw. sind nach Vorschrift der Schule zu beschaffen und zu halten"[145]. Davon sind die Lehrmittel zu unterscheiden, alles das, was in den Schränken, Schulsammlungen, Wandschränken usw. aufbewahrt wird und von der Schule anzuschaffen ist, also Landkarten, Wandbilder, Anschauungsbilder, Globus, Demonstrationsapparate. Wählt eine Schule jedoch anstatt der großen und teuren Demonstrationsapparate *Arbeits*apparate für die Schüler, mit denen diese selber Versuche anstellen können, so wäre hier bereits der Übergang zum — Arbeitsmittel.

Das „Arbeitsmittel" drängt sich seit 1920 als neues Hilfsmittel immer stärker in die Schule hinein. Womit hängt das zusammen? Die Pädagogik muß unbedingt dazu Stellung nehmen, und sie wird fragen nach dem geschichtlichen Ort für die Entstehung dieses Hilfsmittels, nach dem didaktischen Platz und dem pädagogischen Wert.

1. Der geschichtliche Ort

Seit mehreren Jahrzehnten sehen wir neuere pädagogische Richtungen den Unterricht, vor allem in den ersten Schuljahren, nahezu ganz, jedenfalls aber immer in wesentlichen Teilen auf Arbeitsmittel aufbauen, z. B. *Maria Montessori, Ovide Decroly*. Beide haben unleugbar auch in Deutschland unmittelbar oder mittelbar stark eingewirkt. Decroly, selber an deutscher Psychologie in Göttingen gebildet, hat die „erzieherischen Spiele" in einem Maße entwickelt, das kaum übertroffen werden kann. Er verwendet sie teils als weitertreibende und fördernde, teils als ergänzende Spiele im Sinne von Wiederholung und Einprägung, z. B. Lese- und Rechenspiele, Zeitspiele, um zu lernen, die Zeit zu berechnen und zu beherrschen usw.[146] *Georg Kerschensteiner*

---

[145] *Walter Landé*, Preußisches Schulrecht. 1933. S. 181.
[146] *Amélie Hamaïde*, Die Methode *Decroly*, Weimar, 1928; *O. Decroly* et *E. Monchamps*, L'initiation à l'activité intellectuelle et motrice par les jeux éducatifs.

hat das Verdienst, die Ganzwortmethode sowie die Schreiblesemethode, wie sie schon vor dem Kriege in den USA entwickelt waren, in Deutschland bekannt gemacht und in seiner Münchener Versuchsschule zum ersten Male durchgeführt zu haben[147]. Seitdem in Deutschland das Interesse für Arbeitsmittel erwacht ist, sieht mancher Lehrer mit anderen Augen auf die „Gaben" *Friedrich Fröbels* und hält es für wertvoll, dem Sinne nachzugehen, den dieser große Menschenerzieher damit verband. Wie überall, wo die Lehrerschule zur Herrschaft gekommen ist, findet der *Dalton-Plan* viel Anerkennung; denn er scheint Arbeitsmittel zu bieten, und zwar so, daß der Unterricht sowohl modern als auch äußerst bequem anmutet. Um es gleich zu sagen, hier liegt eine arge Verwechslung von Arbeitsanweisung und Arbeitsmittel vor. Arbeitsanweisungen sind keineswegs völlig wertlos; aber sie müssen an ihren Ort gestellt werden. An den Wert und an den Sinn von Arbeitsmitteln reichen sie ebensowenig wie eine Lehrerschule an eine echte Arbeitsschule; das freie und selbständige Sichbilden der Schüler ist dort auf ein sehr geringes Maß beschränkt.

Dies freie Bilden wird aber nun überall als der besondere Wert rechter *Arbeitsmittel* gepriesen, ja angeführt als der Grund dafür, daß man in den Schulen — ganz besonders in den wenig gegliederten Schulen, solche Arbeitsmittel einfach brauche, um den Forderungen der Zeit zu genügen. Ein lauter Stimmenchor setzt an dieser Stelle ein: die sog. „Stillbeschäftigung" der Schüler sei höchst unbefriedigend. Es handle sich da nur um eine Wiederholung des Durchgenommenen, nur um Übung; sie würde nur angeordnet, um die Zeit auszufüllen, in welcher der Lehrer nicht dabei sein könne. Alle machen dasselbe; die ganze Abteilung arbeite „still" für sich; man könne nicht individualisieren. Und die Anklage geht weiter: „Man wendet sich fast ausschließlich an die reproduktiven Kräfte des Kindes, kennt fast nur die Stillbeschäftigung durch Schreiben[148]". Es gehe um „bloßes mechanisches Üben, Anwenden, Befestigen, Abschreiben, Wiedergeben eines behandelten Stoffes", nicht um „wirklich bildende Arbeit". Diese Feindschaft gegen die Stillbeschäftigung war einst eine der stärksten Beweggründe im Kampfe für die durchgegliederte Schule; denn in dieser, so bewies ihr stärkster Vorkämpfer *Johannes Tews*, sei kein Abteilungsunterricht, keine Stillbeschäftigung mehr nötig; der Lehrer könne sich ausschließlicher mit den Schülern abgeben, die ganze Stunde hindurch! Jüngst wurde als neueres Schlagwort geprägt: „Nicht Stillbeschäftigung, sondern Stillarbeit!" Aber wie ist dies zu verstehen?

Das Beste zur Abgrenzung des Begriffes „Stillarbeit" hat *Hans Anacker* nieder-

---

Paris, 4. Aufl. 1932. *Martha von den Hoff*, Decrolys Pädagogik mit Berücksichtigung ihrer psychologischen Grundlagen, 1932. S. 19—42.
[147] Begriff der Arbeitsschule. 1. Aufl. 1911. Siehe den Arbeitsbericht im Anhang. Warum gibt es kaum einen deutschen Lehrer, der bekennt, aus diesem Arbeitsbericht Anregungen erhalten zu haben?
[148] *Karl Eckhardt*, Neue Deutsche Schule, 1928. S. 531 ff.

geschrieben[149]: Stillarbeit ist diejenige Bildungsarbeit, welche der Schüler außer dem unmittelbaren Unterricht durch den Lehrer leistet. Sie wird zu einer wirklich bildenden Arbeit am besten dann, wenn sie *gebundene* Stillarbeit darstellt, d. h. die Stillarbeit bezieht ihre Themen aus dem Gesamtunterricht, hängt unmittelbar mit ihm zusammen. „Die Klassenfront wird aufgelöst in Einzelschüler und mehr oder weniger große Gruppen. Jeder für sich arbeitende Einzelschüler oder jede Gruppe erhält (!) ein besonderes Thema, das in vollständig selbständiger Weise bearbeitet wird." So tritt also diese gebundene Stillarbeit in eine dienende Rolle dem Gesamtunterricht gegenüber. „Der Gesamtunterricht ist Gemeinschaftsarbeit im Klassenverband. Die Stillarbeit ist individueller Natur, wenn sie auch innerhalb der Gruppe starke gemeinschaftsbindende Züge zeigt." Daneben kann es dann noch freie Stillarbeit geben, d. h. der Schüler darf „ganz persönliche, individuelle Fragen" bearbeiten; allein das Schwergewicht liegt auf der gebundenen Stillarbeit.

Da wir aber bei der Stillarbeit doch wieder bei „stiller" Arbeit angelangt sind, so liegt ohne Zweifel das pädagogische Interesse dort, wo es um die Erhellung jenes „still" geht, *gegen* das sich die beiden Generationen vor 1930 so energisch gewendet haben. Sie mußten aber selber seinerzeit den „lauten" Lehrerunterricht Pädagogen gegenüber durchsetzen, die — damals — sich für die stille Arbeit einsetzten. Mithin gewinnen die Gründe dieser letzteren heute wieder höchstes Interesse. Und unsere geschichtliche Besinnung muß einsetzen bei *Fr. Wilh. Dörpfelds* ausgezeichnetem Gutachten über die vierklassige und die achtklassige Volksschule. 1877[150].

Darin wird zunächst der — doch selbstverständlich unentbehrliche — Wert der stillen Beschäftigung anerkannt. Sie diene ja nach dem mündlichen Verkehr und Lernen unter Leitung des Lehrers nun dem Zweck, die Fertigkeit zu üben oder das einzuprägen, was wissenswert und wissensnotwendig sei; nach der Seite des Denkens und Erkennens hin enthalte sie die nötigen Anwendungsübungen. Allein das Allerwichtigste bestehe doch darin, „daß sie ganz und ausschließlich die *Selbsttätigkeit* der Schüler in Anspruch nimmt, und somit *gerade hier die Spitze alles Lernens liegt*"!

Welcher Gegensatz zu den Klagen der folgenden Zeit! Und wie groß muß die Selbstüberschätzung des Lehrers geworden sein, wenn Dörpfeld die stille Selbsttätigkeit, d. i. die *volle* Selbsttätigkeit, als das Ziel aller Lehrerhilfen bezeichnet; denn diese dürften nie weitergehen, „als bis der Schüler befähigt ist, nunmehr die Lernarbeit *selbständig* aufzunehmen. Ist dieses Ziel erreicht, dann muß der Lehrer zurücktreten: dann beginnt die *stille*, d. h. die *volle*

---

[149] Gesamtunterricht und Stillarbeit auf der Oberstufe. Neue Deutsche Schule, 1933. S. 33—43. Vgl. *Josef Adelmann*, Möglichkeiten autodidaktischer Stillarbeit, 1930; *Hermann Bühnemann*, Die Selbstbildung des Schulkindes, 3. Aufl. 1938; *Paul Born*, Übungsformen und Lernspiele für Klassen-, Gruppen- und Einzelarbeit, 1934
[150] Ges. Schriften. VIII. 3. Teil. 1898. S. 21 ff.

Selbsttätigkeit des Schülers. Wird dieser nicht der nötige Raum gegönnt, oder meint der Lehrer, bei jedem Schritte mithelfen zu müssen, so mag der Unterricht anscheinend schneller fortschreiten und äußerlich weiter vorrücken, allein dieser scheinbare Gewinn ist in Wirklichkeit eitel Verlust. Denn dem so auf dem Haufen Gelernten wird teils die Festigkeit, teils die praktische Brauchbarkeit abgehen, und im allergünstigsten Falle mag der Schüler ziemlich *gescheit* werden, aber er wird nicht *geschickt*, nicht *praktisch*, nicht *selbständig*. Es geht damit wie mit der leiblichen Ernährung: bei derselben kommt es nicht lediglich aufs Essen und noch weniger auf Vielessen, sondern vornehmlich auf gute Verdauung an, und diese hängt ihrerseits wieder sehr von angemessener Bewegung ab. Wir sehen demnach: die sog. stillen Beschäftigungen bilden einen notwendigen und einen bedeutenden Bestandteil des Schullernens, wenn es *wahrhaft bildend und praktisch* sein soll." Sie gerade dienen dem von Dörpfeld immer wieder betonten wichtigen „*Einwärtslernen*", dem „*Nach-innen-Lernen*"![151]

Die „Schule des Schweigens und der Stille" hebt wieder an bei der Einsicht und Forderung jenes großen Mannes, nachdem sie sich aus der Lehrer- und reinen Lernschule abgelöst und nun die gleichen Erfahrungen mit der stillen Arbeit gemacht und deren ungeheuren pädagogischen Wert wiedererkannt hat.

2. Der didaktische Ort

Wohin gehören innerhalb der Lernwelt der Schule die Arbeitsmittel?
Diese Lernwelt steht selber als Ganzes innerhalb der Schulen im Dienste des Volkes, um mitzuhelfen, die Jugend des Volkes fähig zu machen, sich mit der *Wirklichkeit* im Menschen und um den Menschen auseinanderzusetzen, mit ihr fertig zu werden. Wir teilten sie auf in die drei großen Kreise: Gott, Natur und Menschenwelt. Die Menschen nähern sich der Wirklichkeit mit drei großen Fragen:

a) Was ist da? und was ist vorhanden und zuhanden?

b) Was kann ich damit anfangen, um es für mich zu gebrauchen, zu nutzen, um es zu beherrschen?

c) Wie soll ich es verstehen und deuten? Was bedeutet das? Was steckt dahinter? Woher kommt es? Warum ist das so? Wozu ist das?

Diese lebensvolle und *fragenvolle* Wirklichkeit mit allem, was sie enthält an andrängender Lebensnot und Leidenschaft und Unsicherheit, Unruhe wie Ruhe, Freude, Frieden und Glück — eben sie ist das, worauf alles Schullernen ausgerichtet bleiben muß, um seinen bildenden und vor allem seinen Anteil an erzieherischem Wert nicht zu verlieren. Ja: Leben ist das Handwerk, das in

---

[151] Vgl. auch das von der jüngsten Wandlung zeugende Lob der „Stillbeschäftigung" im Sächsischen Landschulplan von 1936; sie übe Selbstdisziplin, Sammlungsfähigkeit, Arbeitstechnik; und damit sie zur fördernden Selbstbeschäftigung werde, müßten kindgemäße Arbeitsmittel beschafft werden.

Schulen gelehrt und gelernt werden soll. Und „Deutsche Lebensschule" wurde nicht zufällig das Schlagwort, mit dem die deutsche Bewegung der „Neuen Erziehung" in den achtziger Jahren anhob[152].

Die allererste Pflicht eines jeden Lehrers ist es darum, sich dieser Aufgabe, dieser Ausgerichtetheit der Schulen bewußt zu bleiben. Seine erste Aufgabe wird immer sein, diese Wirklichkeit den Kindern nahezubringen *oder* sie auf die denkbar beste Weise zu ersetzen, sie anschaulich zu *machen*. Daß die volle Erkenntnis von der Gewichtigkeit besonders des *ersten* Teiles dieser Aufgabe wiedergekehrt ist, dafür sind ein deutlicher Beweis die überall anerkannten Lehrspaziergänge, Ausflüge, Wanderungen, Schulreisen, Fahrten, Schullandheimaufenthalte usf.

Fragen wir nach den Möglichkeiten, die ein Lehrer hat, die Schüler an die Wirklichkeit heranzuführen, richtiger die Wirklichkeit den Kindern nahezubringen, so erhalten wir folgende Stufenfolge:

a) Wir können diese Wirklichkeit jeweils selber aufsuchen: sie mit eigenen Augen, mit eigenen Sinnen und Herz und Gemüt sehen, aufnehmen und erleben, und nun folgt die Nachbearbeitung, Sichtung, Aufklärung auf Grund des Mitgebrachten noch Frischen oder frisch und lebendig Erhaltenen, der noch deutlichen Vorstellungsbilder, der Anschauungsbilder, bevor sie erblassen und immer stärker merkmalsarm, d. h. grau werden.

b) Wir können sie mitnehmen: Steine sammeln, Käfer sammeln, Blumen pressen, Blattformen pressen, Vögel ausstopfen usf.

c) Wir verfertigen ein Modell, etwa des Heimatberges oder -tales, des Ortes; etwa vom Harz in Ton oder in der Sandkiste u. dgl.

d) Hierher gehören ferner photographische und kinematographische Aufnahmen aus der Luft oder von der Erde aus, es kommt an auf möglichst verschiedene Seiten, Stimmungen, um ein volles Bild der Landschaft, eines Festes usf. zu erhalten, damit immer die volle Wirklichkeit festgehalten werde.

e) Wir stellen zeichnerisch dar, halten die Wirklichkeit farbig fest, in der Kohle- oder Bleistiftskizze; und hier sind alle Stufen denkbar und möglich, von rein naturalistischen Formen an bis zur knappsten Skizze des nur Wesentlichen, zur Faustskizze.

f) Wir geben die Wirklichkeit in Worten oder Tönen wieder; hierher gehören sämtliche Arten der Beschreibung über „Aufsätze" bis zum Gedicht und zur Musik.

Über jener lebensvollen Wirklichkeit hat die Kulturmenschheit eine zweite, eine Kunstwelt errichtet, zumeist eine geschriebene, gedruckte. Darum kann sie so leicht erlernt, gedächtnismäßig aufgenommen, auswendig gelernt, nachgeplappert werden, weil sie schon bei gutem Gedächtnis und bei gut geschultem

---

[152] 1882 geprägt als Programm der Schulreform von *Hugo Göring*, gedruckt 1890 unter dem Titel: Die neue Schule. Ein Weg zur Verwirklichung vaterländischer Erziehung; s. m. Pädagogik der Gegenwart, 2. Aufl. 1937, S. 38.

Mundwerk, verbunden mit starkem Geltungstrieb, weithin beherrscht werden kann. Das ist die Welt der „bündigen" Gestalten und Gebilde. Es ist die Welt der vom Menschengeist geschaffenen Formen und Objekte. Meine Erkenntnishaltung ist notwendigerweise ihnen gegenüber eine ganz andere, als wenn ich vor den Naturformen in Wald und Wiese, vor den Naturgewalten des Gewitters und der tosenden See oder vor den bewegten und erregten und erregenden Handlungen von Menschen oder gar dem Erleben, den Tatsachen göttlicher Führung im eigenen Leben oder dem von Mitmenschen stehe. Kurz gesagt: bündigen Gebilden gegenüber bin ich gezwungenermaßen objektiver, kälter, nüchterner. Selbst wenn ich etwa von Dichtung oder Musik tief ergriffen werde, so meine ich doch zu wissen, daß ich zwar etwas nicht Wertloses erlebe, vielleicht einigermaßen das, was jener Dichter, jener Künstler zuletzt ausdrücken wollte, allein ich bleibe mir bewußt, daß ich dabei von meiner ganzen *Subjektivität* getragen bin, daß ich *erlebe* und nicht mich rein erkennend-verstehend verhalte.

Aus diesen beiden Welten, der Wirklichkeit *und* (sagen wir es hier einmal) der Kultur, entnimmt unsere Lernwelt ihren *Stoff*. Wir fordern den Schüler auf, wir verlocken oder zwingen ihn, an ihnen seine Aktivität zu entfalten. Wir möchten des Schülers *Aktivität*, seine Selbsttätigkeit dabei in eine ganz bestimmte *Richtung* lenken, gleichzeitig dabei und dadurch seine seelischen und leiblichen Kräfte *formen*, sie in sich aufbauen, festigen, d. h. weiter: klären, ordnen, ausrichten auf das unterrichtliche Ziel hin, das nur wir Lehrer kennen und für das wir verantwortlich bleiben.

Alle Tätigkeit des Menschen braucht zum Entfalten wie zu ihrer Erhaltung und wertvollen Gestaltung ein Gegenständliches, an dem sie sich auswirkt und aufrichtet. Nur dadurch werden des Menschen Kräfte umgewandelt in Taten oder in potentielle Energie. Und das erste „Was", das echte und immer beste „Was" liegt (geschichtlich wie genetisch und wertend gesprochen) in der echten Wirklichkeit, in der Natur; hier sind die „Urquellen des geistigen Lebens", und diese Quellen strömen auch im Menschen als einem Naturwesen in unerschöpflichem Reichtum, so daß der Mensch die höchsten geistigen Leistungen zu verschiedenen Epochen unter Inanspruchnahme verschiedenster Seiten dieser Kraftquellen erreichen konnte, z. B. gigantische Bauwerke errichten, die Konstellationen von Planeten und Sternen berechnen; diese letztere z. B. bereits ohne unsere Mathematik und deren Grundlagen. So ist also die Kultur immer das zweite.

Wo packen nun die Arbeitsmittel an? In der Natur?

Allein was kann denn die Natur uns an Arbeitsmitteln überhaupt anbieten? Sie ist ja selber unser größtes Arbeitsfeld und Arbeitsmittel in einem. Und darum schenkt sie uns a) Anschauungsmittel erster Ordnung und b) echteste *Lern*mittel wie Kastanien, Bohnen, Erbsen, Steinchen, roh verwertete Stäbchen, Sand, Ton usf. und c) Beschäftigungsmaterial für Spiel und Werk, evtl. leicht vorgerichtet. Vermengt mit allerhand Kunstprodukten, wie Glas und zerbrochenen Gebrauchsgegenständen, liefert sie uns nun aber etwas, das gerade für die Schüler vom 7. bis 14. Lebensjahre sehr wichtig ist, nämlich alles das, was wirtschaftlich und kulturell geurteilt „wertlos" ist. Wir finden dieses Wertlose in den Hosentaschen, Zigarettenschachteln, Zigarrenkisten, Schubladen und anderen Verstecken unserer Schüler. Wir wissen schon lange, daß der Schüler nicht umsonst so sehr daran hängt. Denn all dieses besitzt für ihn hohen bildenden Wert. *Hildegard Hetzer* hat das durch eine feine Erhebung an 150 Kindern einsichtig und deutlich gemacht[153]. Von diesen spielten 149 mit selbstgemachtem Spielzeug. Sie gruppierte nun alle Kinder dem Alter nach in zwei Gruppen: 1—6, 7—14, und bildete ferner drei Materialgruppen: 1. Gebrauchsgegenstände aus der Hauswirtschaft und in Haus und Garten, Einrichtungsgegenstände, Bücher, 2. wertloses Material von abgelegten und zerbrochenen Gebrauchsgegenständen, Gerümpel, Abfälle, Naturrohstoffe, und 3. Pflanzen und Tiere. Stammten bei den Knaben von 1—6 Jahren 60%, bei den gleichaltrigen Mädchen 61% aus der Materialgruppe 1, so bei den 7—14jährigen 52% aus der Materialgruppe 2 (Mädchen 38%), und jetzt nur 37% bzw. 28% aus der Gruppe 1.

Die Folgerungen aus dieser Untersuchung zeigen deutlich, worauf der Tätigkeitsdrang der Kinder abzielt. Vor dem 6. Lebensjahr ist das Kind noch zufrieden, dies und das zusammenzustellen oder ihm fertig gegebenes Material in seiner Phantasie umzudeuten, es einem Spiele einzuordnen. Mit dem Schülerwerden beginnt aber ein neues Stadium, und der allgemeine Fortschritt besteht nun darin, daß sich das Kind schaffend betätigen und schöpferisch konstruktiv arbeiten will.

Von dieser Darstellung fällt mithin ein neues Licht auf die Bastelstunde, auf die „Gestaltungslehre"[154], wie auch erneut begründet wird, warum selbsthergestellte und recht einfache Spielsachen den gekauften überlegen sind. Allein genau dieselbe Feststellung gilt für die schulischen Hilfsmittel in den formalunterrichtlichen Aufgaben der Schule wie Lesen, Schreiben und Rechnen. Auch dafür eignen sich die selber hergestellten mindestens so gut wie gekaufte und ausgeklügelte, gar patentierte und „schöne" Hilfsmittel. Wir haben in jenem „wertlosen" Material Wertvolles in unsern Schulstuben, aber nicht — Arbeitsmittel, sondern a) Material, also auch Material, um daraus Arbeitsmittel herzustellen, und b) Hilfsmittel für Anschauungszwecke, Lernmittel, Mittel zur Beschäftigung der Schüler.

Die Arbeitsmittel zielen nämlich nicht unmittelbar ab auf die Natur, auf die Wirklichkeit selbst, sondern — *sie stehen im Dienst der Kulturübermittelung,* besonders der Einführung in Techniken mit Richtung auf den Erwerb und die Beherrschung von Kulturgütern. Arbeitsmittel sind, ganz allgemein gesagt,

---

[153] Die Arbeitsschule, 47. Jahrgang. 1933. S. 1 ff.
[154] *Alfred Ehrhardt,* Gestaltungslehre, Weimar 1932.

Rationalismen im Lernbetrieb der Schule im Dienst des Wissens, zum Erwerb dessen, was man jeweils heute *können* oder *wissen muß*, des Herrschafts- oder Leistungswissens.

Das bedeutet ferner, daß ihr *erzieherischer Wert gering* ist; denn das Arbeiten mit ihnen ist nicht wahrhaft schaffende Arbeit, gar schöpferisch zu nennen, gesehen auf das, was dabei herauskommt. Sondern mit Hilfe von Arbeitsmitteln wird etwas erworben, das andere vorher gemacht haben oder dessen Bedeutung andere oder die „Zeit" bestimmt haben. Wir bleiben deswegen streng in jener sozialen Sphäre, zu deren Beherrschung auch die Arbeitsmittel dem Kinde verhelfen sollen, wie sie ihm helfen sollen, sich überhaupt in der Welt zurechtzufinden. Von unserem, der Erwachsenen, Standpunkte aus ist das, was ein Kind mit den Arbeitsmitteln ausführt, ein Nach-Schaffen, ein Wege-Gehen, die viel tausendmal schon begangen sind.

Wie sehr es sich um etwas Rational-Technisches handelt, das zeigen besonders deutlich die „Entfaltungsmittel" der *Maria Montessori*. Denn es geht für sie nicht um die Farbe, sondern um die Farben*reihen*, die Farben*leiter*; nicht um die Töne, sondern um die Ton*verhältnisse*, die Ton*leiter*; nicht um die Holzzylinder, sondern um das Größer oder Kleiner, Heller oder Dunkler, Leichter oder Schwerer, Dicker oder Dünner; ähnlich bei der Treppe, dem Turm: es geht um Form als solche, um höher und niedriger, rauher und glätter, kürzer und länger. Andernfalls würde sie ja mit den Kindern in die Natur hinausgehen können, um dort Töne und Geräusche, Farben und Maßverhältnisse in Wirklichkeit wahrnehmen und beobachten und prüfen zu lassen. Allein so wie sie ausgewählt hat und üben läßt, sind es alle jene Betrachtungen und Festlegungen, wie sie in unserer europäischen *wissenschaftlichen* Wirklichkeit üblich geworden sind und als Elemente von Wissenschaften gerade so verwandt werden. An den von Montessori gewählten Farben z. B. ist auch nicht nur das Romanische, sondern geradezu ebenso deutlich ihr und ihrer engsten Mitarbeiter individueller, wiederum nun konstitutionell bedingter Geschmack für Farben, desgleichen für Musik erkennbar. Auf keinen Fall würden ihre Entfaltungsmittel für farbige und musikalische Verhältnisse dem indischen Wesen entsprechen, um einen besonderen Fall zu nennen.

Woher stammt nun dieses rationale Element in solchen Papierstreifen, in scheinbar wertlosen Pappe-Päckchen, Hölzchen usf.?

Alle sind absichtsvoll vorgerichtet. Sie sind vom Hersteller, vom Lehrer im voraus „rationell" gerichtet; wie Montessori von ihren Entfaltungsmitteln sagt, „virtuell geladen"[155], und zwar mit ganz bestimmten „Reizen".

---

[155] *Josef Schröteler* berichtet in „Die Montessori-Methode usw.", 1929, S. 12, Maria Montessori habe ihm berichten lassen, ihre Entfaltungsmittel enthielten una direzione virtuale, vgl. dazu ferner ihr Hauptwerk: Il metodo della Pedagogia Scientifica applicato all'educazione infantile nelle Case dei Bambini 3. ed. Roma 1918. pag. 125 sqs.

Darum nun besitzen sie eine *innere Lenkkraft*, eine „leitende Macht". Das Kind, das mit ihnen arbeitet, scheinbar nur spielt, ist, ohne daß es dies merkt und darum weiß, eingefangen unter diese leitende Macht und muß in *bestimmter* Richtung arbeiten. Es kann nicht damit machen, was es will. Rechte Arbeitsmittel sind darum „Wege", fest begrenzte Straßen, von denen man nicht abgehen kann, ohne in den Graben zu fallen oder ohne auf unwegsames Land zu kommen. Immer wieder muß das Kind alsdann zurück auf genau denjenigen Weg, der im Arbeitsmittel unsichtbar angelegt ist, aber zwingend wirkt.

Darum bestimme ich *das echte Arbeitsmittel* als einen *Gegenstand, der in (möglichst) eindeutiger didaktischer Absicht geladen ist, hergestellt, damit sich der Schüler dadurch frei und selbständig bilden kann.*

Zur Erläuterung und Vertiefung dieser Bestimmung sollen die nächsten Betrachtungen und Begriffserklärungen dienen. Unsere Bestimmung des Arbeitsmittels weist es zunächst klar und deutlich in den Bereich des Herrschafts- und Leistungswissens, allgemein der Bildung, und erweist es als typisches Bildungsmittel, um Ordnung zu schaffen, Funktionen zu üben, Form zu gewinnen. Sie enthält ferner als Ergebnis schülerkundlicher Forschung, daß immer dreierlei zusammenwirkt: die Selbstorganisation und Selbststeuerung im Vitalen und Seelischen, sodann der Lebensrhythmus der Umwelt und gleichzeitig die absichtsvolle Führung, die Pädagogie.

Mit dem Wörtchen „dadurch" (statt daran) soll vorausgeblickt werden auf die „komplexen" Arbeitsmittel wie Werkraum, Laboratorium, Schulgarten u. a. m.; denn diese enthalten nicht nur Arbeitsmittel, sondern unter bestimmten Bedingungen wie für bestimmte Schulalter sind sie selber als Ganze Arbeitsmittel. Wegen seiner größeren Eindeutigkeit können wir den Schulgarten das erste solcher komplexen Arbeitsmittel nennen und pädagogisch aussagen, daß zu vermeiden ist, diese Eindeutigkeit nicht zu stark und vor allem nicht zu frühzeitig, etwa schon für Kinder der ersten Schuljahre, durch rationale, d. h. gärtnerische Absichten zu verwirren, gar zu verschleiern; in demselben Grade sinkt sein Wert als Arbeitsmittel. Es ließe sich eine Stufenreihe von Verwendungsmöglichkeiten des Schulgartens aufstellen, die dann zeigte, wie vom 1.—10. Schuljahr jene rationale, die gärtnerische „Ladung" gesteigert und auch mit Erfolg vermehrt werden kann. Ähnlich wäre eine Stufenfolge vom Bastelraum über Holzraum bis zum Metallraum herzustellen; ferner vom Werkraum über Physik- und Chemieraum zum biologischen Laboratorium, wobei jedesmal die Ladung, damit der Bildungswert der Reife der Altersstufe entsprechend festzulegen wäre.

Weitere Abgrenzungen führen darauf, die Bildungsmittel bestimmten *Räumen* zuzuordnen. Und das bedeutet, ihnen damit zugleich den Stimmungsgehalt, die emotionale Ansprechbarkeit solcher Räume zuzusprechen, die auch dann geweckt und wirksam werden, wenn einmal die Umwelt nicht ganz echt dem, **einem** Mittel eigentlich entsprechenden, Raume gleich ist.

Spielzeug, Spiele	Kinderstube, Spielplätze
Beschäftigungsmittel	Familienwohnstube
„Gaben"	Fröbelscher Kindergarten
„Entfaltungsmittel"	Kinderhaus der Montessori
Arbeitsstoffe, Material	Laboratorium
Arbeitsanweisungen	Laboratorium des Dalton-Plans
Werkzeug + Material	Werkraum
Werkzeug + Material + Anschauungsmittel	Atelier (Decroly-Methode)

Material als das, woraus man etwas macht, führt zur Materialkunde, und die Pädagogik hat zu umgrenzen, was davon in die Schule gehört, was schülergemäß ist, nicht gefährlich, gar lebensgefährlich (Gifte, Gase u. dgl.), was überhaupt den Kräften des Körpers wie Geistes von Schülern angemessen ist und deren sinnvoller Entfaltung dienen kann.

Werkzeug als das, womit man aus Material etwas herstellt, führt zur Werkzeugkunde, aus der wiederum eine schulische Werkzeugkunde abzuleiten wäre. Diese beantwortet u. a. die Frage, ob man Werkzeuge für die Kinderhand anfertigen soll oder nicht. Soll man mit dem, dann zu leichten, Hobel arbeiten lassen oder warten, bis Hand und Arm, der ganze Körper des Kindes so weit entwickelt sind, daß es mit dem richtigen Hobel arbeiten kann? Die Jenaische Pädagogik lehnt die Vorformen ab und fordert, daß die Schule warte und die Schüler in die richtigen Werkzeuge hineinwachsen lasse, sie also erst dann den Kindern gebe, wenn sie bewältigt werden können. Und dieser Grundsatz gilt ihr allgemein und überall.

Spielzeug und Spiele dienen in den ersten Lebensjahren überwiegend reiner Funktionsübung, bei zunehmendem Alter immer mehr dazu, die Zeit zu vertreiben, so angenehm und so schnell wie möglich, verbunden also mit Lust und Freude, aber auch mit Spannung. Das Glück wird herausgefordert, Überlegenheit gezeigt, Gewinn und Erwerb angestrebt. Zum Spiel und Spielzeug gehört die Spiel*regel*, darum ist zu allen Arbeitsmitteln, die vom Charakter des Spielzeugs annehmen, stets die Regel mitzugeben.

Beschäftigungsmittel verlangen eine *Anleitung*. Auch sie wollen dort, wo sie nicht als echte Arbeitsmittel verwandt werden, auf angenehme Art und Weise die Zeit vertreiben helfen, aber verbunden mit dem Gedanken des Nützlichen, des nützlich-praktisch Bildenden; es sei z. B. dieser Nutzen das Einfühlen und Einspielen der Zahlenreihe, des kundigen Hinundhergehens in dieser Reihe mit Zu- und Abzählen.

In unserer Forderung, daß das Arbeitsmittel „eindeutig" sei, offenbart sich (und der Zusatz: möglichst, verrät es schon) jene volle Irrationalität des Lebens, von der jede pädagogische Situation Zeugnis ablegt (s. oben S. 15 u. S. 29 f.). Jeder, der mit Arbeitsmitteln zu tun hatte, erlebte, daß es kaum möglich ist, eindeutige Mittel herzustellen. Es gelte etwa, das Wort „Tisch" den Schreiblese-Arbeitsmitteln im ersten Schuljahre einzufügen. Meistens wird das ausgesuchte Bild nun eine bestimmte Tischart darstellen, wie Eßtisch, Gartentisch, Küchentisch usf. Oder: soll ich ein „Schema", einen allgemeinsten Typus Tisch aussuchen? Soll ich den Tisch — einerlei nun was ich wählte — perspektivisch oder im Querschnitt, in Strichmanier oder farbig wiedergeben? Gewiß, der Tisch soll möglichst, nein, er soll ganz und gar ein wirklicher Tisch sein, gut, aber dann doch wiederum so, wie es ein Tisch „bei uns" ist, d. h. in dieser Landschaft, dieser Gegend, unter diesen Menschen. In welcher Schrift soll der Name, der Satz darunter geschrieben werden? Sicher kann gesagt werden, daß „Tisch" eindeutiger ist als „T", einmal weil T sowohl Laut wie Name sein kann, vor allem aber weil das Ganzwort seelisch näherliegt.

Der selbstverständlichen Forderung nach Eindeutigkeit genügen seltsamerweise recht wenige der käuflichen Arbeitsmittel. Einem Pferdekopf + Nacken ist „Mähne" gewaltsam zugeordnet; bei einer Probe erriet keiner der anwesenden mehr als 30 Lehrer das Wort. Eine Hühnerschar auf dem Hofe, unter der ein Huhn das Nest verläßt, nachdem es dort allem Anscheine nach ein Ei gelegt hat, ist ein ungünstiges Wortbild für „Ei". Eigenartig ist es auch zum mindesten, wenn ein Schweizer Erstrechenbuch „5 + 5" ausgerechnet mit Pinguinen beginnt, um 5 + 5 darzustellen. Im S. S. 1931 brachte die Leiterin der Untergruppe der Jenaer Universitätsschule aus der Zeitung ausgeschnitten und aufgeklebt ein — für den Erwachsenen jedenfalls — ziemlich eindeutiges Bild mit, das einen Milch trinkenden jungen Bären aus dem Berliner Zoo darstellte; sie wollte die Kleinen selber die Unterschrift finden lassen und war überzeugt, daß diese „doch ganz leicht und von selbst" wählen würden, was *sie* für selbstverständlich hielt, nämlich: „Bär trinkt". Allein die Kinder erzählten alles mögliche andere, keines hatte denselben Gedanken wie die Lehrerin. Das sind tausendfach gemachte Erfahrungen in aller Welt. Wie soll nun vorgegangen werden?

Das Vorgehen der Lehrerin im zuletzt genannten Falle ist im großen und ganzen richtig. Richtig nämlich insofern, als es pädagogisch besser ist, die Kinder selber die Arbeitsmittel mitschaffen und mitbenennen zu lassen, die sie benutzen sollen. Sehr oft und ständig wieder gehen wir diesen Weg seit 1924 und immer mit bestem Erfolge. Der anscheinend sicherste Weg wäre dabei dieser: der Lehrer wählt als Wortbild eine Zeichnung des Schulanfängers und beschriftet sie mit dem Worte, später mit dem Satze, die das Kind selber gewählt hat und um deren Wiedergabe es den Lehrer bittet. In solchem Falle ist die Eindeutigkeit die denkbar größte. Freilich „gilt" diese Beschriftung nur für ein einziges Kind, und so könnte der Fall eintreten, daß jeder Schulanfänger seinen eigenen Weg mit seinen eigenen Arbeitsmitteln gehen müßte. Da es nun diese Einsiedelei in Wahrheit nicht gibt, so ereignet sich stets dies, daß doch Wort und Sinn auf andere Kinder „übertragen" werden, zumeist durch Akte der Teilnahme, des Interesses an den Zeichnungen und Leistungen der Kameraden. Dennoch ist so weitgehende Individualisierung praktisch unmöglich, sobald die Zahl der Schulanfänger über die Drei- bis Vierzahl hinausgeht. Es werden

Arbeitsmittel gebraucht, mit denen eine größere Anzahl von Schülern zugleich arbeiten kann. Das bedeutet, daß eben das Wort, der Satz „gegeben", vom Lehrer zugeordnet werden müssen. Damit fällt die Forderung nach möglichster Eindeutigkeit nicht fort; denn das Wort- oder Satzbild oder Zahlbild darf nicht verwirrend wirken, es muß so gewählt sein, daß es das Gedächtnis am besten unterstützt. Daneben wird dann sicherlich alljährlich auch ein Spielraum für Arbeitsmittel übrigbleiben, die in gemeinsamer Arbeit mit den Schülern geladen werden, etwa neu geladen, weil sie verbraucht waren, oder im Falle eines Lottos für Wiederholungszwecke, für Sprachlehre, Rechnen usw. ganz neu aus dem Unterrichtsgange selbst heraus von den Schülern hergerichtet u. dgl. m. Werden zwei gleiche „Namenskärtchen" nötig, weil zwei Schulanfänger gleiche Rufnamen haben, so „laden" die Kleinen selbst sie, doch so, daß das eine nur für dieses und das andere nur für jenes Kind gewählt wird und „gilt". Auch wenn der Lehrer die Kärtchen so vollständig wie irgend möglich gleichmacht, suchen sie dennoch nach einem besonderen Merkmale[156].

Schon diese Betrachtungen zur Frage der Eindeutigkeit verraten, daß sämtliche Arbeitsmittel *methodische Vor-Entscheidungen des Lehrers* erkennen lassen. So wird aus dem Material für Lesen im Anfangsunterricht ohne weiteres zu ersehen sein, ob der Lehrer synthetisch oder analytisch vorgeht bzw. der Ganzwortmethode streng ergeben ist, ebenso werden Arbeitsanweisungen bekunden, für welche Form eines Gesamtunterrichts sich der Lehrer entschied oder ob er nach dem Daltonplan arbeitet u. dgl. m.

Was muß nun pädagogisch ganz allgemein, einerlei, welcher besonderen Methode sich einer anschließt, von einem Arbeitsmittel verlangt werden? Jedes Arbeitsmittel muß sieben Anforderungen Genüge tun:

a) Es muß Anreize enthalten, sich mit ihm zu beschäftigen, damit zu arbeiten.

b) Das Kind muß erkennen können, was es damit tun soll, mindestens dann mit Leichtigkeit, wenn das Arbeitsmittel gegeben, eingeführt ward.

c) Das Kind muß am Arbeitsmittel, nötigenfalls, neben dem rechten Gebrauch auch die rechte Verwendung und Lösung selber feststellen können, d. h. echte Arbeitsmittel enthalten gleichzeitig die Mittel zur *Kontrolle* ihrer richtigen Verwendung.

Diese äußerst wichtige Kontrolle kann

1. inhaltlich gegeben sein: das Bild fordert das Wort, den Buchstaben, den Satz;
2. bei rechter Zuordnung geht die Aufgabe auf, z. B. bei Rechenketten; sind Farbtafeln einem Pappstreifen mit denselben Farbflächen zuzuordnen, so ergibt sich die Kontrolle aus dem Arbeitsmittel selber;

---

[156] Das beobachtete auch *Bernhard Bosch*, Grundlagen des Erstleseunterrichts, 1937, S. 106 f.

3. der Spielpartner oder Arbeitskamerad übt die Kontrolle aus: beim Dominospiel, beim Rechenkartenspiel usf.;

4. die Kontrolle besteht darin, daß nach Fertigstellung der Aufgabe das voll ausgeführte Arbeitsmittel damit verglichen wird;

5. die Handlung, welche das Kind ausführt, ist das Mittel der Kontrolle, wenn z. B. die Schüler auf Zettel geschriebene kleine Befehle ausführen müssen, etwa dies oder jenes zu holen, bevor sie den Befehl niederschreiben oder laut lesen, oder im Raume Kärtchen Gegenständen anzuhängen haben u. dgl. m.

6. die Lösung steht auf der Rückseite, in einem besonderen Heft, auf einem besonderen Streifen u. dgl.

d) Das Arbeitsmittel muß Anreize enthalten zu vielen Wiederholungen, mindestens zu den notwendigen und darum beim Geben mitvorgeschriebenen Wiederholungen.

e) Anreize zum Weitergehen zu anderen Arbeitsmitteln; es muß *von sich aus weiterführen*; denn es handelt sich in der Regel um Reihen, um Arbeits- „gänge".

f) Es muß eine wertvolle Arbeitshaltung anerziehen. Das mindeste ist die Bildung einer sauberen und ordentlichen Ausführung unter Beachtung der hygienischen Vorschriften sowie bester Schreib- oder Lesehaltung des Körpers u. a. m. Darüber hinaus sind gute Arbeitsmittel starke Gewöhner an *ehrliche* Arbeit und an *kameradschaftliches* Verhalten.

g) Gute Arbeitsmittel helfen dem Lehrer, das Kind in seiner individuellen Art und Lage genau zu erkennen und besser zu verstehen; sie belehren über des Schülers Arbeitstempo, Auffassungsvermögen, Intelligenzstand und die Fülle der psychologischen wie charakterologischen Besonderheiten, je nachdem, wie der Lehrer dafür seinen Geist geschult hat. Ständig werden mit ihrer Hilfe wichtige psychologische Entdeckungen gemacht.

3. Der pädagogische Wert der Arbeitsmittel

Mit den letzten Ausführungen streiften wir schon die Frage nach dem pädagogischen Wert der Mittel. Dieser tritt dann voller heraus, wenn wir vorher die besondere pädagogische Aufgabe während des Unterrichts kennenlernten.

Der Lehrer kennt die Richtung, die Erkenntnisentwicklung auf die betr. Fertigkeit hin, sagen wir auf Lesen, Rechnen, Schreiben, oder auf ein wichtiges Wissen hin, etwa auf das hin, was unbedingt aus dem Weltkriege, über Heimat und Vaterland, über Asien gewußt werden sollte. Von all diesem weiß er in intellektueller Weise, kennt den rational-richtigen oder doch *einen* besten und bequemsten Weg. Nun aber hebt erst die Kunst der Führung an; denn es gilt, diese „richtige" Richtung in Verbindung zu bringen mit der vom Lehrer eben *nicht* so gekannten seelisch-geistigen Entwicklung im Kinde. Damit rücken die Arbeitsmittel in die pädagogische Situation ein und unterliegen all deren Gesetzen, Schranken und Schönheiten.

Das Wissen, das ein Lehrer um die seelisch-geistige Entwicklung des Schülers hat, besitzt er stets nur in einem *wissenschaftlichen Schema*, etwa wie es die heutigen Werke von Psychologen umreißen. Je nach den wissenschaftlichen Fähigkeiten und Interessen kann dieses literarische Wissen groß und klein sein, immer aber gibt es ein übermäßig vereinfachtes Bild dieser Entwicklung, mit dem im konkreten Falle oft wenig anzufangen ist. Die Unterhaltung beschränkt sich gewöhnlich auf den Gebrauch weniger Schlagworte, über deren Nutzlosigkeit die alltägliche Praxis bald aufklärt. Immerhin werden so doch allgemeine Leitgedanken und Einsichten, typische Erkenntnisse erworben, die, aus dem Leben gefüllt und erweitert, niemals wertlos sind. Der Lehrer wird dies Schema der Wissenschaft an seiner eigenen Entwicklung überprüfen, sobald diese ihm bewußter wird und im Umgang mit Schülern wieder vor ihm auftaucht. Er klärt sich vor sich selber weiterhin durch neue Erfahrungen in der Schulstube und in Aussprachen mit anderen Lehrern.

Aber auch beim erfahrensten Lehrer bleibt ein sehr wichtiger Rest. Und dieser Rest tritt stets hervor, wenn ich diesem bestimmten Kinde gegenüberstehe, und dies ist nun gerade unsere Aufgabe, ist gerade *das* Pädagogische und der Zauber, der ewige Reiz unseres Berufes. Dieser Rest nötigt uns, immer wieder neu zu sehen, in Teilen neu anzufangen, so daß wir niemals ausgelernt haben, ja uns vor nichts mehr fürchten müssen als davor, „routiniert" zu werden. Recht gesehen, kennen wir niemals mit unbedingter Sicherheit den Anfang und die Art der Hilfe, welche ein Kind braucht, um sich dem stofflich gegebenen Ziele zu nähern. Manches Kind kann einige, sogar sehr viele Stufen überspringen; „es braucht dies alles überhaupt nicht". Für andere müssen noch besondere Zwischenstufen eingeschoben, gar neue, eigens für sie erdachte Arbeitsmittel eingeschaltet werden. In einem Falle, wo es sich um ein Kind handelte, das fast auf der Stufe der Hilfsschule stand, haben wir die rechnerische Entwicklung im ersten Schuljahre nahezu lückenlos aufgenommen und für jeden, auch den kleinsten Fortschritt entweder besondere Arbeitsmittel herrichten oder die allgemein gebrauchten in alle ihnen immanente Arbeitsgänge aufspalten müssen, um dann allerdings einen voll befriedigenden Erfolg zu buchen. So erweisen sich die Arbeitsmittel als selbst stärkste Anreger zum Studium des Menschenkindes und bilden die pädagogischen Fähigkeiten aus, daß der Lehrer immer feiner reagiere und helfe, damit er ein immer besserer Lehrer und unvermeidlich zum Erzieher werde. Ein Lehrer, der tüchtig in den Arbeitsmitteln mitlebt und mitdenkt, hat hier eine Möglichkeit zur besten eigenen Schulung und Fortbildung.

Alles Voraufgehende erklärt es, warum wir mit Psychologie und Logik des Unterrichts nicht auskommen. Wir stehen vielmehr mitten in echter Pädagogik; die Arbeitsmittel erfordern zum rechten Gebrauch eben eine pädagogische Situation, auch Unterrichtssituation genügt keineswegs. Mithin liegt der Haupton in unserer Bestimmung des Arbeitsmittels im Nebensatze: ... „daß sich der Schüler frei und selbständig dadurch bilden kann". In dem Umfange, wie dieser Satz erfüllt wird, steigt oder fällt der pädagogische Wert eines Arbeitsmittels.

Bereits unser Wissen um die Irrationalität des sich entwickelnden menschlichen Seelenlebens verbietet es, die im Arbeitsmittel angelegte Hilfe schematisch werden zu lassen; und auch vom Stoffe her ist ja *die* Methode nicht auffindbar. Darum müssen die Spannungsverhältnisse im Arbeitsmittel wohl zügig, auf das Endziel fest ausgerichtet sein, aber zugleich dem Kinde während der Arbeit ein Gefühl des Lockeren und Freien vermitteln, ähnlich, wie es Spielzeug und Beschäftigungsspiele und Fröbelsche Gaben tun. Der Lehrer ist wohl schlechthin der Träger des Lernzieles; die im Lehrer lebendige und von ihm vertretene letzte Absicht wird dann aber vom Schüler innerlich unbewußt bejaht, vom Schüler übernommen, und so wird dieser zum Mitträger der unterrichtlichen Ziele und Absichten.

Zusammenfassend stellt sich als *das Eigentümliche einer Pädagogik der Arbeitsmittel* dies heraus:

Der Lehrer verlockt durch die Arbeitsmittel den Schüler zu einer *Übernahme*, die die denkbar größte Bindung für den Schüler bedeutet; denn — indem sich der Schüler durch die Arbeitsmittel „frei und selbständig" bildet, erfüllt er gerade die fest umgrenzten klaren Absichten des Lehrers; er führt die vom Lehrer in die Arbeitsmittel versenkten Befehle gehorsamst aus; er geht, wie kaum sonst, genau den Weg seines Lehrers.

Dennoch dürfen wir die Arbeitsleistung des Schülers „frei und selbständig" nennen; darin liegt kein Trug und Betrug. Vielmehr sind diese beiden Seiten, vereint im Arbeitsmittel, das tiefste Geheimnis des Erfolges und begründen den wahren Wert der Arbeitsmittel: *das Kind gehorcht und bleibt frei*; es unterwirft sich unabänderlichen methodischen Bindungen und stofflichen Forderungen und bezwingt sie s e l b s t ä n d i g. Wie ist das zu erklären?

Das Arbeiten mit Arbeitsmitteln stiftet von sich aus, selbst inmitten einer alten Lernschule, eine besondere pädagogische Situation, oder es kommt gar nicht zum Vollertrag. Denn der Schüler muß innerhalb der Schulstube in eine Situation kommen, in welcher er sich freier bewegen kann und freier beschäftigen darf. Er holt sich die Arbeitsmittel, ordnet sie sich auf seinem Platze, geht in *seinem* Arbeitstempo weiter; denn in gleicher Front kann mit echten Arbeitsmitteln nicht mehr gearbeitet werden; sie dienen gerade dem individuellen Fortschreiten, somit wäre jenes ihrem eigensten Sinne zuwider. Deswegen nimmt nun der Schüler allerorten vor seinen Arbeitsmitteln eine ganz andere Haltung ein. Er bekommt den Arbeitsmitteln gegenüber etwas von dem Empfinden, produktiv zu sein, zu gestalten, damit „wirtschaften" zu können. Es kommt zu einer Haltung, die in der Mitte zwischen derjenigen beim Spiel und beim Arbeiten aus freiem Interesse liegt. Und die Bedeutung der *freien* Interessenentfaltung ist ungeheuer groß.

Die Arbeitsmittel nutzen also außerordentlich geschickt den Trieb des Schülers zum Selber-Schaffen aus. Verbinden wir nun diese Arbeit mit der Bewegungsfreiheit einer „Schulwohnstube" nach dem Jena-Plan, so fühlt sich unser Schüler in einer echten Lebenssituation und vergißt über seiner Arbeit die besondere Atmosphäre der Schule.

Der Schüler hat, während er an den Arbeitsmitteln tätig ist, das Gefühl, die Möglichkeit zu konstruktivem Schaffen zu besitzen, und damit ein Gefühl der Freiheit. Nun wissen wir, daß diese Freiheit stets eine gebundene ist, wie, daß jenes Schaffen in Wahrheit ein Nach-Schaffen ist. Allein für den Schüler bleibt es eben doch Tätigkeit mit den Merkmalen des Schaffens. Jahraus, jahrein beobachten wir, wie die Schulanfänger schon in der ersten Zeit im höchsten Sinne des Wortes „Schaffen" an den Arbeitsmitteln tätig sind[157], wie sie fähig sind, mit Hingabe, mit Askese zu arbeiten. „Furchtbar schwer", sagte so ein Ding strahlend, „aber ich mache das erst fertig!"

So ergibt sich zum Schlusse, daß die Arbeitsmittel auf dem Wege zur Neuen Schule liegen, zu einer Schule, in deren Räumen echte menschliche Lebensverhältnisse Platz haben, ja gefordert werden, in der die Raumgestaltung den Sinn und das Gemüt des Kindes einfängt und es in den Genuß und unter die segnende Kraft der „schwebenden Freiheit" gelangt. Und wo das Lebensverhältnis „in der Schwebe" ist, dort gibt es keine Erstarrung, sondern dort ist die Freiheit am besten gesichert und am echtesten wirksam.

VII. Kapitel

Zwei Verbindungslinien zwischen Altem und Neuem

Die beiden Grundirrtümer der überlieferten Unterrichtslehre

An Hand der im Ausgang des 19. und im ersten Viertel des 20. Jahrhunderts in den deutschen Seminaren gebrauchten Lehrbücher ergibt sich folgender allgemeiner Aufriß der Unterrichtslehre:

Der Unterricht *hat die Aufgabe der mittelbaren Erziehung;* die unmittelbare fällt der Zucht zu. Jene mittelbare Erziehung durch Unterricht erfolgt, wenn durch die Mitteilung eines einheitlichen Gedankenkreises bestimmend auf den Willen des Schülers eingewirkt wird. Derjenige, der sich bemüht, „in anderen das gewonnene Vorstellungsmaterial zu untersuchen, zu ordnen, zu berichtigen und zu ergänzen, der *unterrichtet,* und das Ergebnis seiner Arbeit sind zunächst

---

[157] Im Sinne *Elsa Köhlers,* vgl. „Entwicklungsgemäßer Schaffensunterricht", 1932.

Kenntnisse, welche der Schüler erhält. Wenn dieser angeleitet wird zum Schreiben, Zeichnen, Singen, so erwirbt er sich dadurch gewisse *Fertigkeiten*. Diese Tätigkeit heißt auch Unterricht" (Leutz[158]). Und so wird Unterricht definiert als „absichtliche, planmäßige Mitteilung von Kenntnissen und Fertigkeiten". In der weiteren Gedankenentwicklung steht nun die Lehre vom Unterrichtsziel voran. Dieses Ziel wird darin erblickt, das *Interesse* zu erzeugen und dauernd zu erhalten; denn wer das Interesse hat, der hat den Willen, und auf den Willen kommt es zuletzt an. So schreibt *Wilhelm Rein*: „Die Idee des durch das Interesse den Willen bildenden Unterrichts kann schlechthin nicht überboten werden", und: „Das Prinzip: unterrichte, um zu interessieren, und interessiere, um zum Wollen zu bilden, gibt dem Unterricht die höchste ihm erreichbare Wirkungskraft[159]. Folgerichtig setzt danach eine Betrachtung der Natur und der Arten des Interesses ein, und im Anschluß an *Herbarts* „Umriß pädagogischen Vorlesungen" § 83 werden zumeist sechs Arten unterschieden; dabei bleibt es der Spitzfindigkeit der einzelnen Verfasser überlassen, allerhand Spielarten und Einteilungsunterschiede zu ergrübeln und zu rechtfertigen. Alsdann folgt die Lehre von den Methoden des Unterrichts mit etwa diesen Unterabteilungen: Lehrplantheorie und Theorie des Lehrverfahrens: hier wiederum Betrachtung der psychologischen Grundlagen des Lernprozesses; die Gliederung des Unterrichtsstoffes: methodische Einheiten; formale Stufen des Unterrichts. Damit ist der Übergang zur speziellen Didaktik, der besonderen Unterrichtslehre, vorbereitet. Nun erhebt sich in der Regel schon zu Beginn der allgemeinen Unterrichtslehre ein Dilemma. Der Unterricht hat Kenntnisse und Fertigkeiten zu übermitteln. Aber — der Besitz von Kenntnissen genügt nicht. „Der Reichtum des Wissens gibt dem Menschen nicht seinen höchsten Wert, sondern der von religiös-sittlichen Gedanken beherrschte Wille, oder, nach Herbartschem Ausdrucke, *die Charakterstärke der Sittlichkeit*. Stellt sich der Unterricht diesen Zweck, so ist er *erziehend*." Und nun wird die oben angeführte Definition des Unterrichts dahin erweitert: er sei „*die planmäßige Mitteilung von Kenntnissen und Fertigkeiten zum Zwecke der religiös-sittlichen Veredlung*" oder „*zur Heranbildung eines sittlichen Charakters*[159a]". Solche Definitionen sind auch in Schulerlasse und Schulordnungen übergegangen. Allein mit solchen Worten ist jenes Dilemma, das ich meine, gerade erst geschaffen. Denn die Vertreter jener alten Unterrichtslehre mußten folgerichtig mit Nachdruck betonen, die *nächste* Aufgabe der Schule bleibe immer der Unterricht; die Schule wird „in erster Linie stets Unterrichtsanstalt bleiben". Das ist ganz im Denken Herbarts weiter gedacht: „Die Erziehung ist Sache der Familien; von da geht sie aus und dahin kehrt sie

---

[158] Lehrbuch der Erziehung und des Unterrichts, II. Teil. Die Unterrichtslehre, 1890. 2. Aufl. S. 1.
[159] Pädagogik in systematischer Darstellung. 2. Aufl. 1912. III. C. Methodologie S. 18 f.
[159a] Leutz, a. a. O. S. 2. Vgl. auch zum Folg.

größtenteils zurück. Nur das Bedürfnis eines mannigfaltigen und kostbaren Unterrichts treibt sie hinaus in die Schulen[160]."
Bei Leutz lesen wir nun folgendermaßen weiter: Die Schule „kann nur mittelbarerweise einwirken, während z. B. Institute und noch mehr Waisenhäuser, Rettungshäuser neben dem Elternhaus eigentliche Erziehungsanstalten sind[161]. Immerhin ... wird jene mittelbare Erziehung, wenn auch die Wirkungen der direkten ... durch Beispiel, Gewöhnung, Anstaltsgesetze sofort und kräftiger hervortreten, doch stets die nachhaltigere sein. Die Bildung des Gedankenkreises wird stets der wesentlichste Teil der Erziehung bleiben. Mag man noch so oft betonen, daß die willensbildende Macht des Gedankenkreises in vielen Fällen durch die Erfahrung nicht bestätigt werde, daß die intellektuelle Bildung oft mit schlechten Sitten vereinbart vorkomme, man darf nicht vergessen, daß der Unterricht nicht allmächtig ist, daß seine Wirkung sehr von der Individualität abhängt, daß aber jedenfalls die Hoffnungen, welche man auf die eigentliche Zucht setzt, um nichts sicherer sind, als diejenigen, welche sich an den Unterricht knüpfen. Wenn die sittliche Wirkung des Unterrichts auch in vielen Fällen nicht an den Tag tritt, so ist dies kein Grund, seine erziehende Kraft überhaupt gering zu schätzen oder zu leugnen." Und an dieser Stelle fügte man gerne den Satz *Herbarts*[161a] an: „Ich gestehe, keinen Begriff zu haben von Erziehung ohne Unterricht, sowie ich rückwärts keinen Unterricht anerkenne, der nicht erzieht." An dem unaufhörlich angeführten Satze haben wir uns zu merken, daß es also keine Erziehung ohne Unterricht geben soll!
Niemand hat diesen Satz *Herbarts* stärker ausgedeutet und ausgebeutet als *Tuisko Ziller* in seiner „Grundlegung der Lehre vom erziehenden Unterricht", ein Buch, dessen Titel das Programm für die Schularbeit von mehr als zwei Generationen geworden ist. Bei Ziller heißt es nun: „Das Ziel des zugleich erziehenden Unterrichts ist ... nicht darauf gerichtet, daß der Lernende Kenntnisse erlange, sondern nur darauf, daß er πεπαιδευμενος" (gebildet, erzogen) „sei, sein persönliches *Wollen* bestimmt werde, weil nicht in jenen, sondern in diesem der Wert des Menschen liegt ... Der Lernende soll diejenige Bildung des Willens erwerben, die ihn dem göttlichen Ideale der Persönlichkeit annähert, er soll zu Christus hingeführt werden. ... Er soll mit einem Worte ein frommer und tugendhafter Mensch werden ... Der Zielpunkt des Erziehungsunterrichtes liegt ... in der *Reinheit der Gesinnung*. Er liegt in einem idealen Jenseits, in das sich der Zögling hineinleben soll." Und nun entrückt er die Schule jener Aufgabe, von der Bescheidenere sagten, sie sei die nähere, sie „bleibe in erster Linie stets Unterrichtsanstalt", und wir hören: „Statt einer Lese-, Schreib-, Rechen-, Katechismus- oder irgend einer anderen Art von Lernschule muß die

---

[160] Ausgabe *Willmann* III. 1919, S. 569. Vgl. auch ebenda S. 11, 27, u. ö.
[161] Hermann *Lietz* berichtet in seinen „Lebenserinnerungen", 1935, 4./5. Aufl., S. 73, daß man seine Landerziehungsheime anfangs für Rettungsanstalten hielt; so tief waren Begriff und Sinn der Erziehung gesunken!
[161a] Allgemeine Pädagogik, Einleitung, hier zitiert nach *Leutz*, a. a. O. S. 3.

Erziehungsschule, wie es *Pestalozzi* ausdrückte, eine Menschenschule sein, und zwar soll die Volks- und Realschule so gut wie das Gymnasium eine Schule der Humanität sein[162]".

Dieses hohe Ziel aller wahren Schulerziehung soll also vom „*erziehenden Unterrichte*" geleistet werden. Einerlei aber, wie hoch man das Ziel steckt und wie es formuliert wird, immer stoßen wir auf dieselben *beiden Grundirrtümer* der überlieferten Unterrichtslehre:

1. *sie überschätzen die rationalen Elemente allen Unterrichts,* und
2. *sie überschätzen ebenso stark die erziehlichen Möglichkeiten jeden Unterrichts.*

1.

Im Zuge des rationalistischen Denkens des Zeitalters der Aufklärung glaubte man in der Tat, durch Belehrung Wunder wirken zu können. Das war und bleibt typisch für alle aufklärerische Pädagogik. Diesen Glauben finden wir vortrefflich zusammengefaßt von *Lessing* in seiner Abhandlung über die Fabel V „Von einem besonderen Nutzen der Fabel in den Schulen". Er sagt hier: „Warum fehlt es in allen Wissenschaften so sehr an Erfindern und selbstdenkenden Köpfen? Diese Frage wird am besten durch die andere Frage beantwortet: Warum werden wir nicht besser erzogen? Gott gibt uns eine Seele, aber das Genie müssen wir durch die Erziehung bekommen. Ein Knabe, dessen gesamte Seelenkräfte man soviel als möglich beständig in einerlei Verhältnissen ausbildet und erweitert, den man gewöhnt, alles, was er täglich zu seinem Wissen hinzulernt, mit dem, was er gestern bereits wußte, in der Geschwindigkeit zu vergleichen und achtzuhaben, ob er durch diese Vergleichung nicht von selbst auf Dinge kommt, die ihm nicht gesagt worden, den man beständig aus einer Scienz (Wissenschaft) in die andere hinübersehen läßt, den man lehrt, sich ebenso leicht vom Besonderen zu dem Allgemeinen zu erheben, als von dem Allgemeinen zu dem Besonderen sich wieder herabzulassen, der Knabe muß ein Genie werden oder man kann nichts in der Welt werden." Welcher Glaube an die Macht der Belehrung, des Unterrichts bei Lessing, diesem Intellekt in Reinkultur, von dem wir gerne annehmen, daß er, nach seinem eigenen Zeugnis, nie geträumt habe!

Wir stoßen hier auf den *Glauben* an die *Allmacht der bewußten Erziehung,* der Belehrung, des Unterrichts, der dem Intellektualismus eignet. Es kommt dabei, so wie es auch *Lessing* ausführte, im Unterrichte dieser Art immer an auf das Auffinden und Herstellen von Beziehungen, besonders von neuen Beziehungen, und das heißt eben — denken. Denken ist ja im allgemeinsten Sinne genommen: Herstellen von Beziehungen, etwa zwischen Beobachtetem, Gedanken, Gelesenem usw. Man erlerne und lehre dieses Denken und übe es tüchtig!

Aus eben diesen Gründen wird nun seit je in jeder guten Unterrichtslehre selbstverständlich dem bloßen Übermitteln von Kenntnissen der **Kampf** angesagt.

---

[162] a. a. O. 2. Aufl. 1884. S. 12 ff., bes. S. 17 f., S. 27 u. 31.

Nein, es handelt sich wirklich darum, die Kinder alles selber finden zu lassen. *Selbsttätigkeit* ist ein Lieblingswort auch der alten und älteren Unterrichtslehre. *Ziller* verlangt, die Schüler nichts zu lehren, was sie selber finden können. Oder ein Satz aus *Diesterweg*[163]: „Das Unterrichten ist Selbsterlernen, Finden der Wahrheit durch eigene Anstrengung, ist Selbsttätigkeit, Selbsterziehung und Selbstbindung." Nicht Nach-Denken, sondern Selbst-Denken wird ernsthaft angestrebt. Ja, in diesem Ziele der Seminarpädagogik vor hundert Jahren sah dann die alte Regierungsweisheit der Reaktion eine Gefahr für den Staat, und es begann ihr Kampf gegen die Lehrerseminare, auf deren Gründung sie ein paar Jahrzehnte früher, im Mantel des Kulturstaates, so stolz gewesen war; denn schließlich mußte dann doch der Lehrer zuerst selber ein solcher selbständiger Denker sein, sollte er ebensolche Staatsbürger bilden.

Für unsern Zusammenhang wird es nötig, zu untersuchen, was man denn damals unter „Selbständigkeit" verstand, und: wie ließ man sie gewähren, sich erweisen und erproben? woran sich entfalten, bewähren und üben? Worin liegt das unterscheidende Merkmal zwischen heute und gestern, wenngleich die Forderung nach Selbsttätigkeit und Selbstdenken den Worten nach die gleiche scheint?

a) *Das Unterscheidende liegt in der Grundansicht vom Wachstum der Selbstkraft.* Nach der alten Ansicht ist dieses Wachsen unmöglich ohne die planmäßige, unermüdlich vorarbeitende und wegweisende Tätigkeit des Lehrers. Ganz besonders in den Anfängen, wo es gilt, erst einmal den Grund zu legen, „Grund"begriffe, „Grund"anschauungen zu bilden. Darum ging *Wilhelm Rein* so weit, im ersten Schuljahr alles Lesen, Schreiben und Rechnen auszusetzen, um erst einmal in allen Schulanfängern den gleichen Grund, die gleichen oder doch einander stark angeglichenen Vorstellungen, Anschauungen und Begriffe zu entwickeln, auf denen dann linear aufgebaut werden konnte. Das war ein echter methodischer „Ausgleichsunterricht"!

Nun aber zeigte es sich, daß dieser Begriff der „Grundlegung" sehr unsicher und unklar ist. Bald dehnte sich diese grundlegende Tätigkeit über die ganze Volksschulzeit hin; nirgends hörte die gleiche belehrende, begrifflich zurechtstutzende Tätigkeit des Lehrers auf; immer noch konnten die Schüler nicht genug oder doch gründlich genug, um endlich einmal „selbständig" zu arbeiten. Und man konnte sich wiederum auf *Herbart* berufen, der ebenfalls gesagt hatte, erst mit Primanern sei ein freies Arbeiten möglich!

Mit diesen Erwägungen hängt es innig zusammen, daß die *Methode* der Herausbildung der seelischen Kräfte, ganz besonders der Denkkraft, Mittelpunkt des Nachdenkens der Lehrer wurde. Nicht ohne Recht; denn auf Methode, den Weg, wird es ja im Unterricht irgendwie ankommen. Allein nun ward Methode im Ablauf der Jahre immer mehr gleich Technik, Apparat, Instrument. Dahin gehören: das bis ins Feinste ausgearbeitete Frage-Antwort-Spiel; die Katechesen,

---

[163] Auswahl aus *Diesterwegs* Schriften. Herausgeg. von *Karl Richter,* 1913. S. 45.

der entwickelnde, der entwickelnd-darstellende Unterricht usf., bis hin zum „freien geistigen Unterrichtsgespräch" und „Erlebnisunterricht" in Verbindung mit manchen Formen des „Gesamtunterrichts". Alles sind Mittel, mit denen man meint, die Schüler zum Denken zu bringen, und es ist doch ein Denken, das (ganz besonders auf seinen unteren Stufen, allein ähnlich bis weit hinauf in die Oberklassen höherer Schulen) auf Wegen verläuft, die der Lehrer sich daheim im Kopfe zurechtgelegt, auf dem Papiere vorgezeichnet oder einem Handbuch entnommen bzw. nachgebildet, dem besonderen Stoffe angepaßt hat. Mindestens tut er dies so lange, bis er das Handwerk beherrscht und den Stoff so oft durchgenommen hat, daß er ihn wie auswendig kann, jedenfalls gewandt genug geworden ist, ihn geschickt beizubringen. Seine Handbücher sind häufig nur die dickeren Ausgaben derselben Bücher, die die Schüler in Händen haben: etwa, sie hatten in der Geographie den kleinen Seydlitz und er den dicken, sie in der Zoologie den kleinen Schmeil, er den dicken usf.

Die überstarke Betonung der Methode bewirkte nun eine Übersteigerung der rational-technischen Seite, die jeder Unterricht auch besitzt. Rationalismen sind im Unterrichte gar nicht zu vermeiden und gehören mit zu ihm. Denn der Unterricht will aufklären, klarmachen, auch den Verstand schulen; eben darum ist er so recht das Lieblingsfeld für die Aufklärung und ihre Schule gewesen. Der Lehrer bemüht sich, unterrichtend Klarheit herzustellen über gedankliche Zusammenhänge: Wörter eines Satzes, eines der zehn Gebote, eines gelesenen, vorgetragenen, niedergeschriebenen Vorganges. Dergleichen soll verstandesmäßig erfaßt werden, „verständlich" gemacht werden: Erscheinungen an einer Pflanze, einem Steine, am Himmel, im Verhalten zweier Menschen. Immer wo es methodisch i. e. S. zugeht, wird vorher ein Lehrgang entworfen, wie dieses Märchen, jenes Gedicht, die Tollkirsche, „Der brave Mann" von Bürger usf. „behandelt" werden soll, damit jene Klarheit entstehe und alles begriffen, verstanden werde. An dieser Stelle erscheint die Gefahr, sich im Rein-Methodischen zu übersteigern, und zwar nach zwei Seiten: 1. man wird künstlich bis zum Platten, ja selbst Albernen, und 2. man verrennt sich auf dem Wege, gelangt ermüdet mit seinen Schülern am Ziele an; von der Schönheit, dem Fesselnden und damit auch leider nun von demjenigen, um dessentwillen sich alles Reden und Mühen lohnen sollte, bleibt nichts zurück; es gelangt nichts davon zur rechten Entfaltung und Wirkung.

Worin liegt der Grundfehler?

Das Denken ist gar nicht ein seelischer Akt, der nur oder wesentlich in Frage und Antwort verläuft; es ist keineswegs gleich dem logischen diskursiven Denken, sondern dieses ist, beinahe möchte man sagen, eine Kunstform des Denkens, es ist jedoch nur eine, und zwar eine unter besonderen Bedingungen und besonderen Absichten vom Menschen eingeschlagene Art des Denkens. Jeder, der Denkabläufe und Denkarbeit überprüfen kann, weiß davon, und jeder kann es leicht nachprüfen: Denken ist ein Ablaufen, ein Dahinfließen von Vorstellungen in ganzen Reihen, mit Stockungen und Sich-Überkreuzen von Gedankenreihen; dann wieder ein scheinbares Stillestehen und Ausruhen, nun wieder ein plötzliches Auftauchen neuer Beziehungen und ein Dahinsausen der Einsichten und Erkenntnisse usf. Schon *Wilhelm Wundt* lehrte uns: die Phantasie ist die ursprüngliche Form des Denkens. Eine Schrift wie diejenige *Friedrich Copeis*, „Der fruchtbare Moment im Bildungsprozeß", 1930, ist angefüllt mit Belegen dafür. Das „Unterrichtsleben", wie ich es seit zwei Jahrzehnten aus den Beobachtungen der Jenaer Universitätsschule schildere, gründet gerade in dieser dort sichtbar gewordenen Weise des menschlichen Denkens, und der Begriff wurde um dieser Erscheinungen willen geprägt.

Was sich in einer guten alten Unterrichtsstunde abspielt, das ist nur in Bruchstücken wirkliches Denken. Kann denn ein Schüler nicht richtige Antworten geben und sich eine Eins im Notizbuche seines Lehrers holen, ohne sich bei der Antwort überhaupt etwas zu denken oder auch nur nachzudenken? Haben wir das nicht alle geübt? Es kommt in solchen methodisch aufgebauten Stunden weit mehr darauf an, daß sich der Schüler in die Unterrichts-Schematismen des Lehrers hineinlebt, also, daß Lehrer und Schüler sich aufeinander einspielen. Sonst würde es ja auch in der guten alten Schule so viel weniger auffallen, wenn wirklich einmal originell geantwortet wird. Wenn aber, wie es doch die Regel ist, die Kinder gerade dasselbe finden, was der Lehrer planmäßig erwartet, so sollte das eher ein Beweis für die Gewöhnlichkeit des Lehrerdenkens sein als für die Tüchtigkeit des Schülers, der dem Lehrer nachdenken kann. Wer kennt nicht die altbekannte Situation? Der einführende Lehrer oder ein Schulrat hat den Entwurf der Stunde vor sich, und er und der Kandidat lächeln sich beglückt an, wenn es an der oder den paar entscheidenden Stellen „klappt", d. h. der Kandidat die Schüler zur richtigen, d. h. zu seiner Antwort hinleitet. Zu solcher Seichtheit und Plattheit führt die Übersteigerung der rationalen Momente des Unterrichts, zu einer Methodisiererei, die ihren Gipfelpunkt in der Übertragung dieser Methode auf Werke der Dichtkunst gefunden hat[164].

Mit dieser Überbetonung des Rationalen hängen die *Rezept-Didaktik* und die Gefahr solcher Rezepte zusammen. Die Beispiele, die Hunderte von Büchern anfüllen, zeigen auch, wie der Lehrer verleitet wird, platt und albern zu werden; die vielen Witzchen und anderen Lächerlichkeiten gehören unvermeidlich mit zu diesem Handwerk. Ja, der Lehrer merkt gar nicht mehr des ewigen Wortemachens wegen, die er für zum Handwerk unbedingt nötig hält, wie er sogar schlecht im moralischen Sinne handelt, wenn er schwachbegabte Schüler vor der Klasse lächerlich macht. Es ist entsetzlich, jahraus, jahrein zu erleben, wie gedankenlos manche Lehrer laut vor solchen Kindern über sie reden und sich eben gar nichts mehr dabei denken, sie bloßzustellen. Den Grund dafür, daß hier das natürliche sittliche Empfinden wie das für Anstand

---

[164] *Ernst Linde*, Der darstellende Unterricht, 1899, hat diese Methode der Gedichtbehandlung im *entwickelnd*-darstellenden Verfahren gründlich kritisiert.

im Umgang zwischen Menschen vernichtet ist, sehe ich u. a. darin, daß der Lehrer in seinen methodischen Behandlungen sich auch ungeschickter Antworten wie ungeschickten kindlichen Wesens überhaupt bedient, um die Stunde etwas „lustiger", anregender, belebter zu gestalten; er meint es ja gar nicht so schlimm, will nur anspornen u. dgl. Allein er verliert dabei das Feinempfinden für seelisches Leben, für Takt im Umgang mit Kindern.

Nun kann ich nach einem Arbeitsschul-Rezept für den Frosch nicht nur diesen „behandeln", sondern Hund und Katze, Tauben und Kaninchen usf. ohne Ende und kann genau so wie früher „Stunden geben", vorbereiten, sie halten; so haben die „Arbeitsschule", und ebenso die allermeisten Formen des „Gesamtunterrichts", in diesem Punkte nichts geändert. Es sind neue Flicken auf alten Schläuchen; der didaktische wie der pädagogische Geist sind dieselben geblieben. Und was man früher „Übergänge" nannte, das wird heute, scheinbar vornehmer klingend, „Denkanstöße" genannt, um den Gang weiterzutreiben, nachdem man das Denken vorher fast erstickt hat.

Was aber soll ich tun, um diese Entgleisungen zu vermeiden?

Das erste ist dies: alles, was in den beiden voraufgehenden Abschnitten herausgestellt und gerügt wurde, unbedingt restlos unterlassen. Überall, wo es sich um eine Unterhaltung mit den Schülern handelt, entsteht alsdann daraus eine *wirkliche* Unterhaltung belehrender Art, ein „Lehrgespräch" echter Art, sinnvoll geführt statt lehrgangsmäßig abgehandelt.

Und das zweite: in eine *wirklichkeitswahre* Beobachtung und Besprechung eingehen. Das wird stets zu einer ungekünstelten Unterhaltung und Besprechung führen, also wieder zu einem echten „Gespräch". Der Lehrer geht mit seinen Fragen wie mit seinem Wissen und Können in die Gesamtlage des *sich entwickelnden* Gesprächs ein, gliedert sich der beobachtenden oder berichtenden, fragenden, erklärenden usw. Gruppe ein. Also nicht ein Gespräch entwickeln, sondern es sich entwickeln lassen, es sinnvoll ablaufen lassen. Die schönste Folge dieses Verhaltens wird eine Wandlung in der Lehrerhaltung und alsbald in der Stellung des Lehrers in seiner Gruppe.

b) Der *zweite wesentliche Unterschied* liegt darin, daß wir schon seit mindestens drei Jahrzehnten deutlicher *scheiden zwischen dem mechanisch angeeigneten Wissen und dem persönlich Erworbenen*, d. h. daß wir schärfer trennen zwischen dem *Erlernen des Mechanisch-Technischen und dem sog. freien Bildungserwerb*. Die Vertreter Neuer Erziehung werden von den *neuen Einsichten* in die *Wissensbildung* bestimmt. Die älteren Pädagogen vertraten die einseitige Ansicht, Wissen sei Besitz fertiger Begriffe, und solches Wissen ist dann lehr- und lernbar. Es sei im besondern Aufgabe der Schulen, solche richtigen Begriffe zu vermitteln, die Menschen zu lehren, verständig zu denken und zu handeln. Alles komme deswegen an auf diesen recht aufgebauten, stetig und zielbewußt fortschreitenden *Unterricht*, mit steter planvoller Übung im richtigen Urteilen, Folgern und Kombinieren. Denn das Wesentliche sei die Schulung der geistigen

Kräfte und Fähigkeiten des Schülers. Man hatte von dieser Schulung die gleiche Ansicht wie von der eines Muskels. Ist ein Muskel durchtrainiert, so kann ich in der Tat auch diese Kraft ganz allgemein in jeder Lage gebrauchen, beim Holzhacken, Fußballspiel, Radfahren usf. Nun ist aber bereits seit Jahrzehnten physiologisch festgestellt, daß die Muskelfähigkeiten durchaus *speziell* und nach Eigenart wie nach Höhe der zu entwickelnden Kraft angeboren sind. Der gute Tennisspieler eignet sich nicht zum Fußballspieler, der Ruderer nicht zum Wettläufer usf. Wohl spielt der Faktor der „Mitübung" eine gewisse Rolle, allein bei weitem nicht in dem Grade, wie man angenommen hat. Entsprechende Unterschiede gibt es auch auf geistigem Gebiete.

Die Funktionen des Gedächtnisses sind spezifisch. Es arbeitet gut in der Richtung, in welcher es geübt worden ist, aber nicht in anderen. Z. B. kann ein geschulter Fahrkartenverkäufer im Schalterdienst der Eisenbahn Einzelheiten in Fahrpreisen und Fahrplänen geradezu verblüffend beherrschen, aber nicht Namen von Personen behalten oder Tatsachen aus der Geschichte, der Literatur. Ebenso gibt es Gelehrte von Ruf als Historiker, Mathematiker, Botaniker, Psychologen, Richter, die ein staunenswertes Gedächtnis, aber nur auf ihrem Forschungsgebiete, und sonst ein ganz gewöhnliches Gedächtnis besitzen. Eine Untersuchung *Othmar Sterzingers*[165] zeigt, daß sich das *logische* Gedächtnis in den sämtlichen Jahren der höheren Schule so gut wie gar nicht ändert, auch das *mechanische* Gedächtnis eines Sextaners ist bei diesem als Primaner wenig oder doch nur ganz selten anders. Die umfangreichen Untersuchungen über den *Wert des mündlichen Übens* lehren dieselbe Einseitigkeit der Funktionsrichtung. Das mündliche Üben im Buchstabieren von Wörtern bis zum automatischen Können bietet keine Gewähr dafür, daß nicht dieselben Wörter im Aufsatz, in Briefen falsch geschrieben werden. Vor allen Dingen aber hat alles *mündliche* Üben geringen oder gar keinen Wert in den Lagen, in die der Mensch im Alltag hineingestellt ist. Auch all unser Üben in den Schulen auf den Gebieten der Grammatik, Logik und Ethik und mehr noch des immer noch geradezu vergötterten Rechnens, um schließen, folgern, kurz, denken zu lernen, befähigt keinen Schüler, viel oder überhaupt besser in irgendeiner *praktischen Lage* des täglichen Lebens zu schließen, etwas, das uns an Menschen ganz geläufig ist, die vielleicht ein fast lebenslanges Studium an die Mathematik, Fremdsprachen, aber auch an technische und volkswirtschaftliche Aufgaben gesetzt haben. Auf den Nebengebieten ist ihr Denken kümmerlich und ungenau. Die durch Rechenübungen geübte Verstandeskraft kann nur in diesen rechnerischen Situationen genutzt werden. Selbstverständlich darf es nicht vernachlässigt werden, allein auch nicht überschätzt; denn diese Lagen sind für den Menschen heute nicht die wichtigsten des täglichen Lebens, sondern soziale, politische, ethische, geistige, hygienische, künstlerische, technische Fragen.

---

[165] Über den Stand und die Entwicklung von Begabungen während der Gymnasialzeit. Arch. f. ges. Psych. 49. Bd. (1924), S. 93—178; vgl. *M. V. O'Shea*, The Child: His Nature and his Needs, 1924, S. 378 ff., 401 ff.

Jeder normale Geist arbeitet also individuell, nach seinem Plan, und mit spezifischen, nicht mit allgemeinen Geisteskräften, die sich zudem wohl qualitativ und leistungsmäßig entfalten, wohl schulen lassen, weitere Gebiete zu umspannen, allein sich nicht oder nur wenig ändern. Das bewiesen Othmar Sterzingers Untersuchungen ebenfalls für die Leistungen in der sinnlichen und der abstrakten Aufmerksamkeit sowie in der Fähigkeit des Überschauens.

Die *Abkehr von dem Dogma der formalen geistigen Schulung* erhebt die Forderung nach einer gründlichen Sichtung des bisherigen Unterrichtsstoffes und nach Einführung schulgemäßer neuer Lernformen. Im *Rechnen* Beschränkung auf das, was tatsächlich im Alltag gebraucht wird. Manches Rechenbuch kann auf ein Drittel und noch weniger verkürzt werden. In der *Rechtschreibung* gleiche Beschränkung auf pflegerisches Einüben der wirklich gebrauchten 800—900 Wörter, d. h. der im Briefschreiben wirklich verwandten, vielleicht noch der für kurze, allgemeine Mitteilungen erforderlichen Wörter; in der *Satzlehre* auf die einfachsten Konstruktionen. Alles weitere darf die Volksschule getrost der eigenen Tätigkeit des Schülers im späteren Leben, besonders seiner Berufsbildung, überlassen. Dann aber gewinnen wir Platz für Sprachlehre, Ausdruckslehre, Formung des Bewegungsbildes, handwerkliches und künstlerisches Gestalten und für die Menge des wirklich Wissenswerten, der wirklich lebenswichtigen Stoffgebiete, wie Gesundheitslehre, volksbürgerliches Wissen, handwerkliches Können und Wissen, Haushaltungsarbeit, volkswirtschaftliche Verhältnisse, Musik, Rhythmus und Kunst. Aber nun nicht all dies wieder als Gegenstände unterrichtlicher Belehrung in alter Form treiben! Vielmehr müssen wir überall die Formen des *freien* Bildungserwerbs in selbstgewählter Arbeit im eigenen Experimentieren, in Spiel, Gespräch und Feier, also die Wege zum *„natürlichen Lernen"* suchen und in den Schulen auch dafür reichste Möglichkeiten der Selbstbelehrung, des Selbstprüfens und Versuchens schaffen. Des „natürlichen Lernens"! d. i. des Weges, den jeder normale Erwachsene einschlägt, wenn er es mit völlig *neuen* Dingen zu tun hat. Er wird dann versuchen, damit zu experimentieren, so lange, bis er ein Verständnis des Neuen gewinnt, was er damit anfangen kann oder wie es beschaffen ist oder was es ihm tun kann usf. Und als die unbedingt notwendige führende und beratende, helfende Stelle befindet sich nun in den Schulstuben der neue Lehrer unter diesen forschenden und selber, allein oder in Gruppen, lernenden Kindern. Dieser Lehrer ist gleich erfinderisch im Einrichten problemhaltiger Lagen, Gegenstände, Aufgaben wie in der rechten individuellen Führung der fragenden Schüler und in der Leitung besonders führungsbedürftiger Naturen.

Diese neueren Untersuchungen des Wissens und seiner Bildung scheiden immer deutlicher das *mechanisch-technische Wissen* von demjenigen, das dem Aufbau des *persönlich-geistigen* Lebens dient. Die ältere Ansicht meinte, mit der rechten Belehrung, dem richtigen Vernunftgebrauche, erlange ein Menschenkind auch die Voraussetzungen für den brauchbaren Staatsbürger, den wohlanständigen, geselligen Menschen, den frommen, gottgefälligen Christen. Staat und Kirche führen mit dem recht aufgeklärten Menschen so am besten. Die neue Erziehungswissenschaft und -praxis hat über die ganze Breite der Forschung hin mit solchem Rationalismus gebrochen. Seine Berechtigung wird eingeschränkt auf einen Ausschnitt des ganzen Wissens. Dort ist er angebracht, und mit ihm die fortentwickelte alte Form des Belehrens und Unterrichtens, wo es gilt, auf einem errungenen Stande des Könnens aufzubauen, diesen zu erhalten oder mechanisch weiterzuführen. Da können und sollen fertige Begriffe ruhig, bestens geordnet und der Entwicklungsstufe angepaßt, gelehrt werden, um mit solchen festen Begriffen, Erkenntnissen, Fertigkeiten zu bestimmten, unter uns ausgebildeten und lebensnotwendigen Leistungen zu gelangen, etwa Schreiben, das unumgänglich Nötige des Rechnens, Lesens, der Satzlehre, ebenso in manchem Technischen und so weit, als wir von dem sog. „Leistungswissen" oder „Herrschaftswissen" reden. Es wäre Unsinn, Kinder das Knochengerüst der Kultur gleichsam noch einmal erfinden lassen zu wollen!

Dennoch wird *auch hier* die immer stärkere Einschränkung der reinen Lehrmethode verlangt und der Übergang von der statischen zur *dynamischen Erziehung* gefordert. Erst soll z. B. der Schüler selbst forschend, untersuchend in konkrete, lebensvolle Berührung mit den Dingen, Verhältnissen und Erscheinungen kommen, auf die sich die Worte der Sprache, die Schriftzeichen und Zahlen beziehen. Nur so wird der Symbolcharakter der Worte, Buchstaben und Ziffern belebt, mit Wirklichkeit erfüllt. Sie dienen dann nicht mehr für eine Art Dominospiel zwischen fragendem Lehrer und antwortendem Schüler, sondern sie „sagen dem Schüler etwas", vermitteln ihm lebendig selber Geschautes, und nur dieses verhilft zur *geistigen Reife*. Es ist ja ganz falsch, diese Reife mit dem gewöhnlichen Begriff von „Intelligenz" gleichzusetzen oder sie auch nur ihm so stark anzunähern, wie es zumeist geschieht. Ihre Kennzeichen sind vor allen Dingen tieferes Gemüt, reichere Erfahrung, kraftvollere Willens- und Charaktereigenschaften. Und *diese* geistige Reife ist es, die wir auch in der überlieferten Schule in Teilen experimentell feststellen können. Denn was sich u. a. im Habitus begabter Sextaner bis zum Aufstieg zur Prima geändert und was sich verbessert hatte, das waren „die Leistungen in der zerebralen Umstellung, im technischen Verständnis, in der Bewegungsgeschwindigkeit und in der physischen Kraft". Darin aber stecken erhebliche *Willensmomente.* Während die seelischen Energiequellen sich im großen und ganzen qualitativ gleich bleiben, wachsen die physische Kraft und die Kraft des *Willens* (Sterzinger).

Die Intelligenz *hat überhaupt keine entscheidende Bedeutung für den Charakter.* Clara J. Chassell hat die Beziehungen zwischen Intelligenz und Charakter an Befunden bei 300 000 Kriminellen, fast 12 000 normalen Menschen und über 11 000 Geistesschwachen in USA geprüft. Danach erleichtert die Intelligenz eine richtigere Einschätzung der überlieferten Begriffe von Sittlichkeit

— *aber* eine ursächlich enge Bindung besteht *nicht!* *Hildegard Hetzer* hat gezeigt, daß auch für die Schulreife die intellektuellen Fähigkeiten keine entscheidende Bedeutung haben[166]. Außerdem müßten wir für eine gesicherte intellektuelle Erziehung doch die Gesetze kennen, nach denen sich der menschliche Intellekt entwickelt, allein diese sind uns unbekannt! Der alte schulmeisterliche Weg will den Geist durch Denkübungen fortbilden. Dazu bemerkt die neueste Physiologie: „wie man weiß, können Nahrung und Klima die Muskulatur ebenso kräftigen wie gymnastische Übungen mit Hanteln. Warum sollte also, was für die Physiologie zutrifft, nicht auch für die Psychologie zutreffen[167]?" Alle diese Erkenntnisse werden von erhöhter Bedeutung, wenn es sich um Wissen handelt, das *persönliches Leben,* die Gefühlswelt und das Gemüt, die Bildung des sittlichen und religiösen Charakters berührt. Hier bewirken Worte nicht die geringste sittlich oder religiös wertvolle Handlung, wenn nicht im Menschenkinde schon ein Wissen vorhanden ist, und dieses ist anderer Art als jenes Leistungswissen. Wiederum handelt es sich um *das* Wissen, welches allem Erkennen voraufgeht und selber kein Erkennen, sondern besser ein Schauen zu nennen ist, ein *schauend erlebtes* „Wissen um etwas", jener geistige Akt, durch den der Mensch ein Etwas in seinem Verhältnis zum Ganzen, zum Seienden oder Absoluten auffaßt und nun daran teil hat. Wo ein solches Wissen nicht vorhanden ist, wo es nicht zum Geisterlebnis wurde, dort bleiben alles Belehren und Unterrichten wie ein Spiel mit Dominosteinen. Das Kind wird lernen, die Begriffe regelmäßig richtig anzuwenden, d. h. solange es in der Übung bleibt, auch sich Namen richtig einzuprägen, auf Befragen wiederzugeben; es wird bei größerer Kombinationsfähigkeit sogar „verflucht gescheit" erscheinen können, aber es ist nichts zum *geistigen* Besitz des Kindes geworden. Gesinnung und Gemüt werden so nicht gefaßt. Unterricht vermag hier nichts oder nur bitter wenig, *Erlebnismöglichkeiten* gestatten allein wenigstens Hoffnung.

Will daher die Schule mehr sein als Unterrichtsanstalt — und ich betonte immer, daß ein Volk sich durchaus eine Schule so einrichten kann und an sie keine anderen Forderungen zu stellen braucht, nur sehe ich, daß die führenden Völker immer stärker darauf drängen, von den Schulen mehr zu verlangen, ihnen wirklich erzieherische, *humane,* menschenbildende Aufgaben, im vollen Ernst dieses Wortes, geben wollen — dann muß sie außer dem, was den Zwecken des Unterrichts dient, für ein *Gemeinschaftsleben der Jugend in den Schulräumen* sorgen, das Charakter und Gemüt bildende Erlebnisse, und zwar durch ein Gemeinschaftshandeln im weitesten Maße, gestattet. Die Schule

---

[166] *Hildegard Hetzer,* Seelische Veränderungen des Kindes beim ersten Gestaltwandel, 1936, S. 24, 36. Dieselbe: Psychologische Begutachtung von Grundschülern, 1939, S. 57; *Phil. Lersch,* Der Aufbau des Charakters, 1938, S. 227 ff. zeigt in der Erörterung der Intelligenz, daß es sich dabei um nichts spezifisch Charakterologisches handelt.
[167] *André Missenard,* Der Mensch und seine klimatische Umwelt, 1938, S. 19 A, vgl. auch S. 159 A., ferner unten S. 209 f.

muß sich aus der allgemeinsten Unterrichtsanstalt zur Lebensgemeinschaftsschule erweitern. Alle neuen Schulen stellen deswegen auch die Fragen der Erziehung, der Zucht, der Charakterbildung in den Mittelpunkt, und die der Aufklärung und der Verstandesbildung ordnen sie um diese Kernfragen. Das höchste *Schulziel* werden sie nicht in bestimmten Wissensmengen sehen, sondern in einem hohen Niveau der Gesamterziehung ihrer Schüler, und zwar stets derjenigen Schüler, die gerade in einer Gruppe sind und die die Schülerschaft der Schule bilden. D. h. man arbeitet nicht mehr deduktiv, aus einem hochgesteckten Ziel *herab* in die Kinder hinein, sondern sucht sie mit den wirklich vorhandenen menschlichen Kräften der betreffenden Schülerschaft, *von unten herauf,* so hoch hinaufzuführen, wie es in diesem Falle möglich ist.

2.

Die überlieferte Didaktik *überschätzt die erziehlichen Möglichkeiten des Unterrichts.*

Daß diese Ansicht schon um 1930 auf breiter Front erschüttert war, das zeigt etwa die Fassung der Überschrift eines Aufsatzes von *Emil Saupe* in der „Neuen Deutschen Schule" vom November 1929: „*Wann ist der* Unterricht erziehend?" und danach die Schrift von *Heinz Döpp-Vorwald,* Erziehender Unterricht und menschliche Existenz, 1932, die vollendet klar und mit philosophischer Schärfe zum ersten Male die Umlagerung des alten Problems vom „Erziehenden Unterricht" aufzeigte.

Über die Geschichte dieses Unterrichts könnte man als Leitsatz das bekannte Wort des Pietisten *Spener* setzen: alles kommt darauf an, den Kopf ins Herz zu bringen. Wie bringe ich, vermittels meines Unterrichts, den Kopf ins Herz? Auch dahinter steht der Glaube, daß der recht aufgeklärte, erleuchtete Mensch, welcher über die klarsten und die richtigsten Urteile verfügt, *damit,* so meint man, zugleich über die besten Beweggründe zum rechten Handeln verfüge *und also handele.* Wer die Philosophie *John Lockes,* des Vaters der Philosophie der Aufklärung, daraufhin durchgeht, der findet in ihr alle diese Gedankengänge, welche das rechte Erkennen und· Einsehen mit dem richtigen sittlichen Handeln verbinden[168].

Nun ist jedoch die Erkenntnis, daß die klügsten Menschen keineswegs immer, oder deswegen, weil sie klug sind, die besten Menschen seien, allzu geläufig von alters her. Deswegen ist auch in der alten Unterrichtslehre einseitige Verstandesbildung als ungenügend erkannt. Ja, eben *darum* soll der *Unterricht,* d. h. ein planvolles, wohl abgewogenes und durchdachtes Lernverfahren, immer auf den *Willen* einzuwirken suchen, und damit auf die *Gesinnung* des Schülers. So hieß es, und so heißt es immer noch, wo wir auf diesen Aberglauben an die Macht der Belehrung und des Unterrichts stoßen.

An dieser Stelle treffen wir also erneut auf die unheilvolle Verschlingung

---

[168] Siehe m. Pädagogik der Gegenwart, 1937, S. 21 f.

des Erziehungs- und des Unterrichtsproblems in der alten Pädagogik. Denn wie kann ich mit meinem Unterricht den *Willen* erfassen? vor allem das sittliche Wollen? und schließlich durch Unterrichten ein frommes, tugendhaftes Verhalten und Leben bewirken? Darauf hat *Ziller* für alle Rationalisten nach ihm geantwortet[169].

Es kommt eben auf eine richtige psychologische Schulung des Willens an. Zum Willen aber gehört vor allem ein „Ziel, das er sich steckt, und das er dann mit Aufbietung aller Geisteskräfte zu erreichen sucht". Darum muß *jede* Lehrstunde von einem solchen Ziele ausgehen, ja jeder *Abschnitt* einer Lehrstunde muß in einer Reihenfolge deutlich erkennbarer Ziele vorschreiten. Und um erkennbar zu werden, muß das Ziel die Aufmerksamkeit des Schülers *lebhaft* erregen, muß *konkret und faßlich* sein, *sachlich* ausgedrückt, nicht bloß formal sein, z. B. nicht sagen: wir wollen morgen oder heute ein anderes, ein neues Säugetier betrachten, sondern: den König der Tiere, oder den Schrecken der Berge Ostafrikas oder dgl. Und selbstverständlich kommt jener wertvolle Grundsatz zu seinem Recht, daß der Lehrer nichts tun dürfe, was der Schüler leisten könne, gerade wegen der Bedeutung des *Willens*aufgebotes für das gesteckte Ziel: der Schüler soll — natürlich — *seinen* Willen aufbieten, um zum Ziele zu gelangen. Damit hängt es zusammen, daß der Lehrer sich so sehr abmüht, um mit Fragen, mit Zeigen, Hinweisen, Andeutungen, Zunicken, Ermunterungen aller Art: „Na, nun man los!" — „ja, so ist es fast richtig!" — „na, sag es nur!" — „es schadet nichts, wenn es auch nicht ganz richtig ist" usf. usf. alles zu versuchen, ob nicht wenigstens einer der Schüler „finden" könne, was der Lehrer meint oder wohin er mit ihnen will. Eine Fülle von einzelnen unterrichtlichen Anweisungen und Kniffen findet hier ihren Platz.

Nun wäre alles, wenn auch nicht ganz gut, so doch nicht ganz schlecht, wofern dieses Ziel *auch vom Schüler* als ein wertvolles, erstrebenswertes betrachtet würde, nämlich so wertvoll, *daß* er seinen Willen dafür einsetzen *will*. Alsdann empfände der Schüler in seiner Anstrengung sicher eine Art „Wohlgefühl". Wie steht es aber damit? Da heißt es jedoch bei *Ziller* kurz und bündig: „Ein solches Wohlgefühl muß nun auch der Zögling am Unterrichte empfinden, wenn sich sein Geistes- und Gemütszustand dem Willen annähern soll, und er muß das Wohlgefallen a) durch lebhafte Teilnahme am Unterricht, b) durch freiwilliges Sichmelden zu dem, was dabei zu tun ist, c) durch so viel als möglich unausgesetztes Fixieren des Lehrers zu erkennen geben. Es ist folglich gewiß kein pädagogischer, Willen bildender Unterricht vorhanden, wenn es in einer Klasse an Frische und Leben mangelt, wenn der Zögling sich gleichgültig verhält gegen das, was ihm dargeboten wird, wenn es ihm vielleicht sogar aufgedrängt werden muß."

In diesem Satze besitzen wir den Schlüssel zum Verfahren in der „Lektion" von Millionen Stunden ringsum im Lande heute noch, durchsetzt von allen den

---

[169] Allgemeine Pädagogik, 3. Aufl. 1892. § 19, d. i. S. 162 ff

Mahnungen: „Hände auf den Tisch! Hierher sehen! Aufpassen! Finger zeigen! Warum meldest du dich nicht? Ihr schlaft heute wohl?" u. dgl. m. Und wenn man abschätzen könnte, wieviel solchen Unterrichts von den Schülern willig aufgenommen wird, wieviel dagegen aufgedrängt werden muß, und dieses letztere unterstützt durch die dahinterstehenden Strafen, wenn man nicht aufpaßt und wiederholen kann, vom Angefahrenwerden mit Worten bis zum Sitzenbleiben, welch winziger Teil allen Unterrichts wäre da wahrhaft pädagogisch und Willen bildend!

Ich übergehe Weiteres über die „Bildung des Willens durch den Unterricht" nach Ziller und füge nur an, daß er gerade darauf, „daß in jedem Unterrichtsgebiet der *Anfang* des Willens *methodisch* erzeugt werden kann", das Übergewicht einer Erziehung durch den Unterricht über *alle* sonstige Erziehung, namentlich auch über alle Familienerziehung, beruhen sieht[169a]!

Ich soll also das Interesse für das Gute, Schöne, Wahre, Fromme wecken. Wer die Interessen hat, der hat den Willen. Denn der Mensch wird das wollen, wofür er ein dauerndes festes Interesse gewonnen hat. Diese Interessen wecke ich auf im Unterricht durch Besprechungen und Beschreibungen des Interesses würdiger Vorgänge, Gegenstände, vergangener Geschehnisse und Personen und deren Handlungen. Ich lasse meine ganze Tätigkeit als Lehrer methodisch klar erkennbar, gegliedert nach Hauptziel und Teilzielen, spielen, lasse nacherzählen, wiederholen, auswendig lernen, Aufsätze daran anschließen, besonders über moralische Gegenstände: „Was würdest du tun, wenn ... ?" — „Ein jeder ist seines Glückes Schmied." — „Ist Tell ein Mörder oder nicht?" usf. Besonders wichtig ist die ethische Anwendung am Schlusse: eine Anwendung in Form eines Sprichworts, einer allgemeinen Ermahnung, einem Kernwort, einer Lebensregel. Und durch all dieses Reden glaubt man, eine Macht zum Guten und zum Frommen im jungen Menschenkinde aufgerichtet und befestigt zu haben[170].

Ferner: Das nun, was gut ist, schön, heilig, wahr, dies alles kennt der Lehrer; er weiß, wohin der Weg geht, wie man sein soll, wie man Kunstwerke beurteilt, und seine Aufgabe ist es, Wege zu ersinnen, welche das *richtige* Interesse des Kindes erregen, und dafür gibt ihm nun die — Psychologie die Mittel an die Hand. Freilich bedarf er dafür einer ganz bestimmten Psychologie, der Assoziationspsychologie. Und so ist denn auch im ganzen deren Lehre vom Vorstellungsmechanismus auf dem Grunde aller überlieferten Didaktik zu finden, und die *Herbart*sche Psychologie konnte sich auf den Seminaren z. B. bis zum Torschluß behaupten, nur wenig durchsetzt von der neueren, etwa der *Wundt*schen Psychologie.

Wie sollen wir uns zu dieser Lehre und ihrer Begründung stellen?

Niemand wird leugnen, daß ein Leben in einem wohlgeordneten „Gedankenkreise", ein wahrhaft interessiertes Leben in schönen Gedanken, ein inniger

---

[169a] a. a. O. S. 177. Bei Ziller ist die g a n z e Stelle gesperrt gedruckt. Die oben vorgenommenen Auszeichnungen stammen vom Verfasser.
[170] *Herbart*, Ausgabe Willmann-Fritsch, III. S. 561 f.

Zusammenhang mit den Werken der schönen Künste etwas Wertvolles sein kann, daß es auch sittliche Kräfte eines Menschen anregen und kräftigen kann. Aber nie und nimmer genügt ein solcher Kreis von wertvollsten Interessen, um mir die *Gewähr* zu geben, daß dadurch mit irgendwelcher nennenswerten Sicherheit sittliche *Handlungen* entstehen. Zum mindesten müßten vier Aktreihen nebeneinander und ineinander ablaufen. 1. ich müßte mir auf intellektuellem Wege klare Vorstellungen über die Mittel erwerben, welche zu dem sittlich wertvollen und angestrebten Ziele hinführen, nun 2. aus dieser intellektuellen Tätigkeit auch starke lustbetonte Beweggründe und Antriebe gewinnen, diese 3. auf die Vorstellung der Mittel übertragen und schließlich 4. die vom Verstande als richtig und wertvoll erkannten Einsichten und Regeln für mein Verhalten auch tatsächlich befolgen. Alsdann würde der gesamte Ablauf wirklich einem Rechenexempel gleich, und *Herbarts* Versuch, Mathematik auf Psychologie anzuwenden, müßte wieder aufgenommen werden. Wie wenig dies aber der Fall ist, erlebt ein jeder täglich an sich und anderen. Der Ethiker[171] weiß das wohl zu erklären; denn intellektuelle Fähigkeiten sind einmal weit schwächer als angenommen wird, und besonders so hohe, daß man mit ihnen *sittliche* Vorstellungen zur Macht erheben kann, und zweitens ist bekannt, daß vor allem bloße Verstandesoperationen nur schlecht eine Gefühlsübertragung zustande bringen.

Allein das weit Wichtigere ist dies: Hat der Gedankenkreis mich oder habe ich den Gedankenkreis? Wählt einer diesen oder jenen Sport, weil er dieser Mensch ist, oder macht der Sport den Menschen? Es würde allen Erfahrungen und wissenschaftlichen Erkenntnissen der Gegenwart ins Gesicht schlagen, behauptete man, der Mensch könne über die in ihm angelegten Kräfte und Funktionen hinaus und sein Freiheitstraum sei ohne Grenzen. U. a. hat *Erich Jaensch* gezeigt, wie es in Menschentypen, die über ihr Vermögen hinaus sich um Philosophie und Kunst, Wissenschaft und Politik bemühen, zu gefährlichsten „unorganischen Wertbildungen" kommt, die nichts weiter sind als ein bloßes Nachsprechen und entsprechendes Nach-Handeln, Nach-Tun, ohne je an den Kern jener Gegenstände zu stoßen.

Es besteht mithin *nur ein Weg*, zu sittlichem Handeln anzuspornen, sittlichem Handeln die Wege zu ebnen und es zu kräftigen, nämlich *den Menschen handeln zu lassen*, damit er sich selber in seinen Handlungen kennenlerne, sich erprobe und seine Begrenzung erfahre. In der Schulwelt und überall, wo man Sittlichkeit lehrend zu schulen wagt, wird aber alle Wirkung der reinen Belehrung noch dadurch gemindert, ja anschließend sogar oft abgetötet, daß der Belehrende selber nicht ist und tut, was er lehrt. Sind denn die Lehrer,

---

[171] *Moritz Schlick,* Fragen der Ethik, 1930, S. 120. Und treffend führt auch *Adolf Busemann,* Pädagogische Milieukunde, 1927, S. 46 aus: Der Unterricht könne wohl Erfolg haben, weil die Intelligenz verhältnismäßig flexibel sei, *aber er könne den Charakter wenig gestalten, weil die Intelligenz keine zentrale Stellung im Charakter habe.* Vgl. oben S. 209 Anm. 168.

welche solches Hohe fordern, lehren, preisen, als das Höchste hinstellen, ja bestrafen, wenn man nicht ihren Worten folgt, selber tugendhaft, fromm, edel, menschenliebend, gehorsam, gut, umgeben von schönsten Gegenständen, Vorbilder also durch ihr Leben und Tun in allem, was zum Bereiche des Wahren, Schönen und Guten gehört? Wenn sie aber täglich, stündlich sich dahinter flüchten müssen, daß auch sie doch Menschen seien, und damit die allgemeine menschliche Fehlsamkeit und Schuldbeladenheit bekunden müssen, warum suchen sie da nicht ihren Schülern auf dieser allgemein-menschlichen Ebene und also „in Wahrheit" zu begegnen? Zum mindesten erreichten sie damit dies, daß sie dann echte Vorbilder von „Menschen" sind; und sollten sie in *etwas* vollendeter, reifer, ausgeglichener, überlegener, „besser" sein, dann würde es *nun* seine Wirkung nicht verfehlen. So aber spricht aus allem nur zu oft das schärfste Gift für alles sittliche Leben: die *pharisäische Gesinnung*, deren Härte gegen den Mitmenschen, das lieblose Richten und überhaupt die Herzlosigkeit des nur „sittlichen" Menschen.

Die überlieferte Unterrichtslehre wird von einem naiven Glauben an die Macht der Verständigkeit im Menschen getragen, als wäre sie dasjenige, was schlechthin das Gute wirke. Dies reiht sie ebenfalls ein in die Geistesgeschichte der Aufklärung. Aus der Geschichte der pädagogischen Theorien seien zum weiteren Belege dafür einige Sätze *Eberhards von Rochow* angeführt, der sicherlich zu den edelsten und zugleich zu den ausgesprochensten Vertretern der Aufklärungspädagogik gehört. Nach ihm ist der Endzweck des Schullehrers: „Aufklärung durch Unterricht in gemeinnützigen Dingen zu fördern", d. h. „Mitteilung oder Veranstaltung richtiger *Begriffe* von gemeinnützigen Dingen, um verständig zu werden." Und dieser Aufklärung können alle Menschen teilhaftig werden; denn das ist Gottes Wille mit den Menschen; sie können es nach dem Willen Gottes, um mit diesem aufgeklärten und so ertüchtigten Verstande ihren, ihnen von Gott gegebenen freien Willen zu lenken[172]. Als aufgeklärte verständige Menschen kommen sie zum rechten Gebrauch der Vernunft, und damit besitzen sie alle Voraussetzungen für den brauchbaren Staatsbürger, den wohlanständigen, geselligen Menschen, vor allem für den frommen, gottgefälligen Christen[173]; denn beim rechten Gebrauch der Vernunft werde jeder Mensch sich als Glied derjenigen Religionsgemeinschaft erkennen, welche den vernünftigsten Glauben hat, und diesen hat die christliche Kirche.

Dieser naiven Auffassung begegnen wir in volkstümlichen Klagen wie folgenden: Wie ist nur dies oder das von einem solchen Manne, einer solchen Frau möglich; sie haben doch eine so gute Bildung genossen! oder: sie sind doch so kluge, gescheite Menschen! oder: die Eltern haben es sich doch so viel kosten lassen, sie etwas Ordentliches lernen zu lassen! Von einem „Gebildeten", d. h. also einem Menschen, der die in seinem Volke vorhandenen *Schulbildungs-*

---

[172] Werke (Ausgabe Jonas) Bd. II. S. 13. (Hervorhebung durch den Verfasser.)
[173] a. a. O. S. 92.

einrichtungen voll ausnutzen konnte, erwartet man, naiv, charaktervolle Handlungen. Die gleiche naive Ansicht vom Verhältnis zwischen dem Wissen um das Rechte und Gute und dem Tun dieses Rechten und Guten hat seit dem 18. Jahrhundert die christliche *Mission*stätigkeit belebt und sie über die ganze Welt hin ausgebreitet. Man brauchte nur anderen Völkern die Wahrheiten des Christentums zu predigen, sie ihnen klarzumachen, dann müßten sie eben *einsehen*, daß die christliche Religion die höchste, ja ganz allein Religion ist. Und sie *könnten* es einsehen, weil auch sie Geschöpfe Gottes sind!

Die entscheidende Wandlung in der christlichen Missionstätigkeit bezeichnet u. a. die Tat *Albert Schweitzers*, der unter den Negern am Kongo christliche Liebe und Gesinnung *betätigt*, ihnen zeigt, wie ein Christ leben und für andere tätig sein soll, und an die Tat seines Lebens dort die Verkündigung vom Christengott anschließt. Die Wendung bezeichnete ferner ein Buch wie dasjenige *Bruno Gutmanns* über die Dschagga und ihr Rechts- und Gemeindeleben. Ja, seitdem *ist* vielfach die praktische protestantische Missionsarbeit geändert worden, sie zerstört nicht mehr die landschaftlichen und stammgebundenen Sitten gemeindlichen Lebens, sondern sucht sie zu erhalten und in sie die Gesinnung und das Gottsuchen christlicher Religiosität zu gießen.

Nun ist diese Nebenbetrachtung keineswegs nebensächlich, sondern mit Absicht eingeschaltet. Denn der Schulmeister war bislang genau so ein *Missionar im Dienste des Vernunftglaubens*, einer Vernunftethik und Vernunftreligion. Und er ist damit genau so gescheitert wie jene anderen Missionare und muß ebenfalls umkehren, und dabei wird seine Weise, zu bilden und zu erziehen, die gleiche werden, wie die von *Schweitzer* und von *Gutmann* geforderte, nämlich das Gute und Rechte nach menschlichem Vermögen vorzuleben und selber zu tun, vor allen Dingen aber *zwischen den Kindern in den Schulen das Gute geschehen zu lassen*. Von daher wird es gelingen, in das Jugendleben hinein, so wie es am Orte in Landschaft und Stamm eingefaßt ist, den Bau rechter Gemeinschaft zum Volke hin nach den Gesetzen und Ordnungen dieses selben Lebens zu errichten.

Der überlieferten Unterrichtslehre liegt folgender Schluß zugrunde:

Obersatz: Das Ziel der Erziehung ist die Tugend, die Charakterstärke der Sittlichkeit.

Untersatz: Unterricht ist das Mittel der (mittelbaren) Erziehung.

Schlußsatz: Also ist das Ziel des Unterrichts die Tugend, die Charakterstärke der Sittlichkeit oder dergleichen.

Wo steckt der Fehler?

Die Beantwortung dieser Frage macht eine neue Überprüfung des Begriffes „Unterricht" nötig, und diese kann wiederum erst erfolgen, wenn eine *erziehungswissenschaftliche* Untersuchung und Deutung der Begriffe „Bildung" und „Erziehung" vorhergegangen ist[174]; denn ohne Zweifel hat es Unterricht mit Bildung zu tun, und die Streitfrage besteht lediglich darin, ob der Unterricht überhaupt etwas mit *Erziehung* zu tun hat *oder* in *welchem* Sinne davon zu reden wäre, wenn es irgendwie der Fall sein sollte.

Vom Standpunkte der Erziehungswissenschaft aus geurteilt heißt es: *Unterricht ist ein Mittel der Bildung;* ein Mittel unter anderen, mit welchem der Erwachsene, in den Schulen die Lehrer, die Fremd- und Selbstbildung des Kindes wie des Menschen schlechthin unterstützt, die jeweilig entwickelten biopsychologischen Entwicklungsmöglichkeiten fördert, zu formen, zu kräftigen, eben zu „bilden" unternimmt. Je deutlicher er dabei sein Bildungsbestreben von der Erziehung abhebt, desto erfolgreicher wird er arbeiten.

Das Sich-Bilden ist ein natürlicher Lebensvorgang und eignet allem Lebendigen; es ist auf der seelischen Seite ebenso natürlich wie auf der physiologischen Ernährung und Pflege des Körpers Lebensbedingungen und Lebensnotwendigkeiten sind. Sich-Bilden ist eine besondere Seite in der körperseelischen Entwicklung; Körper wie Bewußtsein werden dadurch anlagemäßig zu der ihnen möglichen Form ausgestaltet. Rein auf die „Form" gesehen, haben wir es mit einem Geistigen im Bildungsvorgang zu tun. Alles Bilden zweckt ab auf *Form*; sie ist darin als Ziel enthalten, ist allem bildungsfähigen Wirklichen eingebildet von Urbeginn. Wo wir demnach von Bildung reden, da stehen wir im letzten Grunde vor jenem geheimnisvollen Vorgange, in welchem Stoffliches „sich formt", zur Form gelangt — etwas vom Dunkelsten, das uns umgibt.

Wir kennen den Vorgang des körperlichen Wachstums, diese Formung der einzelnen Körperteile wie stets zugleich des ganzen Körperbildes, durch dem Körper zugeführte Nährstoffe, die zum Aufbauen und zum Erhalten ausgewählt werden. Ganz ähnlich liegt es auf der Bewußtseinsseite. Man kann bildlich, und mehr als bildlich sagen, die Bildung des Bewußtseins, seine Entfaltung und Aufgliederung, erfolge durch die Zufuhr rechter und ausreichender Stoffe, und die Aufgabe des Unterrichts bestehe darin, den sich entfaltenden Kräften und Funktionen des Kindes wie des Jugendlichen die rechte Nahrung zu geben, und dabei vor allem Körper und Seele als Einheit zu nehmen. Dies ist das erste und auch das bekannteste und am meisten gepflegte Stück des Unterrichts. Die neuere Psychologie und Biologie führen diesem Aufgabenbereich neue Erkenntnisse zu. Es handelt sich darum, eine Lehre von der rechten Art und Weise zu entwerfen und sie vor allem in Verbindung mit den genannten Wissenschaften ständig zu vervollkommnen, wie man den Hunger und Durst der Sinne und die intellektuellen Kräfte des jungen Menschen richtig erkennt und pflegt. Darum *bleibt* auch in aller Unterrichtslehre eine so starke Neigung zum Psychologischen und Biologischen.

Vergleichen wir in diesem Punkte die neuere Unterrichtslehre mit der älteren, so zeigt es sich, daß der gewöhnlich erste Teil der überlieferten Unter-

---

[174] *M.* Allgemeine Erziehungswissenschaft I. (1924) S. 96—107; II. (1931) S. 80 bis 96; Pädagogik der Gegenwart, 1937, S. 48—55.

richtslehre nur stark erweitert und eben auf den Stand der jüngsten psychologischen usw. Forschung gebracht worden ist; denn dieser Teil war schon immer stark psychologisch in seiner Erläuterung und Untersuchung des Lernverfahrens: Lehre von dem Interesse und der Aufmerksamkeit; Assoziation und Apperzeption usw. Dabei ist jedoch eine Tonverschiebung erfolgt. Früher hieß es, die kindliche Seele kennenlernen, um die Lehrstoffe *methodisch* bestens zurechtlegen zu können, die Unterrichtstätigkeit des *Lehrers* zu *verfeinern*, und dies bleibt überall dort bestehen, wo es sich um Aufgabe-Unterricht i. e. S. handelt. Heute ist das Wichtigere geworden: die *kindliche* Aktivität und die seelischen Äußerungen des kindlichen Charakters, des „Grundwesens" studieren, um sie recht zu deuten, zu unterstützen und zu fördern.

3. Zusammenfassung

Der Unterricht ist eine Sozialform im Dienste der Bildung, und sein Ziel stammt aus der sozialen Welt und liegt in ihr. Er hat unbedingt bildende Aufgaben und ist damit eine hochbedeutsame *soziale* Angelegenheit, so wie es die alte „Sozialpädagogik" geschildert hat. Allein, es ist nun gerade ein Beweis für die hohe Berufsauffassung im Lehrerstande, daß seine Angehörigen sich niemals damit haben zufrieden geben wollen, nur Unterricht zu erteilen; sie wollten vielmehr dem *persönlichen* Leben der Kinder, ihrer Charakterbildung dienen, also bis in die Tiefe des Individuums hinein wirken. Das heißt: sie wollten und wollen an der Bildung ihrer Zöglinge so mitarbeiten, daß die gewonnene Bildung zur allgemeinen Vergeistigung der Schüler beiträgt, sie als Menschen in ihrem Menschentum werthafter macht. Durch Bildung gewinnen sie einzig und allein, aber sicher, sozialen und erhöhten individuellen Wert, das Höhere ist jedoch, diese Werte im Dienste wahren Menschseins dem Geistigen im Menschenkinde unterzuordnen. Um wahrer Mensch zu sein, dazu genügt nicht die beste Schulbildung, noch höchste wissenschaftliche Leistung, auch bedingen sie jenes nicht. *Persönlichkeit sein ist mehr und ist etwas anderes.* Die Übersteigerung der Bildungsidee hat dahin geführt, den „Aufstieg" der Begabten zu propagieren, führte zur „Verkopfung" und „Verschulung", zur falschen, volkzersetzenden Auffassung vom „Gebildeten" wie von „Bildung" selbst. Keine neue Lebensform konnte sich an die Schule anlehnen oder von ihr aus entwickelt werden, ohne daß geklagt wurde, was hinfort aus der Bildung werden solle. Ob Schullandheim oder Schulwanderungen, sie alle erfuhren zuerst die Kritik von da her: „Was wird aus dem Pensum, wenn die Schüler ins Landheim gehen, wo doch soundso viele ‚Fächer' nicht gelehrt werden können?" Oder: „Fallen im Jahre 9—10 Unterrichtstage wegen der Schulwanderungen fort, und zudem sind am Tage danach die Schüler müde und weniger aufnahmefähig, den Tag vorher wohl gar schon aufgeregt — wie erreichen wir da die Ziele?"[175]

---

[175] Zur Überwindung der Fächer s. ob. S. 124.

Fragen wir nun zum Schlusse: *Wann* kann denn der Unterricht erziehend wirken? Oder ist es völlig ausgeschlossen, daß, über ihn vermittelt, erziehende Einflüsse ausgeübt werden?

A. Etwa durch den Lehrstoff, den Inhalt, den „Gedankenkreis"? Nur in Bruchstücken *und* bedingungsweise. Es muß nämlich stets etwas *vorher* entwickelt sein und damit „vorher gewußt" sein; dann kann es eintreten, daß ein Schüler einem Worte seines Lehrers, einer Mahnung, einem Vortrage, einem gelesenen oder gelernten Gedichte, Drama usw. — denn nun ist es wiederum gleichgültig, *was* auf ihn trifft — „etwas" für sich zu entnehmen, aufgeschlossen ist, das *ihm* etwas bedeutet und bleibend wertvoll wird. Was mit diesem „vorher" gemeint ist, kann am klarsten eingesehen werden, wenn vergleichsweise darauf hingewiesen wird, daß es unmöglich ist, die „Perspektive" zu lehren, wofern nicht im Schüler das Vermögen, perspektivisch zu sehen, *vorher* entwickelt ist, sonst sieht und versteht der Schüler nicht, was auf der Zeichnung in der Fläche gemeint ist. Ebenso deutlich wird aber aus diesem, daß jedes „Unterrichtsleben" schlechthin reicher an erziehlichen Möglichkeiten ist als der Unterricht i. e. S.

B. Und wie steht es mit einer unmittelbar erziehenden Wirkung? Solche ist in zwei Fällen möglich: 1. wenn der Unterricht Arbeitsformen entwickelt, die ein frei sich bildendes, zu gegenseitiger Verantwortlichkeit und Hilfe führendes Gruppenarbeiten und Einzelarbeiten ermöglichen, wie eben jenes „Unterrichtsleben" und eine neue Führung des Unterrichts überhaupt. Der Unterricht kann echte, wirklichkeitswahre Lebenssituationen herbeiführen, und in diesen können dann Schüler während des individuellen Bildungsvorganges auch Möglichkeiten zum Aufbau persönlichen Lebens finden. Das „gruppenunterrichtliche Verfahren" enthält die reichsten Möglichkeiten dieser Art[176]. 2. Durch die stille wie bewußte stetige Auseinandersetzung des Schülers mit dem Sozialgebilde Unterricht als einem Ganzen, d. h. durch die innere Haltung, zu der einen Schüler der Unterricht seiner Schule als eine Ganzheit machtvoller, ihn begrenzender wie befreiender Kräfte nötigt[177].

VIII. Kapitel

Von der Methodik zur Pädagogik des Unterrichts

Die Schulwelt, die aus den Grundlagen der jenaischen Erziehungswissenschaft heraus entstand und die wiederum diese Wissenschaft weitertrieb, klärte und bereicherte, ließ die Forderung erstehen: von der Methodik zur Pädagogik

---
[176] Siehe oben S. 136 f.
[177] Siehe Der Kleine Jena-Plan, 13./14. Aufl., 1946, S. 91 ff. 15./17. Aufl., 1949, S. 58 ff.

des Unterrichts! Das bedeutet *nicht*, alle Methodik aufheben und beseitigen, sondern dies: a) innerhalb der Schule ist eine neue Welt entdeckt, das „Unterrichtsleben", und zu dessen Leitung bedarf es einer anderen Haltung und anderer Tätigkeitsformen des Lehrers, als die Methodik sie kennt und entwirft, und b) sobald dieses „Unterrichtsleben" — wie es sein soll — in den Mittelpunkt aller unterrichtlichen Veranstaltungen der Schule rückt, sobald es immer deutlicher als das erfaßt wird, wodurch wir als Lehrer unsere gesamte Schularbeit, allen Lehrdienst an den Schülern krönen, alsdann beginnen unvermeidlich starke Rückwirkungen auf jene unterrichtlichen Bezirke, in denen die Methodik weiterlebt und auch in sich weiterentwickelt werden soll. „Die neue ‚Führungslehre des Unterrichts' will darum weit weniger schlechthin verwerfen und aburteilen, als vielmehr bemüht sein, jedes an seinen rechten Platz zu bringen, alte gute Lehrer- und Schulweisheit zu erhalten und an ihrem Ort zu neuem Ansehen, zur gebührenden Geltung zu bringen[178]." Letzte Worte werden erst gesprochen, wenn der menschliche Geist auf dem Erdball zur Rüste geht.

1. Geschichtliches

Ein paar geschichtliche Vorbetrachtungen mögen die neue Lage innerhalb der deutschen Unterrichtslehre verdeutlichen helfen. Das Streben nach einem rationellen Unterrichtsbetrieb, nach methodisiertem Unterricht setzt gleichzeitig mit dem Bestreben ein, die allgemeine Volksschule für alle Kinder des Volkes zu schaffen und ihre Arbeit auch zu ermöglichen. Und es ist waschechter Rationalismus, wenn an die „eine allgemeingültige" Methode geglaubt wurde, an eine Technik, 200 Schüler von einem Lehrer gleichzeitig unterweisen zu lassen (Comenius). Obgleich es in der Wirklichkeit ständig eine Mannigfaltigkeit von Methoden gab, so drängte rationalistische Grundhaltung dennoch immer wieder Pädagogen dahin, mindestens nach *der* besten Methode zu suchen und sich mit anderen oder mit Schulen um „ihre" Methode zu streiten. Heute kann man in so gut wie jeder Methodik und Didaktik lesen, daß niemand mehr an eine allgemeingültige Methode glaubt. Ja, es wird fast in der Regel empfohlen, daß jeder Lehrer seine Methode finde, sich für seinen Weg entscheide, um etwas ganz zu können. Man könnte hier vom Umschlagen in einen reinen Individualismus sprechen. Nun vermochte niemand je die subjektiven Momente in allen Methoden zu verkennen. Man nannte sie seit *Herbart* die „Manieren" des Unterrichts, und das Feinste hat darüber Herbart selber geschrieben, er, den wir seit Jahren wieder ganz neu lesen und, vom „Herbartianismus" befreit, im reinen eigenen Lichte verstehen lernen. Aber es war selbstverständlich, daß dieses Subjektive sich der vom Gegenstande, von der Sache und den allgemeingültigen psychologischen Gesetzen des Lernens und Lehrens her bestimmten „objektiven" Methode unterwarf. Erst hundert Jahre später kehrt sich bei

---

[178] *Petersen*, Der Jena-Plan III. 1934. S. 71 f.

Ernst Linde in seiner „Persönlichkeitspädagogik[179]" dies Verhältnis um: „... so sollte alle Methodenlehre gebraucht werden: *als ein Mittel zum gelegentlichen Zurechtfinden und Bewußtwerden innerhalb der frisch treibenden, aus dem eigenen Innern hervorquellenden Praxis.*" Alles kommt an auf das Personleben des Lehrers; alles Stoffliche muß ein Persönliches geworden sein; „Was nur Großes durch ein Menschenherz zu ziehen vermag: Gottesliebe, Menschen- und Vaterlandsliebe, Heldenverehrung, Naturgefühl, Poesie und Musik, Bewunderung des Menschengeistes in seinen Schöpfungen usw. usw., — das alles gibt ihm der Unterricht an die Hand, und indem er es in sich lebendig werden zu lassen vermag, steht er selbst vor den Schülern in einer Hoheit und Größe, die Bewunderung und Nacheiferung erweckt und der Schule ein entschiedenes Übergewicht über das Elternhaus verleiht." Nicht geringer denken ein *Richard Seyfert* u. v. a. m.

Und das, worauf alles abzielt? Ich nehme eine verbreitete, über die große Mehrheit der deutschen Seminare so oder ähnlich weitergegebene Erklärung aus dem Lehrbuche von *Ferdinand Leutz*[180]: „Ist der Stoff des Unterrichts festgesetzt, so handelt es sich um die Art und Weise, wie derselbe von dem Schüler erfolgreich, d. h. so angeeignet wird, daß er für letzteren den Gegenstand vielseitigen Interesses bildet. Die Wege, welche der Lehrer einschlägt, um dieses Unterrichtsziel zu erreichen, nennt man im allgemeinen *Lehrverfahren* oder *Methode*." Soweit sich auch die Didaktiker nachher im sprachlichen Ausdruck von diesen Herbartschen Wendungen entfernt haben, so wurde doch damit der Kern der Sache nicht berührt. Denn dieser blieb immer: gegeben sind Lehrstoffe, mit dem vordringenden Popular-Idealismus vornehmer: Bildungsstoffe oder Bildungsgüter genannt, ausgewählt von Oberbehörden für die Lehrer, teilweise von diesen selber frei bzw. auf Grund von „Richtlinien". Dieses Gut ist an die Schüler zu übereignen, d. h. an 30 bis 40, ja wohl an 50 und mehr, in einer Klasse vereinte Schüler. Es ist die Aufgabe des Lehrers, Wege zur besten Übereignung zu finden, und zwar Wege, welche er selber *vorher* weitgehend abschreitet, in Skizze oder ausführlicher Ausarbeitung oder, wenn er ein starkes Gedächtnis hat, in vorher wohl zurechtgelegten Gedankengängen. Dabei kommt es wesentlich darauf an, die Stoffe den Schülern *faßlicher, leichter* zu machen, Schwierigkeiten im voraus zu beheben oder zu ihrer Beseitigung alles bereit zu halten, wenn die Schüler nicht hinüberkommen; im äußersten Falle steht der Lehrer mit der Lösung da und bietet sie, wofern nur der Boden für ein Verständnis, seiner Meinung nach, bereitet ist. Es gehört zu den großen Wundern des menschlichen Jugendlebens, daß Jugend sich immer wieder so brav und tapfer um etwas müht, von dem sie doch weiß, daß es der Erwachsene, ihr Lehrer, weiß, und daß er es ihnen nur zu sagen und zu zeigen brauchte; aber der Trieb und die Lust zum Rätselraten stecken eben tief, tief im Menschen drin.

---

[179] 4. Aufl. 1916. S. 23. 72; vgl. auch S. 19.
[180] Lehrbuch der Erziehung und des Unterrichts, II. Teil. Die Unterrichtslehre, 2. Aufl. 1890. S. 49 f.

Es ist für uns sehr wichtig, der Art und Weise dieser Tätigkeit des Lehrers und ihrer Begründung in einigen neueren Werken gründlicher nachzugehen. Noch bei *Oswald Opahle* ist unter dem „Hauptproblem des Unterrichts" zu lesen: „Um zu lernen, muß man einen andern, den Lehrer, verstehen. Die Kunst des Lehrers besteht also darin, sein Wissen verständlich zu machen. Das Wissen des Lehrers muß aber durch den Unterricht zum wirklichen Wissen des Schülers werden, d. h. der Schüler muß nicht nur verstehen, welche Meinung der Lehrer von der Sache hat, sondern diese Meinung muß auch zu seiner eigenen Überzeugung gemacht werden. Er muß die Meinung des Lehrers als wahr ansehen und muß diese Wahrheit selbst prüfen können. Der Lehrer muß also dem Schüler einen schlüssigen Beweis der Wahrheit liefern[181]." Die Persönlichkeitspädagogik *Lindes* drückte diese Aufgabe so aus: „Das Wesen des Unterrichts besteht demnach sozusagen in einem Parallelismus des Seelenlebens zwischen Lehrer und Schülern. Der Lehrer lehrt nicht sowohl, als er *lebt vor*, und der Schüler lernt nicht sowohl, als er *lebt nach*[182]." *Methoden sind Mittel in der Hand des Lehrers,* einerlei, welche Wege empfohlen werden; die drei gleich wertvollen, gleich notwendigen Unterrichtsformen, die *Ernst Weber* unterscheidet, werden auch erst dadurch hochwertige Kunstform, daß „ein feinfühliger, geschickter Lehrer sie in rechter Weise praktisch werden läßt[183]". Und *R. Seyfert:* „Der Lehrplan des Lehrers ist zugleich der *Lernplan* des Schülers[184]."

Zu aller Methodik gehört ein weiteres Merkmal: die besondere „methodische" Gliederung des Stoffes, und zwar in „methodische Einheiten[185]". Wir folgen jetzt *Richard Seyfert*, um diesen führenden Didaktiker für viele andere sprechen zu lassen. Die Gliederung, so sagt er, in kleine, in sich abgeschlossene Stoffgebiete ist natürlich etwas Willkürliches, aber nur so wird es möglich, „die Stoffe allseitig durchzuarbeiten". Jede methodische Einheit muß wieder in „Lehreinheiten" oder „Lektionen" zerlegt werden, und diese Zerlegung regelt der — Glockenschlag! Der sorgsame Lehrer rechnet damit und richtet Darbietung und Verarbeitung danach ein. Denn „eine Stunde ohne Ergebnis, das auch die Kinder als neuen Erwerb erkennen, muß man als verloren ansehen", d. h. doch, dieses Erkennbare muß eben festzustellen, zu messen, abzufragen oder sonstwie sichtbar zu machen sein. So ist jede Lektion wohldurchdacht; „auch das geistige Leben soll regelmäßig atmen". Jede in Lektionen zerlegte, methodische Einheit zerfällt wieder in Lernstufen; nach *Seyfert* sind es vier: Einstimmung, Erarbeitung des Neuen, die Einarbeitung in das Bewußtseins-

---

[181] Kurze Unterrichtslehre im Sinne ganzheitlicher Unterrichtsauffassung. 1934. S. 17 f.
[182] a. a. O. S. 71.
[183] Didaktik, 1925. S. 155.
[184] Die Unterrichtslektion als Kunstform. 7. Aufl. 1949. S. 26.
[185] *Ernst Weber,* a. a. O. 117—121; *Richard Seyfert,* a. a. O. Siehe auch zum Folgenden.

ganze und die formale Verarbeitung; und das gilt für jede Stufe der Volksschule gleichermaßen.

Und nun (wie überall) in diese methodische Arbeit des *Lehrers* hineinverwoben seine Aufgabe als *Erzieher*. Seyfert legt sie vor allen Dingen in die 2. Lernstufe, die an sich schon „die weitaus wichtigste Unterrichtsstufe" sei. Da ist besonders immer dann, wenn eine gemütliche Erfassung möglich ist, diese zu beachten; denn hier besteht die Möglichkeit, die sittlichen Gefühle zu wecken und das sittliche Handeln und die persönlichen Beziehungen zu pflegen. Ein Unterricht, der in diesem Sinne gemütbildend wirkt, erfordert einen Lehrer, der fähig ist „guter sprachlicher Formung und Schattierung des Stoffes"; eben darin liegt „die umfassendste künstlerische Tätigkeit" des Lehrers. Er muß sich der besten Ausdrucksformen bedienen und rechte Stimmbildung treiben, ein „volkstümliches, anschauliches, lebendiges und eindringliches Deutsch" sprechen und, wenn er Lücken spürt, Wustmanns Buch über die Sprachdummheiten studieren, eifrig die Klassiker oder musterhafte kindertümliche Darstellungen und gute gedruckte Lehrbeispiele lesen. Alles für einen Lehrer ausgezeichnet, aber was hat die Redekunst mit Erziehung zu tun? Ob hier nicht zudem eine gefährliche Vermengung von Überreden und Überzeugen vorliegt? Und so wären wir dort, wo auf diese Weise methodisch gearbeitet wird, höchstens im Vorhofe der Erziehung? Es ist aber zu befürchten, daß wir an die Aufgabe der Erziehung mit dem allen überhaupt noch nicht gerührt haben. Alles dient doch *nur* dem Ziel des *Unterrichts*: der „durchgeistigten Persönlichkeit", d. i. für Seyfert der vollständig gebildete Mensch geschlossenen Charakters, der bewußt nach „weithin herrschenden Prinzipien" lebt: ein kluger, willensstarker, allseitig gebildeter Mensch, auf der höchsten Bildungsstufe mit einer „widerspruchslosen Weltanschauung als Endergebnis einer vollständig durchschrittenen geistigen Entwicklung". Als Vorbild taucht einem unwillkürlich bei diesen Zielsetzungen immer *Goethe* auf, den man seit den achtziger Jahren literarisch in die Form eines solchen (unerträglich dünnen und blutarmen) Idealmenschen gezwängt hat.

2. Zwischenbetrachtung

Bevor wir weitergehen, wird es nötig, eine Besinnung auf das Grundsätzliche in der überlieferten Unterrichtslehre vorzunehmen und aufzuzeigen, an welchen Stellen es bereits erschüttert ist.

1. Methoden sind Mittel des *Lehrers*, die Unterrichtsstoffe den Schülern beizubringen. Die Wege, Planungen und Absichten des Lehrers sind entscheidend. Es ist darum völlig zutreffend, von einer „Lehrerschule" zu reden.

2. Auf den Schüler gesehen ist es immer eine Schülerschaft, ein Kollektiv, eine Klasse, an die gedacht werden muß. Deswegen gehen die vorbedenkenden Pläne des Lehrers notgedrungen auf ein Kollektivhirn, das er voraussetzt und von dem angenommen werden muß, daß es ziemlich gleich und gleichmäßig

reagiert, aufnimmt, begreift und behält. Schüler, die dieser Voraussetzung nicht entsprechen, müssen am Jahresende ausgemerzt werden, sitzenbleiben.

3. Auf den Stoff gesehen: Der Lehrer zerlegt ihn in Einheiten und Lektionen und sorgt für stufenmäßige Bearbeitung.

4. Auf das Ziel gesehen: Das Ergebnis aller unterrichtlichen Maßnahmen soll die Charakterbildung sein, der Schüler als ein Mensch, der Träger der höchsten Werte geworden ist oder doch vorbereitet dazu, es einmal zu werden. So gut wie ausnahmslos nennt das die überlieferte Didaktik: der Unterricht stehe im Dienste der Erziehung.

Zusammenfassend läßt sich sagen, wir haben es zu tun mit

Führung durch Unterricht.

Schon seit einer vollen Generation wird dieses Schema aufgebrochen.

Zu 1. Jeder Didaktiker wollte und will Selbständigkeit und Selbsttätigkeit der Schüler, nicht erst die Reformer seit etwa 1900. Ich kenne keine Unterrichtslehre und keine Pädagogik, die das Gegenteil gewollt hätten. Das Recht und die Notwendigkeit der jüngsten pädagogischen Reformbewegung sind dadurch begründet, daß stärkste Zweifel daran entstanden waren, ob denn die Regsamkeit, die „Teilnahme" selbst der ganzen Klasse, die Art *dieses* Tätigseins genug sei, ja, ob das überhaupt echte, wertvolle Tätigkeit sei, und das, was *eigentlich* mit der Selbsttätigkeit und Selbständigkeit gemeint sei[186].

Daher nun die zahlreichen Bemühungen, wie das Schlagwort hieß „arbeitsschulischer" Natur von seiten der Lehrerschaft, „bessere" Methoden zu erfinden oder zu finden, um eine mannigfaltigere und eine echte Selbsttätigkeit der Schüler zu erzielen. Diese ist stets nur unvollkommen dort erreicht worden, wo die bessere Methode ein Mittel in der Hand des Lehrers blieb. Das einzige, was dann erzielt wurde und den Besucher anfangs wenigstens irreleitete, das war eine größere Regsamkeit, Betriebsamkeit, Beschäftigung, also stärkere nach außen sichtbare Teilnahme der Schüler, und darin war dann diese Methode jeweils „besser", vorausgesetzt natürlich, daß die Zucht in Ordnung blieb.

Oder es wurde der Weg versucht, den *Gaudig* wies, die methodischen Erkenntnisse, Regeln und Kniffe in die Schüler zu überführen. Und war man (oft erst nach Jahren) mit dieser „Einschulung" soweit, so konnten nun die Schüler, wie vordem der Lehrer, unter einer stark zurücktretenden, fast unmerklichen Leitung des Lehrers die Unterrichtsstoffe methodisch bearbeiten, und die Klasse war in eine Schar kleiner Lehrer verwandelt.

Zu 2. Die neuere Psychologie und Biologie, desgleichen die mit ihnen seit 1900 ansteigende Erbwissenschaft, drängten die Unterrichtslehre von der alten Bahn ab, weil sie neue Erkenntnisse vom Schüler brachten. Längst war es wiederum allgemeine Erkenntnis gewesen, was *Ernst Weber* so formuliert:

---

[186] Siehe oben S. 31 ff.

„Methodische Einheiten können nur dann unterrichtliche Bedeutung gewinnen, wenn sie psychologisch einwandfrei sind, d. h. wenn sie der Struktur des Stoffes und der Natur des Lernenden entsprechen[187]." Wie kann aber der Lehrer es anfangen, daß solche Einheit 40 Schülernaturen entspricht? Blieb er im rein Methodischen, so begann jene Tüftelei und Methoden-Spintisiererei, von denen Tausende von Handbüchern voll sind. Nur ein Beispiel für diese Abirrungen sei genannt, das sich auch bei *Richard Seyfert* findet, die „Einübung eines neuen Buchstaben" im Lesen. „Der neue Buchstabe wird in seiner Form erkannt und nachgebildet und seine Aussprache genau eingeübt. Dann wird er mit bekannten Buchstaben verbunden; diese Verbindungen werden geschrieben und geübt, wobei beim Sprechen und Lesen die Übergänge zu anderen Lauten und von anderen Lauten, also das Zusammenziehen, besonders behandelt werden. Endlich werden Wörter und Silben geübt[188]." Bis heute wird dieser Lerngang noch verwickelter gemacht, dort wo man für die Buchstaben künstlich erfundene Bezeichnungen einführt, wie Brummer, Sauser usw. Er kann auch dadurch verlängert werden, daß man zu Beginn eine Geschichte erzählt, aus der dann ein winziges Etwas, etwa das Ringelschwänzchen eines Schweines, das in der Geschichte vorkommt, hervorgehoben wird, um (in diesem besonderen Falle) der „Einführung" des deutschen Schluß-s zu dienen! So meint man, Natur des Stoffes und Natur des Kindes recht gedient zu haben und der Forderung der „methodischen Einheit" wie der Lektion treu geblieben zu sein.

Damit ist die Methode in Methodisiererei entartet und bis zur Selbstauflösung vorgetrieben. Dasselbe aber ereignet sich mit der Schülerschaft, wenn man, statt von den Anforderungen der Methode und des Stoffes auszugehen, ebenso einseitig von dem *einzelnen* Schüler und seiner Natur ausgeht. Da liegt der Gedanke nahe, den geschlossenen Klassenunterricht so umzugestalten, daß er für jeden Schüler ein Einzelunterricht werde, und wir haben die reine Form des didaktischen Individualismus, wie sie der Dalton-Plan zeigt. Zugleich seine wertloseste Form; denn es ist hier im Grunde vom Lehrer nur sein Lektionenbetrieb umgeschrieben in „monatliche Kontrakte", die die Schüler abzuarbeiten haben und die der Lehrer jedem einzelnen abnimmt. Der Gewinn des Verfahrens liegt darin, daß die Schüler sich freier bewegen und mehr nach Neigung und Arbeitstempo die Kontrakte erledigen können.

Es ist bezeichnend für die in unserem Volke herrschende Kraft des Sozialen, daß sich auf deutschem Boden ein auch nur ähnlicher didaktischer Individualismus nicht entwickelt hat und somit der Dalton-Plan keine Aufnahme findet. Nur in der Form gewisser „Arbeitsanweisungen" verrät sich sein Einfluß bzw. eine individualistische Tendenz, vor allem, wenn diesen Arbeitsanweisungen ein ungebührlich breiter Raum eingeräumt wird. Die deutsche Lösung ist viel eher die, arbeitsteilige Verfahren zu wählen, Gruppenbildung, etwa nach

---

[187] a. a. O. S. 121.
[188] a. a. O. S. 21.

dem gleichen Arbeitstempo (Eymer-Keffert), immer Wege also, bei denen die sozialen Bindungen und Energien innerhalb der Schülerschaft miteingesetzt werden sollen. Jeder Unterricht muß ja bis zum einzelnen vordringen, ihn erfassen, ein Urteil über ihn, sein Können und seine Leistung, möglich machen; es ist die deutsche Art, das Individuum dabei zugleich immer in seiner sozialen Einbettung zu lassen.

Zu 3. Seit Herbart lehrte, die Materie des Unterrichts liege in den Wissenschaften, hat der Unterrichtsstoff der Schulen sich stärker und stärker nach der Wissenschaft ausgerichtet, ist ihren Wandlungen und Zerlegungen übermäßig gefolgt und entartete in der zu weit getriebenen Fächerung im Fetzenstundenplan. Der erste Rückschlag erfolgte in den Versuchen, innerlich zusammengehörende Fächer zu verkoppeln, im Sinne einer „Konzentration". Das war die Zeit, wo in den Konferenzen, vor allem auch an den höheren Schulen, eifrig gesucht wurde, zwischen den Fächern „Beziehungen herzustellen". Allerorten ein Beweis für die Erstarkung des Dranges: Zurück zur Einheit, zum Einheitsgrunde der Wissenschaften!

Die meisten Richtungen des „Gesamtunterrichtes" gehen mit bestem Erfolge denselben Weg. Daneben bekämpfen radikale Reformer, oft mit geringster eigener neuer Praxis, die Wissenschaften überhaupt; das ist die moderne Spielform der Naturpädagogen: zurück zur Natur, zum Urtümlichen! In ihrer Praxis heißt das aber zumeist nichts anderes als hin zu dem, was heute gerade sich als aktuell anbietet und um dessentwillen schon wertvoll sei. In dieses wirre Bild, das sich von der Stoffseite her gesehen innerhalb der Schulwelt bietet, bringt nur ein festes Ausleseziel Ordnung und Sicherheit.

Zu 4. Die innige Verbindung von Unterricht und Erziehung wurde um 1900 gefestigt durch den zur Herrschaft gelangenden Popular-Idealismus, der *Bildung* und Erziehung gleichsetzt. Danach wäre also der gebildete Mensch auch der erzogene Mensch. Um 1930 ward aber im sog. Idealismusstreit den weitesten Kreisen sichtbar, daß sich in unserem Volke eine starke und uralte Grundströmung mehr und mehr durchsetzt, der in Norddeutschland beheimatete Realismus. Beim realistischen Schauen und Durchdenken der Wirklichkeit wird die Erziehung als eine Wirklichkeitsfunktion erkannt und klar von der Bildung abgehoben. Von da an beginnt die Lehrerschaft mehr und mehr einzusehen, daß Unterricht nicht Erziehung leisten kann, sondern höchstens — Bildung. Denn im Unterricht geht es immer nur, was die sittliche Seite angeht, um „ein fortgesetztes Bilden der Willenskräfte" (Seyfert u. a. m.), also um eine gewisse Zuchtform, um Bildung, Formgebung, um eine Arbeitshaltung, vielleicht allgemein um „Haltung", aber nie und nimmer um — Erziehung, so wie sie der neue *pädagogische Realismus* erkannt hat und beschreibt.

Und erst von ihm aus gelangen wir überhaupt zu einer wirklich *neuen Schule*. Nicht über neue Methoden! Gewiß, man soll z. B. heute nach der Ganzwortmethode Lesen lehren; denn sie entspricht am besten der neuesten Struktur-

und Ganzheitspsychologie. Aber erreicht wird eben nur, daß am Ende des Jahres die Kinder lesen können, und es hängt ganz und gar vom Lehrer ab, wie frisch, fröhlich, kinderlieb er ist, ob die Klasse es gern und leicht und freudig lernte. Dasselbe Ergebnis ist aber — hundert Jahre und mehr bestätigen es — mit synthetischen oder analytischen Methoden erreicht; und eigene Erfahrung und Beobachtung belehrten mich, daß hierin nie und nimmer das Entscheidende liegt. Erreicht ist nur, daß man *anders lehrt*.

Und die neue Schule kommt nicht durch neue Stoffpläne; neuer Stoff gibt keine neue Schule. Sondern neues Bildungsgut kommt aus neuen Anforderungen der politischen und allgemein kulturellen Lage eines Volkes in die Schule hinein. Die schönsten Bildungspläne und die besten, gescheitesten Lehrpläne, landschaftlich entworfen und wundervoll in sich ausgedacht und Muster wissenschaftlichen Könnens wie schulischer Einsicht, sie alle erreichen nur, daß man in den Schulen anderen Stoff den Schülern übereignet, *anderes lehrt*. Das muß sein und soll so sein, aber es bringt keine neue Schule.

Der Umbruch zur neuen Schule kann nur kommen, wenn wir ernst machen mit dem *Umbruch des Schullebens*, d. h. des Zusammenlebens von Lehrern und Schülern und Schülern und Schülern, und in alles hineinbezogen die Eltern. Dazu aber nötigt die Einsicht in das, was Erziehung wirklich ist und was damit als Erziehungsziel auch für die Schule gelten muß. Stelle ich nun den Unterricht *unter* diese Erziehung, also an die zweite Stelle, dann gelange ich Schritt für Schritt von der Methodik zur

Pädagogik des Unterrichts.

3. Von der Erziehung

Rudolf Lochner[189] hat von der neueren Erziehungswissenschaft gesagt, sie sei verkappte Erziehungslehre. Nein, sie ist *vollbewußt Erziehungslehre*, ist zugleich Erziehungslehre. Sie teilt nicht mehr die Auffassung von der „reinen" Wissenschaft, die noch Lochner zugrunde legt, sondern sie wendet sich von Anfang an den irrationalen Voraussetzungen zu, erklärt es für aussichtslos, „erfolgreich auch nur die schlichteste pädagogische Praxis zu durchleuchten und sie in das große Ganze ihrer Betrachtungsweise einzuordnen, ohne sich zuerst mit der Beziehung aller Erziehung zum Sinn des Seins und des Geschehens auseinanderzusetzen. Sie hebt demnach mit einer *Erziehungsmetaphysik* an"[190]. Die neue Erziehungswissenschaft hebt mit einer Sinndeutung ihres Gegenstandes an. Darum ist sie nicht voraussetzungslos noch objektiv im Sinne positivistischer Wissenschaft. Aber sie ist Wirklichkeitswissenschaft, wie es auch Geschichte, Soziologie und Psychologie sind. Sie hat es nicht mit dem Verstehen „bündiger"

---

[189] Erziehungswissenschaft, 1934.
[190] *Petersen*, Der Ursprung der Pädagogik (II. Teil der Allgemeinen Erziehungswissenschaft), 1931. S. 14.

Gestalten des objektiven oder objektivierten Geistes zu tun und zielt nicht ab auf die Entdeckung von Gesetzen, nach denen sich dann die Erziehung bewußt und planvoll gültig zu richten hätte.

Der Gegenstand der Erziehungswissenschaft ist vielmehr ein sinnvolles Geschehen, dem der Erkennende und Betrachtende selber verhaftet ist, in dem er mittendrin steht und das durch ihn hindurch weiter geschieht. „Das ganze Leben des Menschen und der Menschheit ist Ein Leben der Erziehung" (Fröbel). So inmitten des Wirklichen stehen, bedeutet zugleich, von Entscheidung zu Entscheidung gehen, in leidenschaftserfüllter Gegenwart sein Leben führen, auch als Wissenschaftler, der gegenwärtiges Geschehen erforschen will. Darum sind alle Wirklichkeitswissenschaften ethisch. Es gibt überhaupt „kein Sehen von Wirklichem, in dem nicht zugleich Wollen ist oder das doch Wollen erwecken oder lähmen kann" (Karl Jaspers)[191]. Das ist diese aktivistische Auffassung der *Wirklichkeit,* die auch in der germanischen Sprache zum Ausdruck kommt, schon bei der ersten Abspaltung vom Indogermanischen darin erkennbar, daß sie damals kein Passivum entwickelte[192]. Sein ist Wirken. Also empfängt derjenige, welcher es wissenschaftlich mit dem Wirken zu tun hat, aus seiner denkenden Bearbeitung dieses Wirklichen selbst heraus auch stets Richtungsbestimmtheiten für sein Tun und Verhalten dem betreffenden Wirklichen gegenüber und um so bessere, richtigere Bestimmungen, je besser und richtiger er selber in der Fülle eines denkend beherrschten gegenwärtigen Geschehens tätig steht. Es ist klar: je besser ich etwas kenne, um so besser vermag ich es zu fördern. Denkende Teilnahme und Besinnung auf Wirkliches geben somit immer zugleich auch Mittel zur Behandlung, zum Eingreifen in den umfaßten Bereich[193]. Daraus folgt, daß alle neue Erziehungswissenschaft Erziehungslehre sein muß, daß sie seit ihrer Begründung bewußt tätig, auf die Volksgemeinschaft ausgerichtete Wissenschaft ist und sein will.

Erziehung stellt sich uns nun dar als eine Funktion des Seienden, ebenso ursprünglich und kraftvoll wie das Leben und seine Funktionen[194]. Erziehung ist ein ursprüngliches Geschehen und Wirken, das demnach vor aller bewußten Erziehung, d. i. vor *allem Pädagogischen,* liegt, dieses als Teil unter sich faßt. Ihre Wirkung ist, allgemein gesprochen, ein organisches Geistwerden, nie als bewußte Schöpfung, sondern im Sinne eines natürlichen organischen Aufbaues persönlichen Lebens. Da Erziehung eine unaufhebbare Beziehung zu Geist und zu Freiheit hat, so unterscheiden sich alle Erziehungssysteme und -wissenschaften am deutlichsten durch ihre Bestimmung dessen, was sie unter „Geist" verstehen. Uns ist *Geist* nicht gleich Intelligenz, nicht der ideelle Ort des Sinn-

---

[191] Geistige Situation der Zeit, 1931. S. 187.
[192] *Hermann Güntert,* Ursprung der Germanen, 1933. S. 29 ff.
[193] *Petersen,* Pädagogik der Gegenwart, 1937, S. 130 ff., 141.
[194] Pädagogik der Gegenwart, a. a. O. S. 50 ff. und: Ursprung der Pädagogik, durchgehend.

verstehens (Spranger), nicht Inbegriff des gesetzmäßig sich erzeugenden Inhalts des Bewußtseins (Natorp), nicht, was Hegel unter subjektivem und objektivem Geist versteht. Geist ist vielmehr der Inbegriff aller derjenigen Akte, durch welche ein Mensch sich selbst auffaßt, weiß und versteht als seiend, wertempfangend und selber wertend *aus dem Grunde des Seienden* heraus, und ebenso derjenigen Akte, in denen er aus dem Grunde der Wirklichkeit heraus fühlt und handelt, so daß die im eminenten Maße „menschlichen" (oder geistigen) Gefühle und Handlungen entstehen, die es also nur unter Menschen gibt, wie Güte, Liebe, Treue, Demut, echtes Mitleid, Leid, Andacht, Ehrfurcht, reiner Gehorsam, Dienst. Aus dem *Grunde* des Seienden heraus verstehen, erkennen, fühlen und handeln heißt verstehen usw. aus dem heraus, worin das Seiende, hier der ganze Mensch, gründet, wodurch er demnach im tiefsten bestimmt wird, das, worin er gesetzt, gepflanzt ist, vergleichbar einem Baume, der seine Wurzeln tief hineinsendet in den Grund, über dem er sich entfaltet, aufwächst und blüht wie verblüht, den er also nie sehen könnte, dessen Kräfte ihn aber bis in die kleinsten Spitzen hinein durchrinnen *und erhalten*. Und worin gründet jeder Mensch? Aus *welchem* Grunde heraus erfolgen seine tiefsten und wertvollsten Gedanken, Gefühle und Handlungen?

Im Wurzelgefüge menschlichen Seins und Wesens unterscheide ich drei Gruppen ursprünglicher Bindungen; in ihnen steht jeder einzelne Mensch, und aus ihnen werden bestimmt sein Lebensgang, sein Wert als Mensch, als Glied seines Volkes, mithin sein Schicksal[195]. Es sind das an erster Stelle die Gemeinschaften, in die der einzelne hineingeboren wird wie Familie, Verwandtschaft, Sippe, und alle menschlichen Beziehungen, die auf irrationalen, im Grundwesen der Menschen liegenden Kräften der Anziehung ruhen. Alle diese Gemeinschaften sind von Ursprung her an den bestimmten *Raum und seine Natur* gebunden. Das Zusammenleben und -stehen auf demselben Raume, damit Nachbarschaft und Heimat, sind gleichfalls einen jeden Menschen lebenslang bestimmende Erlebnisse, über die keiner hinwegkommen kann, ohne im Wesenskern zu verarmen. Dazu kommt als dritte Gruppe von Gemeinschaften, die jeden Menschen vom ersten bis zum letzten Tage seines Lebens halten und formen, die *„geistigen Gemeinschaften"* oder *Kultur*gemeinschaften: Sprache, Sitte, Recht, Mythus usw.

Aus diesem Grunde erblühen die „geistigen Tugenden", welche die Menschenwelt und ihre Ordnungen erhalten. Aus ihnen lebt, auf ihnen ruht jede Gemeinschaft, angefangen von den kleinsten Zellen, von der Familie, bis hinauf zur höchsten, der Gemeinschaft des Volkes. Es ist eben die Funktion der Erziehung, welche Gemeinschaft wirkt, echte menschliche Gemeinschaft; denn es gibt Erziehung nur unter Menschen; die Tierwelt kennt nur Dressur und Bildung. Ja *weil* es Erziehung als geistige Wirklichkeitsfunktion gibt, darum gibt es das besondere Menschsein und gibt es Menschlichkeit. Sie entfaltet ihre

---

[195] *Petersen*, Allgemeine Erziehungswissenschaft, 1924, S. 250 ff.; 270 ff.

Kraft auch von Anfang an nur inmitten der Gemeinschaft. Und diese ist, wesentlich genommen, für den Menschen weit mehr und anderes als Symbiose, mehr als Lebensgemeinschaft auf einem Acker, in einem Teiche. Menschliche Lebensverbundenheit ist von Anfang an geistige Verbundenheit, darum das Gegenteil eines Zweckverbandes, einer sozialen Gruppe als etwas von Menschen „Gesetzten" (ordre positive). Es handelt sich um „Ursprungs-Gemeinschaft", um schöpfungsgemäße Verbundenheit, um diejenige, in welcher und durch welche ganz allein die Menschenwelt, so wie sie geschaffen worden ist, bestehen kann. Ohne jene geistigen Tugenden, Handlungen und Erkenntnisse geht sie zugrunde; wo diese unter Menschen geschehen, dort wird sie von diesen Menschen erhalten. Geschehen sie z. B. nicht mehr zwischen Mann und Frau, so zerfällt die Familie; und so in jeder echten Gemeinschaft. Auch das Volk lebt aus keinen anderen Handlungen und Gefühlen und Einsichten als aus diesen. Darum besitzen wir mit dieser Bestimmung der Erziehung und mit dieser Entwicklung der Beziehungen, unter denen sie steht und geschieht, zugleich das oberste und einzige Erziehungsziel, ein Ziel, das zudem ewig ist, heute gilt wie je zuvor und so fort in alle Ewigkeit, solange diese Erde und dieser Himmel bestehen werden.

Das bedeutet: Erziehungswissenschaft gibt allen Pädagogen, allen praktisch tätigen Erziehern ein *festes*, unverrückbares *Erziehungsziel*. Sie wissen damit ganz genau, womit sie an dem Bestande ihres Volkes bauen und wodurch sie ihn bedrohen. Bildungsziele werden sich wandeln und müssen sich aus der Zeitlage und der Lebensnot eines Volkes heraus wandeln. Das bewußt gewordene Gewissen verantwortungsvoll denkender und handelnder Erzieher sagt dem Volke, wo Bildungsziele und Bildungsideale die Erziehung bedrohen. Diese Ausführungen zeigen zugleich, daß die neue Erziehungswissenschaft den Begriff des Erziehers nicht auf den des berufsmäßig vorgebildeten Erziehers einschränkt, sondern Erzieher in jedem sieht und anerkennen muß, der einen Menschenkreis nach dem einen geistigen Hochziele ausrichtet, und zwar durch die Vortat, durch Vorleben.

Also geht Erziehung auf die *Gesinnung* des Menschen, auf das, was er im Grunde seines Wesens ist und was ganz allein Menschsein zu einem allem auf Erden überlegenen Sein macht. Das ist mehr als Willensschulung und weit mehr, als höchste Bildung zu geben vermögen. Niemand wird diese beiden gering achten, niemand leugnen, daß sie zu den Zielen gehören, die sich unsere Schulen auch setzen müssen. Wir wollen nur darüber klar sein, daß beide nicht an das Wesentliche rühren. Hohe Bildung ist keine Gewähr für ein Durchhalten in menschlichen Angelegenheiten, in den kleinen, aber so entscheidenden Bindungen, Verpflichtungen und vorgegebenen Aufgaben des engsten Lebenskreises wie in den großen des Volkes. Willensschulung ist unentbehrliches Rüstzeug im Leben aller Schaffenden, einerlei auf welchem Posten sie stehen, sie ist unentbehrlich im Lebenskampf, aber sie kann im Dienste gemeinschafts*widriger* Handlungen und Verhaltensweisen genutzt werden, und nichts gibt eine Sicherheit dafür, daß sie lediglich dem Guten dient. Hinter beiden kann eine durch und durch unzureichende Gesinnung stehen, ja, beide sind sogar bekannte und beliebte Mittel, um die Gesinnung zu verbergen. Es gibt somit auch keine Haltung, welche die Gesinnung, d. h., daß das Gute durch diesen Menschen einfach geschieht, garantiert. Hinter wohlgeübter, tadelloser Haltung mit leuchtenden, freundlichen Augen kann sich verbergen ein schlauer Taktiker, ein kleiner Rechner inmitten der Wirrungen des Lebens, ein kleinlicher Charakter. Ja, wie oft enttäuschte das äußere, anfangs gewinnende Bild solcher Haltungsmenschen, wenn man ihre Handlungen kennenlernte, vor allem schon ihre Art, über Mitmenschen zu reden, sie zu beurteilen! Auf einmal waren alles Denken und Handeln offenbar als rein ichbezogen, ohne das Vermögen, den Nächsten in seinem Schicksal, seinen Bindungen zu sehen, ohne Wissen darum, daß alles Leben und Sein wie der Himmel uns nur in einem, noch dazu wandelbaren Horizonte zu sehen möglich ist und daß es in Weiten hineinreicht, die ihm selber verhüllt sind. Um dies alles aber weiß der *erzogene* Mensch, und er schweigt eher, als vorschnell abzuurteilen. Er schützt auch im andern den Nächsten, den Volksgenossen, den Bruder, und er dient immer dem Frieden, dem Aufbau von Gemeinschaft unter Menschen, wo nur er steht und lebt.

Klar sollte es aber zuletzt sein, daß wir allein mit einem solchen Erziehungsziel auch ein *für alle Deutschen* gemeinsames, alle *verbindendes* Ziel gewonnen haben. Wer die Bildung zum obersten Ziel erhebt, der wirkt trennend, klassenbildend; denn aus dem Bildungsprinzip kamen immer stark auflösende Kräfte, die, welche Menschen gegen Menschen stellen. Um Bildung zu erreichen, wird ferner zu einseitig an die intellektuellen Kräfte appelliert und geglaubt, man vermöge über die Erkenntnis und die gereifte Einsicht hin sittliches Leben und Handeln zu begründen.

Deutschland hat nicht auf dem Felde der Wissenschaft versagt. Die Sieger melden bewundernd, bis zu welcher Höhe die deutsche Forschung gelangt ist. In den menschlichen Angelegenheiten: in der zwischenmenschlichen Haltung, im Umgang mit den Volksgenossen, in guten Sitten, in der Achtung vor der Frau, in den Forderungen der Humanität und eines, zwar nationalbewußten, aber ohne Überheblichkeit entschlossenen Willens zum Völkerfrieden ist ein Versagen offenbar geworden, dessen Anwachsen der erkenntniswillige Beobachter seit zwei Jahrzehnten feststellen konnte und das zu einem grauenerregenden Grade angestiegen war. Darum mahnten in diesen Jahrzehnten die neue Erziehungswissenschaft und die auf ihr ruhende Pädagogik unermüdlich, neben dem Unterricht und den allgemeinen Bildungsaufgaben vor allen Dingen ein *Schulleben* allseitig zu entwickeln, welches die Grundkräfte der rein menschlichen Gesinnung so machtvoll wie nur möglich in allen Lehrern und Schülern und, über sie hin vermittelt, in möglichst vielen Familien wecke, sie sich betätigen, sich im Tun festigen und zur andern Natur werden lasse. Die rein menschliche Gesinnung *kann* in allen erzogen werden. Und die „Führungslehre des Unterrichts" zeigt dafür Wege auf. Diese sind in hundertfacher Praxis erprobt, zuerst eben dieser Praxis abgelauscht, dann aus ihr in neuer Forschung, mit den Mitteln der „Pädagogischen Tatsachenforschung[1]" gewonnen. Sie können von nun an immer exakter betrieben und den aufnahmewilligen Lehrern und Erziehern gewiesen werden. Wir brauchen nicht zu verzagen, soweit unser Schulwesen und alle unsere Erziehungseinrichtungen überhaupt in Betracht kommen. Die Erziehungswissenschaft kann nicht nur aufzeigen, wie man Militaristen, Bürger mit Untertanengesinnung, wie man Individualisten, mit höchster Wahrscheinlichkeit erfolgreich, heranbildet, sondern ebenso zuverlässig, wie Menschen mit echt sittlichem Verantwortungsgefühl, mit selbständigem Denken und guten Sitten, kurz, wie Menschen wahrhaft zu Menschen erzogen werden können.

Ein Volk kann somit ganz besonders glücklich über seine Schulen hin in die echte „demokratische Lebensform" hineinleben, d. h. in eine Gesinnung und Haltung, welche die Verschiedenheit, ja die Gegensätze zwischen den Charakteren und Interessen innerhalb einer Volksgemeinschaft anerkennen, jedes achten, sofern es die Grenzen der Sittlichkeit und guten Sitte einhält, und nun die Menschen bestimmen, unermüdlich aufrichtig mit politischen Mitteln, Gesetzgebung und Verwaltung, aber noch williger und stärker im täglichen Umgang und Verkehr der Volksbürger miteinander ausgleichend, vereinend und versöhnend zu handeln. Wo könnte die goldene Spielregel eines solchen Gemeinschaftslebens besser gepflegt, jahrelang ununterbrochen geübt und in ihren aufbauenden Wirkungen wohltuender erlebt und darum auch leichter lebensfest werden als innerhalb eines nach ihr geleiteten Schullebens und einer gleichen Unterrichtsführung? Es werden von dem Umfang und von der Kraft, mit denen sich diese Gesinnung in deutschen Menschen, im deutschen Volke darstellt, der besondere Typus des Deutschen der Zukunft und sein neuer Wert unter den Völkern der Erde abhängen

---

[1] *Peter Petersen,* Von der Lehrprobe zur Pädagogischen Tatsachenforschung, Teil I. 1951.
Else Müller-Petersen, Die Methode der pädagogischen Tatsachenforschung, Teil II. 1951.

Inhaltsübersicht der Hauptwerke zum Jena-Plan

A. Zur ersten Einführung

Der Jena-Plan einer freien allgemeinen Volksschule. Sog. Kleiner Jena-Plan.
13./14. Auflage 1946 (1. Auflage 1927). 8⁰ 100 S. Beltz, Langensalza. 1,60 DM.
15./17. Auflage 1949. 74 S. 23./24. Auflage 1954. Georg Westermann, Braunschweig.

I. Die allgemeinen erziehungswissenschaftlichen und pädagogischen Grundlagen. Aufgabe. Verhältnis zu Staat und Gesellschaft. Erziehung und Erziehungskunst. Gemeinschaft und Gesellschaft. Aufbau der Gemeinschaftsgruppe. Das Erziehungsziel der Schule. Menschenschule. Haltung der Elternschaft. „Allgemeine Schule." Der Bankerott der Jahresklasse. Und die Hilfsschüler? Die Begabten. Soziales. Familienschule.

II. Äußere Ordnung des Schullebens.
Schulgebäude. Verteilung der Schüler. Ausstattung. Platzfrage. Bewegungsfreiheit. Pause.

III. Das Gemeinschaftsleben der Gruppe.
   a) Die „Gruppe". Stammgruppe. Jena-Plan und *Landschule.* Übergänge. Definition der Stammgruppe.
   Das freie innere Kräftespiel der Gruppe. Organisatorische Vorteile für alle Schulen. Jena-Plan-Schulen im Dienste der *Volksgesundheit.*
   b) Umgang und Sitte. Räumliche Einordnung. Das Gruppengesetz. „Abgeschlossenheit." Beweglichkeit. Schulwohnstube. Pflege und Ordnung der menschlichen Beziehungen. Schule des Schweigens und der Stille.
   c) Die Eingewöhnung in die Besonderheiten des „Schul"lebens und der „Schul"arbeit.
   Lehrgespräch. Frage. Gesprächsleitung. Lehrerfrage. Offenheit. Gegenseitige Hilfe in der Erziehung.
   d) Zehn Vorteile der Gruppe. Zusammenfassung.

IV. Der Umkreis sozialethischer Gegenstandsbildung.
Innerhalb der Gruppe. Aus dem Schulganzen. Patenschaften.

V. Planlegung und Probleme des Unterrichts.
   A. Lernformen des Unterrichts. „Elementargrammatik." Freies Fortschreiten. Werkgrammatik (nach Dr. Arno Förtsch). Das *gruppenunterrichtliche Verfahren.* Gegenseitige Hilfe im Unterricht. Fremdsprachlicher Unterricht. Übungskurse. Individuelle Entwicklung i. a. Arbeitspläne. Der Wochenarbeitsplan.

B. Eine Schule „volkhafter Bildung" (Hördt). Die vier Urformen des Lernens und Sich-Bildens. Einordnung des Unterrichts in die Schulgemeinde, schematische Übersicht. Bewertung der Leistungen. Eigen- und Fremdbewertung. Gefahr der Zensur. Objektiver und subjektiver Bericht. Die seelsorgerliche Aufgabe des neuen Erziehers.

VI. Zur Entstehungsgeschichte des Jena-Planes.

B. Darstellung und Auswertung des Jenaer Schulversuchs von 1924—1934[1]

Petersen-Wolff: Eine Grundschule nach den Grundsätzen der Arbeits- und Lebensgemeinschaftsschule. 1925. VIII und 146 Seiten.

Petersen: Jena-Plan I. Schulleben und Unterricht einer freien allgemeinen Volksschule nach den Grundsätzen neuer Erziehung. 1930. Mit 2 Bildbeilagen. XVI und 204 Seiten.

Petersen-Förtsch: Jena-Plan II. Gestaltendes Schaffen im Schulversuch der Universitätsschule Jena. 1925—1930. 1930. Mit 11 Bildtafeln. VI und 116 Seiten.

Petersen: Jena-Plan III. Die Praxis der Schulen nach dem Jena-Plan. 1934. Mit 26 Abbildungen auf den Tafeln sowie mehrfarbigen Tabellen auf einer weiteren Tafelbeilage und 11 Übersichten. VII und 368 Seiten.
Einleitung. Pädagogische Grundfragen des Jena-Plans. Von Peter Petersen.

1. Volkstheoretische Grundlegung / 2. Ehrfurcht vor dem Leben; Pflege der lebenden Kultur / 3. Gruppensystem / 4. Das Gruppenleben: Seine Ordnung und seine Autoritäten / 5. Wandel des Unterrichts in seiner sozialen und individuellen Wirkung / 6. Die Konstanten einer Schülerindividualität / 7. Daraus folgende pädagogische Aufgaben / 8. Stufenbau der Stammgruppen / 9. Die Führerfrage / 10. Der pädagogische Realismus.

A. *Aus Leben und Arbeit der Universitätsschule Jena 1930—1934*

I. Das erste Schuljahr im Schul- und Unterrichtsleben der Untergruppe 1930 bis 1933. Von Käthe Homack.

II. Einführung in das Material der Untergruppe. Von Käthe Homack.

III. Führung im Rechenunterricht. Von Dr. Else Müller-Petersen.

IV. Das gruppenunterrichtliche Verfahren.
a) Der Gruppenunterricht in den einzelnen Stammgruppen. Übersicht. Von Hildegard Borkenhagen / b) Die Stufen des Gruppenunterrichts. Von Peter Petersen / Die Übersichten über die Jahresgruppenarbeit 1925 bis 1934: Was haben die Schüler „gehabt"? / 1. Die Bestimmung der Aufgabe. Oberste Grundsätze zur Sichtung und Ordnung. Wie beginnt man das erstemal? Die entscheidende Bedeutung dieser ersten Stufe / 2. Die Quellen; die Arbeitsmittel. Wer beschafft sie? Die Einführung der Quellen und Arbeitsmittel / 3. Die Ausarbeitung. Drei typische Arbeitsabläufe bis zum „Arbeitsheft". Die führende Tätigkeit des Lehrers auf dieser Stufe / 4. Die Darbietung: Vorbereitung, Helferdienst, Bericht, Besprechung und Auswertung / 5. Die Zusammenfassung, Wiederholen, Einprägen, Mindest-

---

[1] Die Bände unter B erschienen bei Herm. Böhlaus Nachf., Weimar.

lernstoffe / Fünf Vorteile eines richtig geführten Gruppenunterrichts c) Gruppenarbeit der Obergruppe 1. April 1930 bis 31. Januar 1931. Von Hildegard Borkenhagen / d) Die Leistung der Gruppenarbeit in wöchentlich drei Arbeitszeiten der Obergruppe 1933/34. Von Hildegard Borkenhagen.

V. Die Kurse der Universitätsschule; schematische Übersicht mit Proben nach dem Stande Anfang Juni 1933. Von Dr. Arno Förtsch.

VI. Der Kreis (Stand Anfang Juli 1933). Von Ruth Gericke.

VII. Feiern und Feste an der Universitätsschule. Von Hanna Apelt-Döpp-Vorwald.

VIII. Schumann und Mozart in der Volksschule. Ein Musikkurs als gebotene Feierstunde. Von Dr. Else Müller-Petersen.

IX. Dienst an der religiösen Erziehung in der Schule. Einordnung der religiösen Wirklichkeit in die Arbeitswelt der Schüler. Von Peter Petersen.

B. *Der Jena-Plan in Schulen außerhalb Jenas.*

I. Umstellung einer 5. Klasse auf den Jena-Plan in einer mehrklassigen städtischen Schule im Schuljahr 1929/30. Von Ruth Gericke.

II. Versuch im Sinne des Jena-Plans mit 35 Knaben des 2. Schuljahres an der 17klassigen Volksschule in Zielenzig-Neumark Juli 1930 bis Juli 1931. Von Erich Thomaschewski.

III. Hilfsschule und Jena-Plan. Versuch nach den Grundsätzen des Jena-Plans mit 20 Kindern der einklassigen Hilfsschule in Zielenzig-Neumark. Oktober 1931 bis April 1932. Von Erich Thomaschewski.

IV. Bericht über die Arbeit in Altküstrinchen. Von Fritz Zinke.

V. a) Versuch auf der Oberstufe der Evangelischen Mädchen-Volksschule in Wittenberge 1930—1933. Von W. Gerich / b) Vier Jahre Grundschule in Anlehnung an den Jena-Plan in der Evangelischen Mädchen-Volksschule in Wittenberge. Von Willi Wernicke.

VI. Schulleben und Arbeit der Gemeindeschule IV in Finsterwalde (N.-L.) Michaelis 1930 bis Ostern 1933.

a) Gesamtplanung einer Schule nach dem Jena-Plan. Rückblick und Ergebnis. Von Fritz Behrendt / b) Wie die U 3 gebildet wurde. Das erste Vierteljahr in einer neugebildeten Untergruppe. (Bericht über Unterrichtsarbeit und Umschulung der Untergruppe 3 in Finsterwalde von den Herbst- bis zu den Weihnachsferien 1930.) Von Alfred Nauck / c) Typische Arbeitsverläufe in der Untergruppe. Von Emmi Neumann-Peichert. / d) Gruppenarbeit in einer Mittelgruppe. Von Herbert Illig / e) Arbeitseinheit „Asien" in der Obergruppe. W.-S. 1932/33. Von Fritz Behrendt / f) Arbeitsrückschau — Schulausstellung. Von Lothar Elsner / g) Organisation der Kurse. Von Fritz Peichert / h) Der Kreis. Von Emmi Neumann-Peichert / i) Feste und Feiern in der Schule. Von Fritz Behrendt / k) Unterrichtsbesuche in einer Obergruppe. Von Fritz Behrendt.

VII. Bericht über die Arbeit der Jena-Gruppe an der Halleschen Akademieschule 1931—1934. Von Alfred Sachse.

VIII. Die Umstellung der Mittelstufe einer dreiklassigen Landschule nach dem Jena-Plan 1933/34. Von Käthe Homack.

IX. Jena-Plan-Schulen im Amt Rahden und Landkreise Lübbecke (Westfalen). a) Die zehnjährige Bezirksschule in Rahden (ehemals Volks- und Mittelschule) / b) Erstes Arbeiten der dreiklassigen Volksschule in Varl nach dem Jena-Plan W.-S. 1933/34. Von Vahle / c) Die Umgestaltung des Schullebens in der einklassigen Schule Diekerort 1933/34. Von W. Schwier / d) Bericht über die Umstellung der Schule Espelkamp II nach dem Jena-Plan. Von Hans Pieper.

C. Erziehungswissenschaftliche Grundlegung

Petersen: Allgemeine Erziehungswissenschaft (entworfen W.-S. 1920/21; enthält die volkstheoretische Grundlegung). VIII und 276 Seiten. W. de Gruyter, Berlin 1924. (Später eingeordnet als I. Teil, schließlich als Band 1 der Allgemeinen Erziehungswissenschaft.)

I. Grundbegriffe.
§ 1. Masse, Gesellschaft, Gemeinschaft / § 2. Der Einzelne und das Ich; Individualität und Persönlichkeit / § 3. Natur und Kultur / § 4. Entwicklung und Fortschritt / § 5. Erziehung und Bildung.

II. Die Reiche der Lebensnot.
§ 6. Wirtschaft / A. Das wirtschaftliche Handeln / B. Der wirtschaftliche Mensch / § 7. Staat / § 8. Kirche / § 9. Volk / 1. Der Begriff „Volk" / 2. Was Volk ist / 3. Die Familie / 4. Der Einzelne und sein Volk / 5. Volk und Menschheit / 6. Die Struktur einer Volksgemeinschaft und der Gemeinschaften überhaupt / 7. Die freie Volksschule.

Petersen: Der Ursprung der Pädagogik (entworfen S.-S. 1925). VI und 216 S. W. de Gruyter, Berlin 1931. (Untertitel: II. Teil der „Allgemeinen Erziehungswissenschaft"; später als Band 2 bezeichnet.)

§ 1. Erziehungswissenschaft oder Erziehungsphilosophie?
I. Die metaphysische Streitfrage der Erziehungswissenschaft. / § 2. Die Erziehungswirklichkeit.
II. Die praktische Streitfrage der Erziehungswissenschaft / Der Ursprung der Pädagogik. § 10. Die Führung (Pädagogie) / § 11. Der Stoff / § 12. Die Grundformen der Führung (Pädagogie) / § 13. Das Bewußtmachen; die Pädagogie des Unterrichts / Der Ursprung der Didaktik / § 14. Disziplin und Autonomie / § 15. Macht und Zwang.

Petersen: Pädagogik der Gegenwart. 2. Aufl. 1937. Abgeschlossen Juni 1937. 194 Seiten. E. S. Mittler & Sohn. Berlin. 3. Aufl. in Vorbereitung.

Petersen: Friedrich Fröbel. 1941. 64 S. Engelhard-Reyher-Verlag, Gotha.

Petersen: Der Mensch in der Erziehungswirklichkeit (beendet am 8. Mai 1950). 258 Seiten. Ir. Setzkorn-Scheifhacken, Mülheim 1954. (Untertitel: Der Mensch in der vieldeutigen Welt; im Vorwort bezeichnet als III. Band der „Allgemeinen Erziehungswissenschaft".)

I. Weltanschauung, Wissenschaft und Erziehung.
II. Fehlformen der Erziehung.
1. Die spartanische Erziehung / 2. Das Erziehungssystem der Jesuiten /

3. Herders Bild vom Menschen und von der Geschichte der Menschheit /
4. Die religiös-mystische Überforderung der Selbsterziehung in der Dichtung Rainer Maria Rilkes / 5. Grenzen und Gefahren politischer und humanistischer Erziehung und Bildung.

III. Gegen-Erziehung.
1. Das Böse. a) Metaphysische Lösungen: Böhme, Leibniz, Spinoza, Herder; b) Realistische Betrachtungen von der Erziehungswissenschaft aus: Das Verfehlen — Individualität als Schranke — Verbrechertum — Folgerungen: Das Böse ist keine Rebellion gegen Gott / es liegt in der Sphäre des Menschseins / Gefahr des Pharisäertums / Sinn der menschlichen Unvollkommenheit / Gefahren der Gleichgültigkeit im Sittlich-Religiösen / Verlangen nach Erlösung; c) Der böse Gesamtwille: Entstehung von Ballungen böser Willen; die Schuld — Unwissenheit, soziale Unzufriedenheit — Gotteshaß als neuzeitlicher Massenwahn — Zerfall der Persönlichkeit — Zähmung der satanischen Mächte. / 2. Homo religiosus — homo satanicus / 3. Die Satanie als Quelle der Gegenerziehung. a) John Locke, Helvetius, Salzmann; c) Mandevilles „Bienenfabel"; d) Gesellschaft und Sittlichkeit.

IV. Die Ethik der Erziehungswissenschaft. 1. Die geschichtliche Lage / 2. Das Reich der sittlichen Tugenden — die Tugenden der Humanität / 3. Das sittliche Feld: die Tugenden der Vitalität, der Ökonomie und der Solidarität.

D. Übersetzungen

Neueuropäische Erziehungsbewegung: dänisch 1923 (kürzere Fassung); chinesisch 1929; bulgarisch 1930; kapholländisch 1933.

Schulleben und Unterricht usw. (Jena-Plan I u. II): schwedisch 1931, bulgarisch 1938. Jena-Plan III bulgarisch 1938.

Der sog. Kleine Jena-Plan: spanisch 1930; kapholländisch 1933 (verkürzt); polnisch 1934; bulgarisch 1934; schwedisch 1933; rumänisch 1940; französisch und englisch z. Z. in Vorbereitung.

Pädagogik: spanisch 1934; japanisch 1936.

E. Von demselben Verfasser erschienen

zur Philosophie und ihrer Geschichte:

1913: Die Philosophie Fr. Ad. Trendelenburgs. Ein Beitrag zur Geschichte der aristotelischen Philosophie im 19. Jahrhundert. 206 S.
1914: Goethe und Aristoteles. 58 S. (vergriffen).
1921: Die Geschichte der aristotelischen Philosophie im protestantischen Deutschland. (Von Luther bis Hegel.) 542 S.
1925: Wilhelm Wundt und seine Zeit. Bd. XIII der Sammlung „Frommanns Klassiker der Philosophie". 306 S.
1929: Die Philosophie in erziehungswissenschaftlicher Beleuchtung. 32 S.
1928: Grundfragen der pädagogischen Charakterologie. 23 S.
1943: Die Wissenschaft im Dienst des Lebens. 26 S.

zur Erziehungswissenschaft und Schule u. a. noch:

1919: Gemeinschaft und freies Menschentum die Zielforderungen der neuen Schule. Eine Kritik der Begabungsschulen. 46 S. (vergriffen).
1925: Innere Schulreform und Neue Erziehung. Gesammelte Reden und Aufsätze aus den Jahren 1913—1924. 312 S.
1926: Die neueuropäische Erziehungsbewegung. 137 S.
1925: (zusammen mit Wald. Zimmermann herausgegeben): Die Aufgaben des neuen Berufsschulwesens und die Berufsschulgemeinde im Lichte der Jugendkunde und sozialer Politik. 196 S.
1949: Jugenderziehung und Jugendseelsorge. 30 S.

als Herausgeber folgende Sammelschriften:

1916: Der Aufstieg der Begabten (vergriffen).
1921: Der Kampf um die Schuldauer (für die achtjährige höhere Schule). 110 S.
1940: Kindergarten und Volksschule organisch verbunden. 283 S.

Personen-Verzeichnis

Abel und Löw 121
Adelmann, Joseph 184
Anacker, Hans 183
Apelt, Elisabeth 170
Aristoteles 34
Augenreich, Erich 176
Bavink, Bernhard 29
Bebie-Wintsch, Erika 144
Bertram, Ernst 30
Bondy, Max 48
Borkenhagen, Hildegard 91, 168
Born, Paul 184
Bosch, Bernhard 193
Brauckmann, Karl 144
Bühler, Karl 33, 54, 55, 141
Bühnemann, Hermann 184
Burkhardt, Carl 78
Busemann, Adolf 212
Buytendijk, F. J. J. 39
Carrel, Alexis 29
Carus, Fr.-August 33
Chassell, Clara 207
Comenius, Amos 145
Copei, Friedrich 203
Decroly, Ovide 35, 85, 182
Descartes, René 10
Dewey, John 35
Diesel, Eugen 121
Diesterweg, Moritz 201
Dilthey, Wilhelm 10
Döpp-Vorwald, Heinz 128, 209
Dörpfeld, Friedrich-W. 26, 35, 49, 53, 54, 88, 119, 184
Ebel, Wilhelm 35
Eckardt, Karl 183
Eddington, A. S. 29
Ehrhardt, Alfred 188
Eichler, Hans 54
Ellwood, Ch. A. 131
Ferriére, Adolphe 115
Frobenius, Leo 61, 62
Fröbel, Friedrich 20, 35, 49, 62, 101, 183, 226
Gaudig, Hugo 10, 22, 222

Geheeb, Paul 49
Gerathewohl, Siegfried 42
Goethe, Wolfgang 221
Gogarten, Friedrich 73
Göring, Hugo 186
Groos, Karl 35, 94
Güntert, Hermann 226
Gutmann, Bruno 214
Hamaide, Amélie 182
Hamberg, Ingeborg 39
Hedler, Adolf 115
Hegel, Georg Fr. W. 39, 227
Heintze, Käte 102
Heisenberg, Walter 29
Hellpach, Willy 93
Helmholtz, Hermann von 28
Herbart, Johann-Fr. 10, 11, 13, 26, 29, 54, 201, 211
Herrtwich, W. 69
Hetzer, Hildegard 92, 208
Hoff, Martha von den 183
Hofmeier-Müller-Hördemann 93
Höhn, Reinhard 68
Hördt, Philipp 35, 171, 172
Huizinga, J. 35
Hummel, Hans 92
Jaensch, Ernst 41
Jaspers, Karl 17, 19, 226
Kant, Immanuel 49, 51
Kautz, H. 62
Kerényi, Karl 35
Kerschensteiner, Georg 182
Kierkegaard, Sören 20
Kilpatrick, William-H. 35
Klages, Ludwig 32, 33
Köhler, Elsa 39, 132, 197
Koch, Walther 93
Koskenniemi, Matti 63
Kroh, Oswald 22, 54
Krueger, Felix 133
Krukenberg, A. 69
Landé, Walter 182
Langermann, Johannes 59, 71
Laotse 39

Laplace 28
Latten, Willy 62
Lecensier, A. 115
Lersch, Philipp 33, 41, 208
Lessing, Gotthold-E. 200
Leutz, Ferdinand 198, 199, 219
Lietz, Hermann 49, 199
Linde, Ernst 54, 203, 219, 220
Lochner, Rudolf 225
Locke, John 10, 209
Löw und Abel 121
Mathias, Adolf 140
Michels, Robert 62
Missenard, André 208
Montessori, Maria 22, 182, 189
Müller, Else 144
Müller, Johannes-L. 149
Müller-Petersen, Else 18
Natorp, Paul 227
Nietzsche, Friedrich 122, 172
Nowottnik, G. 121
Opahle, Oswald 220
Pestalozzi, Johann-H. 49, 50, 55, 200
Petzoldt, Joseph 29
Pfahler, Gerhard 40, 41, 42
Planck, Max 29
Pythagoras 39
Reichwein, Adolf 118
Rein, Wilhelm 198, 201
Riedel, Kurt 35, 140, 171
Rochow, Eberhard von 213
Ruppert, Hann 41, 42
Sailer, Herbert 91

Saupe, Emil 209
Sasse, Fa. 55
Seidelmann, Karl 48
Semon, Richard 137
Seyfert, Richard 219, 220, 221, 223,
Soldt, Johannes 14, 148   [224
Spener, Philipp-J. 209
Spranger, Eduard 227
Sörensen, Iver 90
Schede, Franz 91, 92, 132
Scheibner, Otto 10, 88
Schlick, Moritz 212
Schmitt, Cornel 121
Schneider, Willi 129, 144
Schröder, H. 69
Schröteler, Josef 189
Schweitzer, Albert 214
Stephani 49
Sterzinger, Othmar 205
Stoltenberg, Hans-L. 131
Stoy, Karl-Volkmar 14, 54
Tews, Johannes 183
Wagner, Richard 37
Weber, Ernst 88, 220, 222
Wenzel, Aloys 29
Wieschke-Maaß, Magdalene 63, 65
Willmann, Otto 199
Wundt, Wilhelm 50, 203
Zeller, Wilfried 93
Ziller, Tuiskon 10, 49, 199, 201, 210
Zimmer, Ernst 29
Zinke, Franz 34
Zweigel, Ch. J. 40

Sachverzeichnis

Absicht, erzieherische, pädagogische 15, 23, 26, 32, 106
Aktivität, kindl. (s. auch Selbsttätigkeit) 39, 180, 187 f.
Altersreihe (s. Gruppe)
Arbeit, Gruppenarbeit, freies Arbeiten 33, 36, 98, 103 ff., 116
Arbeitsmittel 182 ff.
Arbeitsschule 10, 86, 204
Aufmerksamkeit 56 f., 63, 161, 216
Autorität 23, 40 f., 134
Begabung 86, 104
Bewußtmachen 82, 124 f., 202
Bildung, -drang, -formen, -ideale, freier Bildungserwerb, Bildsamkeit 41, 44, 82, 94 f., 107, 131 f., 183, 190, 204, 206, 213 ff., 224, 237
Bildungsgefälle 22, 58, 65
Charakter, -erziehung 41 f., 56, 207, 208 ff., 216, 221
Charakterologie, pädag. (s. auch Individualdiagnostik) 40, 161
Dalton-Laboratory-Plan 49, 223
Didaktik 27 ff., 46, 82, 125, 128, 203 f., 209, 222 f.
Disziplin (s. Ordnung und Zucht)
Eingewöhnung (s. Ordnung)
Einschulen, einführen 89, 103
Elementargrammatik 103
Entwicklung, -phasen, -psychologie 54, 88
Erzieher (s. Führer und Lehrer)
Erziehung 13 f., 17, 49, 64, 73, 82, 128, 197 ff., 209, 215 f., 224 ff.
Erziehung, sittliche (s. Charakter)
Existenz, existentiell, das Seiende 16, 18 f., 28, 69, 119, 209, 227
„Fächer" 9, 11, 26, 44, 98, 107, 120 ff., 123 f., 127, 224
Familie 49 f., 53, 55, 65, 71, 74, 90, 101, 115, 117, 150

Feier 33 f., 36, 38, 98, 105 f., 115, 149 f., 167
Formalstufen 10, 198
Freiheit 30, 82, 197, 226
Führer (s. auch Lehrer) 22, 48, 65, 158, 164
Führung (s. auch Pädagogie) 46, 91,
Gedächtnis 137 f., 205   [142, 180
Geist 226 f.
Gemeinschaft, -formen (s. auch Gruppe und zwischenmenschl. Beziehungen) 25, 50 f., 54, 61, 63, 67 ff., 71 f., 74, 76, 79 f., 94, 106 f., 108, 154, 156 ff., 208, 227 f.
Gesamtunterricht 12, 114, 165, 184, 202, 204, 224
Gesellschaft 51, 76 ff.
Gespräch 12, 33, 36 f., 98 ff., 204
Gesinnung 45, 50, 80, 137, 208 f., 228 ff.
Gruppe, Alters-, Tisch-, Gruppengemeinschaft, Gruppenleben (s. auch Gemeinschaft) 25, 49, 51, 53 f., 58, 61, 71 ff., 76, 79, 97, 101 ff., 123, 132, 134 ff., 154 ff.
Gruppenunterricht (s. auch Arbeit) 66, 121 f., 165 f., 176, 180
Haltung, erzieherische, pädagogische, realistische (s. auch Realismus) 19, 31, 47, 76, 124 ff., 217 f., 224, 229 f.
Helfen, Hilfe (s. auch „Pate") 34, 65, 76, 87, 103, 135, 144 f., 156, 169
Individualdiagnostik (s. auch Charakterologie) 40, 87, 139
Kind (s. Schüler)
Klasse, Jahres- 53 f., 63
Konzentration 26 f., 56, 160
Körpererziehung, -haltung 91 ff., 194
„Kreis", Bericht-, Erzähl- 34, 98 ff., 159 ff., 176 ff.

239

Kurs, Einführungs-, Niveau-, Übungs- 27, 29, 31, 65, 103 ff., 118, 123, 173 ff.
Lehrer (s. auch Führer) 11 ff., 20 ff., 27, 31, 39, 43 ff., 54 ff., 59, 63 ff., 75 ff., 78 f., 85, 87, 102, 104 f., 107, 115, 122 ff., 128 ff., 144 ff., 148 f., 155, 162 f., 164, 173 ff., 178 ff., 183 f., 192 f., 194 ff., 219 ff.
Lehrerfrage 56 f., 90
Lehrerschule 183
„Lehrgang" 10, 34, 37
Lehrgespräch (s. Gespräch)
Leistung 140 ff., 145 ff.
Lernen, natürliches, nebenhergehendes, spielendes, Zwischen-, Mindestlernstoff 34 f., 44, 81, 85, 89, 94 f., 102, 104, 132 f., 138 f., 184 f., 206, 209
Macht, erzieherische 23, 83, 115, 190, 209
Methode 10 ff., 29, 42 f., 47, 90, 105, 128, 130, 196, 201 ff., 216, 218 ff., 223
Ordnung, Erziehung zur —, Eingewöhnung (s. Sitte und Vorordnungen, auch Zucht) 58 f., 77, 79, 100, 116, 156, 162 ff., 169
Pädagogie (s. auch Führung) 12, 85 ff., 147, 180, 190
Pädagogische, das 12, 14, 46, 49, 195 f., 226
„Pate", Helfer 60, 144, 155, 169
Psychologie, pädagogische (s. auch Charakterologie u. Individualdiagnostik) 83
Realismus, pädagogischer; realistische Haltung (s. auch Haltung) 19, 67 f., 133, 224
Religion, religiöse Verkündigung 27, 36 ff., 165 f.
Schauen 33
Schüler, Kind, Zögling 21 ff., 27, 31 f., 39, 52, 56 ff., 62 ff., 66, 72, 76, 79 f., 84 ff., 91 ff., 97, 104 ff., 114 f., 128, 130, 142 ff., 145 ff., 155 f., 162 f., 179, 195
Schulgemeinde 43, 51, 77, 79, 114
Schulleben 50, 68, 78 ff., 91, 108 f., 114, 133, 155, 167 ff., 225, 229 f.
Schulmöbel 57 f.

Schulwohnstube, -raum, -arbeitsraum, -werkstatt 46, 55 ff., 62, 65 f., 96, 99, 101, 103, 148 f., 190 f.
Selbsttätigkeit (s. auch Aktivität) 24, 31, 39, 141, 184 f., 193, 197, 201, 222
Selbstverwaltung, Schüler- 74, 78
Sitte (s. auch Ordnung, Vorordnungen und Zucht) 59 f., 79, 101, 126, 155, 169
Situation, pädagogische; Unterrichtsleben (s. auch Unterricht) 14 ff., 20, 22, 24, 30, 44 f., 72, 81, 96, 98, 100, 107, 117 ff., 123, 147 f., 155, 176
Spannung, pädagogische 23, 25 ff., 28, 31 f., 42, 98, 196
Spiel 33 f., 36, 38, 101 ff., 182, 191
Stoff 54, 57 f., 63, 77, 88, 100, 187, 196, 225
„Stunde" 10 f., 107, 203 f., 220
Stundenplan 98, 114, 224
Takt, pädagogischer 147 f., 204
Tatsachenforschung, pädagogische 18, 40, 230
Tugend 45, 47, 50, 213, 227 f.
Übung, Wiederholung 58, 77, 139, 194, 204 f., 211
Umgang 13, 61, 70 f., 77, 156
Unterricht und Unterrichtsleben (s. auch päd. Situation) 13, 28, 43, 45, 80 ff., 87 ff., 96 f., 124 ff., 130, 143, 178 ff., 195, 197 ff., 203, 209, 214 ff., Leistungs- 110, 127, 204, 206 ff.
Verfahren, arbeitsteiliges 12, 114, 223
Volk, Volksgemeinschaft 114, 126
Vorordnungen (s. auch Ordnung) 66, 70, 80
Wissen, Buch-, Grund-, Herrschafts-, Leistungs- 110, 127, 204, 206 ff
Wochenarbeitsplan 27, 96, 98, 108 ff., 114
Ziel der Erziehung 228
Zögling (s. Schüler)
Zucht (s. auch Ordnung, Sitte und Vorordnungen) 22, 40, 65, 74, 134, 197, 209, 211
Zwischenmenschliches, zwischenmenschl. Beziehungen (s. auch Gemeinschaft) 25, 62 ff., 69 f., 74, 76 ff., 99 f., 106, 127, 137, 156, 171 f., 181, 229 f.

(Das Sachverzeichnis bearbeiteten Dr. Herbert Ruppert und Dr. Hans Wolff.)